현대 교육철학의 이해

곽덕주 · 김상섭 · 김주환 · 박은주 · 서용석 · 신춘호
유재봉 · 윤선인 · 정기섭 · 조상식 · 최 진 · 한기철 공저

학지사

서문

이 책은 누구에게 왜 필요한가?

이 책은 우리 현실의 교육문제나 교육현상에 대해 뭔가 근본적인 (가치) 질문에 관심을 갖는 사람들, 그 질문에 대한 당장의 해결책이나 답이 아니라 그 질문을 어떻게 다루고 사유해야 하는지에 대해 시간을 보낼 의지와 의향이 있는 모든 이들을 위한 책이다. 현장의 교사일 수도 있고 교육행정가일 수도 있으며 학부모일 수도 있다. 아니면 교육적 문제에 대해 특별한 관심을 가지고 막 본격적으로 공부해 보고자 하는 교육(철)학도일 수도 있다. 이 책은 이들이 교육에 '대해' 그리고 교육을 '위해' 철학적으로 사유해 보려고 할 때, '교육철학'을 전문적으로 공부한 이들이 그것을 어떻게 수행하는지를 보여 주는 일종의 사례집으로 이해될 수 있다. 비록 그간 이 분야에서 논의되고 축적되어 온 지식과 담론의 규모와 깊이에 비추어, 매우 제한된 범위의 주제와 개념들을 가지고 매우 제한된 수준에서 그렇게 한 것이기는 하지만 말이다.

이 책은 교육철학분야 학자들이 그 분야에서 전형적으로 다루어져 온 질문이나 주제에 대해 그간 축적되어 온 지식과 담론을 소개하는 것에 일차적인 목적이 있다. 그러나 이 책의 모든 저자들은 그 지식이나 담론이 우리가 현장에서 일상적으로 부딪히는 교육문제들과 어떤 관련이 있는지를 드러낼 수 있는 방식으로 서술하고자 하였다. 그러한 시도가 어느 정도 성공적으로 이루어진 경우도 있을 것이고 썩 잘 안 된 경우도 있을 것이다. 하지만 그런 노력의 흔적을 담고자 한 것은 저자들 모두의 소망이었다. 그러므로 교육철학분야에서 전개되어 온 지식과 담론이 지니는 실천적 의미의 흔적을 발견하려는 노력은 이제, 이 책이 제공하고자 한 혜택을 온전히 누리고자 하는 독자에게 남겨질 수밖에 없을 것이다.

이 책은 어떻게 구성되어 있는가?

이 책은 크게 세 부분으로 나뉘어 다음과 같이 구성되어 있다. 제1부 '교육철학으로 들어가기', 제2부 '학교교육의 목적과 교육과정에 대한 철학적 고찰', 제3부 '현대사회의 새로운 교육쟁점들'이 그것이다.

제1부 '교육철학으로 들어가기'는 '교육철학'이라는 학문분야의 성격을 그것의 존재 이유와 필요성의 관점, 탐구 내용의 관점, 탐구방법의 관점, 지식 생산의 관점에서 두루 살피며, 그간 전문 교육철학자들이 해 온 작업의 정체와 실제를 포괄적으로 검토한다. 이것은 교육철학 공부에 진지한 관심을 가진 젊은 세대 교육학도들에게 매우 중요한 의미를 지니는 주제들이다. 내용적으로는 다소 중첩되거나 반복되는 아이디어가 있을 수 있지만, 네 가지 다른 버전의 방향과 관점에서 교육철학이라는 분야를 이해하고자 한, 그 분야의 지적 작업에 오랫동안 헌신해 온 이들의 목소리를 들을 수 있을 것이다. 다른 방향에서 보거나 같은 방향에서 보더라도 시선의 초점이 다른 이러한 관점과 목소리의 다양성을 통해, 독자들은 교육철학이라는 학문분야의 정체성을 고정된 것이 아니라 여전히 진화 중인 것으로, 닫힌 방식이 아니라 보다 열린 방식으로 보게 될 것임을 확신한다.

제2부 '학교교육의 목적과 교육과정에 대한 철학적 고찰'은 전통적인 교육철학탐구의 대상을 다루고 있다. 그것은 바로 학교교육의 목적에 대한 탐구인데, 이를 지식교육, 도덕교육, 시민교육, 미적 교육, 그리고 직업교육의 차원으로 구분하여 논의한다. '교육의 목적'은 교육철학탐구의 대상으로서 언제나 가장 첫 번째로 등장하는 주제다. 그리고 학교는 전적으로 교육기관이기만 한 것은 아니지만, 여전히 우리 시대 대표적인 '교육'기관이다. 그리하여 학교라는 기관이 추구해야 할 교육의 목적을 철학적으로 사유하고 검토하는 것은 교육철학자들의 일차적 임무이자 특권이기도 하다.

한편, 독자들은 학교교육의 목적을 지식교육, 도덕교육, 시민교육, 미적 교육 그리고 직업교육의 차원으로 나누어 살피는 것에 대해 의문이 들 수 있다. 그리고 그렇게 범주화되었을 때 교육철학에서 다루는 학교교육의 목적이 도덕과나 사회과, 그리고 미술이나 음악 교과 연구자들이 다루는 교과교육의 목적과 어떻게 차별화되거나 연결될 수 있는지에 대해 궁금증이 생길 수도 있다. 이것은 교육의 목적과 관련한 담론

에서 매우 중요한 분석적 질문이다. 왜냐하면 이들 간의 연결과 차별성의 명료화는 교육의 목적에 대한 담론이 현장에서의 교육실천을 실제로 어떻게 이끌 수 있고 또 그것에 변화를 가져올 수 있는지를 보여 줄 수 있기 때문이다.

각 교과교육의 목적에 대한 담론과는 달리, 학교교육의 목적에 대한 교육철학탐구는 인간의 성장에 대한 총체적인 이해뿐만 아니라 교육실천에서의 총체적인 접근도 염두에 둔다. 비록 지식교육과 도덕교육, 미적 교육과 직업교육 등과 같이 교육의 목적을 몇 가지 차원으로 나누어 논의하더라도 그 논의는 항상 해당 차원의 교육이 인간 전체의 성장(예: 빌둥 혹은 전인적 성장이나 주체됨의 자유)과 어떤 관련이 있는지를 전제하는 경향이 있다. 이것은 각 차원에서의 교육철학적 논의(예: 도덕교육의 목적에 대한 논의)가 특정 교과지식(예: 도덕과 교과지식)과의 내적 연결을 전제로 하여 그 차원의 교육을 정당화하는 방식을 취하고 있지 않다는 것을 의미한다. 이런 의미에서 교육철학적 논의는 다소 추상적으로 들릴 수 있다. 예를 들어, 교육목적으로서 인간 전체의 성장을 묘사하는 '주체됨의 자유'가 도덕교과를 배운 후 형성될 것으로 기대하는 도덕과 교육목적 중의 하나인 '덕스러운 인간'과 개념적으로 어떻게 연결될 수 있는지는 당장 그렇게 분명하지 않다. 그러나 이러한 개념적 간극은 교육을 실천하는 자의 입장에서 보자면 그들의 교육적 사유에 그렇게 부정적인 것만은 아니다. 오히려 그 간극을 진지하게 받아들이는 도덕과 교사가 있다면, 그것으로 인하여 그는 자신의 교과가 하는 일의 의미를 다르게 해석하거나 더 풍요롭게 이해하거나 더 넓게 확장할 기회를 얻는 것이다.

요약하자면, 교육철학자들이 탐구하는 학교교육의 목적은 자주 여러 차원으로 범주화하거나 구체적인 교과지식 체계의 토대 위에서 그 목적을 정당화하는 방식을 취하지는 않지만, 그 논의들은 '인간의 총체적 성장'으로서 교육의 목적이 무엇을 의미하는지를 이해하고 해명하고자 하는 의도하에 이루어진다. 이것은 학교가 지향해야 할 교육의 전체적인 방향성과 비전을 사유하는 데 도움을 줄 뿐만 아니라, 그것이 학교 교육과정을 구성하는 각 교과의 교육목적과 어떻게 연결되거나 때로는 긴장 관계를 유지해야 하는지에 대해 성찰의 계기를 제공한다.

마지막으로 제3부 '현대 사회의 새로운 교육쟁점들'은 전통적인 학교 교육과정에서 배제되는 경향이 있었던 쟁점들, 현대 사회에서 새롭게 제기되는 교육적 쟁점들을 다룬다. 페미니즘과 교육, 생태학적 교육, 기술과학과 교육, 그리고 평생학습과 교육이 그것이다. 이들 논의는 모두 근대 교육의 패러다임에 문제를 제기하는 담론들을 소개한다. 이미 우리의 학교 교육과정은 이러한 담론을 수용하여 다양한 방식으로 실천하고 있다. 그러나 앞서 말한 것처럼, 이러한 새로운 시도들이 학교교육의 전체적인 목적으로서 인간의 총체적 성장의 관점에서 무엇을 의미하는지는 교육철학자들에 의해 여전히 탐구될 필요가 있다. 예를 들어, '페미니즘과 교육'이라는 주제는 근대 학교교육의 목적으로서 합리적 자율성 개념이나 덕스러운 인간성 개념이 어떻게 남성중심적인 가부장적 인간관을 기반으로 하고 있는지, '생태학적 교육'이라는 주제는 학교에서 일상적으로 이루어지는 지식교육의 틀 자체가 어떻게 근대적 지식관, 즉 자연과 세계를 인간의 지배를 위해 대상화하는 도구주의적 지식관에 기반하고 있는지, 그리고 '기술과학과 교육'이라는 주제는 교육환경의 일상적 디지털화가 미래 교육에 의미하는 바가 무엇인지를 탐구하고 있다. 마지막으로 '평생학습과 교육'이라는 주제는 지난 몇십 년 동안 급부상한 평생학습 담론이 학교교육 담론과의 관련 속에서 혹은 그것을 넘어서서 우리의 교육적 사유에 어떤 의미와 한계, 그리고 전망을 남기는지를 살펴본다.

이상에서 살펴본 것처럼 이 책은 크게 교육철학의 학문적 정체성, 교육철학적 탐구의 고전적 관심사인 학교교육의 목적, 그리고 이 담론에 대한 다양한 현대적 도전들에 대한 논의로 구성되어 있다.

이 책은 어떻게 사용될 수 있는가?

이 책은 애초에 대학의 학부생 혹은 대학원 초기 단계의 교육철학 입문 강좌를 위한 텍스트북으로 기획되었다. 총 13장으로 구성하여, 한 학기 수업에서 매주 한 장의 주제를 다룰 수 있도록 한 것도 그러한 기획 의도와 관련이 있다. 각 장도 동일한 구조로 통일성 있게 구성되어 있다. 특히 각 장의 맨 마지막에 배치된 토론 질문이나 추가 탐구를 위한 제안 도서는 수업의 운영에 도움을 주고자 마련되었다. 하지만 서두에 밝힌 것처럼, 이 책은 교육에 근본적인 질문을 가진 이라면 누구나 접근할 수 있는 하나의 참고도서로서 기획되기도 했다. 참고도서로서, 특히 예비교사나 교사들을 위한 교직관련 강좌의 설계에 모종의 실질적인 아이디어를 줄 수 있다면 이 책의 저자로서 더할 나위 없이 만족할 것이다.

마지막으로 이 책의 사용법과 관련하여 한 가지만 덧붙이고자 한다. 이 책의 각 장은 그간 교육철학분야에서 축적된 지식과 담론의 단순한 소개에만 그치는 것이 아니다. 그것이 우리 현장의 교육문제를 이해하고 사유하는 데 어떤 관련성이 있는지를 보일 수 있는 방식으로 구성하려고 했다. 더 나아가 그것이 어떻게 현장 교사들의 실천적 지식의 형성에 기여할 수 있을 것인가도 중요한 고려의 대상으로 삼았다. 그리하여 이 책을 활용하는 교수자들은 각 장이 던지는 핵심 질문에 초점을 두되, 그 질문이 구체적인 교육철학적 담론 내에서 어떻게 다루어지는지를 잘 살필 필요가 있을 뿐만 아니라, 우리 교육 현장과 실천에 의미하는 바가 무엇인지를 학생들과 함께 깊이 그리고 도발적으로 논의할 필요가 있다. 그리하여 각 장의 맨 마지막에 제시된 토론 질문에 이르렀을 때, 각 장의 핵심 질문이 학생들의 입을 통해 다시 살아나도록 할 필요가 있다.

애당초 이 책의 시리즈로 『교육과 교육사상: 플라톤, 루소, 듀이, 푸코, 그리고 랑시에르』(가제)를 함께 기획하였다. 본 개론서와 더불어 교육철학 공부의 참고서로서 상호 보완적인 역할을 할 것으로 보았기 때문이다. 지금 한창 작업 중이라서 출간에서 시차가 생긴 점이 아쉽지만 조만간 발간될 예정이다.

마지막으로 쉽지 않은 공동 저술 작업에 인내심을 갖고 같이 참여해 주었을 뿐만 아니라, 서로의 관심 주제와 초점, 이에 기반한 글쓰기 스타일에서의 차이를 통해 예기치 못한 상호 배움의 기회를 제공해 준 이 책의 동료 저자 한 분 한 분께도 특별히 고개 숙여 감사의 인사를 전하고 싶다. 계획보다 출간 시기가 많이 늦어졌지만 늦어진 만큼 저자로서 우리 각자의 작업에 대해 스스로 성찰할 수 있는 시간을 좀 더 벌었던 것 같다. 이 책의 출간을 오랫동안 기다리며 지원해 주신 학지사 관계자 분들께도 이 책의 저자들을 대표하여 감사의 인사를 드린다.

곽덕주, 김상섭

차례

○ 서문 _ 3

제1부 교육철학으로 들어가기

제1장
교육철학의 필요성, 의도와 목적 / 17

도입

1. 교육에 대한 탐구로서 교육철학은 언제 어떻게 시작되는가? _ 18
2. 교육철학이 필요한 이유는 무엇인가? _ 21
3. 교육철학탐구의 의도와 목적은 무엇인가? _ 32

제2장
교육철학의 탐구 주제 / 45

도입

1. 철학의 의미와 핵심 탐구 문제 _ 46
2. 교육철학적 질문의 성격 _ 48
3. 교육철학의 이론학적/실천학적 성격 _ 50
4. 교육의 본질: 인간다움의 추구 _ 53
5. 자유교과와 인문주의 _ 56
6. 자유인을 위한 교육, 그리고 현대인의 두 가지 존재 속성 _ 59
7. 지식교육 또는 교과공부의 방법적 원리 _ 62
8. 인간의 공동체적 속성과 교육의 공공성, 그리고 국가교육의 이념 _ 65

제3장
교육철학, 어떻게 탐구하는가? / 71

도입

1. 교육철학과 철학의 관계 _ 72
2. 언어분석적 접근 _ 73
3. 역사적-해석학적 접근 _ 76
4. 현상학적 접근 _ 81
5. 비판이론적 접근 _ 85
6. 탈(脫)근대적 접근 _ 88

제4장
교육철학연구의 실제: 세 가지 접근 / 95

도입

1. 교육사상연구로서 교육철학: 자기형성적 실천으로서 '텍스트 읽기' _ 96
2. 당대 교육문제의 분석 및 개선을 위한 응용철학으로서 교육철학연구 _ 101
3. 교육 실천 및 과정에 대한 '일반이론 탐구'로서 교육철학연구 _ 106
4. 교육연구에서 '이론'의 역할은 무엇이고, 교육철학과 경험연구와의 관계는 무엇인가? _ 111

제2부
학교교육의 목적과 교육과정에 대한 철학적 고찰

제5장
교육과 지식 / 123

도입

1. 지식의 교육적 의미, 그리고 지식의 형식들 _ 124
2. 고전적 맥락에서 본 세 가지 지식과 그것들의 근대적 전개 _ 127

3. 학교 교과의 기원: 자유교과 _ 133
4. 지식과 교육의 타락, 그리고 후마니타스의 이념 _ 137
5. 교과 수업의 원리: 듀이의 프래그머티즘 _ 141

제6장
도덕교육의 성격 / 151

도입
1. '덕은 가르칠 수 있는가': 소크라테스 _ 152
2. 이성과 자율성: 칸트와 콜버그 _ 162
3. 전통과 습관: 매킨타이어와 오우크쇼트 _ 167
4. 훈육과 자유: 교사의 역할과 권위 _ 172

제7장
시민성 교육의 의미와 다양한 양태 / 181

도입
1. 민주시민성 교육, 무엇이 문제인가? _ 182
2. 민주시민교육 _ 184
3. 세계시민교육 _ 189
4. 다문화교육 _ 195
5. 나가며: 무엇이 지속 가능한 사회를 위한 민주시민교육인가? _ 200

제8장
자기 탐구를 위한 미적 교육 / 207

도입
1. 현대 사회와 미적 교육 _ 208
2. 미적 교육의 연원 _ 214
3. 미적 교육의 구성요소 _ 219
4. 미적 교육의 확장 가능성과 의의 _ 225

제9장
자유교육과 직업교육, 양립 가능한가? / 233

도입

1. 학교교육의 전형으로서의 자유교육 이념 _ 234
2. 직업교육의 도전 _ 237
3. 자유교육과 직업교육의 간극 메우기 _ 243
4. 학교에서의 인문교육과 직업교육의 통합 _ 249

제3부

현대 사회의 새로운 교육쟁점들

제10장
현대 페미니즘과 교육철학 / 259

도입

1. 교육실천으로서 페미니즘의 위상 _ 260
2. 페미니즘의 물결 _ 263
3. 페미니즘 종말 선언: 포스트 페미니즘의 역풍과 경합 _ 271
4. 페미니즘 교육론 _ 277
5. 페미니즘 교육철학 _ 285

제11장
자연과 인간: 지속 가능한 삶을 위한 교육 / 293

도입

1. 현대 사회와 교육의 생태적 전환 _ 294
2. 현대 생태주의 담론과 윤리 _ 299
3. 사고와 자연 _ 306

4. 교육내용의 성격 _ 312
5. 지속 가능한 삶을 위한 교육 _ 318

제12장
디지털 환경과 교육의 과제: 기계와 같이 살기의 문제 / 325

도입
1. 기술이 바꾸는 삶의 풍경 _ 326
2. 인간의 조건과 기술 _ 331
3. 기술에 대한 다양한 관점 _ 336
4. 기술과 인간, 그리고 교육 _ 344

제13장
'평생학습' 시대, 무엇을 위한 학습인가? / 353

도입
1. 들어가는 말 _ 353
2. 인간과 학습: 학습에 관한 인간학적 고찰 _ 355
3. 평생학습의 의미 _ 358
4. 평생학습 시대 학습의 두 모델 _ 364
5. 21세기 평생학습의 과제 _ 370

◌ 찾아보기 _ 379

제**1**부

교육철학으로 들어가기

제**1**장 … 교육철학의 필요성, 의도와 목적

제**2**장 … 교육철학의 탐구 주제

제**3**장 … 교육철학, 어떻게 탐구하는가?

제**4**장 … 교육철학연구의 실제: 세 가지 접근

교육철학은 교육에 대한 철학적 탐구다. 교육철학은 교육의 원리와 정신, 그리고 교육의 총체적인 얼개, 즉 교육의 철학을 탐구하는 학문이다. 이렇게 간단히 정의 내리고 서둘러 교육철학탐구에 나서고 싶은 충동을 느낄 법하다. 하지만 막상 교육철학탐구에 착수하려고 하면, 여전히 여러 가지 의문점이 해소되지 않은 채 남아 있다는 것을 알게 된다. 우리가 탐구하고자 하는 '교육'은 객관적인 접근이 가능한 대상인가, 의식에 나타나는 현상인가, 관념이나 이념인가, 사회적 실천이나 제도인가? 이 부분이 전혀 정해지지 않은 채 남아 있는 것은 물론이고, 또한 '철학적 탐구'이라는 말도 모호하기는 마찬가지다. 철학적 텍스트 또는 철학사상에 기대어 교육을 탐구하는 것인가, 철학적 방법론으로 교육을 탐구하는 것인가, 아니면 교육의 정신, 즉 교육의 철학을 탐구한다는 것인가? 이 질문에서는 적어도 교육을 **철학적으로** 탐구한다는 것인지 아니면 **교육의 철학** 또는 **교육의 이념**을 탐구한다는 것인지조차도 불분명하다. 게다가 철학적 탐구라는 말도 한 가지의 탐구 경향이나 방법론을 의미하는 것이 아니라, 매우 다채롭고 다양한 갈래와 접근법을 동시에 포괄하게 된다.

그럼에도 불구하고 분명한 것은 교육철학이 교육에 대한 탐구라는 것이다. 그렇기 때문에 다음과 같은 질문이 시급하게 부각된다. 교육철학은 교육의 무엇을 어떻게 탐구하는 학문이며 어떤 성격의 학문이고자 하는가? 이런 질문은 교육철학이 소위 말하는 교육의 '본질', 말하자면 불변적 요소나 보편적 특성을 제시해야 하는 듯한 인상을 풍긴다. 하지만 교육의 본질이 있는지, 그것을 밝히려는 시도가 가능하고 필요한지는 의심스럽다. 우리가 서 있는 현대적인 학문의 지평에서 본질에 대한 시도는 대체로 부정적으로 평가될 것이다. 설령 그런 시도를 통해 교육의 본질에 해당하는 것을 찾았다고 하더라도, 우리의 구체적인 실천과 맺어지는 연결점이나 접점의 확보라는 새로운 과제를 떠안게 된다. 이 질문에 대한 답변을 구하지 못하는 한, 우리는 여전히 교육실천의 문 앞에 서 있을 수밖에 없게 된다.

교육철학이 반드시 교육실천에 대한 구체적인 처방과 지침을 제공할 수 있고 제공해야 하는 것은 아니다. 이것이 아니더라도 교육적 사유의 문제를 진단하거나 교육실천의 다양한 의미를 이해하고 해석하는 것 또한 교육철학의 과제이기 때문이다. 그렇다면 교육철학은 과연 어떤 식으로 교육실천과 관계를 맺게 되는가? 이것 자체도 교육철학적으로 검토되어야 할 과제다. 여기에는 이론과 실천의 관계뿐만 아니라, 교육철학을 탐구하는 방법과 교육철학적 지식의 성격 또한 문제가 된다. 그렇다면 우리는 교육철학이라는 탐구를 실제적으로 어떻게 수행하고 있으며 또한 어떻게 수행해야 할 것인가?

결국 우리는 교육철학이라는 탐구가 '왜' 필요하고 무엇을 '의도'하는지, 그러한 의도를 달성하기 위해 '무엇'을 어떤 '방법'으로 탐구하는지, 결국에는 어떤 '종류(성격)'의 지식(이론)을 내놓는지, 그리고 교육실천에 어떤 '기여'를 하는지를 묻게 된다. 그에 따라 제1부에서는 교육철학이라는 탐구와 관련해서 네 가지의 질문을 제기하는 동시에 나름의 답변을 모색하고자 한다. 첫째, 교육철학의 필요성, 의도와 목적(제1장), 둘째, 교육철학의 탐구대상 및 주제(제2장), 셋째, 교육철학의 탐구방법(제3장), 그리고 넷째, 교육철학이라는 학문적 지식의 성격(제4장)이 바로 그것이다.

제1장

교육철학의 필요성, 의도와 목적

김상섭

도입

교육이 무엇인가? 우리는 교육을 무엇으로 또는 어떻게 이해하는가? 이것은 교육학탐구에서 가장 먼저 만나게 되는 질문이다. 거기에 대해서는 다행히 누구나 각양의 답변을 준비해 놓고 있다. 본격적인 탐색에 앞서 이미 누구나 경험과 지식을 가지고 있다는 의미다. 교육은 가르치고 배우는 일이다. 교육은 경험과 역량의 성장이다. 교육은 참자아를 찾고 빚어내는 것이다. 이러한 답변의 목록은 길게 펼쳐질 것이다. 그런 답변들을 묶어서 한마디로 말하면, 교육은 인간을 인간답게 되도록 이끌어 주는 일이라고 할 수 있다. 철학자 칸트(Kant, 1803/2003: A7)도 우리의 이해를 뒷받침해 준다. "인간은 오직 교육에 의해서만 인간이 될 수 있다. 인간은 교육이 만들어 낸 것에 불과하다." 교육은 인간의 인간화다. 이로써 교육에 대한 기초적인 규명은 모두 끝났다. 이제 남은 과제는 교육을 잘 해내는 것이다. 따라서 교육철학은 교육을 잘 해내는 길을 모색하기만 하면 된다. 과연 그럴까?

1. 교육에 대한 탐구로서 교육철학은 언제 어떻게 시작되는가?

학술적인 개념은 흔히 현상을 포획하는 그물로 비유되곤 한다. 개념이라는 그물의 코는 다양한 현상을 포획하기에 적절한 크기일 때 쓰임이 있다. 그런데 '교육은 가르치고 배우는 일'이라는 교육개념의 그물은 너무나 성기다. 그렇기 때문에 교육실천의 섬세한 국면은 모두 빠져나가고, 거친 교육이해만 남게 된다. 예컨대, '교육적으로(교육답게)' 가르치고 배우는 것과 그렇지 않은 것조차 구별해 낼 수 없다. 교육은 그저 가르치고 배우기만 하면 되는 것이 아니라, '잘' 가르치고 배우는 것이다. 그런데 '잘'이라는 조건은 교육내용의 '논리적 조건'에 맞게 교육되어야 한다는 의미이기도 하고, 또한 학습자의 '심리적 조건'에 부합해야 한다는 의미이기도 하다. 그뿐만 아니라, '잘' 교육하는 과정과 형태도 규명되어야 하고, '잘' 배웠다고 했을 때 지식, 경험, 태도, 판단, 인격 등 어떤 부분에서의 성장을 의미하는지도 밝혀져야 한다. 말하자면 교육은 경험과 지식의 습득을 넘어, 경험능력과 지적 관심의 향상, 그리고 지속적인 교육에 대한 욕구의 성장에도 이르러야 한다. 또한 경험과 역량의 증대가 성공, 행복, 지적 성숙, 정체성 등 어떤 목적으로 연결되는지도 헤아려야 한다.

이상의 간단한 점검에서도 알 수 있듯이, 교육을 직관적으로 가르치고 배우는 것으로 규정한 뒤 곧바로 교육실천에 나서기엔 많은 준비와 검토가 필요하다. 잘 가르치고 배운다는 문제 외에도 교육이라는 사회적 실천이 구성되는 조건과 기대되는 교육적 희망과 가치 등 많은 지점이 점검을 필요로 하기 때문이다. 교육에는 잘 가르치고 배우려는 의도와 계획 및 실행이라는 교육의 과정 외에도 인간적인 삶과 가치에 대한 다양한 관심과 기대도 또한 개입된다. 이것은 한 아이의 탄생에서 간명하게 예시될 수 있다. 새롭게 태어난 아이는 분명 부모와 친척, 주위 사람들의 세계 속으로 태어난다. 그렇기 때문에 자연스럽게 이미 존재하는 세계의 관심과 기대라는 요람에서 성장하게 된다. 이렇듯이 누구나 태어나면서부터 기성세대를 대변하는 부모와 교사 및 사회의 가르침 속에서 배우며 성장할 뿐만 아니라, 일생 동안 삶의 영역마다 다양한 형태의 교육을 경험하게 된다.

그런데 자연적인 교육 속에는 일상에서 비롯될 수 없고 일상이라는 그물에 포섭될 수도 없는 요소와 생각 및 희망의 맹아도 함께 들어 있다. 일상을 넘어서는 생각이라

고 해서 반드시 일상을 부정하거나 일상을 초월해야만 발견할 수 있는 것은 아니다. 일상 속에 이미 존재하고 작동하지만 제대로 주목을 받지 못하거나 변방으로 밀려나서 연약하게 작동하고 있는 요소에 주목하는 것으로도 충분하다. 새롭게 태어난 아이와 더불어 기성의 교육체제가 작동되기 시작한다. 또한 동시에 기성 세계와는 '다른' 세계, 새로운 삶과 인간의 가능성과 고귀한 기대 및 희망도 함께 작동하게 된다. 우리는 새로이 태어난 아이를 우리의 기대와 희망에 따라 키우려고 하면서도 문득 우리의 아이가 또한 "고귀한 정신을 지닌 잠재적인 성 테레사"(Deresiewicz, 2014/2015: 144)나 "또 한 명의 간디나 만델라"(Biesta, 2006/2022: 35)일 수 있다고 느낀다. 이처럼 우리의 일상에 들어 있지만 주목받지 못하던 새로운 인간다움의 가능성에 주목하는 순간, 우리는 서둘러 진행하려던 교육을 비판적으로 바라보기 시작한다. 비판적 사유는 거리두기와 더불어 착수된다. 지금 우리는 아이의 고유한 가능성을 제대로 파악하고 이해하는가? 그리고 미지의 가능성을 제대로 인정하고 지켜내려고 하는가? 보다 근본적으로, 과연 우리의 교육은 새로운 탄생이라는 신비와 희망을 제대로 지켜내고 실현시켜 내는가?

여기서 보다시피, 한 아이와 더불어 새로운 세계가 함께 탄생할 뿐만 아니라, 그와 더불어 새로운 교육에 대한 책무도 함께 태어나게 된다. 그렇기 때문에 현재 우리에게 알려진 방식으로 가르치고 배우는 것이 곧 교육이라는 생각은 지나치게 소박한 것일 수밖에 없다. 이렇듯이 우리가 눈앞의 아이를 교육적 관심으로 대면하는 순간부터, 아이를 가르치고 배우는 교육활동만 전개되는 것이 아니라, 또한 동시에 올바른 교육에 대한 염려와 책무도 탐구 주제로 떠오르게 된다. 그렇기 때문에 교육자인 우리는 항상 진지하게 물을 수밖에 없다. 과연 무엇이 제대로 된 배우기와 가르치기인가? 이러한 질문과 더불어 우리는 교육에 들어 있는 고유한 가능성과 한계를 점검해 나가게 된다.

우리의 교육 또는 지금까지의 교육이 과연 새로운 탄생에 대한 기대와 희망을 제대로 지켜 주며 구현해 내고 있을까? 이것은 교육적 책무와 교육적 사명 앞에 선 교사와 부모가 자연스럽게 품게 되는 의구심이다. 교육에 대한 비판적 관점으로 주변을 둘러보면, 드물게 감탄하기도 하지만, 대체로는 실망하거나 경악하게 된다. 성공적으로 교육을 받은 엘리트들조차도 정작 "자신의 머리로 생각할 줄 모르거나 자신이 진정으로 원하는 것이 무엇인지 알지 못해 불안해하고 있다"는 원망이 자자하기 때문

이다(Deresiewicz, 2014/2015; 立花隆, 2001/2002). 굳이 다른 나라의 사례를 점검할 필요도 없이, 우리의 주변에서도 촉망받는 엘리트의 좌절과 방황 및 일탈을 쉽게 찾아볼 수 있다. 최선의 교육으로 여겨지고 있는 엘리트교육조차도 반드시 최상의 결과로 이어지는 것은 아니다. 이처럼 우리의 교육이 희망하는 표적에서 벗어날 가능성은 너무나 크고 언제 어디서든 되풀이될 수 있다. 그럴 때 우리는 절망하게 되거나 경악하게 된다. 그렇다면 무엇이 과연 최선의 교육인가?

교육에는 분명 커다란 위험과 불안이 도사리고 있다. 그렇지만 교육에는 또한 기적과 같은 신비와 희망도 함께 들어 있다. 예컨대, 무지한 사람들과 도시의 빈곤층, 그중에서 노숙자조차도 잠재적인 성인이라는 진리를 믿고 실험적으로 실천한 교육자의 성공사례도 있다(Rancière, 1987/2008; Shorris, 1997/2006). 무지한 사람들뿐만 아니라, 가난한 사람들도 빈곤에서 벗어날 수 있는 탈출구를 이미 알고 있다. 다만 해방의 길을 끝까지 달려 나갈 수 없을 뿐이다. 표면적으로 볼 때, 빈곤계층에게 부족한 것은 가난으로 인한 사회적 고립과 곤궁이다. 하지만 사회적 고립과 곤궁이 진정으로 문제가 되는 까닭은, 그로 인해 공적인 세계, 인간다운 삶으로의 입문이 불가능해지기 때문이다. 가난한 삶은 시민으로서의 삶을 누릴 수 없게 만들고, 인류의 일원으로서 세계사의 흐름과 전통에 동승하지 못하게 한다. 그러므로 "정치적 삶으로의 입문이야말로 가난에서 벗어날 수 있게 해 주는 최적의 방책이다." 이러한 판단에 따라 쇼리스(Shorris, 1997/2006: 166-202)라는 미국의 교육자는 빈곤계층에게 진정으로 필요한 것, 즉 정치적인 삶의 길을 일깨워 주는 인문교육을 실행에 옮기게 된다. 인문교육을 통해 그는, 빈곤계층조차도 자신의 힘으로 굴러가는 바퀴가 될 수 있음을 입증해 보였다.

새롭게 태어난 한 아이로 인해 촉발된 교육에 대한 염려와 탐색은 경악으로부터 경탄에 이르기까지 넓은 스펙트럼으로 펼쳐진다. 게다가 교육의 가능성과 형태는 무수히 많고 다양하다. 따라서 성공의 길은 좁고, 실패의 길이 넓어 보인다. 마치 『안나 카레니나(Anna Karenina)』에 나오는 유명한 문장과도 같다(Tolstoi, 1878/2009: 13). "행복한 가정은 모두 모습이 비슷하고, 불행한 가정은 모두 제각각의 불행을 안고 있다." 교육도 그런 것 같다. 제대로 된 교육의 길은 서로 엇비슷하겠지만, 올바른 교육의 길에서 벗어날 수 있는 가능성은 무수히 많다. 그런 생각이 들 땐 다양한 오류의 가능성을 점검하여 예방해야 할 필요성을 느끼게 된다. 보다 근원적으로는 제대로 된 교육

의 길을 탐색해야 할 필요성을 강하게 느끼게 된다.

이렇듯이 교육에 대한 경탄만이 아니라, 개탄과 경악도 교육에 대한 철학적인 개입과 작업을 강하게 요청하게 된다. 그래서 교육철학은 많은 경우 교육실천의 수많은 곁길, 말하자면 오류와 오해를 진단하고 예방하고자 시도하게 된다. 하지만 보다 적극적으로 말하면, 교육철학은 제대로 된 교육의 가능성과 성공조건을 찾으려고 시도한다. 이런 의미의 교육철학은 교육에 들어 있는 바른 생각과 긍정적인 가치, 교육의 참된 길과 지향하는 목적을 올바로 이해하고 정당화하며 구조화함으로써 교육적 사유와 실천에서의 오류가능성을 예방하고 치료하려는 탐구라고 할 수 있다.

2. 교육철학이 필요한 이유는 무엇인가?

1) 누구나 이미 교육이라는 길에 들어서 있다

우리는 누구나 교육을 경험했고 또한 경험하고 있다. 그래서 우리는 누구나 교육이 무엇인지 알고 있다. 교육에 대한 우리의 일상적인 경험과 이해는 대중의 의견과 사고 및 가치관에 반영되어 전승된다. 그뿐만 아니라 새로운 세대에게 전수되거나 수정되고 대체된다. 교육에 대한 우리의 일상적인 경험과 이해는 많은 경우 비유나 은유 또는 성공이야기나 실패이야기의 형태로 표현되고 전달된다. 예컨대, 교육은 종종 성공적인 삶에 이르는 '길' 또는 목적을 향해 달려가는 '경주로'에 비유된다. 길이라는 은유는 목적지로 향해 나아가는 변화무쌍한 과정을 담아내기에 적합하기 때문이다. 교육은 또한 '문(門)'이나 '다리'로 비유되기도 한다. "세상에는 다른 누구도 아닌, 오로지 너만이 걸어갈 수 있는 길이 하나 있다. 그 길은 어디로 이어지는가? 묻지 말고 그저 걸어가라"(Nietzsche, 2005: 394). 교육에서 경험되고 기대되는 더 높고 성숙한 단계로의 진입, 새로운 차원과 경지의 전개, 새로운 국면으로의 이행과 같은 요소들은 문이나 다리의 이미지를 닮아 있기 때문이다.

은유나 이야기는 경험적인 표상과 이미지를 모으고 머금으면서 새로운 발상과 이미지를 분출시키는 사유의 분수대와 같다. 다양한 현상과 경험이 은유 속으로 흘러 들어가고, 그것으로부터 다시금 새로운 생각과 분석이 흘러 나간다. 교육을 설명하는 대표적인 은유는 플라톤(Plato, 2005: 514a 이하)의 동굴 비유일 것이다. 여기서 플라톤은 인간이 가진 교육적인 성향과 비-교육적인 성향을 그려 내기 위해서 은유적인 설명기법을 동원한다. 플라톤은 인간이 동굴에 갇힌 죄수와 같다고 말한다. 하지만 동굴에 갇힌 죄수는 우연히 포박상태에서 해방되어 동굴 안의 여기저기를 살펴보고, 또한 동굴 바깥으로 탈출하여 외부세계를 경험하게 된다. 그러고 나서 그는 자신의 원래 처지와 변화된 처지를 비교해 보면서, 보다 참된 것으로 향하는 자신의 시선과 더 높은 곳을 향한 상승의 가치를 실감할 뿐만 아니라, 변화된 자신의 존재로 인해 행복을 느낀다. 이러한 동굴 '비유'에 따를 때, 인간의 교육적 성향은 자신의 시선과 관심을 올바름(진실)으로 향하고 진리와 참 존재로 상승하려는 노력과 모습으로 나타난다.

플라톤의 동굴 비유에서 보다시피, 은유는 논증적인 설명에는 못 미치지만, 풍부하고 생생한 경험을 포괄하기 용이하며, 경험 속에서의 다양한 생각과 관념을 의식 안으로 이끌어 들인다. 말하자면 은유는 지적 호기심을 작동시키는 기폭제가 되고, 새로운 생각과 사유를 이끄는 실마리가 된다. 이런 점에서 교육에 대한 경험과 통찰을 담아내는 교육적 은유는 분명 강력하고 유용하다. 예컨대, 아리스토텔레스(Aristoteles)의 '도토리' 은유는 인간 안에 감춰져 있는 무한한 가능성을 깨닫게 하고 그것을 실현시켜 주는 교육적 조력의 필요성을 잘 형상화하고 있다. 한 알의 작은 도토리 속에는 이미 완전한 상수리나무의 원형이 들어 있다. 다만 잠재적인 가능성의 형태로 존재할 뿐이다. 따라서 교육자의 과업은 학습자에게 잠재된 가능성을 찾아내서 그것을 완성된 형태로 실현시켜 주는 것이다. 도토리 은유는 또한 '탈각' 혹은 '탈피'라는 현상 기술적인 은유로 이어지기도 한다. 새로운 자아의 탄생이나 새로운 세계의 창출은 흔히 알을 깨고 나오는 현상으로 비유되곤 한다(Hesse, 1919/2000). 병아리가 알을 깨고 나올 때 어미닭이 바깥에서 함께 쪼아 주는 모습에 착안한 줄탁동시(啐啄同時)라는 은유적 표현은 교사와 학생의 교육적 협력과 조화를 상징하는 언어로 활용되기도 한다.

카프카(Kafka)는 『법 앞에서(Vor dem Gesetz)』라는 장편(掌篇)소설을 통해 인생의 '문'이라는 교육적 은유를 활성화시킨다. 인생뿐만 아니라 교육도 인간다운 삶으로 이끌어 가는 길이고 문인 셈이다. 카프카의 소설은 시골 사람 하나가 와서 법의 문으로 들어가게 해 달라고 간청하면서 시작된다. 하지만 문 앞에 서 있는 문지기는 "아직 때가 아니니, 기다리라"고 말한다. 시골 사람은 여러 해를 두고 간청하며 기다린다.

마침내 시골 사람의 눈이 어두워지자 마지막 힘을 다해 문지기에게 말한다. "모든 사람이 법을 얻고자 노력하는데, 이 여러 해를 두고 나 말고는 법의 문으로 들여보내 달라고 애걸하는 사람이 아무도 없으니 도대체 어쩐 일이요?" 그러자 문지기는 시골 사람의 스러져 가는 청각에 닿게끔 큰 소리로 고함치며 이야기한다. "여기서는 다른 그 누구도 입장을 허락받을 수 없소. 이 문은 오직 당신만을 위한 것이니까. 이제 당신조차도 들어가지 못할 것이니, 나는 그만 문을 닫고 가겠소"(Kafka, 1998: 167-169).

카프카의 소설은 모든 사람이 삶 또는 행복 또는 자아실현이라는 문 앞에 서 있다고 가정한다. 인간은 누군가로부터 도움을 받기도 하고, 간청하거나 스스로 노력하면서 자신의 삶으로 들어가려고 애쓰며 살고 있다. 소설가 카프카는 시골 사람이 간절히 들어서고자 하는 자신의 문으로 결국 들어서지 못한다고 말한다. 그런 모습을 보며 우리는 스스로에게 질문하게 된다. 모두가 들어가고자 애쓰는 문은 도대체 어떤 문이며 언제 어떻게 해야 들어설 수 있게 되는가? 그러한 의문과 동시에 우리는 또한 우리가 걸어왔고 또 걸어갈 교육의 길과 문에 대해서 자문하게 된다. 우리는 누구나 매일 펼쳐지는 교육적 일상의 분주함과 성패의 교차 속에서 살고 있다. 그렇기 때문에, 예컨대 카프카의 『법 앞에서』와 같은 글을 읽고 자극과 도전을 받게 되면, 우리가 걷고 있는 교육의 길이 어떤 길인지, 그리고 우리가 들어서려고 하는 교육의 문이 어디로 향하는지에 대한 의문이 활성화된다. 삶과 교육에 대한 사유를 시작하면서, 우리는 우리의 교육 자체를 대상화한다. 또한 우리의 주변과 다른 곳, 심지어 다른 시대의 모습을 참조하게 된다. 단순한 호기심 때문만은 아니다. 우리의 삶과 교육에 대한 간절하고 절박한 점검욕구 때문이다. 단순한 호기심이라면 한가함과 여유에서 비롯되는 둘러보기로 그치겠지만, 우리의 참을 수 없는 궁금증은 교육이 진행되는 상황 한가운데에서 우리의 시선과 생각의 사로잡힘에서 벗어나 해방되고자 하는 간절한 열망의 지속적인 분출로 이어진다.

우리가 교육에 대해 의문을 품는 것, 나아가 궁리하고 탐색하게 되는 까닭은 바로 우리가 이미 삶의 문을 들어섰고, 교육이라는 자기완성의 길을 분주히 걷고 있기 때문이다. 경우에 따라서는 중대한 고비를 맞았거나 문제 상황에 직면했기 때문이고, 의미심장한 단계와 선택의 수준에 접어들었기 때문일 것이다. 분명한 것은 교육에 대한 성찰과 탐색이 우리가 이미 한복판에 서 있는 교육실천과 활동에서 비롯된다는 것이다. 말하자면 교육의 목적과 방향, 그리고 올바른 길과 모습에 대한 궁금증과 성

찰은 교육활동에 대한 우리의 관심과 헌신으로 인해, 그리고 보다 나은 교육실천에 대한 열망으로 인해 요청되고 작동된다. 이런 점에서 교육학, 특히 교육에 대한 철학적 성찰은 우리가 이미 실천하고 있는 교육에 대한 각성과 검토의 성격을 띠게 된다고 할 수 있다. 우리는 이미 교육이라는 길을 걷고 있고 왕성하게 전진하고 있다. 그래서 우리는 당연히 그리고 마땅히 교육의 가능성과 필요성을 성찰하고 탐구하게 된다. 자신의 길에 대한 의식적 자각과 비판적 검토는 길을 가는 자의 모습이자 또한 동시에 마땅한 조건이기 때문이다. 교육의 길을 이미 가고 있는 자만이 교육에 대한 진지한 의문과 검토에 착수할 수 있고 착수하게 된다.

2) 자유의 저주, 즉 선택 가능성과 변경 가능성 때문에

우리는 인생의 길을 걷고 있고, 교육의 문으로 들어서려고 애쓴다. 그와 동시에 우리가 걷는 길과 들어서고자 하는 문에 대해 의문을 품고 성찰하게 된다. 그럴 수밖에 없는 가장 큰 이유는 우리가 걷고 있는 교육의 길에 선택가능성과 변경가능성이 존재하기 때문이다. 동물 혹은 식물과 구별되는 인간의 특성을 설명하기 위한 다양한 시도들이 있어 왔다. 예컨대, 인간은 '이성적 존재', '도구(활용)적 존재', '유희적 존재', '언어적 존재'로 규정되었다. 또한 인간을 '교육적 존재'로 파악하려는 시도도 있었다. 예컨대, 인간을 "미정(未定)의 존재"(Mirandola, 1496/2009)나 "완성가능성을 지닌 존재"(Rousseau, 1755/2018)나 "규정가능성을 지닌 존재"(Schiller, 1794/2007)로 특징짓는 것이 그런 경우다. 이러한 인간이해에는 공통적으로 '인간은 자유로운 존재'라는 생각이 들어 있다.

르네상스 시기의 철학자 미란돌라(Mirandola, 1463~1494)는 『인간의 존엄에 관한 연설(Oration on the Dignity of Man)』(1486)에서 '인간의 본성이 미정(확정되지 않음)'이라는 사실에 주목한다. 인간의 본성은 자연법칙과 본능에 의해 미리 결정되어 있지 않다. 즉, 인간은 미정의 존재다. 이처럼 미리 결정되어 있지 않다는 것은 일차적으로 인간이 다른 동물에 비해 본능적인 장비를 덜 갖춘 결핍된 존재라는 의미다. 하지만 보다 적극적으로 해석하면, 인간이 자기 자신의 모습과 존재를 스스로 빚어낼 수 있고 그럴 수밖에 없는 존재라는 뜻이다. 인간은 자신의 본질을 스스로 결정하고 형성할 수 있는 자유로운 존재다. 따라서 인간이 스스로 형성한 자신의 인격과 존재는 자

기 자신의 고유한 성취이자 작품일 수밖에 없다. 바로 그렇기 때문에 인간의 인격은 결코 비교되거나 대체될 수 없는 절대적인 가치를 지닌다. 인간은 존엄한 존재, 즉 절대적인 가치를 지닌 존재다. 따라서 자유의지에 따른 자기창조야말로 인간만의 특권이며 존엄성의 근거다. 그래서 미란돌라는 단정적으로 말한다. "자연 중에서 인간은 가장 위대한 기적이다(Homo est in natura maximum miraculum)."

> 하나님은 인간을 미완(未完)의 작품으로 만드신 후 이렇게 말씀하셨습니다. "오, 아담이여, 우리는 너에게 일정한 자리도, 고유한 면모도, 특정한 임무도 부여하지 않았노라! 어느 자리를 차지하고 어느 면모를 취하고 어느 임무를 맡을지는 너의 희망대로, 너의 의사대로 마음껏 취하고 소유하라! 여타의 피조물들에게 주어진 본성은 우리가 설정한 법칙의 테두리 안에 머물도록 규제되어 있다. 하지만 너는 그 어느 장벽으로도 규제받지 않고 있다. 그러니 너는 너의 자유의지에 따라 네 본성에 마음껏 테두리를 짓도록 하여라. (……) 이는 네가 자의적으로 또한 명예롭게 네 자신의 조형자요 조각가로서 네가 좋아하는 대로 형상을 빚어내도록 하기 위함이라"(Mirandola, 1496/2009: 17).

인간은 미리 규정되어 있지 않은 존재 또는 미리 확정되지 않은 존재다. 이 말을 적극적으로 해석하면, 인간은 스스로 규정할 수 있는 존재, 즉 자유로운 존재라는 뜻이다. 인간은 교육을 통해 자신의 본질과 모습을 자유롭게 빚어낼 수 있는 가소성을 지닌 존재다. 이러한 인간이해는 근대 이후로 교육의 가능성과 필요성을 설명하는 원리로 채택되어 왔다. 그러한 특성은 또한 인류 역사를 이끌어 온 원동력이기도 했다. 인류의 역사는 자유 혹은 선택의 가능성과 폭을 무단히 넓히려고 애써 온 역사다. 따라서 자유의 확대, 그중에서 특히 선택가능성의 확대는 인류 역사의 성취이면서, 여전히 인간교육의 근간이자 핵심 과제로 굳건히 자리하고 있다. 인간다운 존재와 삶을 저해하는 내적·외적 강제나 구속은 끝없이 극복되며 철폐되고 있다. 그 결과 현대인은 누구나, 적어도 원칙상으로, 자기 자신을 독자적이며 유일무이한 존재로 형성할 자유와 권리를 확보하고 누리게 되었다. 그러한 자기형성의 자유는 인간만이 가질 수 있는 절대적인 가치, 즉 존엄의 핵심 근거로 자리를 잡고 있다.

그렇지만 자유의 무한확대는 선택의 기쁨과 긍지만이 아니라, 또한 책임이라는 무거운 짐과 고통도 함께 가져다주었다. 왜냐하면 현대인인 우리 모두에겐 자유의 존엄, 말하자면 각자 자신의 존재 의미를 스스로 발견 또는 발명해야 하는 절대적인 과제가 주어져 있기 때문이다. 현대인에겐 자기다움을 스스로 찾고 정당화해야 할 의무가 주어져 있다. 현대인은 누구나 기존의 방식이나 형태를 답습하거나 모방(copy)하는 것을 삶의 예술로 삼아서는 안 되며, 자신의 존재를 독창적인 원형(original)으로 빚어내야 하는 의무를 반드시 완수해 내야 하기 때문이다(Taylor, 1989).

현대인이 쟁취했고 또한 마땅히 누려야 할 선택의 자유는 행운이자 성과이면서, 동시에 저주에 가까울 정도로 무거운 짐이기도 하다. 그래서 "나는 자유롭게 있도록 운명 지어진 것이다(Je suis condamé à être libre)"라는 말을 하기도 한다(Sartre, 2009/2016: 725). 그럴 정도로 현대인에게 자유는 열망과 향유의 대상이면서, 동시에 도피와 회피의 대상이 되기도 한다(Fromm, 1947/2012).

그런데 현대인은 자기형성과 자기변형의 자유를 왜 역설적으로 여기게 되는가? 현대인은 자유의 대가(代價)로 홀로서기의 짐을 떠안게 되었기 때문이다. 현대인은 무한한 선택의 자유와 자기창조의 기회 앞에서 오히려 불안에 시달리게 된다. 현대인의 불안은 자기정체성 및 자기진정성의 상실위험에 뿌리를 내리고 있다. 다시 말하면, 현대인의 삶은 의미와 삶의 목표, 그리고 자기통제력의 상실이라는 위험에 시달리게 된다. 그 까닭은 바로 현대인이라면 누구나 자신의 참모습을 교육적으로 정립할 수 있고 정립해야 하기 때문이다(Taylor, 1989).

현대인에게 선물로 주어진 교육적 자기형성의 가능성과 필요성은, 물론 무거운 짐으로 인식되기도 하지만, 근원적으로 볼 때 우리의 형성가능성, 즉 우리의 근원적 자유에 뿌리를 내리고 있다. 이러한 선택 가능성과 변경 가능성은 우리로 하여금 자기 자신을 빚어내는 교육에 대한 성찰을 필수적으로 요청하게 된다. 그런 점에서 현대인이 획득한 자기형성의 자유와 권리는 또한 동시에 교육의 가능성과 필요성에 대한 근본적인 성찰과 자기형성에 대한 단호한 결단 및 전폭적인 헌신을 요청한다고 할 수 있다.

3) 인간형성이라는 호소의 보편성과 성공의 희소성 때문에

근대 이전의 사회에서는 태생과 신분 및 타고난 역량과 같은 자연적인 조건에 의해 삶의 모습과 방향이 결정되다시피 했었다. 그 당시의 교육은 오직 자연적인 혜택을 받는 소수를 위해 존재했다. 그에 따라 과거의 성공적인 교육은 자연의 연장이거나

완성으로 간주되었으며, 교육의 완성은 대체로 주어진 행운에 대한 기억과 감사의 형태를 띠었다.

> 나는 훌륭한 조부모님과 훌륭한 부모님, 훌륭한 누님, 훌륭한 스승님들, 훌륭한 가족, 훌륭한 친척들, 훌륭한 친구들, 그리고 거의 모든 것들에 대해서 신들에게 감사한다. …… 왜냐하면 이 모든 훌륭한 것들은 신과 행운의 도움을 필요로 하는 것들이기 때문이다(Aurelius, 1987: 29-31).

하지만 현대 사회의 도래와 더불어 모든 사람에게 스스로의 결정과 스스로의 노력으로 자신의 삶과 존재를 빚어낼 수 있는 자유가 보장되면서, 교육은 모든 이의 관심사이자 동반자로 대두했다. 교육이라는 보편적 권리는 자유로운 현대인의 인간 조건과 떼려야 뗄 수 없게 결합되어 있다. 그런데도 현대인에게 교육은 순수한 혜택과 축복으로만 인식되지 않고, 오히려 두터운 과제와 문제로 받아들여진다. 왜냐하면 교육은 우리에게 주어진 가능성들의 확장과 풍요화로만 존재하는 것이 아니라, 동시에 가능성들의 축소와 빈곤화의 계기로도 작동하기 때문이다. 그렇기 때문에 미란돌라는 인간의 본질이 정해지지 않음(미정)이라는 특성으로 인해 "짐승 같은 하위의 존재로 퇴화"될 수 있음을 경고했고(Mirandola, 1496/2009), 근대 초입의 루소(Rousseau, 1755/2018)도 인간의 완성가능성이 또한 '타락가능성'과 '인간 소외'로 이어질 수 있다고 말한다. 바로 이러한 자유로운 자기형성이라는 교육적 가능성 안에 우리가 교육문제를 염려하고 실패한 교육에 경악하게 되는 이유가 존재한다. 오늘날에는 자신의 교육과 성장을 되돌아보면서 감사하기보다는 오히려 후회와 아쉬움을 느낄 가능성이 훨씬 더 크다고 할 만하기 때문이다. 카프카는 자신의 아버지가 보여 준 교육이라는 문제의 거대함 앞에 절망하게 된다고 말한다.

> 사랑하는 아버지, 아버지께서는 언젠가 제게 물으셨지요. 왜 아버지를 두려워하느냐고. …… 지금 이렇게 편지로 그 물음에 대해 답하려고 하고 있지만, 그럼에도 저의 답변은 불충분할 수밖에 없습니다. 왜냐하면 이 글을 쓸 때도 당신에 대한 두려움과 그것의 영향들이 저를 방해하고 있고, 또 문제의 거대함이 저의 기억력과 지성의 범위를 훨씬 넘어서고 있기 때문입니다(Kafka, 1919/1999: 59).

카프카는『아버지에게 드리는 편지(Letter to His Father)』에서 기억과 회상을 통해 아버지라는 존재의 교육적 효과에 적합한 언어를 발견하려고 애쓴다. 자신이 받아 온 교육의 가치와 의미를 제대로 표현하는 언어를 되찾음으로써 자신에게 허용된 교육적 가능성들을 연장하고 확장하고자 한다. 이런 점에서 카프카의 의도는 아우렐리우스와 마찬가지다. 그러면서 카프카는 자신을 향한 아버지의 '교육'이라는 기획이 자신의 모든 기억과 지성을 넘어설 정도로 거대하다고 고백한다. 마찬가지로 자기형성의 자유를 기반으로 하는 현대의 교육도 오직 제대로 된 언어로 기술될 때, 비로소 교육적 효과를 발견하고 확정하며, 지속하며 배가시킬 수 있다. 그렇기 때문에 현대인인 우리는 우리를 빚어낸 교육을 끊임없이 회상하고 개념화하면서 점검의 대상으로 삼게 된다. 그런데도 오늘날 우리는 우리 자신을 길러 준 교육을 제대로 된 언어, 적합한 언어로 파악하기 힘들다는 이유 때문에 끊임없이 절망하게 된다(Mollenhauer, 1983/2005).

오늘날 대부분의 현대인에게 그렇듯이, 교육이라는 자기창조의 길은 누구에게나 활짝 열려 있다. 원칙적으로 볼 때, 누구나 최상의 교육을 구상하고 누릴 수 있는 자유와 권리를 가졌다는 의미다. 이렇듯이 오늘날에는 교육적 가치지향과 교육적 자기형성의 목소리는 보편성을 확보하게 되었다. 그렇다고 해서 모든 사람이 실제적으로 교육의 수혜자가 될 수 있는 것은 아니다. 아직도 교육받을 권리와 가능성이 원칙적으로(de jura) 충분히 인정받지 못했기 때문일 수도 있지만, 교육적 권리에 대한 실제적인(de facto) 한계가 여전히 존속하기 때문이다.

교육을 통해 자기를 형성할 자유와 권리는 현대 사회에서 대체로 보편적 진리로 받아들여진다. 그렇더라도 많은 사람들은 교육과 관련된 진실에 여전히 무지할 수 있고, 교육적 진실을 체화할 언어의 조탁과 수련의 방법에 익숙하지 않을 수 있다. 그럴 땐 교육적 진실과 혜택을 누리는 실제적인 주체가 될 수 없다. 이처럼 오늘날에도 자기형성의 가능성과 필요성에 대한 인식과 인정이 부족할 수 있는 이유는 정당한 교육을 누릴 권리가 객관적 사실이거나 주어진 여건이 아니라, 인간이 마땅히 누려야 할 자연권이자 인권으로 정당화되고 정립되어야 하기 때문이다. 또한 자기형성의 권리와 의무를 자각한 학습자라고 할지라도, 자기 자신을 계발하는 실제적인 자기수련과 자기연마에서 부족할 수 있기 때문이다. 바로 이것이 보편적인 교육권을 가로막는 실제적인 장애인 셈이다. 교육의 실제적인 조건이 충족되지 못할 때는 현대사회에서 원칙적으로 허용된 자기형성이 실제적인 효과를 발휘하기 어렵다. 그뿐만 아니라 교

육과정에서 겪을 수 있는 다양한 오류가능성과 실패가능성을 예방해 줄 제도적 장치와 지원이 부족할 수도 있다. 이처럼 제도의 미숙이 지속되고 있을 때도 원칙적으로 허용된 교육의 가능성을 실제적으로 누리는 데는 못 미치게 된다.

거듭해서 말하자면 다행히도 오늘날 교육이라는 인간형성에 대한 호소는 누구나 공감할 정도로 보편성을 확보했다. 그런데도 교육적 자기형성에 성공한 경우보다는 실패한 경우가 더 많은 것 같다. 이와 같이 호소의 보편성과 성공의 희소성이 공존하는 상황에서, 원칙적으로 또는 경험적으로 우리에게 주어졌다고 가정되는 교육의 가능성을 새롭게 환기하고 새롭게 각성하는 일은 필수적이다. 그러한 과제를 수행하는 학문적 시도들 중의 하나가 바로 교육철학이다.

교육철학이 교육의 가능성을 새롭게 일깨워 주는 전략들 중의 하나는 교육을 이야기하는 언어의 질을 점검하여 고도화하는 것이다. 개념적 작업, 분석 작업, 성찰과 비판 작업, 가정과 전제를 드러내고 밝히기, 사고의 오류와 질병을 치유하기 등은 교육철학이 담당하는 전형적인 전략이고 탐구 주제인 셈이다. 그러한 접근에는 공통적으로 하나의 신념이 자리하고 있다. 즉, 고등의 사고와 고급의 언어는 필수적으로 서로 상관적이라는 신념이다(Vygotsky, 1934/2011). 다시 말하면, 교육의 의미와 효과는 교육을 이야기하는 언어의 질과 무관할 수 없다는 것이다(Mollenhauer, 1983/2005). 따라서 우리의 교육적 경험을 담아내고 설명하는 언어의 질에 대한 교육철학적 검토야말로 우리가 받아 오고 있는 그리고 우리가 하고 있는 교육의 의미와 효과를 제고하는 지름길이라고 할 만하다.

우리가 일상적으로 또한 학술적으로 사용하는 언어는, 사태를 지시하는 기호이든, 이해와 동의를 이끌어 내는 언어행위의 매체이든, 사고와 존재가 머무는 집이든 간에, 분명히 도구로 기능한다. 모든 도구는 쓰임이라는 목적하에 존재한다. 여기서 말하는 목적은 의식적이고 의도된 계획만이 아니라, 보다 포괄적으로 존재와 삶의 지향점, 말하자면 실존의 가능성을 의미한다. 그러한 실존의 가능성을 지시하고, 표현하며, 소통하기 위해서 우리는 언어를 사용한다. 그런데 목적지향적인 존재와 삶에 주목하게 될 때, 그러한 목적을 위한 수단인 언어라는 도구는 '투명해진다'(Heiddeger, 1927/1998). 즉, 언어라는 도구 자체는 의식과 성찰의 대상에서 제외된다. 우리가 그런 방식으로 언어를 사용하게 될 때, 그것을 가리켜 도구적 언어사용 혹은 전략적 언어사용이라고 부를 수 있다. 도구적 사용에서 언어는 말소리로 된 도구일 뿐이기 때문에, 다른 도구(몸짓, 표정, 기호 등)로 대체 가능하다. 그러한 언어사용은 우리의 내면과 정신, 우리의 정체성을 빚어내는 구성요소가 될 수 없다. 즉, 우리의 내면을 형성하는 교육적 힘을 발휘해 낼 수 없다.

반면에 언어가 도구적 기능을 멈추고 그 자체로 우리의 목전에 주어질 때, 그것은 우리의 눈길을 사로잡게 된다. 말하자면 우리는 언어 앞에 멈춰 서게 된다. 이처럼 언어 자체 또는 언어로 표현되는 내면을 응시한다는 것이 굳이 언어의 '새로운' 의미를 발견해야 하는 것은 아니다. 일차적으로 언어의 도구적 사용에서 벗어난다는 의미다. 이것은 다시금 언어를 통해 전달되고 유통되는 '대중'의 견해와 판단을 중지한다는 뜻이다. 우리는, 언어적 존재인 한, 언어를 공유하는 '그들'(대중)의 의견이라는 동굴에 갇혀 있을 수밖에 없다. 그러나 언어 앞에 멈춰 서게 될 때, 우리는 언어의 도구적 사용을 중단하게 될 뿐만 아니라, 동시에 대중의 의견과 판단에 종속되는 상태로부터 거리두기를 하게 된다.

언어의 도구적 사용과 전략적 유통을 멈추는 것은, 보다 적극적으로 말해 새로운 언어를 찾고 발견하는 것이며, 나아가 그 언어로 '표현'될 자신의 정신과 자아를 모색하는 것이다. 새로운 표현의 창안과 그 언어로 표현되는 자신의 존재를 새롭게 빚어내고 창안하는 것은 같이 동행한다. 우리 존재의 진실은 새로운 언어를 통해 순전히 표명되며 지시되는 것으로 그치는 것이 아니라, 새로운 표현을 통해 새롭게 빚어지고 분화되기 때문이다. 따라서 표현의 언어는 우리의 정신을 빚어내고 드러내게 된다. 그런 의미에서 우리의 존재를 새롭게 빚어내는 것과 그것을 표현하는 언어를 새롭게 만들어 내는 것은 상호적이고 상관적이라고 할 수 있다. "우리의 도덕적 정체성을 수정하는 일은 우리 자신에 대한 마지막(final) 어휘를 수정하는 것을 통해 이루어진다" (Dreyfus & Kelly, 2011/2023: 157). 새로운 정체성의 발견과 발명은 자신의 삶을 이야기하고 자신의 삶 속에서 구현된 새로운 어휘를 발견하고 발명하는 것과 동행한다. 또한 그 역도 마찬가지다.

> 우리 삶의 통일성은 유일무이한 삶 속에 구현된 이야기의 통일성 속에 있다. '나를 위한 선이 무엇인가?'라고 묻는 것은 '내가 어떻게 하면 이야기의 통일성을 최선의 방식으로 살아낼 수 있으며 또 완성시킬 수 있는가?'를 묻는 것이다(MacIntyre, 1981/2021: 318-322).

이미 앞에서 말했듯이, 현대인이라면 누구나 자기형성의 자유와 의무를 동시에 진다. 그러한 자기형성의 질과 품격은 자신의 정체성을 이야기하는 언어의 질과 무관할 수 없다. 현대인인 우리는 자신의 존재가 복제품에 불과하다는 생각이 들 때, 공포를 느끼고 경악하게 된다. 우리 스스로를 형성할 자유와 과제를 저버렸다는 자각 때문이다. 자기형성의 자유를 저버리고 모방과 복제에 전념했다고 느낀다는 것은 곧 이미 주조된 언어를 다만 유통하는 데만 집중해 왔다는 자각과 다름이 없다. 이것은 다시금 자신의 언어, 자기형성의 자국과 흔적을 인상 깊게 새겨 놓은 언어를 확보하지 못했다는 자각이다. 특별하고 고유한 존재자가 된다는 것은 특별한 사람들과 함께 특별한 신념과 욕망을 논할 수 있게 해 주는 고유한 언어를 말할 수 있게 되는 것과 결코 무관하지 않다(Dreyfus & Kelly, 2011/2023: 322). 자신의 삶과 존재에 관해 정합적인 이야기를 할 수 있는 고유한 어휘와 문법이 없을 때, 우리는 더 이상 의미 있는 고유성과 정체성을 갖지 못할 뿐만 아니라, 세계 속에서 차지하는 자신의 지분도 잃게 된다.

미리 규정되어 있지 않음, 보다 적극적으로 말해, 자기형성이라는 교육적 자유를 발휘하는 것은 분명 현대인에게 주어진 혜택이자 과제다. 그런데 그것은 또한 잘못 형성됨, 자신의 본모습에서 소외됨, 망각과 상실의 위험을 의미하기도 한다. 따라서 자기형성의 자유는 철저한 자기반성과 성찰을 요구한다. 자기형성에 대한 성찰과 반성은 그것을 기술하고 표현하며 창출하는 고급의 어휘를 찾아내는 일과 불가분의 관계를 맺고 있다. 현대인인 이상 누구에게나 허용되고 장려되는 자기발견과 자기창조의 가능성과 희망은 우리의 교육적 경험을 기억하고 회상하는 언어의 질에 직결된다. 그렇기 때문에 현대인인 우리는 교육적 언어의 조탁이라는 책무를 기꺼이 떠맡아야 하고 떠맡게 된다. 그러한 일 중의 하나가 바로 교육철학이라는 탐구다. 교육철학은 자신의 언어, 자신의 어휘와 자신의 문법을 갖추려고 하는 애씀이며 탐구다.

> "이것이 제논이 한 말이다." 하지만 너 자신은 무슨 말을 하는가? "이것이 클레안테스의 관점이다." 그런데 너의 관점은 무엇인가? 너는 얼마나 더 다른 사람의 명령대로 행군하려는가? 주도권을 쥐고 너 자신에게서 우러나오는 중요한 말을 하라(Seneca)(Nussbaum, 1997/2018: 67 재인용).

현대인에겐 자기형성의 자유가 보편적으로 허용되었다. 그런데도 성공적으로 자기 자신을 형성해 내는 경우는 희박하다. 그러한 숙명으로 인해 현대인에겐 교육철학이라는 탐구가 반드시 필요하다. 이때의 교육철학은 자기를 형성시켜 줄 언어와 이야기, 그리고 성공적인 자기형성을 담아내고 표현해 줄 고급의 어휘를 탐색하는 것이다. 다시 말하면, 교육철학은 우리 자신을 교육적으로 형성시켜 줄 이야기를 찾고, 형성된 우리의 정체성을 통일적으로 표현해 줄 언어를 찾는 것이다.

3. 교육철학탐구의 의도와 목적은 무엇인가?

1) 일상적인 의미의 교육철학

오늘날 교육철학은 교육학을 탐구하는 교육학의 분과학문으로 자리하고 있다. 현재 통용되는 학문의 분류에 따를 때, 교육철학이라는 개념에는 서로 구별되는 두 가지 의미가 확인된다. 교육철학은 한편으로 교육에 대한 철학이다. 즉, 교육을 '철학적으로' 탐구하는 것이다. 이것은, 탐구의 의도와 방법 그리고 생산되는 지식에서, 다른 분야의 교육탐구(예: 교육사학, 교육심리학, 교육사회학, 교육과정이론, 상담이론, 교육행정학 등)와 구별된다. 교육에 대한 철학은 대체로 교육의 방법과 기술 및 절차보다는 교육의 원리를 탐구하고, 교육에 대한 사실과 현상보다는 가치지향에 대해서 묻게 되며, 동일한 과정과 방법 및 제도를 탐구하더라도 철학적인 방법으로 탐구하게 된다. 예컨대, 개념분석과 숨어 있는 가정과 전제를 들춰내고 논증하며 정당화하는 방식으로 탐구하게 된다. 교육철학은 다른 한편으로 '교육'을 위한 철학을 말한다. 이런 의미의 교육철학은 교육을 위한 총체적인 설명, 정합적이고 건축술적인 교육관과 교육사상을 제시하고자 한다. 즉, 마땅히 추구할 만한 교육을 위한 체계적이고 총체적인 생각의 덩어리를 내놓고자 한다. 이런 의미의 교육철학은 교육에 대한 단편적인 지식과 구별될 뿐만 아니라, 또한 다른 영역과 주제에 대한 철학(예: 도덕철학, 경제철학, 종교철학, 예술철학, 정치철학 등)과 경계를 이루게 된다.

앞에서 점검한 일상적인 의미의 교육철학 개념에서는 두 가지 사실이 확인된다. 첫째, 교육철학은 '교육'을 관심과 탐구의 대상으로 삼는다. 말하자면, 교육철학은 교

육으로 인한, 교육에 관한, 교육에 대한, 그리고 교육을 위한 철학이다. 둘째, 철학이라는 말은 두 가지 의미로 이해된다. '철학적 탐구'(흔히 말하는 '동사/활동으로서 철학')와 '철학적 체계'('명사/결과로서 철학')가 바로 그것이다. 이처럼 두 가지의 철학이 서로 구분된다는 것은 동사(탐구활동)로서 철학과 명사(지식의 체계)로서 철학이 우연적으로 결합된다는 의미다. 말하자면, 동사로서 철학이 명사로서 철학(체계)을 반드시 지향하는 것은 아니듯이, 역으로 명사로서 철학도 반드시 동사로서 철학(활동)의 결과물인 것은 아니라는 의미다. 그럼에도 불구하고, 철학이 최대한 지향하는 것은 철학적 탐구를 통해 조리 있는 생각의 체계로서 철학에 도달하는 것이다.

그러한 이해에 따를 때, 교육철학은 '교육에 대한 철학적 탐구를 통해 도달하게 되는 교육에 관한 조리 있는 생각의 체계'로 규정될 수 있다. 여기에 다소 분화된 교육개념을 덧보태면, 우리는 교육철학에 대한 어느 정도 정제된 의미규정에 도달하게 된다. 교육철학은 '교육실천에 대해, 그리고 교육적 지식(교육학)에 대해, 나아가 교육실천과 교육학이 다른 실천이나 학문들과 맺는 관계에 대해, 보편적이고 체계적인 진술을 도모하는 철학적 탐구'다.

여기서 시도된 교육철학에 대한 일상적 이해는 자명해 보이고 또 매우 실제적인 듯한 인상을 풍긴다. 하지만 엄밀한 학문으로서 교육철학의 정체성까지도 확보해 준다고 보기는 어렵다. 왜냐하면 그것은 적어도 두 가지의 핵심 사항에 대한 논의를 생략함으로써 그에 따른 위험을 간과(과소평가)하고 있기 때문이다. 첫째, 현대 사회의 분화된 실천세계(특히 교육실천)를 마치 자명한 '사실'인 것처럼 전제로 하고 있고, 둘째, '철학적 탐구'의 가능성과 한계에 대한 면밀한 검토를 생략한 채 성급하게 그것을 '철학적 체계를 성립시키는 탐구방법'으로 설정하고 있다(Benner, 1996).

첫째, 오늘날 교육학 및 교육실천은 분명 다른 다양한 학문 및 실천들과 엄격히 구별되면서도 또한 모종의 연관성 속에 서 있는 독립적이고 독자적인 학문이자 실천으로 자리하고 있다. 하지만 그러한 관점은 기대하는 것보다 그리 자명하지 않다. 한편으로 각 학문이 내적인 기본원리에 근거하여 매끈하게 체계화될 수 있는지에 대한 회의 또한 만만치 않아 보인다. 오늘날의 학문적 추세에서 본다면, 학술적인 논의들을 대상영역이나 연구방법에 따라서 독자적인 분과학문으로 일목요연하게 구획 지으려는 시도는 매우 순진한 발상에 가깝다. 오히려 그 반대가 훨씬 더 설득력이 있어 보인다. 다른 한편으로 각각의 개별 학문들이 대상으로 삼고 있는 활동들의 경계 또한 명

확히 설정되기 어렵다. 사실 우리가 경험하는 교육, 법(도덕), 경제, 정치, 문화, 종교 등의 실천 영역은 점점 더 다양하게 분화되고 전문화되면서도, 그와 동시에 서로 융합되고 경계를 넘나드는 경향 또한 강하기 때문이다.

현대의 사회적 실천이나 학문들이 연출하고 있는 분화와 융합이라는 이중적인 변화추세는 교육학이 전개되고 있는 현상(양상)에서도 잘 드러난다. 지금 우리가 경험하는 교육학은 공통적인 문제의식이나 개념, 나아가 기본원리에 의해 체계적으로 통합되기 어려운 수많은 '개별교육학(학교교육학, 성인교육학, 문화교육학, 미디어교육학 등)'으로 분화하고 있다. 그에 따라 그렇지 않아도 여러 학문적 갈래에서 유래한 다양한 '분과학문들(교육사학, 교육심리학, 교육행정학 등)'을 묶는 느슨한 끈으로 존재할 수밖에 없었던 교육학은 점점 더 다양해지는 개별교육학을 포괄하기 위해서 더욱더 추상화(내적으로 빈곤화)되어 가는 실정이다. 게다가 교육실천조차도 직접적이고 자명한 연관관계에 따라 통합되기 어려운 수많은 개별 활동영역으로 세분화되어 있고 또 그러한 추세가 점점 더 강화되고 있다.

이런 상황이라면, 개별교육학과 분과교육학, 나아가 교육이라는 개별 활동영역을 통합하는 내재적인 원리를 규명하고 교육실천과 여타의 실천과의 관계를 체계화하려는 교육철학은 어려움에 처하는 것은 물론이고 또한 위기를 맞게 된다. 그러한 위기는, 교육철학이 교육실천과 교육학의 독자성과 체계성 그리고 다른 실천 및 학문들과의 연계성 자체를 탐구되어야 할 '과제'로 삼지 않고 확정된 '사실'로 단순히 전제하게 될 때, 더욱 가속화된다. 그러한 것들은 사실 엄밀한 철학적 논의와 실천을 통해서 비로소 규정되거나 확보되어야 할 과제일 뿐이다. 교육실천은 도대체 어떤 원리에 따라 독자적인 실천으로 구성되며, 또 그것이 맺게 되는 여타의 실천들과의 상호작용은 어떤 원리에 의해 규제되는가? 이러한 질문은 교육철학이 착수하기 전에 이미 해결된 문제가 아니라, 바로 철학적 논의를 통해 해명되거나 해소되어야 할 핵심 과제라고 해야 할 것이다.

둘째, 경험적으로도 알 수 있듯이, 철학적 체계로서 철학이 있다고 하더라도 그것이 반드시 엄밀한 의미의 '철학적 탐구'의 소산인 것은 아니다. 더군다나 철학적 탐구가 과연 총체적 지식의 형성이라는 과제를 수행하고자 의도하며, 또한 수행해 낼 수 있는지에 대해서도 보장된 것이 아무것도 없다. 이러한 현실을 참조할 때, 철학적 탐구가 과연 어떤 수준의 인식에 도달하고자 '의도'하고, 그것을 위해 도대체 어떤 고유

한 '방법'을 구사하며, 나아가 의도하는 목표에 도달할 수 있는 '역량'이 있는지와 같은 문제는 해명되었다기보다는 오히려 면밀한 반성과 검토를 요구하는 성찰의 과제라는 것을 알 수 있다.

이러한 문제의식을 가지고 근대 이후의 철학사를 살펴보면, 현대에 가까워질수록 철학적 탐구는 자신의 의도와 수행능력에 대해서 대체로 회의(비판)적이거나 절제적인 색조를 띠고 있다는 것을 알 수 있다. 특히 철학적인 인식의 '체계' 확보라는 측면에서 본다면 더욱 그렇다. 근대 이후 철학은 신학과의 투쟁에서 승리하면서부터 '의도'와 '방법'의 측면에서 스스로 신이 되고자 했다. 즉, 모든 학문의 처음과 끝을 담당하는 학문의 총아요, 역사와 문화를 비판하고 감독하는 최고의 위치에 서고자 했다. 그러나 오늘날의 철학은, 내적으로 근대적 철학하기에 대한 비판과 회의 그리고 의도적인 결별과 더불어, 그리고 사회문화적으로 철학의 감독과 엄호 및 지도로부터 독립을 쟁취한 각 개별 학문의 자립화와 더불어, 스스로의 의도와 역량과 관련해서 자기반성과 자기비판의 대상이 되어 버렸다. 그 결과 철학이라는 신은 죽었거나 무대에서 사라졌고, 철학을 정점으로 하는 학문의 왕국은 내적 자기비판과 외적 봉기로 인해 와해되었거나 뇌사상태에 빠졌다고 해야 할 지경이 되어 버렸다(Habermas, 1983).

근대 이전의 철학은 철학적 논증에서 벗어나 있는 전제(예: 실체적 이성, 신, 자연 등)를 출발점으로 삼아 보편타당한 연역적 지식 체계를 제시하고자 의도했다. 그러나 그러한 철학은 전제(이성)와 결론(진술)의 순환적 정당화라는 폐쇄적인 구조를 벗어날 수 없었다. 그러한 자기비판과 자기인식에 따라 철학하기의 의도라는 측면에서 볼 때, 근대철학은 다른 학문(신학, 자연학, 신화적 우주론)의 시녀이기를 그만두는 대신에 스스로 절대적인 위치에 도달하고자 했다. 그러기 위해서 근대철학은 두터운 전제에서 시작하는 대신에 가벼운 전제, 즉 경험 속에 '언제나 그리고 이미' 들어 있는 경험의 구조(의식 또는 반성적 사고)를 분석하고 논증하고자 했다. 예컨대, 칸트의 선험적 철학탐구는 모든 인식 '이전'의 근원적인 인식에 도달하고자 했고, 헤겔의 변증법적 철학은 의식이 생성되는 구조를 분석하고 논증함으로써 자기인식의 정점, 곧 절대지를 제시하고자 했다. 그럼으로써 철학은 모든 인식에 '앞선' 곳, 그리고 모든 인식을 '넘어서는' 곳에 자신의 영역을 확보하고자 했다. 그러한 의도에 따라 근대철학은 모든 인식의 기초와 한계를 지정하는 것을 넘어서 학문과 문화 및 역사를 지배하

고 통제하는 제왕적 위치에 도달하고자 했다. 근대의 철학은 결국 모든 인식의 근원에 대한 인식 그리고 모든 인식에 대한 최고의 법정이라는 지위를 확보했고, 심지어는 근대세계의 구성 및 지배원리로 자리하게 되었다고 믿었다.

하지만 근대철학의 '의도'와 탐구 '능력' 간의 불일치에 대해서는 이미 근대철학 안에서도 의문이 제기되어 왔다. 칸트의 철학은 인식의 기초를 '발견'하는 데 성공했을지 몰라도, 그러한 기초의 필연성을 '증명'하지는 못했다. 이것은 칸트의 동시대인조차 품어 온 비판의 핵심이다. 칸트는 보편타당하고 필연적인 지식을 적극적으로 논증하려고 했다. 그럼에도 불구하고 칸트가 실제로 얻을 수 있었던 것은 개연적인 설득과 소극적 해명뿐이었다고 평가된다. 이것은 칸트의 철학적인 의도와 결과 간의 괴리를 선명하게 드러내 준다. 헤겔의 철학적 탐구 역시 마찬가지의 운명을 겪었다. 헤겔도 역시 의식의 생성과 완성을 재구성하는 데 성공했을지는 몰라도, 의식형성의 내적 필연성을 입증하지는 못했다는 평을 받기 때문이다. 나아가 이러한 평가는 칸트와 헤겔의 철학을 동시에 극복하고자 한 딜타이(Dilthey)의 해석학이나 후설(Husserl)의 현상학에도 해당된다. 이들의 철학하기는 세계이해와 세계만남이라는 인식의 구조와 인식의 근원을 '재구성'하는 데에는 어느 정도 성공적이었을지라도, 지식의 근원과 지식의 총체를 '논증'하는 데까지는 이르지 못했다는 평가를 받기 때문이다(Habermas, 1983).

이렇게 볼 때, 근대철학의 역사는 근대철학의 과도한 의도에 대한 회의적인 평가가 계승되고 확산 및 심화되어 온 역사라고 할 만하다. 지식을 정초하려는 선험적 철학탐구 혹은 모든 지식의 총체성을 확립하려는 변증법적 철학탐구 또는 해석학적이고 현상학적인 철학탐구가 스스로에게 행한 자기비판에 따를 때, '인식의 근원에서부터 인식의 총체까지'를 확보하려고 했던 근대철학의 의도는 분명히 과도했다. 즉, 근본적이고 총체적인 인식, 즉 인식의 보편적인 기초와 절대적인 총체를 '논증'적으로 제시하고자 했던 근대철학의 의도는 이루어지기 어렵고 의심되기에 충분하다.

근대철학에 대한 회의적인 자기진단과 성찰에 비춰 볼 때, 근대철학이 자처해 왔던 '거대담론(grands narratives)의 제공자'라는 지위는 더 이상 유지되기 어려워 보인다. 이것은 분명 근대철학이 스스로 발전시켜 온 자기비판의 성과이자 엄밀한 학문을 지향하는 철학의 성취라고 인정할 만하다. 그렇다고 해서 오늘날의 철학에는 언어게임이라는 '소서사(작은 이야기, petits narratives)'(Lyotard)나 '문학적 철학'(Rorty) 이외에

다른 선택지가 없다는 주장도 성급하다고 할 수 있다. 철학탐구를 통해 우리의 경험과 인식을 보다 정제된 형태, 즉 비판적이고 성찰된 형태로 재구성하려는 시도는 여전히 가능하고 유효하기 때문이다. 예컨대, 하버마스(Habermas)의 시도(1987)는 아직도 유효한 철학적 탐구 가능성을 드러내 보이는 하나의 사례라고 할 수 있다. 하버마스는 일상적인 의사소통행위 속에 이미 전제되어 있거나 지향되고 있는 의사소통적 합리성을 철학적으로 재구성하려고 시도했다. 그러한 시도를 가리켜 그는 경험과 인식 속에 함께 작동하는 '합리성을 수호하는 것'이라고 부른다. 그러면서 합리성의 수호는 여전히 현대철학에게 남아 있는 고유의 과제이고 탐구영역이라고 말한다. 하지만 일상 경험에 대한 철학적 재구성을 넘어 철학이 학문 간의 그리고 학문과 일상세계 사이의 대화를 해석하는 '중재자'로서 역할을 수행하고자 할 때는 철저한 자기점검과 자기비판이 필수다. 왜냐하면 그러한 의도와 역할은 정당성이 확보된 주장이나 논증적 주장이 아니라, 오직 철학탐구의 수행력에 의해 확보될 수 있을 뿐이기 때문이다. 오늘날 우리가 정당하게 기대할 수 있는 엄밀한 학문으로서 철학의 의도는 오직 적합한 탐구방법과 학문적 수행력에 비추어 판단될 수밖에 없다.

2) 엄밀한 학문으로서 교육철학: 재구성적(분석적 · 해석적 · 비판적) 교육철학

엄밀한 학문으로서 철학의 가능성에 대한 문제의식은 분명 근대철학과 더불어 제기되었고, 근대철학의 자기비판과 자기점검을 거치면서 분화되고 예리해졌다. 근대철학의 특별한 기여는 철학적 탐구방법의 다양성에 대한 발견이다. 근대철학이 수많은 철학적 탐구방법을 모색했다고 해서, 철학이 곧 방법론으로 환원될 수 있는 것은 아니다. 다시 말하면, 철학적 탐구방법은 어떤 대상에도 적용될 수 있거나 어떤 경향의 철학과도 결합될 수 있는 중립적인 도구가 아니다. 철학적 탐구방법이 중립적인 도구로 제안된다고 하더라도, 독특한 세계표상 내지는 문제의식과 결부되지 않고서는 철학탐구의 도구로 작동하거나 철학적 체계의 구성에 이를 수 없다. 예컨대, '본질직관'이라는 현상학적 방법은 '세계는 자신의 가장 본래적인 모습을 순수의식 속에 스스로 드러낸다'라는 선험적 믿음(관점/전제)과 결부될 때 비로소 현상학의 방법으로 쓰임을 갖는다. 또한 '비판하기'라는 선험적 방법은 '경험의 한계와 가능성이 경험

주체의 한계와 가능성과 동일하다'라는 선험적 직관과 더불어 칸트의 철학 속에서 기능하게 된다. 그런 점에서 철학적 지식(체계)과 철학적 방법은 엄격하게 구별되기 어렵다. 그렇다고 해서 그 둘이 동일한 것도 물론 아니다. 굳이 그 관계를 표현한다면, 철학적 방법은 철학적 믿음과 전제와 결합(상호작용)하게 될 때 비로소 철학적 지식의 생산으로 이어지게 된다고 할 수 있다.

철학체계와 철학적 탐구방법이 동일한 것은 아니지만, 서로 무관하지도 않다. 근대철학은 적극적인 탐구방법, 즉 칸트의 비판적 철학과 헤겔의 변증법적 철학에서 시도한 '논증하기'조차도 지식의 기초부터 총체까지를 포괄하려던 '의도'를 달성하는 데 미흡했다는 인식과 더불어, 대체로 논증하기에 대한 대안적 철학탐구, 즉 '재구성적 철학탐구'를 모색해 왔다고 평가할 수 있다(Habermas, 1983). 칸트와 헤겔 이후의 근대철학은, 말하자면 근원적 인식 혹은 절대적 인식의 보편타당성을 논증하려고 시도하는 대신에, 언어, 전승, 경험, 실천과 같은 다양한 소여(주어져 있음)를 출발점으로 삼아 그 속에서 작동하고 있는 삶과 앎의 보편적 기초를 재구성하려는 노력을 해왔기 때문이다. 탐구방법에 대한 근대철학의 매우 다양한 시도들은 논증적 철학에서 재구성적 철학으로 전환하는 것과 무관하지 않다.

근대철학의 다양한 철학적 탐구방법은 근원적이고 절대적인 인식을 제공하는 근본학이 되고자 했던 근대철학의 한계에 대한 자각과 대안모색에서 비롯된다. 근본학으로서 철학의 수행능력에 대한 자기비판은 철학적 논증 요구를 부분적으로 단념하는 절제적인 경향에서부터 철학과의 결별 혹은 철학의 문학화 경향까지 넓은 스펙트럼으로 펼쳐진다. 그에 반해 철학적 탐구가 체계적이고 총체적인 인식을 제공하고자 하는 의도는 오늘날까지 계속 이어지고 있다. 다만 지식의 총체를 제공하려는 의도를 정당하게 실행해 줄 만한 마땅한 철학적 탐구방법을 확보하는 데 여전히 미흡할 뿐이다. 지금까지의 철학적 탐구는 분명 '그럴 수밖에 없음'이라는 앎과 삶의 기초와 총체를 연역적으로 논증하는 데까지는 이르지 못했다. 그렇더라도 철학탐구는 여전히 삶과 앎의 기초, 즉 '그렇지 않을 수 없음'을 재구성하려고 노력해 왔고, 그것을 바탕으로 하여 총체적 지식의 체계를 가설 검증적으로 제안하려고 시도해 왔다.

엄밀한 학문으로서 교육철학이 근대철학의 방법과 의도의 다양한 전개를 따르거나 수용할 필요는 없다. 그것은 당연하다. 그런데도 교육철학이 교육실천과 교육적 사고의 '기초'를 재구성하고자 하며 나아가 그것을 바탕으로 하여 교육적 사고의 총

체를 가설 검증적으로 제안하고자 한다면, 근대철학의 자기비판과 자기인식을 참조해야 한다. 이 말은 근대철학에서 시도된 다양한 재구성적인 철학방법을 참조하면서, 교육에 관한 기초적이고 체계적이며 총체적인 인식에 도움이 될 수 있는지의 여부에 따라 교육철학의 방법론으로 활용해야 한다는 의미다. 교육철학은 다양한 철학적 탐구방법을 통해 교육실천 내적인 구성 원칙, 그리고 교육과 다른 영역 간의 상호작용 원칙을 재구성하고자 한다. 그러한 의도에 기여할 수 있다면, 근대철학이 시도해 온 재구성적 철학의 탐구방법은 모두 유효하고 또한 허용된다. 일상적 언어사용을 분석함으로써 언어적 사고의 기초를 재구성하고자 하는 분석철학의 방법, 인간정신의 표현 혹은 의미를 이해하는 해석의 구조를 재구성하고자 하는 해석학적 방법, 순수의식에 드러나는 세계와의 원초적 만남을 재구성하고자 하는 현상학적 방법, 사회적 실천 속에 들어 있는 이성적(합리적 또는 해방적) 전제와 지향을 엄정하게 드러내는 비판적 방법, 생활 사태에 대한 그리고 생활 사태를 위한 프래그머티즘적 철학방법 등 모든 재구성적 철학탐구방법은 교육실천에 대한 가설 검증적인 '기초' 인식에 도달하는 데 도움이 되는 한, 탐구방법으로서 정당성을 갖는다.

근대 이후로 '철학은 어떤 학문이고 어떤 역할과 과제를 수행하는지, 그리고 어떤 연구방법을 통해 자신의 의도를 성취하고자 하며 또한 어느 정도까지 수행해 낼 수 있는지'와 같은 질문은 현대철학의 특징이고 근본적인 탐구과제에 속한다. 그것은 교육학과 교육실천에 대해 체계적인 지식을 제공하는 학문이고자 하는 교육철학에도 역시 해당된다. 따라서 교육철학의 첫 번째 과제는 자신의 의도와 방법에 대해 점검하고 해명하고 명료히 하는 것이다. 즉, 교육철학은 스스로의 의도와 방법, 나아가 가능성과 수행능력에 대해 진지한 탐구를 수행해야 한다. 그러면서 교육실천 및 교육학이 어떤 개념을 중심으로 어떤 형태로 체계화될 수 있는지, 나아가 다른 실천 영역이나 학문과 어떻게 경계 지어지며 연관될 수 있는지를 탐구하게 된다.

그렇다면 현대의 교육철학이 묻고 답해야 할 질문은 아마도 이런 것으로 보인다. 교육철학은 교육실천 또는 교육학에 대해서 보편적이고 체계적인 진술을 하고자 의도해도 되는가? 그럴 수 있기 위해서, 교육철학은 점점 더 세분화되어 가는 교육실천과 여러 개별교육학 및 분과교육학을 서로 결합시켜 주고 또한 교육학과 교육실천이 다른 실천 및 제학문과 경계 지으면서 동시에 상호관계를 설정해 줄 수 있게 해 주는 교육이라는 '기초개념'(교육이념)을 어떻게 제시할 수 있는가? 그리고 그러한 인식에 도달하게 해 줄 실제적인 탐구방법은 무엇인가?

교육철학은 교육에 대한 근본생각 또는 교육학적 사고를 탐구하고자 한다. 그러한 교육철학이 엄밀한 학문으로서의 가능성은 어떻게 확보할 수 있을까? 그러한 가능성은 앞에서 살펴본 근대철학의 전개에서 시사했듯이, 우리의 교육적인 사고와 교육실천 속에 '이미' 고유하게 들어 있는 교육적 기초생각을 재구성하는 것에서 발견될 수 있다. 예컨대, 현대의 교육적 이해지평에서는 인간의 형성가능성(인간은 형성 또는 가능한 존재다)에 대한 신뢰가 이미 작동하고 있다. 다시 말하면, 현대인과 현대 사회는 교육적 당위(인간은 교육이라는 실천을 반드시 필요로 한다)를 전제로 하고 있다. 따라서 교육철학은 그러한 교육적 신념과 이념을 출발점으로 삼아, 그것을 교육에 대한 기초생각, 다시 말하면 교육학적 사고로 재구성할 수 있어야 하고 재구성해야 한다.

이런 의미의 교육철학은 교육에 대한 보다 완전한 이상이나 또는 미지의 필연성을 새롭게 발굴하거나 창출하려는 시도와는 구별된다. 왜냐하면 교육철학은 바로 개별적인 교육 행위에서 이미 바탕을 이루고 있는 교육적 사고 및 교육실천의 가능성과 필연성 자체에서 학문의 존재 근거를 발견하기 때문이다. 우리에겐 교육이 가능하고 필요하다. 그렇기 때문에 우리에게 교육학은 가능하고 필요하다. 그 역은 성립되지 않는다. 이것이 바로 교육학의 성립 근거다. 다만 교육철학은, 여타의 분과교육학 또는 개별교육학과는 달리, 교육실천과 사고 속에 들어 있는 교육적인 당위(필연성)를 보편적이고 체계적인 기초생각으로 다듬어 내고 정립하려고 시도할 뿐이다. 말하자면, 교육철학은 교육실천에 이미 들어 있는 기초 생각을 교육실천을 위한 교육적 사고로 재구성하기 위해서 엄정한 탐구방법을 활용하는 학문이다(Benner, 1996).

교육적 사고와 행위에 이미 내재해 있는 필연성을 출발점으로 삼는 재구성적 철학탐구가 성공적이게 될 때, 교육철학은 폐기처분되어야 할 교육'본질학' 또는 '형이상학적' 교육철학으로 변질되거나 여러 개별교육학이 귀 기울이고 싶지 않는 잔소리('이론의 이론' 혹은 메타교육학)로 전락하는 것을 피할 수 있을 것이다. 보다 적극적으로 재구성적인 교육철학은 교육학과 교육실천이 외부에서 미리 주어진 외적 규범으로 재단되는 것을 막을 수 있을 뿐만 아니라, 교육학과 교육실천에 이미 내재해 있는 필연성을 교육의 기초개념으로 확보함으로써 개별교육학과 개별적인 교육실천의 의미를 파악하는 데 기여할 수 있을 것이다. 현대의 교육철학이 시도하는 재구성적 교육철학은 결국 교육의 내적 원리, 교육을 구성하는 내재적 원리를 발굴하는 것은 물

론이고, 교육과 다른 실천들을 구분 짓고 연결하는 원리, 즉 교육을 포함하는 총체적인 실천들을 합리적으로 규제하는 원리를 드러내는 것에 이르고자 한다.

토론 거리

1. "철학은 놀라워함이나 경이로워함에서 시작한다"는 말이 있다(Plato, 2022: 155d). 자신의 교육적 경험 중에서 경이로움을 느낀 경우를 들고, 그러한 경이로움이 어디에서 기원하는지, 그것에 담겨 있는 교육의 비밀이나 비결이 무엇인지 생각해 보자.
2. 『꽃들에게 희망을(Hope for the Flowers)』이나 『나의 라임오렌지 나무(My Sweet Orange Tree)』, 『데미안(Demian)』이나 『갈매기 조나단(Jonathan Livingston Seagull)』과 같은 성장소설에는 교육의 신비와 가치가 함축적인 은유로 그려지고 있다. 기억에 남는 성장소설 하나를 선택해서 그 속에서 그려지고 있는 교육의 신비와 가치의 은유를 합리적이고 논리적인 언어로 다시 진술해 보자. 그러면서 문학적인 묘사와 개념적이고 논리적인 진술 간의 차이와 관계를 생각해 보자.
3. 오늘날의 교육철학은 교육실천 바깥의 이념이나 교육을 초월한 이념을 찾기보다는 교육실천과 교육현장에서 이미 작동되는 이념과 가치를 재구성하려는 방향으로 전개되고 있다. 이러한 흐름에 따르면, 다양한 교육현장에서는 이미 의미 있는 교육사상과 신념이 작동하고 있다. 다만 발견되고 이해되며 평가되기를 기다리고 있을 뿐이다. 우리나라의 교육 또는 자신이 경험한 교육에는 어떤 교육적 가치와 이념이 발굴되기를 기다리고 있는지 찾아서 헤아려 보자.

더 읽어 볼 자료

Nussbaum, M. C. (1997). *Cultivating humanity*. 정영목 역(2018). **인간성 수업: 새로운 전인교육을 위한 고전의 변론**. 경기: 문학동네.

▶ 인간성 함양이라는 전통적인 교육이념이 퇴색되는 상황에서 고전을 새롭게 해석하여 전인교육의 이상과 가치를 재음미하려는 시도를 담고 있다.

Deresiewicz, W. (2014). *Excellent sheep: The miseducation of the American elite and the way to a meaningful life*. 김선희 역(2015). **공부의 배신: 왜 하버드생은 바보가 되었나**. 서울: 다른.

▶ 이 책도 전통적인 인문교육의 가치를 견지하는 입장에서 오늘날의 엘리트교육이 전통적 가치를 구현하는 데 실패하는 원인을 분석하고 가능한 해법을 제시하고자 한다.

Biesta, G. J. J. (2006). *Beyond learning: Democratic education for a human future*. 박은주 역. 곽덕주 감수(2022). **학습을 넘어: 인간의 미래를 위한 민주 교육**. 경기: 교육과학사.

▶ 오늘날 교육이 학습으로 환원되는 현상을 문제로 파악하면서, 교육의 포괄적이고 역동적인 의미를 현대적 지평에서 새롭게 해석하고 있다.

Shorris, E. (1997). *Riches for the poor: The clemente course in the humanities*. 고병헌, 이병곤, 임정아 역(2006). **희망의 인문학**. 서울: 이매진.

▶ 이 책은, 노숙자들을 위한 인문학 교육이 현대적 의미의 빈곤에서 탈출하는 효과적인 방책이 될 수 있다는 것을 실험적이고 도전적인 교육프로그램을 중심으로 보여 주고 있다.

참고문헌

立花隆 (2001). **東大生はバカになったか**. 이정환 역(2002). **도쿄대생은 바보가 되었는가**. 서울: 청어람미디어.

Aurelius, M. *Meditations*. 박병덕 역(1987). **명상록**. 서울: 육문사.

Benner, D. (1996). *Allgemeine Pädagogik*. Weinheim/München: Juventa Verlag.

Biesta, G. J. J. (2006). *Beyond learning: Democratic education for a human future*. 박은주 역. 곽덕주 감수(2022). **학습을 넘어: 인간의 미래를 위한 민주 교육**. 경기: 교육과학사.

Deresiewicz, W. (2014). *Excellent sheep: The miseducation of the American elite and the way to a meaningful life.* 김선희 역(2015). 공부의 배신: 왜 하버드생은 바보가 되었나. 서울: 다른.

Dietrich, B. (1996). *Allegmeine Pädagogik*. Weinheim: München.

Dreyfus, H., & Kelly, S. D. (2011). *All things shining: Reading the western classics to find meaning in a secular age*. 김동규 역(2013). 모든 것은 빛난다: 허무와 무기력의 시대, 서양 고전에서 삶의 의미 되찾기. 경기: 사월의책.

Fromm, E. (1947). *Escape from freedom.* 김석희 역(2012). 자유로부터의 도피. 서울: 휴머니스트.

Habermas, J. (1983). *"Die Philosophie als Platzhalter und Interpret." In: ders., Moralbewußtsein und kommunikatives Handeln*. Frankfurt am Main: Suhrkamp, 9-28.

Habermas, J. (1987). *Theorie des kommunikativen Handelns*. Frankfurt am Main: Suhrkamp.

Heidegger, M. (1927). *Sein und Zeit*. 이기상 역(1998). 존재와 시간. 서울: 까치.

Hesse, H. (1919). *Demian*. 전영애 역(2000). 데미안. 서울: 민음사.

Kafka, F. (1915). *Vor dem Gesetz*. 전영애 역(1998). 변신, 시골의사(pp. 167-169). 서울: 민음사.

Kafka, F. (1919). *Brief an den Vater*. 정초일 역(1999). 아버지께 드리는 편지. 서울: 푸른숲.

Kant, I. (1803). *Über Pädagogik*. 김영래 역(2003). 칸트의 교육이론. 서울: 학지사.

MacIntyre, A. (1981). *After virtue*. 이진우 역(2021). 덕의 상실. 서울: 문예출판사.

Marcus, A. *Ta eis heauton*. 박병덕 역(2017). 아우렐리우스 명상록. 서울: 육문사.

Mirandola, P. d. (1496). *Oratio de hominis dignitate*. 성염 역(2009). 인간 존엄성에 관한 연설. 경기: 경세원.

Mollenhauer, K. (1983). *Vergessene Zusammenhänge: Über Kultur und Erziehung*. 정창호 역(2005). 가르치기 힘든 시대의 교육. 서울: 삼우반.

Nietzsche, F. (1873). *Die Unzeitgemäßen Betrachtungen*. 이진우 역(2005). 반시대적 고찰. 서울: 책세상.

Nussbaum, M. (1997). *Cultivating humanity*. 정영목 역(2018). 인간성 수업. 새로운 전인교육을 위한 고전의 변론. 경기: 문학동네.

Plato. *Politeia*. 박종현 역(2005). 국가 · 정체. 경기: 서광사.

Plato. *Theaitetos*. 정준영 역(2022). 테아이테토스. 서울: 이제이북스.

Rancière, J. (1987). *Le Maître ignorant: Cinq leçons sur l'émancipation intellectuelle*. 양창렬

역(2008). 무지한 스승: 지적 해방에 대한 다섯 가지 교훈. 서울: 궁리.

Rorty, R. (1989). *Contingency, irony, and solidarity*. 김동식, 이유선 역(2020). 우연성, 아이러니, 연대. 서울: 민음사.

Rousseau, J. -J. (1755). *Discours sur l'origine et les fondements de l'inégalité parmi les hommes*. 주경복, 고봉만 역(2018). 인간 불평등 기원론. 서울: 책세상.

Sartre, J. P. (2009). *L'être et le néant*. 정소성 역(2016). 존재와 무. 서울: 동서문화사.

Schiller, F. (1794). *Briefe über die ästhetische Erziehung des Menschen*. 김상섭 역(2007). 인간의 미적 교육론. 광주: 조선대학교 출판부.

Shorris, E. (1997). *Riches for the poor: The clemente course in the humanities*. 고병헌, 이병곤, 임정아 역(2006). 희망의 인문학. 서울: 이매진.

Taylor, C. (1989). *Sources of the self: The making of the modern identity*. Cambridge: Cambridge University Press.

Theodor, A. W. (1970). *Ästhetische Theorie*. 홍승용 역(1984). 미학이론. 서울: 문학과지성사.

Tolstoi, L. N. (1878). *Анна Каренина*. 연진희 역(2009). 안나 카레니나. 서울: 민음사.

Vygotsky, L. S. (1934). *Thought and language*. 윤초희 역(2011). 사고와 언어. 경기: 교육과학사.

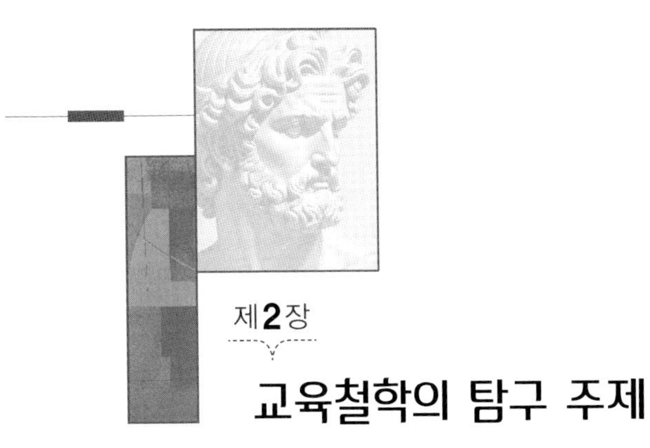

제 2 장

교육철학의 탐구 주제

한기철

도입

서양에서 합리적 사유의 전통은 기원전 6세기 초에 시작되었다. '철학'이라 불리는 이 사유 전통은 기원전 5세기 중엽을 거치면서 인간 삶과 행위를 사유하는 흐름으로 확장된다. 교육철학은 이 사유 흐름이 '교육'이라 불리는 인간 활동을 대상으로 하여 이루어지면서 성립된 학문이다. 우리는 이 장에서 철학은 언제, 어디서, 어떻게 시작되었으며, 무엇을 목적으로 하는 학문인지 하는 것과 함께, 그것에 비추어 교육을 철학적으로 공부하는 일은 어떤 주제들을 대상으로 해서 수행될 수 있는지를 논의할 것이다. 이 장에서 열거되는 주제들이 결코 교육철학탐구 주제의 전반을 포괄할 수는 없다. 이 주제들 외에도 특히 오늘날 우리 사회에서 제도로서의 교육과 관련해서 철학적 사유를 필요로 하는 주제들은 헤아릴 수 없을 정도로 많다. 필자의 기대는 독자들이 우선 이 장에서의 주제들을 소재로 해서 철학적 사유를 경험하고 연습하는 것이다.

1. 철학의 의미와 핵심 탐구 문제

교육철학은 한마디로 '교육'이라는 인간 활동을 철학적으로 탐구하는 학문이다. 물론 철학적이지 않은 방법으로 교육을 탐구하는 학문들도 있다. 그러나 교육철학은 철학적인 관점과 방법을 통해서 교육을 탐구한다. 그러므로 교육철학을 공부하는 사람들에게 가장 먼저 필요한 것은 '철학'이라 불리는 학문은 어떤 학문인지, 그것은 무엇을 어떻게 탐구하는 학문인지에 대한 지식이다. 다음에서 우리는 철학이 어떻게 시작되었고 최초에 그것의 탐구대상은 무엇이었는지, 그리고 그것이 인간 삶을 탐구대상으로 삼게 된 것은 또 어떤 계기를 통해서였으며, 그것은 철학의 역사에 어떤 의미를 주었는지 등에 대해 간략히 알아볼 것이다.

'철학'이라 불리는 학문은 서양 학문이다. 한자어 '철학(哲學)'은 19세기 말에 활동한 일본인 학자가 서양어를 번역해서 만든 말이다. 잘 알려져 있는 것처럼 철학에 해당하는 서양어들—philosophy, Philosophie, philosophie, filosofia 등—은 모두 헬라스어 '필로소피아'에서 왔다. '철학자'를 뜻하는 '필로소포스'와 함께 '필로소피아'는 피타고라스 학파가 만든 것으로 알려져 있다. 흔히 알고 있는 바대로 필로소피아는 '사랑하다'는 뜻의 '필레인'과 '지혜' 또는 '지식'이라는 뜻의 '소피아'가 합쳐진 말로서, 말 그대로 '지혜 또는 지식을 사랑하는 일'을 의미한다. 오늘날 철학은 하나의 특정 학문—과학이나 공학이 아닌 것—을 가리키지만, 고대 헬라스적인 맥락에서 그것은 자연계와 인간 삶에 대한 사고 전체를 통틀어 지칭하는 말이었다.

철학은 일반적으로 탈레스(Thales, 기원전 624~546)와 그 제자들—또는 후배들—로 이루어진 밀레토스 학파의 자연철학에서 시작되었다고 알려져 있다. 철학의 시작에 대한 이 견해는 아리스토텔레스가 『형이상학(Metaphysics)』 제1권에서 자연철학의 시초를 탈레스로 규정하고 그가 사물의 근원적인 원리를 물이라고 말했다는 진술에서 연유한 것이다. 철학자들이 등장하기 전 헬라스인들은 자연의 움직임과 자신들 삶의 방향을 '뮈토스'를 통해서 이해하고 처방했다. 시인들에 의해 전파된 뮈토스는 자연과 인간 삶을 그야말로 신화적인 방식으로 설명하고 처방했으나, 새로 등장한 철학자들은 자연 그 자체에 생성의 원질과 운동의 원리가 깃들어 있다고 보고 기존에 신들이 관장하던 자연계를 이제는 합리적인 사유를 통해 밝혀내야 한다고 주장했다.

그런데 최초에 자연철학에서 시작된 철학의 역사는 기원전 5세기 중엽 무렵에 아테네 사회에 소피스트들이 등장하면서, 그리고 이들 신지식인들과 아테네 사람 소크라테스 사이에 활발한 논쟁이 이루어지면서, 새로운 국면을 맞게 된다. 이전 자연철학자들이 자연에 관한 지혜를 탐구하던 것과 달리 소피스트들은 아테네 청년들에게 인간 삶의 지혜를 가르쳐 주겠다고 공언했다. 소크라테스 또한 기존의 자연철학에 대해 그것의 독단성과 무용성을 지적하면서 철학은 사람들의 주된 관심, 사람들이라면 가장 관심 있어 할 법한 것들, 곧 인간에 관한 지식, 올바른 삶의 방향에 관한 지식을 탐구하는 것이어야 한다고 주장했다. 요컨대 기원전 5세기 중엽을 기점으로 헬라스 철학은 기존 자연철학의 범위를 넘어서 이제 인간 삶을 그 탐구 주제로 삼게 된다.

소피스트들과 소크라테스의 논쟁 중에 우리에게 가장 잘 알려진 것은 흔히 '덕(德)'이라고 번역되는 '아레테'를 주제로 한 논쟁이다. 아레테는 "사물들의 부류 또는 종류에 따른 '훌륭한 상태', '훌륭함', '빼어남', '~다움', 그리고 특히 기능 면에서의 '능함'을 의미한다"(Guthrie, 1960/2000: 22). 인간이 만든 모든 사물은 제각기 나름의 용도를 지닌다. 그 용도에 충실할 때 우리는 그것을 '좋은 ~'이라고 칭한다. 나름의 '좋음'을 발휘할 때 그 사물은 아레테를 발휘하는 것이 된다. 아레테는 사람들이 종사하는 직업이나 활동에 적용될 때 그 의미가 한층 분명해진다. 누구든지 특정한 직업을 갖고 그에 해당하는 일을 수행한다. 어떤 일에서든지 그것을 '잘' 수행하는가 그렇지 못한가를 따져 볼 수 있고, 그에 따라 그 일을 수행하는 사람을 '훌륭한 ~', '우수한 ~', '탁월한 ~' 등으로 칭한다. 인간이 종사하는 직업이라면 그 어떤 직업이든지 그 직업에서의 내적 탁월성의 기준을 갖고 있다. 그 기준에 따라 그 일을 행하는 사람의 훌륭함, 곧 아레테의 정도를 판단할 수 있다.

한 활동에 종사하는 사람이 그 분야에서 아레테를 발휘하려면 그는 반드시 그 활동이 어떤 활동인지를 알고 있어야 한다. 소크라테스가 '아레테는 지식'이라고 말한 것은 바로 이 점을 지적한 것이다. 자기가 종사하는 활동에 대한 앎의 시작이자 기초는 그 활동의 원래 목적이 무엇인지에 대한 앎이다. 여기서 활동의 '원래 목적'은 곧 그 활동의 '내적 목적'을 말한다. '내적(內的)'이라는 공간적 비유를 쓴 것은 활동의 목적이 그 활동의 의미 속에 있다는 것, 다시 말하면 여기서 '목적'과 '의미'는 서로 개념적인—또는 논리적인—관계를 맺고 있다는 것을 지적하기 위한 것이다. 그러므로 한 활동에서 아레테를 발휘하려면 그 활동의 내적 목적, 곧 그 활동의 의미로부터 추론된 목적에 대한 앎을 갖추는 일이 반드시 필요하다. 이것이 특정 인간 활동을 철학적으로 탐구하는 일의 가장 기본적인 의미다.

2. 교육철학적 질문의 성격

교육철학은 교육이라 지칭하는 인간 활동의 아레테를 탐구하는 학문이다. 그것은 일종의 철학적 탐구이고, 그 대상은 교육이라 불리는 인간 활동이며, 그 목적은 교육활동의 내적 목적, 곧 그것의 고유한 의미를 밝히는 것이다. 20세기 중반에 교육철학이 하나의 독립된 학문영역으로 성립된 후, 그 학문에 종사해 온 사람들, 곧 교육철학자들은 각기 나름의 방법으로 교육활동의 아레테, 교육활동의 내적 목적이 무엇인지를 밝히고, 또한 그것을 실현하려면 어떤 방법들이 동원되어야 하며, 교육이 여타의 비교육적인 목적들에 봉사하는 용도로 잘못 활용되지 않도록, 말하자면 그것이 도구화되지 않도록 하려면 어떤 노력이 필요한지를 탐구해 왔다. 그런데 그러한 방법들의 다양성에도 불구하고 그 교육철학자들의 탐구활동은 공통적으로 하나의 가장 기본적인 질문에서 시작되었다.

모든 학문적 탐구는 질문으로 시작한다. 문제에 봉착하지 않는 한 사고는 시작되지 않는 것처럼, 질문을 갖지 않는 한 학문적 탐구는 시작되지 않는다. 교육철학이 다루는 질문을 가장 짧게 진술하면 그것은 '교육이란 무엇인가' 하는 질문이 된다. 교육철학이라 불리는 학문 활동의 전부는 이 지극히 간단해 보이는 질문에 대한 해답을 구하기 위한 것이라고 해도 크게 틀림이 없다. 이 질문에 대한 해답을 찾는 우리의 사고는 적어도 다음 세 가지를 토대로 해서 이루어져야 한다. 첫째는 이 질문의 기본적인 성격은 무엇인가 하는 것이고, 둘째는 교육이라 지칭되는 활동은 수많은 인간 활동들 중에 어떤 카테고리에 포함되는 활동인가 하는 것이며, 그리고 셋째는 그것의 내적 목적을 밝힌다는 말은 무슨 말인가 하는 것이다.

첫째, 교육철학적 질문으로서의 '교육이란 무엇인가' 하는 질문은 일종의 규범적 또는 처방적 질문이다. 이 질문은 겉보기에는 대상이 지니는 특성을 객관적으로 기술하라는 일종의 과학적 질문처럼 보이지만, 사실 그것은 교육이 이루어져야 할 이상적인 모습은 어떤 것인지를 묻는 질문이다. 규범적(normative) 질문은 말 그대로

'norm'이 무엇인지를 묻는 질문이므로, 이 질문은 대상의 있는 그대로의 모습, 곧 과거에 그것은 어떤 모양으로 이루어졌으며 또한 지금은 어떻게 이루어지고 있는지를 묻는 질문이 아니다. 인간이 수행하는 활동이라 하더라도 그것의 이른바 객관적인 모양을 기술(記述)하는 것도 학문적 탐구의 내용이 된다. 교육활동을 과학적으로 탐구하는 교육학들—교육심리학, 교육사회학 등—은 이 일을 전문적으로 수행하는 학문들이라 할 수 있다. 그러나 교육철학은 교육활동의 사실적인 모양을 기술하는 활동이 아니다. 그것은 교육은 어떻게 이루어져야 하는지를 처방하는 활동이다. 그 어떤 활동을 교육이라는 이름으로 지칭하려면 그것은 어떻게 수행되어야 하는지를 적극적으로 제시하는 것이 교육철학이 하는 일이라는 것이다.

둘째, 교육철학적 질문으로서의 '교육이란 무엇인가' 하는 질문에 등장하는 교육은 고대 헬라스적 맥락에서 '프락시스'에 해당하는 활동이다. 인간이 종사하는 활동은 수없이 많지만 아리스토텔레스의 방법에 따르면 그것은 세 가지로 구분된다. 테오리아, 프락시스, 포이에시스가 그것이다. 테오리아는 일찍이 신의 영역으로 간주되었던 자연계에 대한 관조 활동이며, 포이에시스는 쓸모 있는 물건이나 예술품을 제작하는 활동이다. 이 두 활동과 프락시스 간의 한 가지 큰 차이점은 각각의 활동을 수행하는 데 다른 인간이 필요한가 그렇지 않은가 하는 것이다. 신의 영역을 관조하는 테오리아나 물건을 제작하는 포이에시스와 달리, 프락시스는 인간 대 인간이 만나 이루어지는 활동, 사람을 상대로 하는 활동을 가리킨다. 말 그대로 '인간사(人間事)'에 해당하는 활동이라고 할 수 있다. 정치 활동, 법률 활동, 의료 활동, 도덕적 활동 등이 이 범주에 속한다. 그렇다면 교육은? 교육이야말로 가장 대표적인 프락시스라고 할 수 있다. 교육은 교사와 학생이 만나서 이루어지는 활동이기 때문이다. 가르쳐야 할 학생이 없는 교사, 또는 자신이 배워야 할 교사가 없는 학생이라는 말은 다 같이 논리적 모순을 유발한다. 교육활동은 반드시 가르치는 자와 배우는 자가 만나 상호 간에 이루어지는 활동이지 않으면 안 된다. 어찌 보면 너무도 당연한 사실이지만, 우리 주변을 돌아보면 반드시 그런 것만은 아닌 것 같다. 교육활동을 테오리아나 포이에시스로 간주하는 경우가 허다하기 때문이다. 그러나 그와 달리 교육철학은 교육을 프락시스로서 탐구한다.

셋째, 교육철학적 질문으로서의 '교육이란 무엇인가' 하는 질문에 대답하는 일은 그것의 내적 의미, 내적 가치, 내적 목적을 분석하는 일로 이루어진다. 모든 인간 활

동은 각기의 아레테를 발휘할 때 그 의미가 드러난다. 그리고 각 활동의 아레테는 그 활동 고유의 내적 기준에 비추어 그것을 가장 탁월하게 수행하는 상태를 가리킨다. 교육에 종사하는 사람, 곧 가르치는 사람이나 배우는 사람은 마땅히 교육에서의 아레테를 추구해야 한다. 교육에서의 아레테를 추구함으로써 자신들이 수행하고 있는 교육활동을 가장 교육답게 수행할 수 있기 때문이다. 교육의 의미, 가치, 목적을 밝히는 과정에서 가장 주의해야 할 점은 그것을 교육 아닌 다른 것과의 사실적 관계를 통해 규정지어서는 안 된다는 점이다. 교육의 의미, 가치, 목적을 경제적인 것, 사회적인 것, 정치적인 것, 기술적인 것 등과의 관계를 통해 규정하려는 시도를 흔히 목격할 수 있다. 국가적 차원에서 공교육 시스템의 운영 목적을 국가 경쟁력의 제고나 경제 발전 등으로 삼는 경우, 또는 개인적 차원에서 학교 공부의 목적을 입신출세나 계층 상승 등으로 삼는 경우가 전형적인 예에 해당한다. 그러나 이처럼 한 활동의 목적을 그것과 개념적인 관계가 없는 다른 가치로 삼을 경우, 그 활동은 도구화되고 점차로 그것의 성격은 원래 목적이 아닌 다른 방향으로 변질된다. '교육이란 무엇인가' 하는 질문을 탐구하는 교육철학적 활동은 교육 그 자체의 의미, 가치, 목적을 분명히 드러냄으로써 이와 같은 주객전도(主客顚倒) 현상을 방지하고 바로잡아 나가는 활동이다.

3. 교육철학의 이론학적/실천학적 성격

철학은 원래 자연철학으로 시작했지만 이후 소피스트들과 소크라테스는 기존에 자연을 탐구하던 것과 달리 인간 행위와 삶을 철학의 대상으로 삼을 것을 주장했다. 그런데 이들은 인간 삶을 철학의 대상으로 삼아야 한다는 점에서는 공통적이었으나, 그것을 탐구하는 방법과 그 결과로 획득되는 지식의 성격을 보는 관점에서는 큰 차이를 보였다. 다소 단순화해서 말하자면, 소크라테스와 플라톤으로 이어지는 전통은 인간 행위를 하나의 이론적 탐구대상으로 삼을 것을 주장한 반면에, 소피스트들과 이소크라테스로 이어지는 전통은 인간 행위를 실천적 탐구대상으로 삼을 것을 주장했다. 우리는 교육철학을 탐구할 때 이 두 편의 관점 모두를 취할 필요가 있다.

이론학(理論學)은 말 그대로 이론적인 대상을 탐구하는 학문이다. 이론적인 대상은 보편적이고 시대초월적인 진리를 가리킨다. 철학은 원래 이론학으로 출발했다. 늘

변화하는 세계를 사는 인간들이 그것에서 오는 허무함을 극복하기 위해, 시간이 흘러도 결코 변하지 않는 것, 누구에게나 어떤 경우에나 동일하게 적용되는 것이 무엇인지를 탐구하는 것으로 철학은 시작했다. 기원전 6세기 초 철학자들이 이론적 탐구의 대상으로 삼은 것은 자연계—퓌시스—였다. 신이 창조한 자연계를 대상으로 그것을 구성하는 원질과 그 변화를 주재하는 원리를 탐구하는 일이 초기 철학자들의 임무였다. 신의 창조물로서의 자연계를 탐구하는 일이므로 이들이 사용할 수 있는 방법은 그것을 관조(觀照)하고 사변(思辨)하는 것밖에 없었을 것이다. '이론'이라고 번역되는 영어 'theory'의 헬라스어 어원인 '테오리아'—라틴어 번역어는 영어 'contemplate'의 어원인 'contemplatio'—는 대상을 '바라보다' 또는 '관조하다'는 뜻을 갖고 있다. 그래서 그 탐구 결과는 영원불변하고 보편적이고 객관적인 진리라야 했다.

철학의 이론학적인 성격은 기원전 5~4세기에 와서 그 탐구대상이 자연계만이 아니라 인간 삶의 영역으로 확장되었을 때도 플라톤 같은 학자들에 의해 계속 유지된다. 그러나 이 시기 대표적인 소피스트인 이소크라테스는 플라톤 학파와는 사뭇 다른 관점에서 학문을 전개했다. 그의 수사학(修辭學)은 보편적이고 영원불변하는 진리가 아니라 그때그때 상황과 그 상황에 처한 사람에게 가장 적절한 것이 무엇인지를 담론(談論)을 통해 밝히는 학문이었다. 그가 보기에 인간 삶에 보편적이고 영원불변하는 것은 있을 수 없으며, 있다고 해도 신이 아닌 이상 그것을 알기는 불가능하다. 때에 따라 변할 수밖에 없고 처한 상황에 따라 다를 수밖에 없는 것이 인간 삶이며, 따라서 그것을 대상으로 한 학문도 그 점을 반드시 고려하지 않을 수 없다. 그리고 그 점에서 이와 같이 인간과 인간 간의 교섭 행위들로 이루어지는 인간사(人間事)—프락시스—를 다루는 학문은 말 그대로 실천적인(practical) 성격을 띨 수밖에 없다. 그것은 변하지 않는 보편적인 진리에 대한 사변과 관조가 아니라, 시시각각 다양한 방식으로 전개되는 사람들의 실천 행위를 처방하는 학문이다.

철학의 이론학적인 성격과 실천학적인 성격 사이의 긴장은 우리 시대에 와서도 여전히 논쟁의 대상이다. 가령 툴민(Stephen Toulmin) 같은 철학자는 플라톤에게서 전승되었다고 할 수 있는 '이론 중심(theory-centered)'의 철학이 17세기 들어 데카르트(Rene Descartes) 같은 사람을 통해 계승되어 여전히 주류 철학으로 인정받고 있다는 점을 지적하고, 그러나 그 반대편에 아리스토텔레스의 윤리학에 뿌리를 두고 그 이후 고대 로마의 키케로와 르네상스 인문주의자들에 의해 계승된 또 다른 경향의 학문 전

통이 면면히 이어져 오고 있다고 주장한다. 툴민은 이 전통을 앞의 이론 중심의 철학과 대비시켜 '실천 철학(practical philosophy)'이라 지칭하고 그것을 회복시켜야 한다고 주장한다(Toulmin, 1988).

툴민에 따르면 실천 철학은 다음 네 가지 특징을 지닌다(Toulmin, 1988: 338-341). 첫째로 그것은 글로 쓰인 명제 체계, 그리고 그 명제들 간의 형식적인 관계가 아니라 특수한 상황 속에서 다양한 이해관계에 있는 특정 사람들이 구체적인 문제에 대해서 서로 간에 주고받는 담론에 관한 것이다. 둘째로 그것은 그 어떤 상황에서건 보편적으로 적용되는 추상적인 원리가 아니라 매번 성격이 다를 수 있는 특수한 종류의 사례들에 관한 것이다. 셋째로 그것은 모든 지역에 공통적으로 적용되는 일반적인 원칙이 아니라 개별적이고 국지적인 사건들에 관한 것이다. 그리고 넷째로 그것은 어느 시대이든 상관없이 적용되는 항상적인 것이 아니라 시대에 따라 변하는 것, 시간의 제약을 받는 대상에 관한 것이다. 그리 깊이 따져 보지 않더라도 툴민이 제시한 이와 같은 실천 철학의 특징들은 플라톤적인 의미에서의 필로소피아로는 결코 포착되지 않는 대상들을 다루는 일이라는 점을 알 수 있다. 플라톤적인 입장에서 보면 그런 것들은 이데아를 포착하는 데 방해가 되는 요소들, 사물의 본질을 알고자 하는 인식의 주체를 기만하는 변화무쌍한 외양들에 불과한 것이기 때문이다.

앞에서 이론학과 실천학을 서로 긴장 관계에 있는 것으로 언급했지만, 사실 정치나 윤리, 교육 등과 같은 인간사적(人間事的) 영역들에서 철학적 사고는 이 두 측면을 모두 고려해야 한다고 보는 것이 맞다. 그러니까 정치, 윤리, 교육 등의 영역에서 이루어지는 인간 활동이 프락시스인 것은 맞지만, 그래서 그 어떤 영원한 진리가 일률적으로 적용되는 영역이라고 할 수는 없지만, 그렇다고 해서 이 영역들 속에서 수행되는 사람들의 행위가 아무런 이념적 · 개념적 토대 없이 마구잡이로 전개된다고 볼 수는 결코 없다. 인간의 합리적인 행위는 예외 없이 그 어떤 목적을 추구하는 행위일 수밖에 없기 때문이다. 아리스토텔레스의 용어로 말하면 우리 행위는 모두가 그 어떤 '텔로스'를 추구하는 행위다. 인간의 합리적 행위는 모두가 그 어떤 목적을 추구하는 행위라는 것이다. 한 행위의 이름은 결국 그것이 추구하는 목적을 지칭하는 이름이라고 봐도 크게 틀림이 없다.

특정 명칭으로 표현된 활동 영역에서 행위를 수행할 때 그 주체는 항상 그 명칭으로 표현된 목적을 실현코자 한다고 할 수 있다. 그렇지 않으면 그 주체가 '그 행위'를

하고 있다고 말할 수 없다. 교육활동을 수행하는 사람이라면 늘 교육이 추구하는 목적을 염두에 두고 그것을 실현하려 한다고 말해야 한다. 그렇지 않으면 그 사람이 '교육활동'을 수행하고 있다고 말할 수 없다. 바로 이 목적이 곧 교육의 개념이자 본질에 해당하는 것이다.

그러므로 교육철학의 성격을 실천학으로 규정할 때라도 우리는 그것의 이론학적 성격을 완전히 도외시해서는 안 된다고 보아야 한다. 교육철학은 '교육'이라 불리는 인간 삶의 한 측면을 대상으로 이루어지는 사유 영역이다. 인간 삶은 두 가지 특징을 지닌다. 하나는 그것이 일차적으로 그 어떤 목적을 추구하는 행위들로 이루어진다는 점이고, 다른 하나는 그것이 말 그대로 사람들 간에 이루어지는 행위들로 이루어진다는 점이다. 이 두 특징은 서로 맞물려 있어서 둘을 따로 떼어 놓고 그중 어느 하나를 이해하는 일은 불가능하다. 사람들의 실천 활동은 다른 사람들과의 관계 속에서 특정한 시기에 특정한 이해관계를 배경으로 이루어진다. 그러므로 그 활동들이 그 어떤 목적을 추구한다는 말을 제대로 이해하려면 그것이 이루어지게 된 그와 같은 상황적 맥락을 반드시 고려하지 않으면 안 된다. 인간 행위는 항상 그 어떤 목적을 추구하는 행위이고, 그 행위는 항상 특정 맥락 속에서 수행되기 때문이다.

4. 교육의 본질: 인간다움의 추구

기원전 5세기에 소피스트들과 소크라테스가 등장하면서 철학은 큰 전환기를 맞는다. 기존에 자연을 연구하던 경향이 이제 인간 삶을 대상으로 하는 경향으로 확대된 것이다. 교육은 인간 삶 가운데 가장 중요한 부분을 차지하는 활동이므로, 인간 삶을 대상으로 하는 철학적 사유가 교육을 그 중요한 주제로 삼았음은 당연한 일이었다 하겠다. 고전적 맥락에서 이처럼 철학이 인간 삶의 주제들을 다루게 된 것을 가리켜 역사가들은 '휴머니즘'의 등장이라고 칭한다. 인간 삶을 탐구한 철학자들은 말 그대로 사람들이 삶을 살면서 겪게 되는 다양한 경험들을 특정의 개념으로 지칭하고 그것들이 이루어져야 할 올바른 형태는 무엇인지를 규정하는 일을 철학이 해야 할 중요한 일로 삼았다는 말이다. 인간은 어떻게 삶을 살아야 하는지, 인간다운 삶이란 어떤 것인지, 다시 말하면 '인간다움'이란 무엇인지의 문제가 철학자들의 가장 기본적인 탐

구 문제가 된 것이다.

우리말 '교육'에 해당하는 가장 오래된 서양어는 헬라스어 '파이데이아'다. 그런데 헬라스 세계가 로마인들에게 정복된 후에 바로(Marcus Terentius Varro)와 키케로(Marcus Tullius Cicero) 같은 학자들은 헬라스인들이 파이데이아라는 말로 가리키던 것을 '사람이 되게 하는'이라는 뜻의 라틴어 후마니타스(humanitas)라는 말로 지칭했다. 후마니타스는 독일어 후마니스무스, 영어 휴머니즘의 어원이 되는 말이므로, 용어의 역사로 보면 '교육은 곧 휴머니즘'이라는 말이 된다. 휴머니즘은 인간 존중의 이념이자 인간다움을 추구하는 정신을 가리킨다. 교육을 철학적으로 탐구하는 사람들이 가장 기본적으로 고려해야 할 점은 바로 이것, 곧 교육은 인간다움을 기르는 일이라는 점이다. 교육철학을 교육이라는 인간 활동의 본질을 탐구하는 학문이라고 했을 때, 그것의 출발점은 교육이 인간을 대상으로 한다는 점이며, 그것이 탐구해야 할 핵심적인 문제는 그렇다면 그 인간다움이란 무엇이며 그것을 어떻게 기를 것인가 하는 것이 된다.

'교육은 인간을 기르는 일'이라는 말은 무슨 말인가? 우리는 누구나 사람으로 태어났지 않는가? 사람으로 태어난 존재를 또다시 사람으로 기른다는 말은 동어반복 아닌가? 그렇지 않다. 우리는 누구나 사람으로 태어나지만, 교육이 기르려고 하는 사람다움은 그런 자연적 속성을 가리키는 말이 아니다. 태어날 때 인간은 그저 생물학적 의미에서의 인간일 뿐이다. 그런 생물학적 존재로서의 인간으로 하여금 참으로 인간다움을 갖춘 한 사람의 성숙한 인격체로 성장토록 하는 일, 이 일이 교육의 본질이다. 이와 관련해서 중요하게 고려해야 할 점이 있다.

교육은 곧 휴머니즘이라고 했다. 휴머니즘은 인간 존중의 이념이다. 인간 존중의 이념이므로 그것이 일차적으로 삼아야 할 가치는 인간 그 자체의 귀함이다. 인간을 가장 귀하게 생각하는 것이 곧 휴머니즘이 추구하는 바이므로, 그와 반대로 인간을 수단으로 활용해서 모종의 다른 가치를 실현하려는 시도는 모두 휴머니즘에 반하는 것이요, 따라서 반교육적(反教育的)인 것으로 간주되어야 한다.

인간이 만든 사물이나 인간이 종사하는 활동은 모두 특정의 기능적 목적이 있고 그것을 얼마나 잘 실현하느냐에 따라 그 탁월성의 정도가 판단된다. 그러나 사물이든 활동이든 그것의 원래 목적과 가치대로만 사용되거나 수행된다고 할 수는 없다. 가령 시계의 원래 목적은 우리에게 정확한 시각을 알려 주는 것이지만, 사람들이 반드

시 이 목적으로만 시계를 차고 다니는 것은 아니다. 부를 과시하기 위해 값비싼 시계를 차고 다니기도 하고 다만 멋스러움을 위해 시계를 차고 다니기도 한다. 이런 경우, 다시 말하면 사물이 그 원래 목적이 아닌 다른 목적을 실현하기 위해 사용될 때, 그것을 가리켜 '도구화'되었다고 한다. 틀림없이 시계도 하나의 도구지만, 그것의 원래 목적을 위해 기능할 때는 도구화되었다고 하지 않는다. 사물이 도구화되면 그 사물은 그것의 원래 속성을 잃게 된다. 시계가 다만 부를 과시하는 장신구가 되었을 때 우리에게 정확한 시각을 알려 주는 그것의 원래 기능은 도외시된다. 얼마나 비싸고 화려한가 하는 것만이 관심 대상이 될 뿐이다. 인간이 종사하는 활동도 마찬가지다. 정치가 원래 목적이 아닌 목적으로 수행될 때, 종교가 원래 목적이 아닌 목적으로 수행될 때 등등. 교육의 원래 목적은 인간다움을 기르는 것이지만, 오늘날 우리 사회에서 교육이라는 이름으로 수행되는 활동들 중에 그 원래 목적을 실현키 위해 수행되는 것은 얼마나 되는가? 모두 교육이 도구화되었기 때문이다. 교육이 도구화되면 그 원래 기능인 인간다움을 기르는 일에 실패할 수밖에 없다. 아주 높은 성적으로 대학까지 졸업했으나 인간다움을 갖추지 못한 사람들이 허다하게 목격되는 것도 바로 이 때문이다. 교육철학은 교육의 본질을 탐구하는 일이므로, 뒤집어서 말하면 그것은 교육의 도구화에 저항하는 일이다.

안타깝고 답답한 일이지만 우리 현실에서 교육을 공부하거나 교육을 운영하는 직책에 있는 사람들 중에 이처럼 도구화된 교육을 교육의 원래 모습으로 잘못 알고 있는 사람들이 적지 않다. 대표적인 경우가 교육을 '인재 양성'이나 '인력 개발'로 보는 경우다. 군사 정권 시절 경제 개발에 총력을 기울이던 관례가 오늘날까지 반성 없이 이어지고 있는 것이다. '인력'이라는 말은 물론이거니와 '인재'라는 말은, 어떤 경우에서든 가장 최종적인 가치요 목적이 되어야 할 인간을 도구화해서 지칭하는 가장 전형적인 용어다. '인재(人材)'에서의 '재'는 목재(木材), 석재(石材), 철재(鐵材) 할 때의 '재료 재'다. 그러니까 목재는 책상을 만드는 나무 재료를 가리키는 말인 것처럼, '인재'라는 말에는 사람을 재료로 해서 그 어떤 생산물을 만들어 낸다는 뜻이 담겨 있다. 우리 시대에 청산해야 할, 산업화 시대의 대표적인 잔재라 아니 할 수 없다. 권력 집단이 이런저런 인재를 양성해서 경제 발전을 이루겠다거나 소위 국가경쟁력을 제고하겠다고 선전하는 일은 있을 수 있겠다. 그러나 교육을 공부하거나 교육을 운영하는 사람들은 절대로 이런 용어를 써서는 안 된다. 교육은 인간을 기르는 일이지, 결코 인재를 양성하거나 인력을 개발하는 일이 아니다. 물론 이렇게 말한다고 해서 인재 양성이나 인력 개발을 전혀 쓸데없는 일로 여길 필요는 없다. 관건은 인재 양성이니 인력—심지어 인적 자원—개발이니 하는 것들을 '교육'과 등치하는 잘못된 관점이다. '교육'이라는 이름으로 인간을 도구화하는 오류를 범하게 된다는 것이다.

5. 자유교과와 인문주의

교육은 곧 휴머니즘이라는 말은 교육이 인간을 인간답게 하는 일이라는 말이다. 이제 이어져야 할 질문은 그렇다면 그 '인간다움'이란 무엇이며 그것은 어떻게 기를 것인가 하는 것이다. 교육철학을 공부하는 사람들이 가장 먼저 제기해야 할 질문인 '교육이란 무엇인가' 하는 질문은 모두 이 질문과 연결되어 있다. 그런데 인간다움이란 무엇이며 그것은 어떻게 기를 것인가 하는 이 질문은 언뜻 보면 두 개의 분리된 해답을 구하는 질문처럼 보이지만, 사실 그것은 하나의 단일한 대답을 향한 질문이라고 보아야 한다. 인간다움은 무엇인지의 문제는 그 자체로 인간다움은 어떻게 기를 것인지의 문제라는 것, 거꾸로 말하면 인간다움이란 어떻게 길러지는지에 답하는 일이 곧 그 인간다움은 무엇인지에 답하는 일이 된다는 것이다. 그렇다면 인간다움을 기르는 일은 어떤 일인가 하는 문제에 우리는 어떤 방법으로 접근해야 하는가? 인간 삶의 역사를 참조하는 것이 가장 적절한 방법이다.

서양 역사에서 교육에 대한 최초의 서술들은 대개 기원전 5세기 중엽에서 4세기 중엽까지의 고대 헬라스를 조명한다. 이 시기는 특히 교육과 문명의 역사에서 대단히 중요한 시기인데, 사상가에 따라서는 그것을 '교육의 세기(the pedagogical century)'라고 부르기도 한다. 이 시기 중에 이후 2,500년간 인류가 향유하게 될 교육과 문명의 근간이 마련되었다고 보기 때문이다. 기존에 퓌시스를 탐구하던 철학이 '인간 행위의 철학'으로 확장된 것도 이 시기 중의 일이었고, 아테네 사회에 등장한 저명한 소피스트들과 아테네인 소크라테스가 인간 삶의 여러 측면들을 주제로 치열한 논쟁을 벌인 것도 이 시기 중의 일이었으며, 화이트헤드(A. N. Whitehead)가 유럽 철학의 본문이라 칭한 플라톤의 철학이 꽃을 피운 것도 이 시기 중의 일이었다. 소피스트들과 철학자들은 모두 선생들이었으므로 이들의 사유와 담론에서 교육이라는 인간사가 큰 비

중을 차지했음은 물론이다. 우리가 여기서 주목하려는 것은 인간다움을 기르는 일의 방법이 되는 것, 곧 교육의 내용이 되는 지식들이 또한 이 시기를 기점으로 형성되었다는 점이다.

인간다움은 어떻게 길러지는가 하는 문제가 곧 인간다움은 무엇인가 하는 문제와 직결된다고 했다. '인간다움'—또는 인간성, 인성—이라고 했으므로 그것은 이 세상에 존재하는 생명체들 중에 인간 아닌 것들의 특성과 구별되는 그 무엇이라야 한다. 인간도 동물이기는 하지만 특히 그것은 동물적인 속성들과 구별되는 그 무엇일 필요가 있다. 다른 동물에게서 찾아볼 수 없는 속성이라야 인간다움이라 할 수 있지 않겠는가? 고대 헬라스인들은 그것을 크게 이성적 사유와 담론 능력에서 찾았다. 이성적으로 사고하는 능력, 그리고 타인과 담론을 주고받는 능력은 다른 동물이 갖지 못한 인간만의 속성이라는 것이다. 그런데 주의할 점은 이 속성들이 자연적으로 타고난 속성들이 결코 아니라는 점이다. 인간 속성들 중에 자연적으로 타고난 것들은 대개 다른 동물들에게서도 찾아볼 수 있는 것들이다. 인간을 다른 동식물들과 구분케 하는 능력들, 다시 말하면 인간다움을 결정짓는 능력들이 자연적으로 타고난 것들이 아니라면, 그것들을 갖추는 데는 특별한 노력이 필요하다는 말이 된다. 요컨대 이성적 사유와 담론 능력은 특별히 마련된 과정을 거쳐서 형성되는 것이요, 그 능력들을 갖추려면 각각에 해당하는 지식을 습득하지 않으면 안 된다는 것이다.

헬라스 시대 지식인들은 사람들이 이성적 사유와 담론 능력을 갖추는 데 필요한 지식들을 마련했다. 크게 보면 그것들은 철학자들의 지식과 수사학자들의 지식으로 나뉠 수 있다. 그리고 이 지식들은 헬레니즘 말기, 헬라스 학문을 계승한 로마 학자들에 의해 '자유교과(아르테스 리베랄레스)'로 정리되었다. 자유교과에 관한 최초의 포괄적인 저서를 쓴 사람으로 인정되는 고대 로마 학자 바로는 자신의 저서 『신자유학문』에서 문법, 수사학, 변증법(논리학), 기하, 산수, 천문학(점성학), 음악, 의술, 건축 등, 아홉 개 학문에 대해 두루 논의한 것으로 알려져 있다(Boyd, 1952/2008: 110). 이 자유교과들은 기원 4세기경에 와서 의술과 건축을 제외한 일곱 개—'칠 자유교과'—로 다시 정리되어 이후 900년간 중세 교과의 표준으로 정착하게 된다. 로마인들이 '자유교과'라 칭한 이 교과 체계는 서양 교육의 역사에서 면면히 이어지는 전통을 형성했다. 기본적으로 서양 전통을 따르고 있는 우리 학교 교육과정도 이 교과 체계에서 비롯되었다고 보아야 한다. 교육은 교과를 가르치고 배우는 일을 통해서 이루어지므로, 그것이 추구하는 인간다움이란 결국 이들 학문 각각이 표방하는 사고와 행위 능력들을 갖추는 것, 그리고 상황에 따라 그 능력들을 적절히 발휘하는 것을 뜻한다고 보면 틀림이 없다.

그런데 여기서 한 가지 주의해야 할 중요한 사실이 있다. 그것은 이들 자유교과를 가르치고 배우는 일이 항상 그 원래 목적인 '자유인을 기르는 일', 각각의 교과 속에 담겨 있는 인간다움의 속성들을 길러서 그것을 실천할 수 있도록 이루어진 것은 아니라는 점이다. 헬라스 세계가 마케도니아에 정복되고, 알렉산드로스의 대제국을 로마가 점령하면서 전개된 헬레니즘 시대에, 이들 자유교과와 그것이 표방했던 정신은 점점 쇠락한다. 그리고 헬레니즘 시대 말기에 가면 그들 학문을 연구하고 가르치는 사람들은 그 학문들이 원래 추구했던 인간성이라는 가치를 점점 망각해 버리는 지경에 이른다. 앞에서 우리가 사용했던 용어로 표현하면 이 시대에 와서 자유교과와 그것을 가르치고 배우는 활동으로서의 교육이 도구화되고 만 것이다. 학문이 도구화되었을 때 나타나는 가장 전형적인 모습은 원래 그 학문들의 목적이었던, 구체적인 인간 삶을 이끄는 기능이 상실된다는 점이다. 사람들은 이들 학문을 여전히 연구하고 가르치고 배울지 모르지만, 이제 그들 학문이 원래 지향했던 정신과 가치는 사라지고 그것들은 다만 여타의 목적들을 위한 도구로 활용되면서 그 겉모습만을 유지하게 될 뿐이다.

고대 헬라스 문명 전체의 핵심은 교육이요, 그 점에서 그것을 '파이데이아'의 문명이라 불러도 크게 틀림이 없다. 파이데이아야말로 헬라스의 이념 그 자체이며 인간적 이상의 구현체다. 그것은 인간의 마음이 충만하게 발달한 상태이며 참된 인간으로 성장한 인간의 교양을 가리키는 개념이다. 그러나 헬레니즘 말기에 들어서면서 그와 같은 파이데이아의 원래 모습들은 점점 스러져 갔다. 자연과 인간을 대상으로 한 찬란했던 헬라스 학문들은 대부분이 기술 수준으로 전락했고 참된 인간성을 기르는 일과의 연결 고리를 상실해 갔다. 그런데 여기서 주목할 점이 있다. 기원전 1세기 로마 학자들 중에 그러한 학문의 쇠락에 주목하고 그것을 그 원래 모습으로 재건코자 한 사람들이 있었다는 점이다. 특히 키케로 같은 사람은 학문과 교육이 원래 추구했던 바, 곧 인간성 추구의 이념에 다시 주목하고자 그것을 '스투디아 후마니타티스'로 지칭하고, 그것을 연구하고 교육하는 일을 '후마니타스'라고 지칭했다. '인간성 탐구' 또는 '인문학'이라 번역되는 '스투디아 후마니타티스'는 학문이란 모름지기 인간을 인간답게 해 주는 목적에 봉사하는 것이라야 한다는 의미를 표현하는 말이다. 그리고

우리말 '인문주의(人文主義)'로 번역되는 휴머니즘의 어원에 해당하는 '후마니타스'는 바로 그런 학문들을 연구하고 가르치고 배움으로써 참된 인간성을 기르는 일, 교육은 바로 이것을 추구해야 한다는 점을 표현하는 말이 된다.

6. 자유인을 위한 교육, 그리고 현대인의 두 가지 존재 속성

우리가 '자유교과(自由教科)'로 번역하는 영어 'liberal arts'는 라틴어 'artes liberales'에서 왔다. 이 단어는 기원전 1세기 로마 학자 키케로가 쓴 저서에 최초로 등장하는 것으로 알려져 있다. 라틴어 '리베랄레스'는 정치경제적인 의미에서 '자유인의' 또는 '자유인에 관한'이라는 의미를 갖는다. 그러므로 자유교과는 노예가 아니라는 뜻에서의 자유인을 위한 교과를 가리키는 말이라고 보아 틀림이 없다. 헬라스에서도 그랬지만 로마에서도 학문과 교육은 모두 자유인의 활동 영역이었을 것이다. 앞에서 언급했듯이 이 교과들은 서양 학교 교육과정의 골격을 이루는 것이었고, 우리 학교 교육과정도 큰 틀에서는 이것들로 구성된 교과 체계를 토대로 하고 있다. 그런데 바로 이 점이 오늘날 우리 학교교육에 관한 대단히 중요한 문제와 연결되어 있다.

정의상 인간다움을 기르는 일을 의미하는 '교육'이 자유교과를 가르치고 배우는 일에서 시작되었다는 점은 우리에게 몇 가지 풀기 어려운 문제들을 제공한다. 우선 그것은 학교교육은 기본적으로 귀족적인 성격을 지닌다는 점을 말해 준다. 고대 헬라스 사회 자유인들은 그 정도에서는 달랐겠지만 나날이 생산노동에 종사할 필요가 없는 유산계급 사람들이었다. 생활을 유지하는 데 필요한 기본적인 것들은 노예나 여타 일꾼들이 해결해 주었으므로, 이 시대 자유인들은 생계를 유지하기 위한 생산노동의 필요에서 벗어나 있었다. 노동할 필요가 없었던 헬라스 시대 자유인들이 누렸던 여가(餘暇), 곧 '스콜레'는 헬라스와 로마 학자들에 의해 학문 활동을 가리키는 말로 사용된다. 아리스토텔레스 같이 철학적 전통에 속한 학자들에게 그것은 사변적 학문 활동을 가리키는 개념이었으나, 이 말은 사실 기원전 5~4세기에도 그랬고 헬레니즘 시대를 거쳐 로마로 전승되면서 라틴어 '스콜라(schola)'가 되는 내내 여러 다양한 학문 활동—문법, 수사학, 수학, 철학—을 가리키는 말로 두루 사용되었다. 우리는 흔히 '바쁘게 먹고 사느라 공부할 여가가 없었다'고 말하거나 또는 '생각할 여유를 달라'

고 말한다. 여기서의 '여가'나 '여유'—영어로는 leisure—가 곧 고대 헬라스 사회 자유인들이 누린 스콜레에 해당한다. '학교'의 영어 단어 '스쿨(school)'은 바로 이 '스콜레'에서 왔는데, 학교에서 이루어지는 일이 원래부터 자유교과를 가르치고 배우는 일이라는 점에서 보면 적절한 명칭이라 하겠다.

그렇다면 학교라는 곳, 그리고 그곳에서 이루어지는 교육이라는 활동은 시쳇말로 '먹고 사는 일' 또는 생계를 위한 경제적 활동과는 상관없는 것이었다고 말할 수 있겠다. 옛날 자유인들은 이런 일에 종사하지 않아도 문제가 없었다. 따로 그런 일들을 전담해서 챙겨 주는 사람들이 있었기 때문이다. 그러나 오늘날은 사정이 완전히 달라졌다. 특히 우리와 같이 적어도 정치적으로나 사회적으로 평등 사회를 지향하는 사회에서는 극소수 사람들을 제외하고 누구나 생산노동과 경제 활동에 종사하지 않고는 삶을 이어 갈 수 없다. 옛날에는 여가를 소유한 계급과 노동에 종사하는 계급이 나뉘어 있었지만, 오늘날은 사람들 모두가 이 두 가지 활동을 동시에 수행해야 한다. 그러니까 현대인은 자유인이면서 동시에 직업인이다. 앞에서 구분했던 용어로 말하자면, 현대를 사는 우리는 '인간'이면서 동시에 '인재'여야 하는 셈이다. 현대인은 두 가지 존재 속성을 함께 지니고 있다고 말할 수 있다.

그런데 자유교과로 구성된 교육과정을 운영하는 공공학교를 다니는 우리들은 둘 중에 어느 쪽에 더 관심이 많은가? 교육의 본질을 고려하면 마땅히 학교교육은 학생들이 자유인으로 성장하는 것, 인간다움을 갖추도록 하는 일에 집중해야 한다. 그러나 자본주의적 속성이 강한 우리 사회에서, 그리고 학력(學歷)과 학벌이 개인의 사회경제적 지위에 큰 영향을 미치는 우리 사회에서, 이는 참으로 실현키 힘든 과제가 아닐 수 없다. 학생들 본인이나 그 학부모들, 그리고 이들의 사적(私的) 기대를 더 충분히 반영하는 것이 학교교육을 민주화하는 길이라고 믿는 정치인들과 관료들에게, 학교교육은 돈 잘 버는 직업에 진출하는 통로일 뿐이며 인재를 양성하고 인력이나 심지어 인적 자원을 공급하는 수단일 뿐이다. 그러나 이와 같은 학교교육의 도구화는 우리 사회 전반과 교육 영역 모두에 심각한 현실적 부작용을 초래한다.

학교교육은 자유교과에 뿌리를 둔 교과 지식들을 가르치고 배우는 일로 이루어진다고 했다. 교육철학자의 핵심 탐구 문제는 이 일이 제대로 이루어지려면 어떻게 해야 할지가 되겠지만, 이미 심하게 도구화되어 있는 학교교육은 여기에 큰 관심이 없는 것 같다. 그럴 경우 대체로 두 가지 정도의 현상이 나타난다. 첫째, 학교교육의 전

체 과정이 개별 학생들이 이룬 교과공부의 결과를 수치화해서 서열화하는 것에 집중된다. 교과를 공부하는 일은 이미 도구화되었으므로 그 자체의 본질적 의미를 상실했다. 이제 그 일의 현실적 의미는 그것이 종료된 후에 학생들의 이른바 '학업 성취도'를 평가하고 그 데이터를 근거 삼아 학생들을 상급 학교나 직업세계로 내보내는 것이다. 학생들이 진출하게 될 상급 학교나 직업세계는 이미 서열화되어 있다. 성적이라는 것을 매개로 학교교육과 서열화된 직업세계가 연결되고 그렇게 해서 우리 사회의 학벌주의(學閥主義)가 끊임없이 재생산되는 것이다. '학벌주의'라는 말은 이미 그 자체로 나쁜 현상을 가리키는 말이다. 그러니까 학벌주의 현상은 학교교육과 관련된 잘못된 사회현상 중 하나다. 잘못된 학교교육은 학벌주의를 조장하기도 하지만, 더 큰 문제는 학벌주의로 인해서 잘못된 학교교육이 반복된다는 점이다. 학교교육이 오로지 수치화된 성적을 얻는 일로 간주되는 것이다.

둘째, 일부 교육 종사자들에 의해서 교과공부 그 자체를 직업세계를 준비하는 과정으로 해석하는 경향이 생산된다. 현재 학교 교육과정의 기본 줄기는 자유교과 체제에서 온 것이므로, 교과를 공부하는 일은 사회의 여러 직업 활동을 수행하기 위한 준비 과정이 결코 될 수 없다. 극히 일부 직업들을 제외하면 학교 교과를 공부한다고 해서 직업 활동을 잘할 수 있는 것이 아니다. 원래부터 교과 지식은 직업 활동을 위한 것이 아니었기 때문이다. 그러나 도구화된 학교교육의 관련자들은 학교 밖 사람들에게 교과공부의 현실적 가치를 어필하기 위해 그것을 학교 밖 직업 활동과 연결 지으려 했다. 그 결과로 '교과 지식은 내용 그 자체로 보면 직업과 무관할지 모르지만, 그것을 통해 다양한 직업들을 수행하는 데 필요한 능력(能力)을 기를 수 있다'는 식의 주장이 등장했다. 가령 수학 공부는 수학이라는 지식 그 자체를 위해서가 아니라 그것을 통해 길러지는 '논리적 사고력'을 위해 하는 것이 된다. 논리적 사고력은 여러 다양한 직업 활동들을 수행하는 데 없어서는 안 될 중요한 능력이므로, 만약 이 주장이 설득력을 갖게 된다면 사람들은 수학 공부의 가치를 결코 부정할 수 없게 될 것이다. 이런 식으로 해서 교과공부 전반의 필요성이 설득력을 갖게 되는 것이다.

앞에서 든 두 가지 현상 모두가 학교교육과 관련된 잘못된 관점이라는 점에는 의심의 여지가 없다. 교육사회학자들은 첫째 현상을 여러 가지 방식으로 설명했다. 교육철학자들에게는 그것을 극복할 수 있는 실천적인 대안을 제공할 의무가 있다. 둘째 현상을 가능하게 했던 관점은 이미 19세기에서 20세기로 넘어가는 중에 미국의 프래그머티즘 철학자들에 의해 해체된 바 있다. 그럼에도 불구하고 어찌 보면 형식도야설(形式陶冶說)의 잔재라 할 수 있는 그 논리가 여전히 우리 사회에서 통용되고 있는 현상은, 오직 교육철학자들만이 바로잡을 수 있다.

7. 지식교육 또는 교과공부의 방법적 원리

교육은 '인간다움', '인간성', '인성'을 기르는 일이다. 그리고 이 일은 교과를 가르치고 배움으로써 이루어진다. 그러니까 교과는 인간다움, 인간성, 인성의 내용이 되는 셈이다. 한마디로 교육은 교사가 아이들에게 교과를 가르침으로써 그 아이들로 하여금 인간다움—또는 인간성, 인성—을 갖추도록 하는 일이다. 아이들 편에서 말하자면, 아이들은 교사에게서 교과를 배움으로써 인간다움을 갖추게 된다. 교육을 두고 제기되는 일체의 문제는 이 일이 얼마나 잘 이루어지고 있는가 하는 것과 관련된다. 교육이 문제투성이라는 말은 여러 다양한 이유들로 인해 이 일이 제대로 이루어지지 않고 있다는 말과 같다. 여러 다양한 이유들이라 했지만 그 모든 이유들의 중심은 단연 '교육의 도구화'다. 교육은 곧 교과를 가르치고 배우는 일이므로, 교육의 도구화는 곧 교과를 공부하는 일이 도구화되었다는 말과 같다. 교과공부가 도구화되면 교과 자체도 그렇거니와 교과를 공부하는 일이 그것의 원래 추구했던 바와 상관없이 진행된다. 사회적으로 엄청난 비용과 노력이 동원되지만, 교육은 그 참여자들의 인간다움을 기르는 일과 상관없이 진행된다는 것이다.

교과를 가르치고 배우는 일이 제대로 수행되지 않는 것을 가리켜 우리는 '교육과정이 파행적으로 운영된다'고 표현한다. 우리 학교교육 현실에서 학생들 당사자나 학부모들이나, 더러는 심지어 교사들까지도 교과공부의 의미를 평가에서 높은 점수를 얻는 것에서 찾을 때 학교 교육과정은 파행적으로 운영될 공산이 커진다. 시험에서 높은 점수를 얻기 위한 공부는 교과공부의 원래 목적인 인간다움을 기르는 것과 상관없이 이루어질 수 있기 때문이다. 아니 오히려, 공부의 원래 의미와 목적을 방기할 때, 시험 점수를 높이기 위한 공부는 훨씬 효과적으로 이루어질 수 있을지 모른다. 교육철학은 이 경향에 저항해야 할 뿐만 아니라, 교과공부가 이루어지는 올바른 방법은 무엇인지를 분석하고 처방하는 일을 중요한 임무로 삼는다.

두말할 필요 없이, 교과는 지식으로 이루어져 있다. 그런데 이 '지식'이라는 것을 어떻게 이해하는지에 따라 교과공부의 의미 또한 크게 달라진다. '지식(知識)'이라는 한자어도 그렇지만, 그것에 해당하는 영어 knowledge는 '알다'의 명사형 '앎'이라는 뜻이다. '앎'은 우리의 사고 행위를 가리킨다. 지식은 원래 인간의 사고 작용 그 자체를 가리키는 말이다. 인간의 사고는 항상 그 어떤 대상에 관한 것이다. 대상이 없는 사고는 가능하지 않다. 인간 사고의 대상은 가장 넓게 말하면 인간 삶이 이루어지는 터전, 인간을 둘러싸고 있는 환경이라 말할 수 있다. 인간은 자기 삶의 전경과 배경을 대상으로 쉼 없이 사고를 수행한다. 듀이(John Dewey)는 이들 사고 중에 특히 반성적 사고(reflective thinking)를 강조했다. 반성적 사고는 그 어떤 문제 상황을 만났을 때 그것을 해결하기 위해 수행되는 사고를 가리킨다. 본성적으로 여러 다양한 욕구를 지니고 태어난 인간은 이들 욕구를 충족시키기 위해 환경과 부단히 상호작용한다. 이 상호작용 과정에서 욕구 충족을 방해하는 요소들이 발생하기 마련이다. 그런 방해 요소들은 인간에게 문제 상황을 제공할 것이고, 인간은 그것을 해결하기 위해 사고를 수행한다. 유사한 문제 상황들이 반복되면 그 문제 상황들을 해결하기 위해 또한 유사한 형태의 사고를 수행할 것이다. 이런 과정을 거치면서 인간 사고는 일종의 패턴화된 앎, 형식화된 경험으로 정착된다.

세대가 반복되는 일은 모든 생명체가 지닌 공통적인 속성이다. 그런데 인간은 다른 동물과 달리 세대가 반복되면서 주변 환경에 대한 경험의 수준이 점차로 발전하는 특징을 보인다. 세대는 반복되지만 인간은 매번 동일한 수준으로 환경을 대하지 않는다. 이 일이 가능한 것은 이전 세대의 앎이 이후 세대에게 전수되기 때문이다. 만약 부모의 앎이 자식에게 전수되지 않는다면 그 자식은 부모가 겪었던 문제 상황들을 늘 그 부모의 수준에서밖에는 해결하지 못할 것이다. 그러나 부모는 자신이 겪었던 문제 상황들을 해결하기 위해 수행했던 경험을 자식에게 전수함으로써 자식이 동일한 문제를 보다 개선된 방법으로 해결하도록 해 준다. 이전 세대의 앎이 이후 세대에게 전승되는 이 과정은 기록 매체가 발명되면서 비약적으로 발달한다. 가족이나 친척 등에게만 가능했던 지식 전수 과정이 문자를 사용하게 되면서 그 이전에는 도저히 불가능했던 범위로, 그리고 오랜 기간을 걸쳐, 가능하게 된 것이다. 문자 또는 이에 상응하는 부호 체계의 발달은 교육이라는 인간 활동이 비로소 공적(公的) 수준에서 수행되게 하는 전기를 제공했다.

보이드(William Boyd)는 『서양교육사』를 시작하는 첫 문단에서, 인류 역사에 문명이 생겨나면서 이전과는 완전히 다른 새로운 형태의 교육이 등장했는데 이 새로운 교육은 바로 문자의 발명과 기록에 기초를 둔 사회제도가 탄생했기 때문에 가능했으며, 이후 교육은 문자를 배우는 일과 그것을 장사와 정치, 학문에 활용하는 일들로 이루어지게 되었다고 설명하고 있다(Boyd, 1952/2008: 30). 교육이 문자를 익히고 그것으로 기록된 문서를 읽고 또 쓰는 일로 되면서 일상생활을 유지해 가는 데 필요한 기술을 전수하는 수준을 넘어 보다 전문적인 성격을 띠게 되고, 그 결과 그 일을 전담하는 곳, 곧 학교가 출현하게 되었다는 것이다. 그러니까 오늘날 우리가 '교육'이라 칭하는 활동은 문자가 발명되어 그것으로 지식을 기록하게 되면서 비로소 시작되었다고 보면 틀림이 없다. 그런데 바로 이 점이 교육의 한 가지 항구적인 난점과 연결된다.

교육은 문자로 이루어진 지식을 사용해서 시작된다. 교육은 선대가 문자 등과 같은 부호 체계로 남긴 앎의 결과물을 갖고 시작한다. 문자가 있음으로 해서 지식은 지속성과 확장성을 갖게 되었다. 지식이 문자로 기록되고 전달됨으로써 교육은 전문성과 함께 공적 성격을 갖게 되었다. 그런데 다른 한편에서 보면, 교육이 문자로 된 지식을 가르치고 배우는 일로 이루어졌다는 점이 또한 교육의 가장 치명적인 난점을 배태하는 요인이 되기도 한다는 점에 우리는 주목할 필요가 있다. 그것은 문자로 기록된 지식과 인간이 원래 수행했던 구체적 경험으로서의 사고 행위 간의 분리다.

인간의 실제 경험은 결코 문자로 완벽하게 기록될 수 없다. 그래서 인간 사고의 과정은 결코 문자를 통해 완벽하게 재현되지 않는다. 문자 등의 부호 체계는 아무리 정교한 것이라 하더라도 근원적으로 인간의 구체적 삶으로부터 추상된 것이다. 만약 앎을 전수하는 과정이 앎이 일어나는 실제 삶의 사태와 함께 이루어진다면, 그 앎과 삶은 분리되어 다루어질 가능성이 적다. 그러나 교육이 전문화되면서 오로지 문자로 기록된 지식만을 다루는 일이 가능해졌다. 문자로 기록된 지식은 짧은 시간에 많은 양을 전수하는 일이 가능하게 했다. 그러나 전수해야 할 지식의 양이 늘고 그 수준이 높아지면서 문자로 기록된 인간 경험은 점차 그 실제 사태와 멀어졌다. 문자화된 지식의 존재는 교육이 고도로 전문화되는 일을 가능하게 했지만, 다른 한편으로 지식이 삶의 구체적인 사태로부터 분리될 위험성의 초래라는 대가를 치르고 만 것이다.

20세기 미국 철학자 듀이는 문자, 부호, 상징체계가 갖고 있는 그와 같은 위험성을 정확하게 알고 있었다. 매체는 원래 그것이 지시하는 대상과 연결되어 있을 때 비로

소 의미를 지닌다. 그러나 적지 않은 경우 매체는 그 대상으로부터 독립해서 그것 자체만으로 다루어지기도 한다. 듀이는 바로 이 점을 누구보다도 잘 알고 있었고, 특히 그런 사태가 학교에서 일어나지 않도록 해야 한다고 경고했다. 매체의 발명은 인류가 야만 상태에서 문명 상태로 나아가도록 했고 상징체계는 우리 경험의 폭을 한없이 확장시켜 주기도 하지만, 다른 한편으로 그것은 우리 경험의 성격을 예상치 못한 방향으로 변질시킬 위험을 항상 안고 있다는 것이다.

교육은 앎의 깊이와 넓이를 확장해 가는 과정이다. 흔히 '지식교육'이라는 말이 있고, 이 말을 통해서 교육의 협소한 단면을 지적하는 담론들이 유포되고 있는 것 같다. 그러나 정확하게 말하면 교육은 그 자체로 지식교육이라고 하는 것이 맞다. '인성 교육'이 교육의 한 종류를 가리키는 말이 아닌 것과 같이, '지식교육'은 교육의 한 하위 개념으로서 교육의 한 가지 종류를 가리키는 개념이 결코 아니다. 문제는 지식교육이 형해화(形骸化)되는 것, 지식은 원래 우리의 구체적 삶으로부터 나온 것이지만 그것을 가르치고 배우는 과정에서 우리의 삶과 동떨어진 것으로 변질되는 것, 그래서 결국에는 교육을 통한 앎의 형성이 그 주체들의 실질적인 삶으로 연결되지 못하는 것에 있다. 교육철학은 바로 이 문제를 바로잡기 위한 이론적 처방을 제시하는 것을 중요한 임무로 삼는다.

8. 인간의 공동체적 속성과 교육의 공공성, 그리고 국가교육의 이념

교육은 교과라 불리는 지식을 가르치고 배움으로써 그 지식이 표방하는 바를 삶 속에서 구체적으로 실천토록 하는 일이다. 우리가 학교에서 가르치고 배우는 교과 지식들은 교육이 추구하는 '인간다움'의 내용이 된다. '인간다움'이란 무엇인지를 물을 때 그 대답으로 '교과를 잘 공부한 상태'라고 말하면 된다. 교과를 잘 공부하는 것이 곧 '인간다움'에 이르는 방법이 된다는 것이다. 반복되는 감이 있지만, 학교에서 교과를 가르치고 배우는 목적은 인간다움을 갖추는 데 있다. 그러므로 우리가 특히 유의해야 할 점은 교육에 대한 일체의 담론이 처음부터 끝까지 그 '인간'이라는 존재에 관한 것이라는 점이다. 교육에 대한 철학적 논의는 특히 인간 존재의 특성이 무엇인지에 주목한다.

교육에 관한 담론들 가운데 거의 최초라 할 수 있을 것들은 대개 그 속에 등장하는 인간을 정치적—또는 공동체적—맥락 속에서 논의했다. 서양 고대교육을 공부할 때 우리가 즐겨 참조하는 기원전 5~4세기 헬라스 철학자들의 저서들 속에서 우리는 이를 확인할 수 있다. 가령 아리스토텔레스는 『정치학』에서 인간 존재의 가장 중요한 조건을 폴리스라는 공동체 내에서 삶을 사는 것으로 규정했다. 인간은 개체적인 상태로는 삶을 살 수 없는 존재다. 공동체를 이루어 사는 것은 인간이 진화를 계속해 오면서 우연히 터득한 삶의 방편 같은 것이 아니라, 인간을 인간이게끔 하는 그것의 본성에 해당한다. 공동체 내에서 삶을 영위하지 않는다는 말은 곧 참으로 인간적인 삶을 살지 않는다는 말과 같다. 그런데 이성을 소유한 인간은 가정이나 마을 같은 자연적인 공동체를 넘어, 그보다 더 큰 공동체인 국가—폴리스—를 지향한다(김재홍, 2008: 426). 아리스토텔레스에 따르면 인간 삶의 궁극적 목적인 '행복'—에우다이모니아—은 국가공동체 내에서의 삶을 통해 성취될 수 있다. 그는 국가의 목적을 '가능한 최선의 삶'으로 규정하는데, 이 말은 곧 국가는 그 구성원들의 삶이 그와 같이 이루어지도록 하는 것을 목적으로 한다는 말과 같다.

인간이 국가를 이루어 사는 것은 하나의 본성이고, 또한 국가의 목적은 그 구성원들로 하여금 가능한 최선의 삶을 살도록 하는 것에 있다면, 이제 이 일을 위해서 반드시 필요한 것은 교육이라고 할 수밖에 없다. 교육은 인간이 국가라는 공동체 내에서 삶을 살면서 가능한 최선의 삶을 추구하는 데 반드시 필요한 요소가 되는 셈이다. 그렇다면 이런 필요성에서 비롯된 교육은 어떤 모양을 띠는가? 아리스토텔레스에 따르면, 국가는 동등한 자들의 공동체다. 국가는 동등한 자들로 구성된 공동체이므로, 그것이 추구하는 목적은 단일하다. 그리고 교육은 그것을 위해 존재하는 것이므로, 국가공동체 내에서 이루어지는 교육 또한 단일하며 공통의 것이지 않으면 안 된다(손윤락, 2012: 156). 다시 말하면, 교육은 국가공동체 구성원들 모두를 대상으로 하는 것임과 동시에 그들 모두가 추구하는 공통의 목적을 달성하기 위해 수행되는 것이라고 할 수 있다. 그리고 그 점에서 그것은 각자가 제 아이들을 따로 보살피며 자기가 좋다고 생각하는 교과목을 사적으로 가르치는 사사로운 일이 아니라, 공공의 관심사여야 한다(Aristotle, 2009: 425).

아리스토텔레스가 생각하는 이상적인 국가는 한편으로 가정과 촌락이 모여서 형

성된 최상위 공동체이기도 하지만, 다른 한편으로 하나의 통치 단위이기도 하다. 국가는 동등한 자들로 이루어진 공동체이자 하나의 통치 단위이므로, 그 속에서 이루어지는 교육은 한편으로는 그 공동체를 이루는 시민들의 공통된 관심사이자 다른 한편으로는 국가 운영의 일환이다. 따라서 아리스토텔레스가 기획하는 교육은 국가의 통치를 담당하는 기구가 시행하는 업무라는 성격과, 그 일은 사람들 모두가 간여하고 그들 모두에게 적용되는 공적 업무라는 성격을 함께 지닌다. 그리고 그 점에서 그것은 제도로서의 '공교육'이라 지칭될 수 있다.

현대의 발달된 국가들은 대부분 교육을 국가 차원에서 실시한다. 우리 경우에도 학교교육은 헌법과 법률이 정하는 바를 근거로 우리 사회의 중요한 공적 제도로서 운영되고 있다. 국가 구성원을 교육하는 일은 건강한 국가를 유지하는 데 반드시 필요한 요소라는 점을 그 구성원인 국민 모두가 공감하고 있기 때문이라고 할 수 있다. 공교육은 일반적으로 "국가 혹은 준국가적 자치 조직의 통제와 지원에 의하여 국민 전체를 대상으로 하여 운영되는 교육"(서울대학교교육연구소 편, 1998: 138)을 의미한다. '제도'는 한 사회 구성원 모두가 따라야 할 규범을 의미하므로, 공교육제도는 그 자체로 공공성을 지닌다. 제도로서의 교육이 공공성을 지닌다는 말은 그것의 운영이 주권을 지닌 국민의 의지를 토대로 공개적인 의사소통 절차를 통해 이루어져야 한다는 점과 함께, 가장 중요하게는 그것은 공공의 복리를 추구하는 것이어야 한다는 점을 의미한다. 그러므로 공교육제도의 이 의미는 그것의 운영에 관한 권한과 책임을 위임받은 정치 권력에게 하나의 중요한 원칙을 따를 것을 요청한다. 그것은 제도적으로 운영되는 교육을 공동체 내의 특정 집단에게 유리하거나 또는 불리한 형태로 운영해서는 결코 안 된다는 점이다. 우리 국가는 민주주의와 공화주의라는 헌법적 가치를 토대로 성립한 국가이므로, 자유와 평등, 공공선은 우리 공교육을 운영하는 데 기본이 되는 이념이라 할 수 있다. 교육철학은 이 이념들을 교육적 맥락에서 정확하게 규정하는 일과 함께 그것들이 학교교육 현장에서 어떻게 실천되어야 할지를 처방하는 일을 중요한 과업으로 삼는다.

토론 거리

1. 교육철학은 '교육의 도구화'에 저항하는 학문이라고 했다. 우리 현실에서 교육의 도구화가 나타나고 있는 구체적인 사례를 들고, 그것은 어떤 이유에서 그러하며, 어떤 사회적 · 교육적 문제를 초래하고 있는지, 그리고 나아가 그것의 해결을 위해서 어떤 노력이 필요할지를 논해 보자.
2. 교육은 교과를 가르치고 배움으로써 인간다움, 인간성, 인성을 기르는 일이다. 오늘날 우리의 학교에서 가르치고 배우는 교과들을 열거하고 각각의 교과를 배우는 일이 실지로 인간다움을 갖추는 일과 어떻게 연결되는지를 구체적인 사례를 통해 제시하고, 특히 수학, 과학 등과 같은 이론학이 인간다움을 갖추는 일과 어떻게 연결되는지를 논해 보자.
3. 현재의 우리는 거대한 공교육 시스템을 운영하는 국가에서 살고 있다. 교육을 공적인 차원에서 운영하는 이유를 들고, 오늘날 우리 사회에 이름만 '공교육'일 뿐, 실지로는 우리 국가 공동체의 특정 집단에게 유리하게 운영되는 학교교육 제도가 없는지를 사례를 통해 논해 보자.

더 읽어 볼 자료

이정우(2018). **세계철학사 1: 지중해 세계의 철학**. 서울: 도서출판 길.

▶ 철학의 기원과 그것의 발전 과정을 이해하려는 사람이라면 가장 먼저 읽어야 할 책이다. 이 책을 읽고 난 후에 근현대 철학으로 독서 범위를 확대해 가면 철학에 대한 기본적인 이해를 갖추는 데 모자람이 없을 것이다.

한기철(2013). 철학의 본래 의미와 교육철학의 성격. **교육사상연구**, 27(3), 295-320.

▶ 이 장에서 필자가 쓴 철학과 교육철학의 기본적인 성격에 대한 내용들의 출처가 되는 논문이다. 고대 헬라스에서 시작된 필로소피아의 의미, 그것의 탐구대상이 인간의 삶으로 확장되었을 때 그 핵심 개념이 되었던 '아레테'의 의미와 그에 대한 현대적인 해석, 그리고 '교육이란 무엇인가' 하는 교육철학적 질문은 기본적으로 어떤 성격을 지니며 그것을 탐구할 때 기본적으로 염두에 두어야 할 사항들은 무엇인지가 논의된다.

한기철(2015). 국가교육의 의미에 대한 사상사적 탐색과 국가주의 담론에 대한 비판적 논의.

교육철학연구, 37(2), 199-229.

▶ 이 장에서 필자가 쓴 교육의 공공성과 국가 교육에 관한 내용의 출처가 되는 논문이다. 국가교육의 의미를 서양 사상사적 맥락에서 정리하고 그것을 토대로 하여 최근 우리 교육학계에서 이루어진 국가주의 교육에 관한 담론들을 비판적으로 분석한다.

한기철(2016). 인문주의의 형성과 전개: 고전적 맥락을 중심으로. **도덕교육연구**, 28(3), 163-196.

▶ 이 장에서 다룬 인문주의에 관한 내용의 출처가 되는 논문이다. '인문주의'라는 용어와 그것이 추구하는 이상을 고전주의적 맥락에서 탐구한다. 우리말 '인문주의'의 원어에 해당하는 서양어 '휴머니즘'은 언제부터 어떻게 사용되기 시작했고, 그것의 기원이 된 고대 로마의 '후마니타스'는 어떤 문제의식에서 비롯되었는지, 그리고 이런 것들에 비추어 볼 때 오늘날 우리 학교교육이 추구해야 할 이념은 무엇인지를 논의한다.

한기철(2017). 자유교과의 형성과 전개: 고중세적 맥락에서. **교육사상연구**, 31(1), 159-183.

▶ 이 장에서 다룬 자유교과와 자유교육에 관한 내용의 출처가 되는 논문이다. 자유교과와 칠 자유교과의 형성과 전개 과정을 서양 고중세적 맥락에서 되짚어 본다. 저자는 '자유교과' 체계 속에 포함되는 개별 교과들은 고대 헬라스에서 전승된 것이라 할 수 있지만 그것들을 모두 포괄하는 전반적인 교과 체계는 기원전 1세기 고대 로마에서 유래한다는 점, 그리고 특히 그것은 4세기 이후 '칠 자유교과'의 형태로 확립된 후 기독교 성직자들에 의해 수용되고 중세 교과의 표준으로 정착되었다는 점을 그 역사적 흐름에 따라 기술한다.

Boyd, W. (1952). *History of western education.* 이홍우, 박재문, 유한구 역(2008). **서양교육사**. 경기: 교육과학사.

▶ 우리 학교교육은 그 체제와 내용 면에서 대체로 서양 전통에서 왔다고 보아야 하며, 그 점에서 한국 교육을 이해하고 처방하는 데는 서양교육의 역사에 대한 이해가 필수적이다. 이 책은 현재 우리가 접할 수 있는 서양교육의 역사를 다룬 것들 중에 가장 많이 읽히는 책이다.

참고문헌

김재홍(2008). 아리스토텔레스의 시민정치론: 아리스토텔레스의 〈시민교육〉과 〈공교육〉의 이념. **시민과세계**, 14, 421-439.

서울대학교교육연구소 편(1998). **교육학대백과사전**. 서울: 하우동설.

손윤락(2012). 아리스토텔레스의 정치학에서 국가와 시민 교육. **서양고전학연구**, 48, 149-174.

Aristotle. *Politics*. 천병희 역(2009). **정치학**. 경기: 도서출판 숲.

Boyd, W. (1952). *History of western education*. 이홍우, 박재문, 유한구 역(2008). **서양교육사**. 경기: 교육과학사.

Guthrie, W. K. C. (1960). *The Greek philosophers: From Thales to Aristotle*. 박종현 역(2000). **희랍철학 입문: 탈레스에서 아리스토텔레스까지**. 경기: 서광사.

Toulmin, S. (1988). The recovery of practical philosophy. *The American Scholar, 57*(3), 337-352.

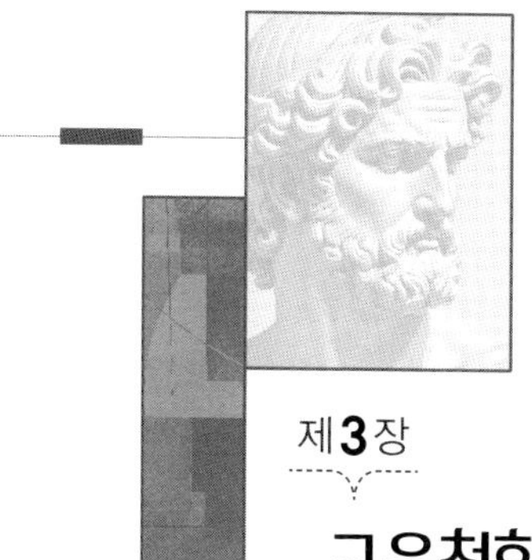

제3장

교육철학, 어떻게 탐구하는가?

조상식

도입

이 장에서는 교육철학을 탐구하는 방식을 몇 가지로 구분하고 각 탐구의 특징을 다루기로 하겠다. 탐구방법은 교육철학과 철학의 관계를 방법론적 의미에서의 분업적 관계로만 간주하지는 않는다는 점에 유의해야만 한다. 따라서 교육철학의 연구 실제에서 어떤 탐구방법이 올바른 방법인지, 혹은 더 탁월한지가 관건이 아니라, 탐구하려는 교육문제 및 주제의 성격, 그 배경에 놓인 인간관 및 세계관의 가정, 교육을 바라보는 가치론적 성격 등을 이해하는 것이 중요하다. 이 장에서는 국외 교육철학의 탐구 동향을 고려하고, 국내 교육철학분야에서 비중이 높다고 판단되는 언어분석적 접근, 역사적-해석학적 접근, 현상학적 접근, 비판이론적 접근, 탈근대적 접근을 교육철학의 탐구방법으로 선정하였다. 이에 각 탐구방법의 철학적 근거, 교육철학에 적용되는 방식의 특징, 그리고 대표적인 탐구의 예 등을 살펴보기로 한다.

1. 교육철학과 철학의 관계

교육학의 탐구 분야인 교육철학은 어떤 방식으로든지 간에 철학과 깊은 관련을 맺고 있다. 교육철학을 연구하는 전공자들이 이 둘 사이의 관계를 이해하는 방식으로 다음과 같이 세 가지가 있다. 첫째, 교육철학의 다양한 주제들을 철학의 주요 내용으로부터 도출할 수 있다는 입장이다. 이는 교육철학이 모(母) 학문인 철학에 논리적으로 포함된다고 가정하고 있다. 이러한 이해는 대체로 교육철학탐구의 독자성을 그다지 인정하지 않는 관점이다. 둘째, 철학은 교육철학에 다양한 방법적 기능을 부여할 뿐 주제나 문제 자체를 제공하지는 않는다는 입장이다. 이 입장은 철학이 교육철학에 기여하는 측면을 순전히 방법론적 역할로 제한하자는 주장을 포함한다. 나중에 살펴보겠지만, 분석철학의 언어분석 방법을 교육학의 다양한 영역에서 사용되는 개념을 분석하는 데 적용하고자 하는 시도가 그 대표적인 예다. 혹은 소크라테스의 대화법을 교수 과정의 실제를 이해하는 데 활용하는 것도 이에 해당한다. 셋째, 교육철학의 인식 방식과 대상영역이 일반 철학과는 완전히 구분되는 독자적인 탐구 분야라고 가정하고, 철학의 다양한 개념 및 이론은 교육철학탐구에 단지 참조의 대상이라는 입장이 있다. 이는 독자적인 학문분야로서 교육학을 정초하려는 오래된 시도들의 연장선에 있다(McMurray, 1955).

이러한 교육철학과 철학 사이의 관계에 대한 다양한 관점은 현재 교육철학연구 관행에 공존하고 있다고 보아야 하며, 앞으로 탐구 분야로서 교육철학의 정체성에 대한 논의에서 꾸준히 고민해야 할 문제다. 이 장에서는 교육철학을 탐구하는 방식을 몇 가지로 구분하고 각 탐구의 특징을 다루기로 하겠다. 탐구방법은 교육철학과 철학의 관계를 방법론적 의미에서의 분업적 관계로만 간주하지는 않는다는 점에 유의해야만 한다. 왜냐하면 물론 방법론적 '차용'의 성격을 가진 것도 있지만, 각 탐구방법이 교육철학의 탐구 주제를 바라보는 독특한 관점을 포함하고 있기 때문이다. 과학철학자 토마스 쿤(Thomas Kuhn)의 용어인 '패러다임(paradigm)'이 의미하듯이, 각 탐구방법은 특정한 학문공동체의 전통에서 훈련받은 교육철학자들 저마다의 독특한 사회화 경험이나 세계관도 포함하고 있다. 따라서 교육철학의 연구 실제에서 어떤 탐구방법이 올바른 방법인지, 혹은 더 탁월한지가 관건이 아니라, 탐구하고자 하는 교육

문제 및 주제의 성격, 그 배경에 놓인 인간관 및 세계관의 가정, 교육을 바라보는 가치론적 성격 등을 이해하는 것이 중요하다.

이 장에서는 교육철학의 탐구방법의 다양한 유형을 소개한다. 다양한 유형들이 있지만, 편의상 국외 교육철학의 탐구 동향을 고려하면서 동시에 국내 교육철학분야에서 비중이 높다고 판단되는 언어분석적 접근, 역사적-해석학적 접근, 현상학적 접근, 비판이론적 접근 그리고 탈근대적 접근을 중심으로 각 탐구방법의 철학적 근거, 교육철학에 적용되는 방식의 특징, 그리고 대표적인 탐구의 예 등을 살펴보기로 하겠다.

2. 언어분석적 접근

언어분석적 접근은 교육철학의 임무가 교육학의 다양한 분야에 등장하는 개념이나 교육실천에서 사용되는 언어 일반을 비판적으로 분석하는 데 있다고 가정한다. 이러한 문제의식은 교육학의 다양한 하위 분야에 온갖 비(非) 교육학적 개념이 난무하고 다른 학문분야에서 개발된 이론들을 무분별하게 수용함으로써 교육적 안목에서 이탈한 측면이 적지 않기 때문에 교육철학이 이를 비판적으로 '정리정돈할' 필요가 있다는 데에서 왔다. 아울러 지금까지 독자적인 교육학의 하위 탐구 분야인 교육철학이 특별히 학술적으로 훈련받은 학자의 성과가 아닌, 유명한 사상가의 교육에 대한 단편이나 탁월한 업적을 남긴 모범적인 교육자의 교육실천 지침서와 같이 '의사(擬似) 철학자(Pseudo philosopher)'(Phillips, 2008: 한기철, 조상식, 박종배, 2018: 378 재인용)의 산물에 불과했다는 비판적인 인식에서 등장하였다.

언어분석적 접근 방식으로 교육철학을 탐구하도록 자극을 준 철학 방면의 흐름은 바로 분석철학(analytic philosophy)이라고 일컬어지는 독특한 철학적 입장 및 방법론이었다. 철학의 관점이자 방법론으로서 분석철학의 정체성은 그리 분명하지는 않다. 분석철학의 학문적 역사에 관한 총서를 쓴 뮤니츠(M. K. Munitz, 1981/1997: 17-18)에 따르면, '분석철학'이라는 용어의 출발은 무어(G. E. Moore)가 행한 분석방법에서였고, '논리적 분석'이라는 개념은 러셀(B. Russell)이 처음 사용하였다고 한다. 그리고 현대철학으로서 분석철학의 범주로서 흔히 '비엔나 학파'라고 일컬어지는 슐릭(M.

Schlick), 카르납(R. Carnap), 라이헨바흐(H. Reichenbach) 등의 연구, 에이어(A. J. Ayer) 등으로 대표되는 논리실증주의, 오스틴(J. Austin)에 의해 주도된 '옥스퍼드의 일상 언어학파', 비트겐슈타인(L. Wittgenstein)의 개념적 분석, 그리고 언어의 지시 관계와 진리 문제에 대한 의미론에 초점을 둔 형식논리학, 그 밖에 다양한 흐름의 언어학 연구 집단 등을 든다. 분석철학에서 특별히 관심을 가지는 주제를 다음과 같이 분류해 볼 수 있다(Munitz, 1981/1997: 25-26).

- 의사전달과 사유에서 언어가 담당하는 역할 탐구. 특별히 언어의 사용에서 의미의 현존을 확인하고 획득하며 확신하는 방법에 관한 문제
- 참된 믿음과 지식으로서 보장받을 수 있는 자질들을 어떻게 성취할 수 있는가에 관한 다양한 조건들과 기술들을 평가하는 것과 관련되는 한에 있어서 탐구의 논리나 방법론에 관한 검토
- 형식논리학의 수단들과 이러한 수단들이 여러 가지의 철학적 문제들을 해결하는 데 도움을 주도록 적용될 수 있는 몇 가지 방식들에 관한 철학적 검토

이렇듯 분석철학의 범주에 속하는 연구들은 일반적으로 언어를 매우 강조하며 의사전달에 있어서 의미의 문제에 관심이 많다. 분석철학의 연구 흐름에서 비트겐슈타인이 특히 중요한데, 『논리-철학 논고(Tractatus Logico-Philosophicus)』를 펴낸 초기에는 언어가 가지는 의미상의 진리 문제를 그것이 지시하는 대상과의 대응에 초점을 둔 실증주의적 접근이었다면, 『철학적 탐구(Philosophische Untersuchungen)』로 대표되는 후기 철학에서는 언어의 의미론적 위치를 그것이 사용되는 맥락에서 다루려는 '화용론(話用論, pragmatics)'에 관심을 가졌다. 이러한 관점은 이후 현대철학 전반에 영향을 주었으며, 교육철학을 연구하는 사람들에게도 지적인 자극을 제공하였다.

분석철학이 교육학의 탐구 분야인 교육철학에 적극적으로 수용된 것은 1950년대 이후이며 영미(英美) 지역에 국한된다. 분석철학은 당시까지 교육철학이라고 일컬어지는 분야에서 행해 왔듯이 거대한 교육이론을 구축하거나 사변적인 세계관에서 교육을 규정하려는 시도를 지양하여 교육철학의 주요 강조점과 과업을 철학적 방법론으로 돌리고자 하였다. 이를테면 분석철학자인 라일(G. Ryle)이 『마음의 개념(The Concept of Mind)』(1945)에서 구분한 명제적(propositional) 지식과 수행적

(performative) 지식의 구분은 지식의 성격을 명료히 해야 하는 교육철학에 적극 수용되었다. 또한 하디(C. D. Hardie)가 쓴『교육이론의 진리와 오류(Truth and Fallacy in Educational Theory)』(1942)는 분석철학의 분석적 방법을 활용하여 교육이론에 들어있는 개념의 불명료함과 이론들 사이의 애매한 관계들 등을 해명한 초기의 대표적인 성과다. 이처럼 분석철학은 지식의 조건, 교수 및 교육의 개념, 교육기회 균등, 교육의 정의 문제, 그리고 다양한 교육적 은유 등을 분석하면서 교육이론 체계를 명확하게 확립하는 데 큰 역할을 담당하였다. 더욱 중요한 점은 이러한 분석철학적 방법은 탐구 분야로서 교육철학에 합리성을 부여함으로써 연구자의 사고의 명확성이나 논증의 일관성을 증진하는 데 중요한 역할을 하였다.

영미 전통의 교육철학자들은 교육철학이 분석철학을 수용함으로써 얻은 긍정적인 측면을 강조하면서 분석철학적 접근을 통해서 비로소 교육철학이 독자적인 학문으로 탄생하였다고 주장하기도 한다. 예컨대, 피터스(R. S. Peters)의『입문으로서 교육(Education as Initiation)』(1964)과『윤리학과 교육(Ethics and Education)』(1966/2003)은 교육 개념에 대한 엄밀한 분석과 교육의 내용 및 행위가 왜 가치 있는 인간 활동인지 그 윤리적 · 규범적 근거를 밝힘으로써 교육철학의 학문적 토대를 확고히 하였다고 평가받는다. 이후 이러한 피터스의 연구방식과 관점은 영미권 교육철학자들에게 적지 않은 영향을 끼치면서 진정한 의미에서 교육철학의 학문공동체를 형성하도록 하였다.

피터스와 함께 영미 교육철학 방면의 또 하나의 지도적인 인물은 허스트(P. H. Hirst)다. 그는 피터스와 달리 언어적 개념분석에만 초점을 두는 교육철학연구를 벗어나 교육의 역사적 유산에 대한 중요한 업적도 남겼다. 현재 우리의 교육적 아이디어에 기원적 의미와 가치를 부여하는 고대 그리스 전통의 자유교육(liberal education)과 지식의 형식들(forms of knowledge)에 관한 연구는 1970년대 이후 활발히 논의되었던 학문 중심 교육과정 담론에 중요한 교육철학적 근거를 제공해 주었다. 하지만 허스트는 1990년도 이후부터 자신이 지금까지 연구해 온 지식의 '정태적(靜態的)'이고 형식적인 측면을 반성하고, 매킨타이어(A. McIntyer) 등이 제시한 '사회적 활동들(social practice)'을 교육적 규범 원리로 받아들이는 패러다임의 전환을 보여 주었다. 그는 오랜 기간 구축된 불변의 진리 체계로서 지식을 습득하는 데에 초점을 둔 교육을 지양하고, 특정 공동체가 전통의 보증을 받아 이룩해 놓은 다양한 사회적 기관, 제도, 관행 등에 학습자를 참여시킴으로써 풍성한 인간 삶을 경험하게 하는 교육을 제안하였다.

분석철학적 교육철학의 등장을 진정한 의미에서의 교육철학의 탄생으로 보는 영미 교육철학 전통에서의 일부 주장은 다소 과장된 측면이 없지 않다. 일단 분석철학적 접근을 하는 교육철학의 패러다임은 세계적 차원에서 보자면 국지적 현상에 속한다. 이에 독일의 교육철학자 욀커스(Oelkers, 1982: 441-442)는 '앵글로색슨 분석철학적 교육철학'의 기이한 학문적 성공사(成功史)를 다음과 같이 네 가지 준거를 통해 비판적으로 연구한 바 있다. 즉, 그는 1950년부터 1970년 사이의 제한된 시기,[1] 이전의 교육철학 관행에 대한 도전, 분과 학문적 제도화, 이후 학파의 분화 과정 등의 측면에서 하나의 교육철학적 연구 패러다임으로서 분석철학적 교육철학의 등장, 전개, 약화의 과정을 객관적으로 다룬 바 있다.

철학적 방법으로서 분석철학이 가지는 장점과 한계는 분석철학적 교육철학에도 고스란히 남아 있다. 이를테면 언어의 투명성에 대한 지나친 신뢰는 이미 분석철학 내부에서의 자기반성 및 수정 과정을 초래하였고, 의미의 진리성에 대한 실증주의적 가정은 온갖 규범적 가치들로 가득 찬 교육이론을 설명하기엔 한계가 있다. 특히 산업화 이후에 급속도로 팽창해 온 우리의 학교교육이 사회발전에 기여를 하였지만 현재 누적된 다양한 교육문제도 동시에 꾸준히 배태해 왔다는 점에서, 분석철학적 교육철학은 언어분석과 학문적 전문성 신장에만 신경을 쓴 나머지, 대안적이고 미래 지향적인 교육적 전망을 제시하는 데 무력했으며 지나치게 교육 현실에 관조적인 태도를 보여 주었다는 비판을 피할 수 없다. 무엇보다도 허스트의 교육철학연구의 변화 과정은 분석철학적 접근이 가지는 부족함을 스스로 극복할 수밖에 없음을 역설적으로 보여 준다.

3. 역사적-해석학적 접근

교육철학의 주요 연구 주제나 탐구 동향은, 위대한 사상가로 인정받는 고전에 담긴

1) 이 시기는 영미 지역에 국한된 시기 구분이다. 한국 교육철학에서의 그 영향 시기는 영미에서 훈련받은 학자의 귀국 후 시기로 지체되었기 때문에 차이가 있다.

교육적 지혜와 그것을 둘러싼 인간관이나 세계관을 드러내어 그 시대의 교육에 대한 생각과 실천을 이해하고 오늘날 우리의 교육실천에 주는 시사점을 도출하는 데 주력하고 있다. 아울러 위대한 교육실천가의 저작 및 생애를 연구하면서 그의 교육적 행위를 이해하고자 하는 연구도 적지 않다. 이는 분석철학적 교육철학자들이 소크라테스 사상을 비롯한 고대 그리스 시대의 교육적 유산을 연구하는 데에서도 예외가 아니다. 이러한 연구방식은 전통적으로 교육철학연구자들이 해 왔던 사상사적(思想史的) 접근에서 두드러지게 확인된다. 이처럼 교육철학탐구가 현재 시점으로 볼 때 시간적인 단절이 있는 과거로부터 전해 온 저작을 비롯한 다양한 사료 형식의 자료를 대상으로 그 의미를 파악한다는 점에서, 교육철학에서 역사적인 접근은 이미 가장 흔하고 오래된 연구방법이라고 볼 수 있다.

이러한 의미에서 독일 교육학분야에서 기초교육학적 접근을 통칭하여 역사적-체계적 접근(Historisch-systematischer Zugang)이라고 부르는 이유가 여기에 있다(Böhme & Tenorth, 1990: 47 이하). 여기서 '역사적이라 함'은 인간 역사에 응축된 교육적인 것에 대한 역사적 인식 혹은 선(先)이해[2]를 구성한다는 것을 의미하고, '체계적이라 함'은 역사적 접근에서 요구되는 시대의 연속성 및 단절 파악, 시대구분 방식, 특정 시대가 고민한 의도와 결과 및 기능 등과 같이 면밀하게 고려해야 할 기술적인 작업을 의미한다. 따라서 교육철학분야에서 연구대상으로 삼는 고전 텍스트에 대한 접근은 이미 역사적인 접근 방식을 띨 수밖에 없다. 이러한 연구방법을 일상적인 표현으로는 문헌연구라고 부르는데, 엄밀한 철학적 개념으로 말하자면 해석학적 접근이다.

해석학(解釋學, Hermeneutik, hermeneutics)은 과거로부터 전승된 가치 있는 것들의 의미를 이해하는 철학적 방법론이자 인식론이다(Bleicher, 1980/1988; Grondin, 2001). 여기서 전승된 유산이란 각종 문화재와 같이 사물의 형태를 띤 것도 있지만, 대체로 생각이나 감정을 글로 표현한 텍스트를 가리킨다. 철학적 관점에서 본다면, 글로 표현된 텍스트가 의미파악의 주요 대상이라 할 수 있다. 따라서 교육사상연구에서 다

2) 선(先)이해(Vorverstandnis)는 이 장에서 다루고자 하는 해석학분야의 주요 개념이다. 오늘날 우리는 과거로부터 전승된 지식, 가치, 규범 등을 어떤 식으로든지 간에 이미 터득하고 있으며 이를 통해 우리는 과거의 유산을 이해할 수 있다는 의미다. 해석학적 철학자인 가다머는 이를 '영향사적(影響史的, wirkungsgeschichtliche) 인식'이라고 부르면서 해석학 이론 발전에 기여하였다.

루는 대상은 주로 텍스트로 이루어진 문헌 형식이다. 여기서 교육사상은 교육 실제와는 구분되는 추상화된 이념적 수준의 것이지만, 시간이 흐름에 따라 그 의미가 변형되기 때문에 역사성을 띠고 있다. 따라서 역사적인 의미를 함유한 교육사상을 현재의 시점에서 이해할 때 어떤 방식의 기술[技術 혹은 기예(Kunst)] 내지 인식론의 문제가 등장하는데, 이것이 바로 해석학과 관련이 있다(조상식, 2014: 298).

해석학은 서양 전통에서 성서 해석이나 법조문 해석처럼 순전히 기술적(技術的) 차원과 관련을 가진 것이었지만, 19세기 이래 일군의 철학자들이 의미해석이 곧 철학의 임무라고 주장하고 '철학적 해석학'을 주창하면서 철학적 방법이자 인식론의 한 유형으로 자리 잡게 되었다. 이러한 철학적 시도는 독일의 '역사주의'라는 흐름과 일맥상통한다. 여기서 역사주의란, 모든 인간 정신의 산물들(혹은 객관체, Objektivationen)인 문화, 제도 등을 끊임없이 해석하는 과정에 관심을 두었던 슐라이어마허(F. D. E. Schleiermacher), 텍스트 저자의 의도성을 삶의 체험을 통해 접근하려 했던 딜타이(W. Dilthey), 언어의 무한성에 갇힌 인간의 유한성이라는 하이데거(M. Heidegger)의 생각을 이어받아 철학적 해석학의 체계를 확대한 가다머(H. G. Gadamer) 등과 같은 철학자들에 의해 전개되었다. 이들은 텍스트 저자의 의도에 접근 가능한 것은 모든 해석자에게 '이해의 보편성'이라는 조건이 갖추어져 있기 때문이라고 가정한다(Danner, 1994/2004). 이렇게 보면 해석학은 연구자로부터 길든 짧든 간에 시간적인 간격을 가진 텍스트를 탐구하는 교육사상연구에서 가장 핵심적인 연구방법으로 간주할 수 있다. 고전적인 해석학적 철학자들인 슐라이어마허, 딜타이, 가다머가 각각 가정하고

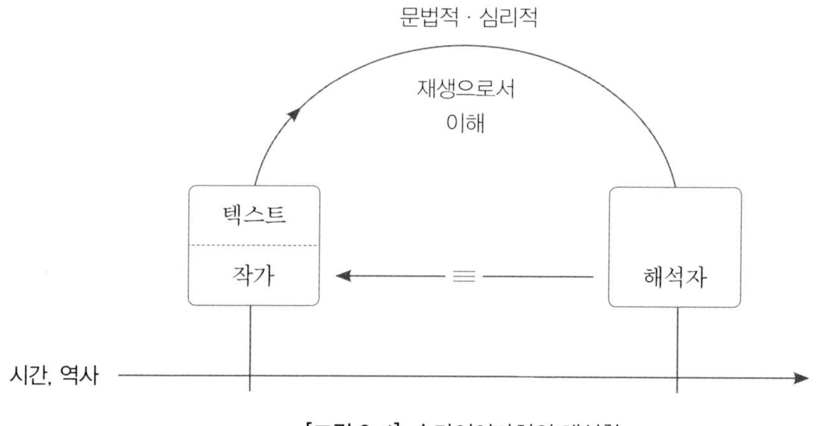

[그림 3-1] 슐라이어마허의 해석학

있는 해석학의 관점 및 방법을 모형으로 표현하여 비교하면서 교육사상연구의 실제에 어떻게 적용될 수 있는지 설명하기로 하겠다.[3)]

슐라이어마허는 의미파악, 즉 이해를 해석의 예지적(叡智的, divinatorische, divinatory) 방법이라는 의미에서 작가와의 일치를 추구하는 문법적 · 심리적 재생으로 간주한다. [그림 3-1]에서 직선은 작가와 해석자 간의 시간적 경과 및 간격을 가리킨다. 해석의 방향은 과거의 재생이라는 의미에서 일방향적이다. 해석자가 작가의 의도를 완전하지는 않지만 '거의 동일하게(≡)' 이해 가능한 것은 텍스트와 작가 사이의 일치에 기반을 두고 있다. 말하자면 텍스트의 의미는 철저하게 작가의 의도에 따라 쓰인 것이기에 텍스트의 재생은 곧 작가 정신을 복원하는 것이다.

한편 딜타이에게 해석자는 자기 삶의 관계와 체험 지평을 가진 채로 전면에 등장한다. 그 전제는 [그림 3-2]에서 보듯이 텍스트와 작가 사이의 분리 혹은 소외 구조다. 요컨대, 작가는 이제 더 이상 텍스트와 일치될 수 없다. 여기서 해석자가 정신적 관계의 주체로 부상한다. 해석자 자신의 체험적 배경은 심지어 작가보다 더 많이 이해할 수 있게 해 준다. 그래서 이해는 단순한 재생이 아니라, 창조적이고 생산적인 것이다. 딜타이에게 있어서 해석자의 동등성은, 해석자에게 작가와 동등한 권리를 부여한다. 이제 해석자는 또 다른 창작자로 등장한다.

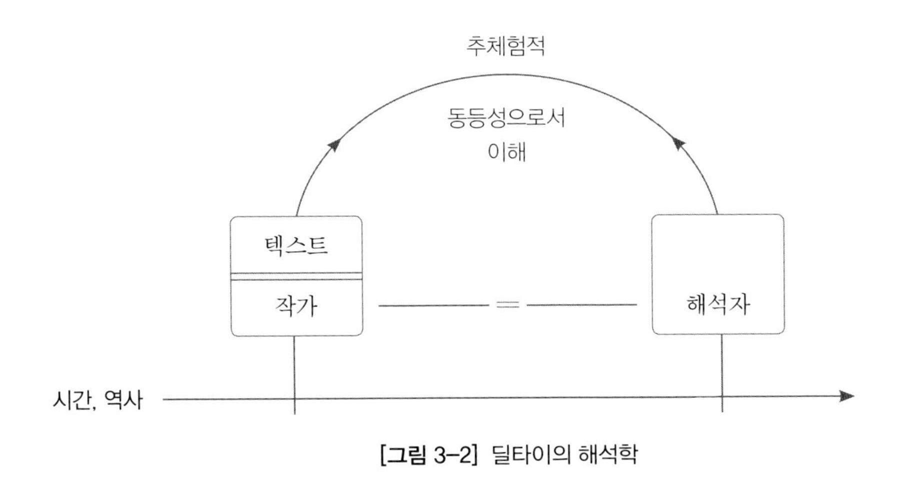

[그림 3-2] 딜타이의 해석학

3) 세 해석학자의 기본 가정을 보여 주는 각 모형은 대너의 책(Danner, 1994/2014: 142-147; 그 요약으로서 조상식, 2014: 306-307)에 기반을 두고 있다.

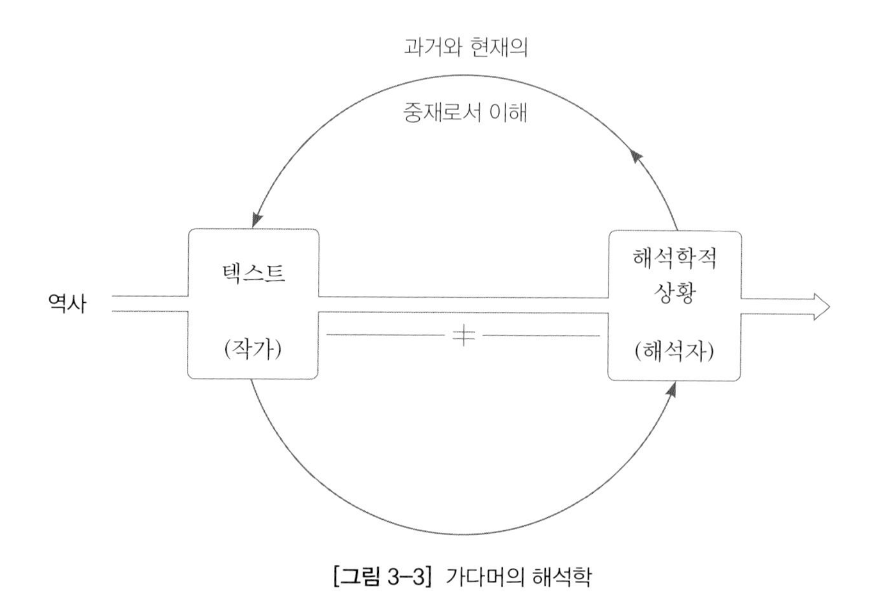

[그림 3-3] 가다머의 해석학

마지막으로 [그림 3-3]에서 보듯이, 가다머에게는 마치 해석의 전체 무게가 해석자에게 옮겨 간 것으로 보인다. 하지만 해석자의 이해에 결정적인 것은 그의 주관성이 아니라, 그 자신이 처해 있는 '해석학적 상황'이다. 이러한 해석학적 상황은 영향사적(影響史的) 의식에 의해 규정된다. 쉽게 말해서, 해석자는 과거의 전통에 자신이 처해 있다는 사실에 의해 규정되고, 그 전통은 자신이 곧 이해하고자 하는 질문 속에 이미 표현되어 있다. 해석자가 이러한 상황으로부터 빠져나올 수 없기 때문에, 해석학적 상황은 개인의 의지와 무관하게 구속적인 역할을 한다. 동시에 해석자는 이 영향사적 계기를 의식하고 있다. 그러한 의미에서 해석학적 상황은, 다름 아닌 해석자가 이해를 실행하는 데 있어서 동원하는 선입견과 선(先)이해와 같은 것이기도 하다.

이 세 해석학자의 서로 다른 관점을 통해 교육사상연구의 구체적인 질문을 진술하면 다음과 같다(조상식, 2014: 308 일부 수정).

- 슐라이어마허: 교육사상가는 자신의 사상의 내용을 어떻게 이해하고 있었는가?
- 딜타이: 교육사상가의 주장을 사상연구자는 어떻게 (재구성하여) 이해하는가?
- 가다머: 교육사상연구자는 자신의 상황으로부터 교육사상가의 사상 내용을 어떻게 이해하는가? 혹은 사상 내용이 오늘날 우리에게 주는 시사점은 무엇인가?

교육철학의 탐구방법으로서 해석학은 '이해 가능한' 연구 절차나 특별한 지침이 없다는 치명적인 약점을 지니고 있다. 물론 합의 가능하고 준수해야만 하는 철학적 수준과 개념은 존재하지만, 연구자의 축적된 연구 경험과 식견에 의존할 수밖에 없다는 한계를 가진다.

4. 현상학적 접근

철학적 방법이자 인식의 한 유형인 현상학(現象學, Phanomenologie, Phenomenology)은 19세기 말 독일의 철학자 후설(Edmund Husserl, 1859~1938)이 창안한 것으로서 이후 철학분야 내에서 큰 영향을 끼치면서 자체적으로 분화, 발전하였다. 양차 세계대전 사이와 제2차 세계대전 이후에는 '현상학적 운동'(Spiegelberg, 1984/1991)이라는 용어도 생겨날 정도로 철학 이외의 인문 · 사회과학 방면에도 영향을 주었다. 현상학 자체가 안고 있는 이론적 · 개념적 불완전성, 후설의 철학적 관점 변화에 따른 해석의 다양성, 후설 사후에 비로소 발견되는 적지 않은 저작으로 인한 해석의 패러다임 변화 등으로 인해 이론적 정체성을 규정하기가 쉽지만은 않다. 따라서 "현상학자 수만큼이나 많은 현상학이 존재한다"(Spiegelberg, 1984/1991: 258)라고 얘기될 정도다. 이처럼 현상학의 흐름을 깔끔하게 보여 주는 지도를 제작하기가 그리 쉽지만은 않다. 더욱이 철학 이외의 학문분야에서 현상학의 방법을 수용하여 탐구에 적용하는 방식은 철학적 현상학으로부터의 이탈이라고 지적되는 경우도 적지 않다. 연구방법론과 연구대상 사이의 적합성과 관련이 있을 뿐만 아니라 철학적 현상학을 부분적으로만 참조하거나 심지어 본래 의미를 왜곡하는 사례도 적지 않다는 점에서 이 문제는 심각하게 고려해야 할 부분이다.

현상학 또는 현상학적 방법이란 무엇인가? 우선 용어 자체를 중심으로 살펴보면, 현상학(Phanomeno-logie)은 현상들(Erscheinungen)에 대한 이론이다. 여기서 현상(Phänomen)이라는 단어는 그리스어 φαινόόμενον(phainomenon)로부터 왔으며, 나타나 있는 것 혹은 우리 앞에 분명히 놓여 있는 것을 의미한다(Danner, 1994/2004: 193). 그래서 그리스어 어원상 phenomenon이란 현상 기술적인 것을 뜻하며, noumenon은 법칙 정립적인 것을 의미한다. 전자가 단지 드러난 것을 기술하는 것과 관련이 있다면 후자는 드러난 것 이면에 놓인 인과관계, 메커니즘, 동인(動因) 등을 찾아 규정하는 것을 의미한다. 오늘날 학문 연구 본연의 임무가 대체로 후자를 의미하는데, 후설이 자신이 정초한 철학의 명칭을 현상학이라고 부른 이유는 무엇일까?

후설이 철학적 탐구를 하는 시기인 19세기 후반은 실증주의적 연구방법론이 인간의 내면을 이해하는 데에까지도 영향력을 행사하던 시기였다. 예컨대, 전통적으로 심리학은 인문학적 탐구영역이었지만 실험심리학의 등장으로 말미암아 인간의 내면적 심리 현상을 관찰과 계량화로 대치하여 설명하려고 하였다. 후설은 이를 '자연의 수학화(Mathematisierung der Natur)'라고 명명하면서 학문의 대상이 되는 '사태(Sachverhalt)'의 본래 모습인 '현상'으로 되돌아갈 것을 주장하였다. 여기서 철학 본연의 접근은 바로 인간 내면으로 다시 돌아가자는 것이었다. 이를 슬로건으로 표현한 것이 '물(物) 자체로(Zu den Sachen selbst)'다. 이 말은 우리가 연구대상으로 삼는 것이 특정 사물에 대한 지식이 아니라 사물 그 자체를 화제로 삼아야 함을 의미한다. 이를테면 교육적 현상이라고 부르는 사태가 우리에게 주어졌을 때(소여), 그것이 우리에게 어떻게 있는 그대로 나타나는지에 관심을 두고 이를 적합하게 기술하여 종국에는 본질적인 것을 얻어 내야 한다는 것이다. 우리 교육학 연구에서 가장 중요한 범주요 대상인 아동을 연구할 때, 심리학 방면에서 성인을 대상으로 체계화된 온갖 심리학 이론에 근거한다면 정작 아동의 본질을 왜곡할 수 있다는 말이다.

이렇게 본다면 현상학은 대상을 단순히 관찰하는 것이 아닌 그 대상을 받아들인 의식-소여(Bewusstseins-Gegebebheiten)와 관련이 있다. 여기서 우리는 자연과학의 관찰 대상으로서 사물과 독립적인 상태에 있지 않고 어떤 방식으로든 이미 대상을 의식 내로 구성하여 표상(노에마, noema)하는 의식 활동(노에시스, noesis)에 참여하고 있다. 이를 후설은 의식의 지향성(志向性, Intentionalitat, intentionality)이라고 불렀다. 이는 전통적인 의식 주체와 대상 사이의 이분법을 비판하는 개념이다. 따라서 현상학에서 기술하는 것은 외부 대상 자체가 아니라 자신의 의식에 주어진 대상을 기술하는 것이 된다.

후설이 제시한 현상학의 방법은 제자들을 중심으로 도식적인 단계로 만들어져 소개되었다. 다음의 [그림 3-4]는 현상학의 방법론적 단계를 보여 준다(Danner, 1994/2004: 203).

우리가 갖고 있는 사전 지식이나 선입견은 일종의 이론적 세계에 속한다. 일단

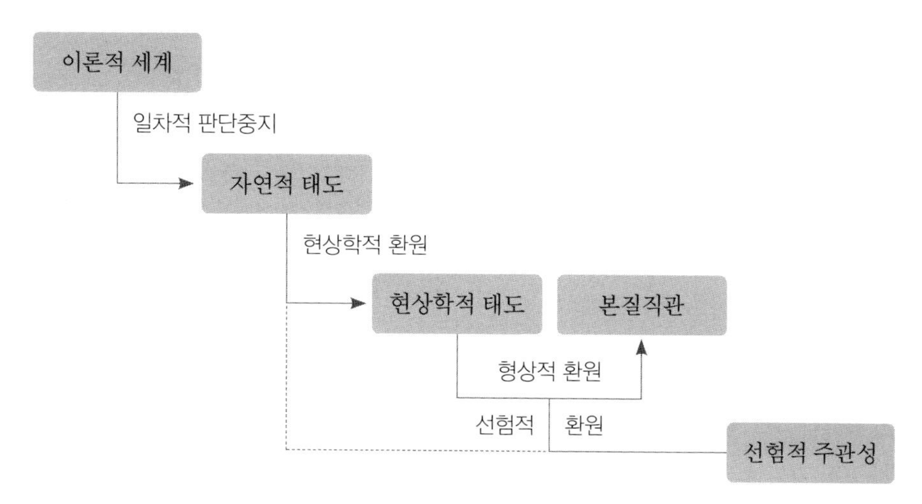

[그림 3-4] 현상학의 방법론적 단계

우리는 사태에 접근하기 전에 이러한 색안경을 벗어야 한다. 이를 후설은 괄호침(Einklammern), 판단중지(에포케, epoché), 환원(Reduktion) 등으로 불렀다. 이렇게 선입견을 버린 소극적인 상태는 자연적 태도에 해당한다. 이 단계처럼 사태를 있는 그대로 기술하는 현상학을 흔히 '기술적(記述的) 현상학'이라고 부른다. 문화인류학에서 활용하는 문화 기술지(ethnography)나 20세기 초반 후설 현상학을 수용한 독일 교육학 일부에서 교육학의 학문적 정체성을 다시 확보하기 위해 다양한 외래 이론을 배제하려는 이른바 '기술적 교육학'도 이 단계의 아이디어에 착안한 것이다. 하지만 이 단계에만 머물러 있을 수는 없다. 이제 대상의 본질(eidos)을 파악하려는 단계로 가야만 한다. 제2차 판단중지에 해당하는 '현상학적 환원'을 통해 우리는 주어진 의식 표상을 다양하게 해석할 수 있는 여지를 두면서 자유롭게 부유(浮游)하도록 내버려 둔다(자유변경, freie Variation). 이러한 현상학적 태도를 유지하게 되면 이제 변하지 않는 일관된 대상에 대한 특정한 판단이 가능하다. 이를 '본질직관'이라고 부른다. 이는 수집한 많은 데이터와 끊임없이 씨름하면서 특정한 규칙이나 일관된 패턴을 찾아내는 과정과 유사하다. 질적 연구방법론의 범주에 드는 근거이론,[4] 지오르지(Giorgi) 내

4) 질적 연구방법론으로 근거이론을 제안한 초기 인물인 글레이저(B. G. Glaser)의 '데이터가 말하도록 기다린다'라는 다소 문학적인 표현은 현상학의 단계인 자유변경에서 본질직관에 이르는 과정과 유사하다.

용분석 방법, 콜라지(Colaizzi) 유목화 정리 방법 등에서 최종적으로 드러내고자 하는 개념적 발견은 이러한 본질직관의 아이디어에서 착안한 것이다. 마지막으로 선험적 환원을 통해 이르게 된다는 선험적 주관성은 후설 스스로 명확한 의미를 규정하지 않았으며 교육학의 학문적 특성상 그리 중요하게 다루어지지는 않는다.

교육철학분야에서 현상학의 방법을 적용하는 방식은 구체적인 지침이나 절차를 통해 소개되고 활용되지는 않고 있다. 오히려 현상학 방법의 단계에 들어 있는 서로 모순적인 현상학의 특성인 '기술학'과 '본질학'은 사회과학분야에서 이 둘이 혼용되거나 혹은 무게 중심을 서로 달리하여 적용되고 있다. 이는 쉬츠(A. Schutz)가 후설의 현상학을 사회학적 의미로 변형하여 영미 지역에 소개한 전통에 힘입은 바 크다. 우리 교육학에 현상학이 본격적으로 수용된 것도 후설의 철학적 현상학이라기보다 1970~1980년대 교육사회학분야에서 있었던 미시적 · 해석적 접근 방식 중의 하나로서 '사회 현상학(social phenomenology)'의 의미에서였다. 따라서 교육철학 방면에서 현상학을 탐구방법으로 활용하는 예는, 학습자를 개별 주체로서 간주해야 한다는 일종의 철학적 태도인 실존주의 철학과 함께 다루어지는 경우가 대부분이다.

그럼에도 독일 교육철학분야에서는 현상학적으로 잘 훈련된 전문가가 자신의 풍부한 지적 상상력에 기대어 연구대상 및 현상을 섬세하고 세밀하게 기술한 후, 이를 기존의 이론에 근거 짓는 작업을 하는 경우가 있다.[5] 그 대표적인 현상학적 접근으로서 '범례적 이해(範例的 理解, Beispielverstehen)'가 있다. 이 방법은 미리 이론적인 안목에서 교육 사태를 바라보는 태도를 지양하고, 우리의 경험에 기초한 일화(逸話)나 장면을 먼저 기술함으로써 교육 사태에 근접한 인식을 하도록 하는 방법이다. 이 연구방법은 개인의 과거 및 현재 경험뿐만 아니라 누구나 경험하는 주변의 일상에서 벌어지는 사실적인 이야기를 통해, 독자의 경험에 공감적으로 접근하여 연구대상을 이해하게 한다(조상식, 2002: 57). 하지만 이러한 현상학적 접근이 방법론적으로 정반대

5) 이들은 후설의 후기 저작을 특징짓는 생활 세계적(lebensweltliche) 현상학과 이에 대해 급진적으로 이론화를 시도한 메를로-퐁티(M. Merleau-Ponty)의 '지각의 현상학'으로부터 지적인 자극을 받은 경우가 대부분이다. 그 대표적인 학자들을 든다면, 네덜란드 위트레히트(Utrecht) 대학의 랑에펠트(M. J. Langeveld), 독일의 마이어-드라베(K. Meyer-Drawe), 리피츠(W. Lippitz), 리텔마이어(Ch. Rittelmeyer) 등이 있다.

에 있는 실증주의적인 연구에 비해 엄밀성이 떨어진다는 이유에서 '방만한 사고 유희 혹은 자의적인 독해에 빠질 수 있다'라는 비판도 받는다.

5. 비판이론적 접근

비판이론(Kritische Theorie, critical theory)은 20세기 초 독일 프랑크푸르트 '사회연구소(Institut fur Sozialforschung)'라는 특정한 공간을 중심으로 형성된 연구 집단의 관점으로서, 자본주의 사회를 비판적으로 분석하고자 마르크스주의 이론 및 개념을 적극적으로 활용하였던 철학자, 사회학자, 심리학자, 문예 이론가 등의 학술적 활동에 기원을 두고 있다. 흔히 프랑크푸르트학파(Frankfurter Schule, Frankfurt school)라고도 부른다. 학파의 제1세대를 대표하는 호르크하이머(M. Horkheimer)와 아도르노(Th. Adorno)가 주도했던 초기에는 정통 마르크스주의로 경도되었지만, 이후 후속 세대인 하버마스(J. Habermas)와 호네트(A. Honneth) 등이 주도하면서 점차 당시까지 축적된 정신분석학, 언어학, 정치학, 심지어 프래그머티즘 철학, 사회심리학 등과 같이 다양한 지적 전통을 흡수하였다.[6] 비판이론의 사회 비판적 안목과 이론적 성과는 다양한 학문분야에도 크게 영향력을 끼쳤다.

독일 프랑크푸르트 대학교를 중심으로 형성된 특정 학파를 지칭하는 비판이론은 이후에 서구 마르크스주의 이론과 관점에서 자본주의 사회의 각종 불평등 문제와 부작용을 비판하는 흐름을 통칭하는 용어로 사용되고 있다. 이는 교육학 및 교육철학 방면에서도 예외가 아니다.[7] 하지만 교육철학 일각에서 간혹 사용되는 용어인 비판철학은 명확한 개념 규정이 필요하다. 일반 철학분야에서 비판철학은 특별히 칸트(I. Kant)의 철학을 지칭한다. 칸트에게 비판이란 비판이론에서 의미하는 비판 개념과

6) 프랑크푸르트학파의 학술적 편력, 특히 제2차 세계대전 전후에 나치 정권의 탄압을 받아 망명해야만 했던 시기를 포함한 학파의 움직임을 다룬 유명한 학문사 연구로서 마틴 제이(Martin Jay)의 『변증법적 상상력: 프랑크푸르트학파의 역사와 이론(The Dialectical Imagination: A History of the Frankfurt School and the Insitute of Social Research)』(1971/1981)이 있다.

7) 교육학의 하위 탐구 분야에서 널리 인용되는 프레이리(P. Freire)의 이론을 포함한 다양한 비판적 시도들을 지칭하는 비판 교육학(critical pedagogy)이 그 대표적인 사례다.

달리, 개념이 의미하는 바를 명확하게 규정한다(define)는 의미다. 이러한 개념적 혼동은 영미 교육철학 문헌에서 비판이론의 관점을 가지고 접근하는 비판적 교육철학(critical philosophy of education) 용어로 인해 더욱 혼란이 가중된 것으로 보인다. 따라서 비판이론과 비판철학은 구분하여 사용해야만 한다.

앞서 언급하였듯이, 비판이론의 범위를 프랑크푸르트학파의 테두리를 넘어 규정한다면, 이는 현대 서구 마르크스주의의 분화 발전을 서술해야 할 정도로 방대하고 복잡한 일이다. 비판이론이라는 철학적 관점 및 방법을 탄생시킨 독일 프랑크푸르트학파는 대학에서 교수직을 가진 일군의 강단(講壇) 마르크스주의자들과 외부에 별도로 설립되어 있었던 프랑크푸르트 사회연구소에서 활동했던 다양한 전공 배경을 가진 학자들의 활동 산물이다. 초기에는 호르크하이머와 아도르노 이외에 마르쿠제(H. Marcuse)의 사회철학이 큰 영향력을 행사하였다. 당시 유럽은 젊은 대학생들을 중심으로 전통적인 권위주의에 대한 도전과 반(反) 기술 문명의 사회운동이 격렬하게 진행되던 시기였다.[8] 흔히 68혁명이라고 부르는 사회적 격동기에 특히 마르쿠제의 저서들은 당시 젊은이들에겐 희망적인 메시지였고 이론적 무기이기도 했다. 당시 사회운동에서 비판이론이 매력적이었던 이유는 무엇일까? 그에 대한 해답은 곧 교육철학 연구자들에게 끼친 매력의 근거이기도 하다. 이를 몇 가지 측면에서 설명하면 다음과 같다.

첫째, 비판이론은 독일의 전통 철학의 특징이었던 사변적이고 형이상학적인 측면을 배격하고 실천적 가치를 표방하였다. 철학의 임무는 세계를 관조하는 도구가 아니라 변화시키는 것이어야만 했다. 1990년도 한국 교육의 난맥상을 비판하면서 동시에 당시 권위주의 정권에 대해 저항하였던 교사운동도 이러한 흐름에서 이해할 수 있다. 이 시기의 교사운동이 단순히 교육적 이슈만을 갖지 않고 정치투쟁과 사회운동의 성격을 가졌던 이유는 비판이론의 사회변혁적 · 실천적 성격에서 영향을 받은 것으로도 볼 수 있지만, 당시 한국 사회의 정치 · 사회적 환경에 인한 것으로 보아야만 한다. 말하자면 교사운동은 반민주적이고 권위적인 정권에 대한 저항과 급속도로 진

8) 독일 지역에서의 반권위주의에 대한 도전은 완전한 나치 청산에 대한 요구와 그에 대한 책임으로서 기성세대의 위선적인 도덕성에 대한 비판으로 표출되었다.

행된 산업화의 부작용에 대한 대학생, 교수, 성직자 등과 같은 지식인 운동의 일환이었다.

둘째, 비판이론은 마르크스주의 사회비판론의 기본 가정을 받아들여 사회적 지배구조를 뒷받침하는 이데올로기적 장치와 허위의식을 비판적으로 폭로하는 데 유용한 이론과 관점을 제공하였다. 이러한 인식은 지식 및 진리의 생성 조건을 사회적 맥락에서 이해하고자 했던 지식사회학을 이데올로기 비판으로 발전시킨 것으로서 1970년대 이후 교육과정사회학의 기본 가정으로 수용되었다. 학교에서 가르치는 교육과정 내의 지식이 특정 계급 및 이해집단의 이데올로기적 반영이거나 혹은 그 갈등의 산물이라는 관점은 전통적인 교육과정 및 지식에 대한 생각을 뒤엎는 것이었다. 1980년대 이후 비판이론은 교육철학분야에서보다 학교교육과 사회적 불평등 사이의 관계, 학교 내 비인간적이고 반민주적인 운영 등에 대해 비판하는 교육사회학분야에서 더 활발하게 수용되었다고 할 수 있다. 이는 당시 교육학의 패러다임이 사회과학으로 급격히 전환하는 흐름과 맞물려 있는 것이기도 했다.

셋째, 실증주의적 연구방법이 기존의 사회과학 연구에 강력한 영향력을 발휘하기 시작하자 비판이론은 가치중립성과 사실적 기술의 허구를 비판하고 가치판단의 중요성을 제시하였다. 마르쿠제가 자신의 저서 『일차원적 인간(One-dimensional Man)』에서 현대 주류 철학으로 등장하고 있던 논리실증주의 및 언어분석을 일차원적 사유의 단면이라고 비판한 것도 이러한 맥락에서였다. 하버마스도 이미 실증주의 논쟁에 참여하여 사회과학 연구에서 과학주의 및 실증주의를 비판하면서 사회이론 형성의 독특한 차원으로서 '의미 이해'를 강조하였다. 이러한 관점은 우리 사회 현실이 역사적인 근거를 가지며 인간의 삶과 깊은 관련이 있기 때문에 자연과학적(실증주의적) 인식으로는 온전히 해명되지 않으며 심지어 왜곡된다는 점을 지적하였다. 이러한 하버마스의 태도는 일종의 '해석학적' 관점에 해당한다. 이를 잘 보여 주는 책이 바로 『인식과 관심(Erkenntnis und Interesse)』이다. 인식과 관심은 각각 주도적인 영향으로 서로에게 영향을 주고받는다는 점에서 탈(脫)가치와 가치중립성을 표방하는 실증주의적 연구가 인간과 관련이 있는 사회문제를 해명하는 데에 한계가 있음을 지적하였다. 이러한 지적은 교육학 연구에서 무비판적이고 몰가치적인 실증주의적 접근이 가지는 해악에 대해 교육철학이 어떠한 입장과 태도에서 임무를 가져야 하는지를 잘 보여 준다.

마지막으로 비판이론은 단일한 이론적 모델만 고집하지 않고 다양한 학문분야에서 성취된 이론들을 사회비판에 활용하는 유연한 연구 태도를 보여 주었다. 따라서 굳이 학문분야를 분류하자면 비판이론은 사회철학으로 볼 수 있지만, 사실 이를 훨씬 뛰어넘을 정도로 종합 학문적 접근을 시도하였다(한명희, 고진호, 2005: 90). 그 단적인 예는 비판이론 분야에서 주도적인 역할을 하였으며 중요한 업적을 남긴 하버마스의 저작에서 분명하게 드러난다. 연구방식이 절충주의라고 부를 정도로 그는 당대의 방대한 이론들을 종합적이고 치밀하게 자신의 사상 체계에 녹이는 데 탁월하다. 이렇게 본다면 비판이론적 접근을 하는 교육철학이 이론적 자주성과 정체성을 고집하지 말고 다른 학문분야에서 성취한 이론들을 학교교육 및 교육적 관행을 비판적으로 해명하는 데 창조적으로 활용할 필요가 있음을 시사한다.

6. 탈(脫)근대적 접근

탈(脫)근대주의의 영어식 표현인 포스트모더니즘(postmodernism)은 접두사 post-가 '뒤' 혹은 '나중'을 뜻하듯이, modernism 시기를 극복 혹은 넘어섰다는 것을 가리키는 일종의 시대구분 용어다. 이 용어는 1960년대 문화 영역에서 자주 사용되다가 건축, 예술, 인문 · 사회과학, 자연과학 등 다양한 분야에서 사용되었다. 분야마다 의미하는 바가 조금씩 다르기 때문에 개념적으로 제한하여 이해할 수밖에 없다. 교육철학은 인문학적 성격을 갖기 때문에 '철학적 포스트모더니즘'에서 규정하는 의미를 따르는 것이 혼란을 줄일 수 있다. 철학적 포스트모더니즘은 20세기 후반 미증유의 난제들에 직면한 상황에서 지금까지 인류의 문명 성취를 가능하게 한 인간 이성에 대해 심각한 회의를 하는 태도 혹은 관점을 가리킨다. 여기서 인간 이성에 대한 회의, 심지어 부정은 18세기 서구 계몽주의 전통에 대한 비판으로 모아진다(조화태, 1993; 한명희, 고진호, 2005).

하지만 이러한 근대성(modernity)에 대한 비판은 학자마다 입장이 사뭇 다르다. 이를테면 포스트모더니즘의 비판적 논의가 계몽주의의 극단적인 합리주의로 인해 잊어버린 '중세로의 복귀'로 이해하는 경우(U. Echo)도 있다. 이는 포스트모더니즘 관점을 근대 이후라는 시간적 진보가 아닌 복고적 가치의 복원으로 이해한다. 현대 사회의 파편화된 개인주의가 초래한 도덕적 혼란을 극복하고 공동체적 덕(德)이 보존

된 계몽주의 이전의 가치를 회복하자고 주장하는 매킨타이어(A. MacIntyer)나 테일러(Ch. Taylor)와 같은 현대 공동체주의자들의 반(反)근대주의 관점도 이러한 이해에 해당한다. 그 밖에 어떤 이들은 포스트모더니즘을 특정한 새로운 시대의 도래로 이해하는 관점을 비판하면서 그러한 징후들은 모더니즘의 극단적인 실천 속에 이미 들어 있었다고 주장하기도 한다. 이를테면 모더니즘 시기의 아방가르드는 이미 포스트모더니즘의 징후를 예고한다는 것이다. 구체적으로 포스트모더니즘은 별도의 시대를 규정하는 용어가 아닌 '폭주하는 근대성'으로 이해하자는 기든스(A. Giddens, 1990)의 주장은 그 대표적인 경우다. 이러한 관점을 더욱 진전시켜 하버마스는 현대 사회의 다양한 난제들(Aporien)을 앞에 두고 새로운 시대 규정으로 넘어가는 것이 무책임한 것이며, 오히려 비판의 대상인 계몽주의를 해결이 요구되는 '미완의 기획(unvollendetes Projekt)'으로 보아야만 한다고 주장(Welsch, 1988: 177)하면서 포스트모더니즘적 관점에 내재된 신보수주의적 의혹을 폭로한다.

포스트모더니즘의 개념 및 성격을 둘러싼 논쟁에도 불구하고, 이 용어는 특정한 시대의 종언을 알리면서 새롭게 등장하는 징후들을 설명하는 시대어로 자리 잡기 시작하였다. 그러면서도 공통적으로 주장하는 가정과 관점을 몇 가지 측면에서 설명하면 다음과 같다.

첫째, 근대 자연과학은 합리주의 사고와 뉴턴 물리학의 기계론적 인과론에 기반을 두고 있었다. 하지만 불확정성의 원리나 카오스 이론 등은 자연의 본질에 다가갈 수 있다는 낙관적인 과학주의 신화를 무너뜨렸다. 이는 과학적 인식을 통한 자연의 해명 불가능성과 법칙에 입각한 미래 예측의 불확실성을 가리킨다. 이러한 생각의 전환은 교육철학적 인식에서의 태도에도 영향을 주었다.

둘째, 근대의 인간관은 '데카르트의 극장(Descartes' theater)'이라고 부르듯이 세계의 중심에 자아가 있으며, 이 자아는 세계라는 극장에서 스스로 배우이자 관객일 뿐만 아니라 심지어 이를 지휘하는 연출자의 지위도 가진다. 이러한 자아관은 칸트의 도덕적 자율성을 가진 주체로서 승격되었다. 하지만 탈근대적 세계에는 몰(沒)자아적 문화가 지배함으로써 개성을 가진 근대의 주체는 이미 설 자리가 없다. 이러한 자아의 해체와 허구적인 근대의 자아관은 포스트모더니즘 철학자들이 다양한 방식으로 다루어 왔던 주제이기도 하다. 이를테면 라캉(J. Lacan), 데리다(J. Derrida), 로티(R. Rorty) 등은 주체적으로 사유하는 근대의 자아를 부정하고 무의식적이고 불투명한 의식 주체로서 자아를 가정하면서 인간 존재와 사유의 균열을 지적한다. 이들은 공통적으로 이성이나 합리성의 담지자로서 인간 주체를 부정하고, 자아란 어떠한 중심도 없는 집합 덩어리에 불과하며 그 집합은 역사적 · 문화적 상황에서 우연히 형성된 것이라고 주장한다. 따라서 자아의 불변성, 안정성, 본질성은 철저히 부정된다. 심지어 푸코(M. Foucault)는 주체의 소멸을 주장하기에 이른다. 이러한 생각은 학습자의 주체성을 근거로 자율적 사유와 도덕적 판단을 목표로 삼는 교육적 인식에 큰 도전이기도 하다.

셋째, 철학적 포스트모더니즘은 전통적인 지식관 및 인식론을 비판한다. 근대의 지식이론은 인식 주체로부터 독립된 객관적인 지식 체계가 존재하며 합리적인 인간의 주관이 주체적으로 이를 구성한다는 관점에 기초하고 있다. 하지만 포스트모던 철학자들에게 지식은 언제나 사회적 관계 혹은 권력이 작용하여 생성되는 것이기에 지식의 가치중립성과 객관성에 대한 생각은 허구다. 특히 푸코는『말과 사물(The Order of Things)』(1966/2012)에서 단절적으로 구분되는 특정한 시대에 사물에 질서를 부여하는 독특한 인식 장치인 에피스테메(episteme)가 존재한다고 주장하면서 지식의 영구 불변적, 객관적 지위를 부정하였다(김빛나, 하스이케 시게요, 조상식, 2016). 아울러 지식의 보편성, 정확성, 명증성을 보증하는 근대 전통의 지식관은 거대한 담론체계, 즉 철학 체계를 통해 정립되어 있다. 이렇게 모든 학문분야 및 실제를 통일적으로 설명하려는 거대하고 포괄적인 이론체계를 리오타르(J. F. Lyotard)는 대서사(大敍事, grand narrative)라고 부르면서, 이제 포스트모던 시대 질서에서 이는 지탱되기 힘들 뿐만 아니라 이론적 효력도 다했다고 지적하면서 소(小)서사적 지식이 적합하다고 주장한다(Lyotard, 1984/1992).

이러한 철학적 포스트모더니즘의 관점은 교육 패러다임의 전환을 불가피하게 한다. 이를 세 가지 측면에서 살펴볼 수 있다. 첫째, 교육적 관점의 변화다. 철학적 포스트모더니즘은 인간 이성 이외의 다양한 속성에 관심을 가지도록 한다. 즉, 포스트모더니즘은 이성중심주의적 관점으로 인해 그동안 억압되고 폄하되어 왔던 감성, 상상력, 직관, 충동, 무의식, 본능, 욕구 등과 같은 인간의 내면적 차원들을 복원하라고 가르친다. 이렇게 이성의 획일성으로부터 '타자성의 회복'은 근대성 철학이 가정해 온 유럽, 남성, 정상인, 교사 등과 같은 각종 중심 범주를 비판적으로 바라볼 수 있게 한다. 둘째, 교육연구와 실천에서의 변화다. 이제 교육학 방면에서 지배적인 거대한 이

론 체계 대신에, 교육이론의 적용과 실천에서의 맥락주의적 이해가 중시된다. 이에 다양한 방식으로 인간형성을 설명해 온 결정론적 시각을 비판할 수 있다. 셋째, 교육과정과 교수 방법에서의 변화다. 지금까지 통용되어 왔던 교육과정의 권위적인 지위를 인정하지 않고 학습자의 자발적인 지식의 구성적 측면을 중시한다. 이러한 구성주의적 관점은 전통적인 교사 중심의 교육적 관행을 비판할 수 있으며, 교육과정은 다차원적 개념을 수용하는 방향으로 변화할 것이다.

철학적 포스트모더니즘을 수용하는 교육철학의 연구는 대체로 긍정적이고 개선지향적인 관점을 보여 주고 있다. 이처럼 철학적 포스트모더니즘의 다양한 관점 중에서 긍정적인 메시지를 표방하는 것도 있지만, 사실 대부분의 포스트모더니즘 철학은 비관적이고 염세적이며, 현대 문명, 특히 근대 이후에 축적된 인간의 성취 자체를 부정하는 종말론적 색채도 띠고 있다. 이러한 이유에서 미국의 교육철학자 버뷸러스(N. C. Burbules)는 포스트모더니즘을 교육철학이 수용하는 데에서 보이는 회의적인 태도와 그로 인한 위험을 다음과 같이 설명한 바 있다(Burbules, 1995: 한기철, 조상식, 박종배, 2018: 449-450 재인용). 첫째, 반어적(ironic)인 태도로 인한 허무주의로의 귀착, 둘째, 비극적(tragic)인 태도로 인한 염세주의로의 귀착, 셋째, 풍자적(parodic)인 태도로 인한 냉소주의로의 귀착이 그것이다.

무엇보다도 포스트모더니즘 철학을 교육철학의 방법으로 수용하는 데 등장하는 치명적인 불편함은, 포스트모더니즘이 교육학적 인식 및 규범적 지향의 출발인 계몽주의 전통 자체에 의혹을 보이고 심지어 그 역사적 존재 이유를 부정한다는 데 있다. 계몽주의가 표방하는 합리적 사유 능력, 도덕적 자율성, 정체성 형성, 성숙, 해방 등은 우리가 여전히 포기할 수 없는 교육적 규범이요 목표다. 물론 포스트모더니즘의 회의적 관점을 그대로 수용하여 전혀 새로운 교육 패러다임을 제시할 수도 있겠지만, 만족할 만한 이론적 체계가 나왔다는 소식은 아직 들리지 않는다. 대체로 교육철학의 연구는 포스트모더니즘 철학자들이 스스로 제시했던 전망 이면에 교육학의 기본 가정을 위협하지 않는 '숨겨진' 희망적인 메시지를 발굴하는 데 주력하려는 경향이 있다. 근대적 자아의 주체성 및 실존 자체를 부정했던 푸코가 정작 후기 철학에서는 인간의 자기 절제 및 배려를 통해 인간을 도덕적 주체로서 보존하려는 작업을 했던 점에 주목하여 포스트모던 교육적 담론을 복원하고자 하는 연구(이주호, 조상식, 2014)는 이러한 시도의 대표적인 예다.

토론 거리

1. 철학적 방법을 교육철학으로 수용한다고 했을 때 등장할 수 있는 교육철학의 독자성 문제에 대해 토론해 보자.
2. 분석철학적 교육철학이 교육철학의 학문적 발전에 남긴 긍정적인 측면과 그 한계점에 대해 토론해 보자.
3. 교육철학의 역사적-해석학적 접근 방법을 특정 사상가의 자서전(自敍傳) 연구에 적용하여 연구한다고 할 때, 고려해야 할 사항들로 무엇이 있을 수 있는지 토론해 보자.
4. 사회과학분야에서 활용하고 있는 다양한 '현상학적 연구방법'이 철학적 현상학으로부터 이탈한 점이 무엇인지 조사해 보고, 이 문제를 교육철학의 관점에서도 찾아서 그 해결방안에 대해 토론해 보자.
5. '학습자 중심 담론'의 이데올로기적 성격을 비판이론적 관점에서 토론해 보자.
6. 근대의 지식관을 포스트모더니즘 철학의 관점에서 비판해 보자.

더 읽어 볼 자료

Peters, R. S. (1966). *Ethics and education*. 이홍우, 조영태 역(2003). **윤리학과 교육**. 경기: 교육과학사.

▶ 분석철학적 방법론의 안목을 통해 교육의 개념 및 행위를 정당화하는 규범적 토대를 규명한 고전이다.

Danner, H. (1994). *Methoden geisteswissenschaftlicher Pädagogik: Einführung in Hermeneutik, Phänomenologie und Dialektik*. 조상식 역(2004). **독일 교육학의 이해: 정신과학적 교육학의 방법론**. 서울: 문음사.

▶ 독일 교육학의 정체성을 가리키는 정신과학적 교육학의 대표적인 탐구방법으로서 해석학과 현상학의 주요 개념 및 이론을 교수법적 도식을 통해 알기 쉽게 설명해 놓았다.

Freire, P. (1968). *Pedagogy of the oppressed*. 남경태 역(2009). **페다고지**. 서울: 그린비.

▶ 넓은 의미에서 비판이론적 교육철학의 범주에 해당하는 미국의 비판 교육학(critical pedagogy) 방면의 대표적인 관점을 보여 주는 저서다.

Welsch W. (Ed.) (1988). *Wege aus der Moderne. Schlüsseltexte der Posmoderne-Diskussion.* Weinheim: VCH, Acta Humanoria.

▶ 독일어로 된 저서이지만, 포스트모더니즘 철학의 초기 논쟁(리오타르와 하버마스)을 포함하여 포스트모더니즘 및 근대성에 대한 다양한 관점을 모아 놓은 총서 형식의 문헌이다.

참고문헌

김빛나, 하스이케 시게요, 조상식(2016). 푸코의 에피스테메(épistémè) 구분에 따른 코메니우스『세계도회』의 유형 분석. **교육철학연구**, 38(2), 51-72.

이주호, 조상식(2014). 미셸 푸코의 '자기 배려' 개념과 교육적 담론의 복원. **교육철학연구**, 36(1), 99-118.

조상식(2002). **현상학과 교육학: 현상학적 교육학에서 육체의 문제**. 서울: 원미사.

조상식(2014). 교육사상(教育思想) 연구방법으로서 해석학-개념과 모형, 한계 그리고 대안. **교육사상연구**, 28(1), 299-319.

조화태(1993). 포스트모더니즘의 이해와 한국교육이론의 과제. **교육철학**, 11, 3-10.

한기철, 조상식, 박종배(2018). **교육철학 및 교육사**. 경기: 교육과학사.

한명희, 고진호(2005). **교육의 철학적 이해**. 경기: 문음사.

Bleicher, J. (1980). *Contemporary hermeneutics: Hermeneutics as method, philosophy and critique.* 권순홍 역(1988). **현대 해석학: 방법, 철학, 비판으로서 해석학**. 서울: 한마당.

Böhme, G., & Tenorth, H. -E. (1990). *Einführung in die Historische Pädagogik*. Darmstadt: Wissenschaftliche Buchgesellschaft.

Danner, H. (1994). *Methoden geisteswissenschaftlicher Pädagogik: Einführung in Hermeneutik, Phänomenologie und Dialektik*. 조상식 역(2004). **독일 교육학의 이해: 정신과학적 교육학의 방법론**. 서울: 문음사.

Foucault, M. (1966). *Les Mots et les choses*. 이규현 역(2012). **말과 사물**. 서울: 민음사.

Freire, P. (1968). *Pedagogy*. 남경태 역(2009). **페다고지**. 서울: 그린비.

Giddens, A. (1990). *The consequences of modernity*. 이윤희, 이현희 역(1991). **포스트모더니티**. 서울: 민영사.

Grondin, J. (2001). *Einführung in die philosophische Hermeneutik*. Darmstadt: Wissenschaftliche Buchgesellschaft.

Lyotard, J. F. (1984). *Le Condition postmoderne: Rapport sur le savoir*. 유정완, 이삼출, 민

승기 역(1992). 포스트모던의 조건. 서울: 민음사.

McMurray, F. (1955). Preface to an autonomous discipline of education. *Educational Theory, 5*(4), 129-140.

Munitz, M. K. (1981). *Contemporary analytic philosophy*. 박영태 역(1997). 현대 분석철학. 서울: 서광사.

Oelkers, J. (1982). Die analytische Erziehungsphilosophie: Eine Erfolgsgeschichte. *Zeitschrift für Pädagogik, 28*, 441-464.

Peters, R. S. (1966). *Ethics and education*. 이홍우, 조영태 역(2003). 윤리학과 교육. 경기: 교육과학사.

Phillips, D. D. (2008). "Philosophy of Education." Stanford Encyclopedia of Philosophy. http://plato.stanford.edu/education-philosophy/

Spiegelberg, H. (1984). *The phenomenological movement*. 최경호 역(1991). 현상학적 운동. 서울: 이론과 실천.

Welsch W. (Ed.) (1988). *Wege aus der Moderne: Schlüsseltexte der Posmoderne-Diskussion*. Weinheim: VCH, Acta Humanoria.

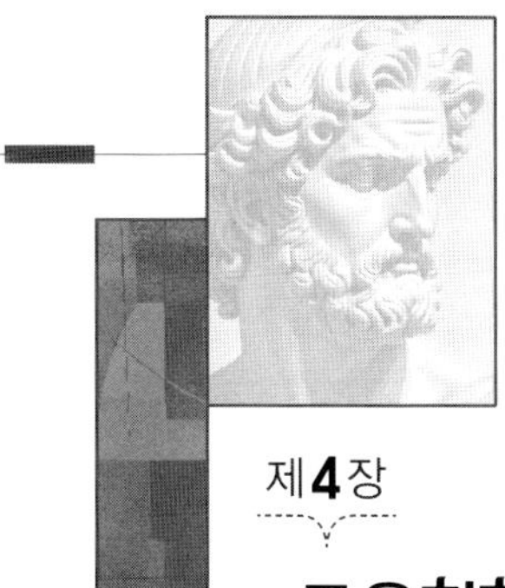

제4장

교육철학연구의 실제: 세 가지 접근

곽덕주

도입

교육철학연구는 (교육과학연구에서처럼) 순수하게 이론적 관심에 머무르는 경우는 드물다. 그것은 성격상 규범적이고 실천 지향적이다. 다만 오늘날 한국의 교육철학자들은 각기 영미, 독일 및 유럽, 그리고 동아시아 전통이라는 다양한 학문적 배경하에서 작업해 왔기 때문에, 자신들이 훈련받고 영향받은 학문 전통에 따라 이론과 실천의 관계를 다소 다르게 이해하고 연결 짓는 것처럼 보인다. 다음에서는 근대 학문 체계하에서 공부해 온 교육철학자들이 실제 수행하는 세 가지 구분되는 교육철학연구의 실제를, 그 접근이 각각 전제하는 이론과 실천의 관계 관점에서 묘사해 보고자 한다. 이것은 교육철학에 입문하고자 하는 예비 교육철학도들이 교육철학연구가 구체적으로 무엇을 어떻게 하는 것인지, 그 작업의 성격을 실천적 관점에서 이해하는 것을 도울 것이다. 이것은 또한 교육철학자들이 자신들이 하고 있는 학술적 작업의 성격을 방법론적 관점에서 보다 의식적으로 반성하는 것을 도울 것이다.

1. 교육사상연구로서 교육철학: 자기형성적 실천으로서 '텍스트 읽기'

첫째, 교육사상연구로서 텍스트 읽기다. 교육철학을 공부한다고 할 때 우리가 떠올리는 가장 전통적인 연구방법이며 우리나라 교육철학자들이 가장 지배적으로 취하는 작업의 방식이기도 하다. 우리가 잘 아는 플라톤과 루소, 듀이, 공자, 주희 등, 전통적으로 인정되는 서구 및 동양의 교육사상가들의 교육사상을 이해하기 위하여 이들의 텍스트를 읽고 해석하고 체계적으로 정리하는 학술적 작업을 가리킨다. 그런데 실천적 성격의 교육철학연구에서 이러한 교육사상연구는 왜 수행해야 하며 또 텍스트 읽기는 구체적으로 어떻게 하는 것일까? 사실 교육사상연구는 다른 인문학분야에서의 사상연구가 그렇듯이, 그 연구의 의의를 특별히 묻지 않아도 그 분야의 기초연구로서 학술적 · 이론적 가치를 갖는 것으로 간주될 수 있다. 예를 들어, 이 연구들을 통해 교육철학적 사상의 전통이나 계보를 세우거나, 충분히 인정받거나 연구되지 못한 과거나 현재의 학술적 자원으로부터 새로운 교육사상가들을 발굴해 내거나, 이미 인정된 사상가의 사상 체계에 대해서도 새로운 해석을 이끌어 내는 것 등과 같은 학술적 가치를 말할 수 있다.

이러한 기초적인 (인문학) **연구**로서 교육사상연구가 갖는 학술적 · 이론적 가치에 의문을 품지 않더라도 근대적 교육철학연구의 한 가지 방법으로서 교육사상연구가 '교육적으로' 어떤 의미를 갖는지 질문하는 것은 여전히 필요하고 중요할 것으로 보인다. 왜냐하면 하나의 교과로서 '교육철학'은 우리나라에서 예비교사들을 양성하는 교직과목의 일환으로 제공되고 있고, 이때 교육사상에 대한 내용은 그것에 필수적으로 포함되는 경향이 있기 때문이다. 그렇다면 (예비) 교사들에게 과거로부터 내려오는 교육사상을 가르쳐야 하는 이유는 무엇일까?

대개 교육학의 고전적 경전으로 일컬어지는 플라톤의 『국가(The Republic)』나 듀이의 『민주주의와 교육(Democracy and Education)』과 같은 텍스트들은 교육에 대한 체계적인 사고의 산물이다. 교육이라는 제도나 실천이 한 사회에 왜 필요하고 이러한 필요성에 입각한 교육이라는 것이 지향해야 할 바는 무엇이며 그것을 실행하는 구체적 방법은 어떠한 것인지, 그리고 여기서 앞선 세대나 교사의 역할 및 이들의 학생과

의 관계는 어떠해야 하는지 등, 교육과 관련한 포괄적이고 일반적인 이론을 담고 있다. 즉, 그것은 교육의 목적과 방법, 학습과 사유의 본질, 지식의 성격, 그리고 교육과정, 교수법과 학교교육이 인간 성숙에 기여하는 바에 대한 철학적 성찰을 담고 있다. 그러므로 교육사상에 대한 연구와 공부를 통하여 우리는 교육에 대해 포괄적이고 체계적으로 사유하는 다양한 사례들을 접할 수 있게 된다.

그러나 이러한 교육사상연구가 단순히 특정 사상가의 교육이론을 체계적이고 객관적으로 이해하고 정리하는 데에 그친다면, 그 연구나 교육이 갖는 **교육적** 가치는 제한적일 수 있다. 왜냐하면 교육사상의 체계적 이해와 분석은 학자들의 순전한 **이론적** 관심에 그칠 수 있고, 그리하여 현장에서의 실천을 앞둔 예비교사들에게 그것이 어떤 (실천적) 의미를 갖는지는 여전히 의문에 부쳐질 수 있기 때문이다.

그러면 교육사상연구는 오늘날 교육실천가들에게 어떤 **실천적** 함의를 갖는가? 이것에 대한 한 가지 답은 오우크쇼트(Oakeshott)로부터 온다. 그에 따르면, 교육사상가들의 연구에 몰두함으로써 오늘날 학생이나 교수들은 "지금 여기의 긴급성으로부터 한동안 스스로 자유롭게 되는 것"을 허락받는다(Oakeshott, 1989: 41). 그리고 이러한 지금-여기라는 긴급성에서부터 자유로워지는 경험은 보다 근원적인 의미에서 우리 현실의 긴급성에 대응하는 실천성을 갖는다. 이것은 무슨 뜻인가? 교육사상연구를 하나의 '실천적' 활동으로 부를 수 있는 이유는 이것을 통해 우리는 마치 과거로부터의 그 사상가들이 지금-여기 탁자에 함께 앉아 있는 것처럼 과거의 사유가들과 얘기를 나눌 수 있기 때문이다. "우리는 그들로부터 배우기 위해 그리고 중요한 의미로 그들과 함께 있기 위해 그들의 글을 읽는다…… 왜냐하면 우리 각자는 어떤 신조를 파는 사람이기보다는 탐구자이기 때문이다"(Laverty & Hansen, 2021/2023: 16). 과거로부터 그리고 과거와 함께 배우는 것은, 비록 도전받을 수 있고 또 변형될 것이라고 하더라도, 교육에 대한 자신만의 정의와 기준들을 고유하고 가치 매길 수 없는 방식으로 익히는 것과 관련이 있다. 다만 이런 식으로 과거와 대화하는 법을 알기 위해서는 그러한 사상이 담긴 텍스트를 읽는 방식이 매우 중요하다. 이 말은 교육사상연구의 **실천적** 의미는 우리가 그 텍스트를 어떻게 읽는가에 거의 전적으로 달려 있다는 뜻이다.

대개 대가들의 사상적 텍스트를 읽어 내는 것은 쉽지 않다. 이미 전제된 세계관과 이에 입각한 낯선 용어들이 우리의 읽기 호기심과 욕구를 쉽게 내쫓아 버릴 수 있다. 다음에서는 교육사상 텍스트를 읽는 방법의 하나로서, 흔히 인문학적 독해의 일반적 방법으로 묘사되는 '자세히 읽기(close reading)' 혹은 '해석적 독해'의 방법을 간략히 소개하고자 한다.

먼저 '자세히 읽기'는 교육사상 텍스트에 대해 몇 가지를 전제한다. 우리가 이른바 대가들의 글을 읽어야 하는 이유는 그들이 진리를 말하거나 우리보다 우월한 목소리를 가졌기 때문이 아니다. 그것은 그들이 자신들이 살았던 시대나 사회의 문제를 고민했고 이를 해결하기 위한 하나의 방책으로 교육의 문제를 갖고 온 이들이기 때문이다. 사실 이것이 바로 이들이 대가인 이유이기도 하다. 그러므로 이들이 대가로 인정된다고 하여 그들의 교육사상을 시대를 가로질러 오늘날 우리에게까지 적용되는 불변의 진리로 생각하고 수용한다면 그것은 이들의 철학적 기여나 정신을 오용하는 것이 될 것이다. 그러므로 그들의 텍스트를 '해석적'으로 읽는 것, 즉 진리로서가 아니라 그 시대의 문제를 고민한 특정 시대의 사유의 산물로서 역사적이고 맥락적으로 읽어 내는 것이 후대로서 우리의 임무다.

이런 의미에서 특정 교육사상가의 견해에 동의하기 때문에 우리가 그 사상가에 대해 공부하거나 글을 쓰는 것은 아니다. 물론 동의, 비동의의 문제가 맥락에 따라 중요한 것으로 다루어져야 할 때도 있지만 그 견해에 대한 동의 여부가 사상연구의 핵심적 사안은 아니다. 정전적 저술들은 시공간을 넘어 우리의 사유를 계속 새롭게 자극하기 때문에 우리는 그것을 계속 읽는다. 그것들은 우리가 자세히 그리고 깊이 읽을 때 새로운 노선의 질문과 통찰을 불러일으킨다. 그리하여 과거로부터의 정전적 텍스트를 읽는 것은 과거에 대한 끊임없는 비판의 과정이기도 하지만, 동시에 과거가 현재에 도전하여 우리가 지금 가장 당연하게 받아들이는 것에 대해 자기 의식적이고 자기 비판적이도록 하는 바로 그 순간을 만나기 위해서이기도 하다. 과거로부터 배우는 것은 우리 자신의 한계를 극복하려고 분투하는 것인 동시에 그 과거의 한계들을 극복하는 것이다.

이렇게 교육사상연구를 이해하면, 교육철학에서 사상연구는 그 사상을 **개선**하거나 **수정**하기 위해서 수행하는 것이 아니다. 그것은 오히려 검토되는 사상가들을 우리에게 할 말이 있는 이들로 인정하고, 시간을 뛰어넘는 동료 당대인들로서 만나기 위해서다. 이러한 대화에 들어서는 것은 "다른 사람의 사유가 내 자신의 마음속에 다시 살아나게 하는 것이며"(Oakeshott, 1989: 68) 이를 통해 우리 스스로를 새롭게 이해하는 것이다. 예를 들어, '훌륭함이란 무엇인가?'라는 소크라테스가 제기한 교육적 질문은

매번 새로운 교육자 세대들 앞에 등장하는 것이다. 그리하여 그것은 매 세대 교육자들의 교육적 유산이 되고, 그들 자신만의 고유하고 다른 이에 의해 재생산될 수 없는 방식으로 그 질문의 유산이 발전하도록 하는 데에 기여할 수 있다. 즉, 훌륭함이 무엇인지 아는 것 자체가 우리를 훌륭하게 만드는지, 아니면 그 질문의 추구만으로도 우리는 훌륭해지기 시작하는지와 같이, 우리에게 일상적으로 중요할 수 있는 질문을 발전시킬 수 있게 한다. 교육자는 교육현장에서 눈앞의 문제를 당장 해결할 해법을 찾기도 하지만, 진실로 사유하기를 갈망할 수도 있다. 진실로 사유한다는 것은 다른 사람의 생각을 따라 하는 것이 아니다. 이 욕망은 현실의 문제에 대해 좀 더 긴 호흡으로 들여다보고 자신만의 뚜렷한 목소리로 뭔가를 시작하고 싶은 욕망이다. 이리저리 현실의 필요와 요구에 따라 반응하는 것이 아니라 모종의 지속적인 근거나 원칙하에서 실천하고자 하는 욕망으로서, 이를 위해서는 자신의 생각을 '발견'해야만 한다는 것을 의미한다(Cavell, 1976 참조). 사상의 역사는 우리로부터 뭔가를 이끌어 내고 또 우리의 참여를 기다리고 있는 응답의 저수지로서 이러한 목적에 봉사한다.

둘째, 텍스트 읽기는 그러면 어떻게 독자 자신의 생각의 발견으로 나아갈 수 있는가? 이를 위해서는 텍스트를 아주 촘촘히, 자세히, 그리고 순환적으로 읽을 필요가 있다. 텍스트를 자세히 촘촘히 읽는다는 것은 바로 인문학적 글 읽기의 방법을 말하는 것으로서, 텍스트를 '윤리적으로' 읽는다는 것을 의미한다. 이것은 글 읽기의 결과가 우리를 지적으로 더 잘 사유할 수 있도록 훈련시켜 준다거나 우리를 윤리적으로 훌륭하게 만들어 준다는 뜻은 아니다. 물론 그럴 수도 있을 것이다. 그러나 이것은 오히려 **글 읽기** 과정 혹은 **읽는 경험 자체**가 윤리적 성격을 갖는다는 뜻이다. 다시 말하면 텍스트를 '천천히' 그리고 '의식적으로' 읽는 과정 그 자체가 바로 '윤리적 행위'라는 것이다. 왜냐하면 이러한 실천은 언어나 그것의 맥락적 함의, 그리고 그것의 불확실성에 대해 주의 깊고 조심스럽게 다가가는 실천적 행위 과정이기 때문이다. 이러한 인문학적 글 읽기는 텍스트에 대한 우리의 해석이 그 텍스트의 맥락에서 옹호될 수 있도록 주의를 기울이는 의도적 행위를 포함한다. 그리하여 이러한 글 읽기는 '자기 의식적이고 자기 배려적인' 실천이라고까지 불릴 수 있다. 우리가 텍스트로부터 이끌어 내는 의미는 그 어휘가 지니는 제한성, 역사적 지평 그리고 텍스트 전체의 맥락과 관련되고 이것에 종속되도록 요청한다. 이것은 글을 읽는 독자의 개인성을 넘어서서 존재하는 어떤 문화에 대한 복종을 요청하는데, 여기에 응하는 것 자체가 하나의 훈련이고 윤리적 행위라고 불릴 만하다(곽덕주, 최진, 2018: 5-6).

이러한 의미에서 교육사상적 텍스트를 '자세히 읽는' 경험은 우리로 하여금 '윤리적 순간'을 대면하도록 요청한다. 여기서 윤리적 순간이란, 우리가 읽는 바로 그 텍스트에 대해 독자가 **개인적으로**(personally) "반응하고, 책임지고 또 그것을 존중하지" 않을 수 없는 순간을 말한다(곽덕주, 최진, 2018: 7). 즉, 자세히 읽기는 텍스트와 **개인적으로** 만나고 관계를 맺는 실천적 경험의 과정이다. 텍스트를 읽는 과정에서 우리는 그 텍스트와의 관계에서 '윤리적 사건'을 체험하거나 목격하곤 한다. 이때 이것이 윤리적 사건인 이유는 그러한 방식으로 읽는 행위 자체가 텍스트의 매개를 통해 독자에게 영향을 미치는데, 이 영향은 독자로 하여금 텍스트와 **특정 방식으로** 관계를 맺지 않을 수 없도록 하기 때문이다. 텍스트와의 이러한 특별한 관계는 독자의 자기 관계와 필연적으로 연관되어 있다. 그리하여 이러한 자세히 읽기의 과정에는 **필연적으로** 독자의 '자기 관계'가 개입되고 또 그 관계의 변화가 연루되기 때문에, 우리가 독자로서 교육사상 텍스트를 이렇게 읽는다면, 이것은 그 과정 자체가 자신을 만나고 자신의 내면을 읽는 자기형성(및 자기변형)의 과정이라고 볼 수 있다. 이것은 고대 희랍 이래 우리에게 익숙해진 인문적 전통의 교육 목적을 연상시키고, 이런 의미에서 자세히 읽기는 바로 인문(학)적 글 읽기, 혹은 교육적 글 읽기의 다름 아니라고 말할 수 있을지 모른다.

마지막으로 셋째, 교육사상 텍스트를 자세히 읽는 것은 (개인으로서 독자에게는 자기형성적 힘을 갖는 방식으로 읽는다는 것을 의미하지만, 당장의 교육적 실천에 관심을 가진 교육현장의 실천가에게는) 그러한 사유의 조각들이 현재 교육에, 그리고 자신들의 교육실천에 의미하는 것이 무엇인지를 끊임없이 연결시키며 읽는다는 것을 의미한다. 이것은 텍스트 읽기에 '현재'라는 시간 및 '독자'의 관심을 개입시키는 일의 중요성을 지시하고 있다. 이것은 텍스트로부터 현재 교육에 주는 함의를 항상 이끌어 낼 수 있어야 한다는 것을 의미하지는 않는다. 오히려 그것을 읽는 과정적 경험 자체가 전제하는 현재성과 맥락성의 시선을 독자가 의식하며 읽어야 한다는 뜻이다. 텍스트 읽기에서 이 거리두기에 대한 자의식은 모든 '인문학적인 글 읽기'에 자동적으로 동반되어야 하는 것이기도 하다. 그리고 이러한 자의식은 다양한 실질적인 질문들, 예를 들어 소크라테스의 '문답법의 정신'이 오늘날 우리 교실에서도 여전히 유효할 수 있는지, 루소의 소극적 교육의 철학이 여전히 우리나라 부모들의 양육 문화에 말해 주는 바가 있을지 등의 질문을 낳지만, 특별히 그리고 보다 중요하게, 다음과 같은 질문들

로 자연스럽게 안내한다. 우리로 하여금 이렇게 사유하게 하는 '아이디어'란 무엇인가? 그것은 도대체 어디에서 오는가? '사유', '탐구', '공부' 그리고 '비판'은 무엇인가? 그것들은 어떻게 우리 앞에 등장하는가? 이렇듯, 교육사상 텍스트를 읽는 것은 일상적 교육실천에서 우리가 당연하게 받아들여 온 가정들을 내 눈앞에 가시적으로 드러내며, 현재 우리의 교육적 실천들을 보다 큰 지평에서 바라보고 그 의미를 탐구할 수 있게 한다.

이런 의미에서 동서양의 정전적 교육사상 텍스트들은 현재 우리의 지배적인 문화와 그것의 가정들을 반성하도록 하는 문화적 자원이다. 뿐만 아니라 그것이 우리로 하여금 우리 자신의 일상적이고 지배적인 교육 문화를 반성하고 또 그것에 대해 사유하게 하는 힘이 되는 정도에 따라 교육적 정전으로서 그것의 가치를 도리어 당대학자들에 의해 평가받기도 한다. 즉, 우리는 과거로부터 내려오는 교육사상을 공부함으로써 우리 자신의 문화를 반성적으로 되돌아볼 수 있는 기회를 가지고, 그 문화를 넘어서거나 그것과 새로운 관계를 맺을 수 있는 기회를 가진다. 동시에 우리가 물려받은 전통적 텍스트를 당대적 관점에서 비판적으로 바라보고 개방적으로 탐구할 수 있는 기회를 가짐으로써, 미래 세대가 받아들일 새로운 전통의 형성에 참여하는 것이기도 하다. 이렇듯, 전통적 정전이라는 것은 고정되고 죽은 것이 아니라 항상 변화 과정 중에 있다. 특히 그것을 유산으로 받은 우리가 그것에 어떻게 참여하는가에 따라 우리는 살아 있는 전통 속에서 교육할 수도 있고 또 그렇지 않을 수도 있는 것이다.

2. 당대 교육문제의 분석 및 개선을 위한 응용철학으로서 교육철학연구

이 접근은 영미권 교육철학의 주요 접근 방식이다. 1960~1970년대에 융성한 영국 런던대학을 중심으로 한 학자들의 개념분석적 방법이 1980년대 이후 포스트모더니즘의 비판을 받으며 주로 사회철학적 이슈에 대한 분석적 방법의 교육철학적 접근으로 발전되어 왔다. 현실의 교육제도나 문제를 진단하고 이해하며 새로운 방향으로 개선하기 위한 실천적 처방을 추구하는 연구 접근이다. 주로 철학분야, 예를 들어 인식론, 윤리학, 사회철학, 미학분야(예: 지식 및 진리 개념, 배려개념, 사회정의 개념, 미적 경험 개념 등)에서, 최근에는 문화 이론(예: 젠더, 퀴어 이론 등)이나 과학기술 철학(예: 인공지능, 디지털매체 이론 등) 분야에서 축적된 이론과 개념들을 빌려 와 교육 현실이라는 맥락을 이해하는 데, 그리고 그 현실의 교육문제를 진단하거나 처방하는 데 응용하고자 한다. 그리하여 이 접근의 연구에서 중요하게 다루어지는 두 가지 요소는 첫째, 다루어야 할 현실적 맥락의 교육문제의 발견이며, 둘째, 이 문제를 적절하게 다룰 개념이나 이론의 선정과 적용이다.

제도권 철학자들은 교육철학분야를 철학의 한 분과, 즉 실천철학 혹은 응용철학의 한 분과로 보기도 한다. 그러나 대부분의 교육철학자들은 예비교사를 양성하는 교육대학이나 사범대학에 소속되어 있으면서 철학이라는 모학문의 내적 논의들에서 학술적 자원을 얻는다. 동시에 현장에서 일어나는 교육실천에서 사유의 문젯거리를 길어 올 뿐만 아니라, 발달심리학, 인지과학, 사회학 등과 같은 여타 관련 사회과학분야에서도 그 이론적 자원을 끌어온다. 이 접근의 교육철학자들이 주로 관심을 갖는 대표적인 주제로는 교육 정책이나 실천의 의사결정 과정에서 요청되는 교육의 규범적 기준, 국가나 정부, 그리고 학교 간의 교육적 책임의 긴장과 균형 문제, 이와 연관된 학생과 학부모의 권리문제, 그리고 학교교육의 목적으로서 비판적 사고 개념의 정의 등과 같은 것이 있다.

이러한 응용적 교육철학연구는 학문으로서 교육철학이 교육 현실과 관련하여 실천적으로 어떤 역할을 하는지를 좀 더 분명하게 보여 줄 수 있는 접근으로 주목된다. 구체적 연구의 방법은 여전히 텍스트 읽기에 의존하지만, 교육사상연구에서와는 달리 독해 대상이 되는 텍스트가 주로 최근의 철학 이론이나 문화 이론에 뿌리를 둔 당대 텍스트들인 경우가 많다. 아마도 항상 그러한 것은 아니지만, 현실 교육의 문제나 현상을 분석하고 이해하는 데 당대 생산된 텍스트의 새로운 개념이나 관념이 상대적으로 더 적실하다고 판단되는 까닭이다. 그리하여 이 접근의 텍스트 읽기에서는 교육사상연구에서처럼 텍스트의 **의미**를 '해석'하거나 '이해'하는 데에 일차적 목적이 있지 않다. 오히려 그 텍스트가 다루는 개념이나 주장이 우리가 분석하여 진단하고자 하는 교육적 문제나 맥락에 적용되거나 활용되기에 얼마나 적절한가, 즉 **교육(학)적** 적실성이 중요하다. 그리하여 응용적 교육철학연구에서는 애당초 '교육학적' 텍스트로 기획되지 않은 철학이나 사회학 같은 분야의 개념과 이론을 자주 활용하며, 연구자로서 교육철학자들은 이를 활용하여 현실의 교육문제를 보다 '생산적으로' 다루는

것에 훈련될 필요가 있다.

많은 교육(학)적 질문은 철학의 분과 중 인식론, 윤리학, 사회철학 논의들에 많이 기댄다(Siegel, 2009: 4). 근대 학교교육에 대한 질문들, 예를 들어 '과학 수업은 현재의 과학이론을 소개하고 연마해야 하는가, 아니면 과학을 하는 방법을 배우는 것을 강조해야 하는가'와 같은 교육과정에 대한 질문은 인식론과 과학교과 철학에 기댄다. '어떤 조건에 따라 교육내용이 선택되어야 하는가'는 인식론과 정치철학적 논의에 기대고, '예술은 왜 가르쳐야 하는가'라는 질문은 미학 이론에 기대며, '어떤 조건 속에서 학생들의 기본적인 신념을 변화시키는 것이 바람직하거나 허용되어야 하는가'와 같은 질문은 인식론과 정치철학적 이론에 기댈 필요가 있다. '추론적 사고는 특정한 신념으로의 교화나 그것의 옹호와 별도로 함양될 수 있는가'와 같은 질문을 위해서는 인식론적 이론이 중요하고, '교사의 가르치는 활동을 안내하는 원리나 원칙'은 윤리학과 인식론 혹은 심리철학이나 언어철학에 기댄다. '정치적으로 논쟁적인 주제를 학교에서 가르치는 것은 허용되어야 하는가'와 같은 문제는 가치론과 인식론의 개념들에 기댈 필요가 있다. '학교에서 민주시민교육을 한다고 할 때, 그 교육은 구체적으로 미래 세대의 인격 발달에 집중해야 하는가, 아니면 특정 행동의 올바름이나 잘못을 가르치는 데에 집중해야 하는가'와 같은 민주시민교육의 방법에 대한 것, '모든 아이들이 교육을 받을 권리가 있다면 어느 정도로 그 권리는 동시에 모든 집단을 아우르는 신념의 존중 의무와 같이 갈 수 있는가' 혹은 '우리는 부모의 자녀 교육권을 어느 정도로 구속할 수 있는가' 등도 사회철학적 논의에 기댈 필요가 있을 것이다.

물론 이러한 교육학적 이슈나 질문이 일반 철학영역의 논의에 거꾸로 기여할 수도 있다. 미국의 교육철학자 시걸(Siegel, 2009)은 이러한 논점을 강력하게 옹호하는 대표적인 교육철학자다. 어떤 교육철학적 질문의 경우, 예를 들어 교육의 근본적인 인식론적 목적은 '참인 신념의 개발'인가 아니면 '정당화된 신념의 개발'인가, 혹은 더 나아가 '이해(understanding)'인가 혹은 이 모든 것을 결합한 어떤 것인가에 대한 논의는 가장 수준 높은 인식론적 가치를 지니는 인간의 인식 상태가 무엇인지에 대한 철학 일반의 논의들에 기여할 수 있다는 것이다(Siegel, 2009: 5). 그렇듯 시걸은 교육철학과 순수철학이 서로 만날 수 있는 논의의 가능 지점의 확장에 관심을 두며, 철학자들의 교육철학적 주제에 대한 논의에의 참여 및 상호 대화의 필요성을 역설한다. 그러나 다른 한편, 이렇듯 철학 내 응용분야의 하나로 교육철학을 바라보고 작업을 하는 경우, 순수철학의 문제와 상관이 없는 교육철학적 질문과 작업, 예를 들어 교육에 대한 근본적 질문인 교육의 목적, 자유교육의 특징과 바람직함, 교화, 도덕적이고 지적인 미덕, 상상력, 진실성 등과 같은 주제는 소홀히 다룰 가능성이 있다.

그리하여 응용철학으로서 교육철학적 작업을 할 경우, 연구자가 중요하게 고려해야 할 것은 다음 두 가지다. 첫째, 실천적 문제 해결이나 사회적 합의 혹은 공적 의사결정을 위해 교육적 준거나 가치가 시급히 필요한 교육적 사안을 찾는 일이다. 예를 들어, 학급 내 왕따의 경우에서처럼 학생들 간의 적대적 상호작용 문제에 직면한 교사나 연구자가 여기에 있다고 해 보자. 이 문제를 개선하기 위한 교육적 실천을 이끄는 기준으로서 교육적 가치나 규범은 무엇이 되어야 할까? '표준화 검사'가 지배하는 교육 정책이나 관행이 학교를 교육기관이 아닌 평가기관으로 추락시키고 있는 현실을 보자. 이 문제를 교육적으로 비판하고 평가하기 위해 필요한 기준은 무엇이 되어야 할까? 이렇듯 교육적으로 중요한 기준이나 근거가 절실히 필요한 특정 교육 정책이나 사안을 찾는 것이 일차적으로 요청된다.

둘째, 그러한 사안을 적절하게 다루기 위해 어떤 (사회철학적 혹은 인식론적) 개념이나 이론을 선택할 것인지, 그리고 그 선택은 교육(학)적으로 어떻게 정당화될 수 있을 것인지를 섬세하게 고려할 필요가 있다. 예를 들어, 학급 내 왕따 문제에 대처하는 하나의 교육적 준거로 '사회정의' 개념이나 이론을 구할 수 있고, '사회정의를 위한 가르침'이라는 실천적 제안을 기획할 수도 있다. 이때 연구자는 여기서 말하는 '사회정의'가 무엇을 의미하는지 그 개념을 명료화하는 이론을 먼저 구할 수 있지만, 이때 그 가치가 어떻게 학급 내 왕따 문제를 분석하고 해결하는 데 적절한 가치일 수 있는지를 먼저 정당화할 필요가 있는 것이다. 마찬가지로 '표준화 검사'의 문제점을 비판적으로 검토하기 위해, 지식교육의 목적으로서 내재적인 인식론적 기준들을 제시하는 철학적 이론을 구할 수 있다. 다만 여기서 철학적 개념이나 이론만을 구할 필요는 없다. 심리학적 개념이나 사회학적 이론도 교육철학자들의 관심의 대상이 될 수 있다.

한편, 선택된 철학적 · 심리학적 · 사회학적 개념이나 이론을 사안의 해결을 위한 교육적 가치나 근거로 활용할 경우에도 그것을 실제 교육(학)적으로 어떻게 번역하거나 활용할 것이냐는 연구자의 몫으로 남는다. 현실의 교육문제에 대한 연구자의 교육적 상심이나 문제의식이 먼저 명료화될 필요가 있고, 이것은 선정한 개념과 이론을 그 문제에 적용할 때 '교육적 관점'으로 번역되는 데에 영향을 미친다. 예를 들어, 모

든 유형의 학습이나 지능의 개념이 교육적 관심은 아니다. 예를 들어, 심리학자들에게는 행동주의 학습이론, 인지주의 학습이론, 구성주의적 학습이론, 경험적 학습이론, 사회적 학습이론이 모두 연구 관심의 대상일 수 있지만, 교육학자나 교육자들이 관심을 가지고 더 주목해야 할 학습이론은 그들이 가진 교육적 문제의식에 따라 다를 수 있다. 사회적 불평등의 개념은 모든 사회학자들의 관심일 수 있지만, 교육학자들에게는 그렇지 않다. 교육학자들이 관심을 가질 만한 '교육적 불평등'은 '사회적 불평등'과 개념적으로나 경험적으로 상호 연관될 수 있지만, 전자에 비해 후자는 교육학자들의 일차적인 관심은 아닐 수 있다는 말이다.

예를 들어, '아동학대'라는 사회적 문제를 생각해 보자. 최근 교사들은 교육적 목적으로 행한 자신들의 훈육 행위에 대해 학부모들로부터 아동학대라는 죄목으로 고발당하는 경우에 자주 부딪힌다. 이러한 고발 사태는 자녀 교육권에 대한 특정 계층 학부모들의 과잉 해석에 기반한 갑질의 행태로, 즉 '사회학적으로' 설명될 수도 있고, 과잉 보호 속에 자란 아동들의 정신 상태에 대한 '정신분석학적인' 설명으로도 다루어질 수도 있다. 그러나 우리는 이 문제를 '교육(학)적 관점'에서 다룰 수 있어야 한다. 교육에서 중요한 개념 중의 하나가 어린 세대에 대한 앞선 세대의 영향력으로서의 교육력이라는 것이다. 아동학대로 이름 붙일 수 있는 현상은 어린 세대에 대한 성인세대의 교육력이 작동하는 방식에서의 이상 징후를 가리킨다고 말할 수 있을지 모른다. 그러므로 이 문제가 교육학적 관점에서 섬세하게 다루어질 수 있을 때 그 관계에 대한 문제 진단뿐만 아니라 교육적 회복에 대한 전망 또한 제공할 수 있다. 그리고 이렇게 교육학적 관점에서 보자면 '아동훈육'과 '아동학대' 간의 차이는 개념적 문제이기 이전에 변화한 인간관과 사회관에 기초한 사회적 행위자들의 해석과 지각, 가치관에서의 차이 문제일 수도 있다. 그리하여 이 두 현상 간의 의미 있는 차이를 밝히기 위해서는 정신분석학 이론이나 사회학적 개념을 빌려 와야 할지도 모른다. 그러나 이때 빌려 온 개념이나 이론은 반드시 교육(학)적 관심이나 관점에서 재해석될 필요가 있는 것이다.

그리하여 언급된 두 가지 수준의 고려사항을 통해 적절하게 선택되고 해석된 개념과 이론, 그리고 텍스트에 기초한 응용적 접근의 교육철학연구는 실천적으로 상당히 생산적이면서도 유용할 수 있다. 한편, 일상적으로 만나는 당대 교육의 실천적 맥락을 이해하고 여기서 부딪히는 문제를 진단하고 분석하며 해결하는 데에 활용할 수 있는 이론적 자원이 철학적이고 학술적인 텍스트에 국한될 필요는 없다. 영화나 회화

등 다양한 양태의 텍스트들로 확장될 수도 있다. 개념적 · 분석적 사고도구뿐만 아니라 문학과 예술에 기반한 은유적 사고도구들도 우리 눈앞의 교육 맥락과 문제를 진단하고 이해하는 데 참조하거나 활용될 수 있는 좋은 자원일 수 있다. 그리하여 응용적 접근의 교육철학연구는 당대의 교육문제나 맥락을 이해하고 대처하기 위해 철학이나 심리학, 사회학 분야의 당대 논의나 이론과의 대화를 시도함으로써 교육철학의 사회적이고 공적인 역할이 가시적으로 부각될 수 있는 접근 방법이다. 동시에 새롭고 다양한 양태의 자원으로서의 '텍스트'에 개방적이고 포용적임으로써 우리가 놓여 있는 컨텍스트에 대한 이해와 해석이 더욱 풍요로워질 수 있다는 점에서 이러한 응용철학적 연구는 상당히 유망한 교육철학연구의 한 가지 접근이라고 볼 수 있다. 사실 교육실천에 대하여 지성적이고 적절한 정보에 입각한 비판적 반성을 할 수 있게 되는 것은 바로 이러한 다양한 학술적 자료들과 이론들에 익숙해진 결과일 수 있다. 그러나 어떤 이유에서인지 이 접근은 우리나라 교육철학자들에 의해 가장 드물게 시도되는 연구 접근이기도 하다.

한편, 모학문을 가진 응용학으로서 교육철학연구의 성격에 대해서 근원적으로 의문을 제기하는 입장도 있다. 이 입장은 모학문으로부터의 이론적 투입을 문제 삼는다. 고유하게 교육적인(educative) 형태의 이론과 이론화 작업을 지향해야 한다는 것이다. 이것은 교육(철)학이 교육학 자체로서 독립된 학문의 영역일 수 있고 또 그래야 한다는 목소리와 관련이 있다. 이러한 목소리는 영미권 흐름에서는 다소 낯설지만 독일 교육학 전통에서는 그리 새로운 것이 아니다(Biesta et al., 2014). 우리는 이 접근을 교육제도나 실천, 과정에 대한 일반이론의 탐구로서 교육(철)학 연구라고 부를 수 있을지 모른다. 이것이 바로 다음에 소개될 교육철학연구의 세 번째 접근이다.

3. 교육 실천 및 과정에 대한 '일반이론 탐구'로서 교육철학연구

이 접근은 교육이라는 실천이나 현상을 자기 완결적인 하나의 내재적 현상이나 실천적 실제로 가정하고, 교육학의 본분을 '교육'이라는 이러한 고유한 현상의 본질을 설명하고 밝힐 수 있는 개념과 이론의 생산에서 찾는 연구 접근이다. 이것은 '**교육적** 관점'이나 '**교육적** 관심'의 본질을 규명하고자 하는 연구로 묘사될 수도 있다. 우리나

라 맥락에서는 장상호의 '교육본위론'이 그 대표적 예가 될 수 있을지 모른다.

장상호(2002)는 교육이라는 현상을 그것이 아닌 것과 구분되는 방식으로 설명하고 기술하기 위해 교육적 관계를 '후진(後進)'과 '선진(先進)' 간의 관계로 규정한다. 그리고 '상구(上求, 위로 향하는 방향)'와 '하화(下化, 아래로 향하는 방향)'라는 개념을 만들어 이 관계의 특성을 설명하고자 한다. 교육이라는 인간 활동을 인간 삶의 한 특수한 양상으로 이해함으로써, 그 활동의 구조와 역동을 이해하고 규명하는 고유한 교육학적 이론과 개념 체계를 만들어 내어, 이것으로 구성되는 자율적인 이론적 학문분야로서의 교육학을 정립하고자 하는 것이다. 다시 말하면, 교육이라는 현상과 활동이 일어나게 하는 조건의 반성을 통해, 그 현상이나 활동에 고유한 교육적 원리를 발견하고 발전시키는 이론화를 교육(철)학의 핵심적 과제로 삼는다. 그러면 이러한 교육(철)학 이론이 교육실천과 맺는 관계는 무엇인가? 그것은 바로 배움과 가르침이라는, 기술적으로 묘사될 수 있는 실천과 활동을 '교육적 관점'에서 판단하고 평가할 수 있는 안목, 혹은 그 활동과 실천을 교육에 고유한 원리와 질서에 따라 구성하고 안내하는 기준을 제안할 수 있게 되는 것이다. 즉, 이 접근은 이론이 실천과 관계를 맺는 한 가지 원리적 차원을 보여 준다(장상호, 2005).

한편, 앞서 소개된 영미 분석철학적 접근의 응용 교육철학연구들에서는 연구가 초점을 두어야 할 공통의 연구대상을 가정하는데, 그것은 철학이나 사회학과 같은 교육학 외부의 이론이 적용되어야 할 '교육현상'이나 '교육실천'이다. 이에 비해, 비에스타(Biesta et al., 2014: 4)에 따르면, 독일의 교육연구 전통에서는 '교육학' 고유의 학문적 정체성을 발전시켜 왔다. 이러한 학문적 정체성의 탐구에서 중요한 것은 '교육현상'이나 '교육실천'이라는 공유된 '대상'이 아니라 오히려 공유된 '관심'이다. 어린아이가 자기결정성(self-determination)이라는 개념으로 규정되는 자유를 향해 해방되어 가는 과정으로서 빌둥(Bildung), 그리고 이것을 지원하는 활동으로서 교육에 대한 공유된 관심을 가진다는 것이다. 교육은 어떤 형태로든 이 빌둥을 지원하는 과정이며, 교육(철)학은 이러한 빌둥의 지원으로서 '교육'이라는 활동에 대한 공유된 '관심'으로 구성된다는 것이다. 이른바 독일의 '일반교육학'은 그러한 과정을 확인하고 분석하며 촉진하는 이론의 형태나 이론화의 방식을 교육학의 핵심 과제로 삼는다는 것이다.

물론 '교육본위론'이나 '빌둥이론'과 같이 교육의 핵심 관심, 즉 교육이라는 인간 활동을 개념적으로 규정하고 이것의 성취를 지원하는 방향으로의 교육이론화를 추구하는 경우에도, 다른 분야로부터의 텍스트 자원의 수입, 특히 철학분야로부터의 이론적 수입을 포기해야 한다는 것을 의미하지는 않는다. 이러한 이론적 수입이 '교육적 관점 혹은 문제'라는 여과장치를 거친다면, 결과적으로 다루어지는 질문이나 관심은 단순히 철학적 · 사회학적 · 심리학적 성격의 것이 아니라 그 자체로 교육학적 성격의 것이 될 것이다. 만약 그렇다면, 교육학의 고유한 관심으로서 빌둥을 위한 **교육적** 관점이라는 것을 어떻게 개념화할 것인가는 교육학의 핵심적 질문으로 부상한다. 그리고 교육본위론이나 빌둥이론이 '이론화'하고 있는 것은 다른 것이 아니라 바로 이것에 대한 것이다.

여기서는 **교육적** 관점의 이론화, 즉 어떤 활동을 다른 성격의 실천이 아니라 바로 교육적 실천으로 만드는 것이 무엇인지를 이론화하는 교육(철)학 연구의 한 예시로서 독일의 빌둥이론을 간략하게 소개하고자 한다. 핀란드의 교육철학자 울젠스 등(Uljens & Ylimaki, 2017)은 전통적으로 빌둥 개념의 역사가 길고 다양하다고 하더라도 이것이 독일 교육학 전통에 영향을 받은 유럽의 여러 나라들의 교육적 사고를 지배하는 하나의 틀이라고 말한다. 빌둥은 기본적으로 '인간형성'으로서의 교육을 의미하지만, 여기서 '인간형성'의 구체적 내용이나 개념은 미리 가정되어서는 안 된다. 이 개념은 기독교적 세계관에서 태동하여 인간성의 완성을 지향해 왔지만, 후기근대적 조건 속에서는 전통적인 교육의 목적으로서 인간완성 개념이 해체되어 왔기에, 그 개념이나 이론은 새롭게 구성되어야 한다는 것이다(Uljens & Ylimaki, 2017: 82). 울젠스는 빌둥에 대한 자신의 이러한 입장을 비확정적 교육이론(non-affirmative theory of education)이라고 부른다. 비확정적 교육이론은 교육의 목적을 적극적으로 규정하지는 않지만, '교육적' 상호작용의 성격을 규정하는 것과 같이, 소극적 방식으로 '**교육적** 관점'의 개념을 규정하고자 한다. 즉, 어떤 교육이론(a theory of education)도 '교육적(educative)' 상호작용이나 '교육학적(pedagogical)' 관계에 대해 뭔가를 체계적으로 말해 줄 수 있는 이론적 구성물을 가져야 한다는 것이다. 이때 이것은 교육적 실천을 순전히 (기술적으로) 설명하지도 않고, 그렇다고 순전히 (규범적으로) 처방하지도 않는다. 오히려 교육적 실천을 변화시키는 데에 기여하는, 모종의 원칙에 입각한 간접적 방향을 제시한다는 것이다(Uljens & Ylimaki, 2017: 82).

교육적 관계나 상호작용의 고유한 특성을 소극적으로 규정하는 비확정적 이론으로서 빌둥이론은 교육실천의 영역, 예를 들어 교육과정이나 교육지도성, 수업실천의

영역을 위하여 교사교육 프로그램, 학교개혁 프로그램, 교육실천가들 간의 일관된, 혹은 상호 공유된 교육언어를 제공하는 것을 돕는 메타 언어 혹은 메타 관점을 제공하고자 한다. 그러면 울젠스는 교육적 상호작용이나 관계를 어떻게 설명하는가? 울젠스에 따르면, '**교육적**'인 것이란 아이들이 자발적으로 뭔가를 하게 되는 것을 핵심적으로 말하는 것이다. 뭔가 저절로 일어나는 내적 사건으로서 경험의 질적인 변화, 특히 자신의 현재 상태를 넘어서려는 어떤 내적 사건으로서의 경험을 가리키는 것으로 본다(Uljens & Ylimaki, 2017: 89). (현대적 의미의) 이러한 빌둥 개념은 사유와 행위에서의 자율성을 그 기본으로 한다. 반성적 의지를 따르는 이 도덕적 자유는 관행적으로 행동하는 것이 아니라, 다른 사람들과의 관계에서 자신의 의지의 합당성을 성찰하기 위해 타인의 초청을 필연적으로 요청하는 교육의 구조 속에서 길러질 수 있다. 그리하여 자신과의 자율적 관계 형성으로서의 빌둥이 어떻게 타자와의 관계 속에서 일어나는가가 빌둥이론의 핵심적 질문이다. 이렇듯 후기근대적 맥락에서는 개인적 작업으로서가 아니라 협력의 양식으로서 빌둥 경험이 중요하게 대두되는 것이다.

이러한 빌둥 개념에 입각하여 교육실천을 이론화하는 작업은 그 빌둥 개념 자체로 완성될 수 없다. 울젠스에 따르면, 빌둥이론은 전통적으로 교육의 목적에 대한 성찰이었고, 이에 덧붙여 선정된 문화적 내용이 어떻게 그러한 교육 목적을 성취할 수 있게 하는지에 대한 이론화가 추가될 필요가 있다. 즉, 빌둥이론은 설정한 목적을 달성하기 위한 교육활동을 해명하는 교수이론(pedagogical theory)과 체계적으로 연결될 때 비로소 교육실천에 의미를 갖는 방식으로 이론화될 수 있는 것이다. 주어진 목적에 이르기 위한 내용을 다룰 때 요청되는 교육적 상호작용에 대한 설명으로서의 교수이론은 디닥틱(didactic)이라고 불린다. 이런 의미에서 교육이론은 결과적으로 빌둥이론과 교수이론으로 구성된다는 것이다(Uljens & Ylimaki, 2017: 74-75).

울젠스의 이러한 교육이론의 구조화는 그동안 교육철학이 주로 담당해 온 교육의 목적에 대한 논의나 이론을, 교육실천이 실제로 작동하는 방식, 즉 실제 교사가 가르칠 때 선택된 내용의 교육적 질을 추정하는 방식의 문제와 연결시킬 수 있게 한다. 즉, 빌둥이론은 교육실천의 **과정**에 대해 생각하게 하는 도구로서, 교육이나 가르침의 실제 작동 방식에 대한 이론화를 가능하게 한다. 교사들로 하여금 학생에 대한 개별적 지식뿐만 아니라 교육의 목적 및 내용과 관련한 교육활동 자체의 성격에 주목하게 하는 것이다. 그리하여 이러한 빌둥이론적 교수활동에서 교사들에게 주어지는 과제

는 학생 개인의 능력, 역량, 성취만을 키우는 것이 아니라 이들을 전인적 인간(자율적 인간)으로 발전시키는 것이다. 이것은 선택된 교육내용을 둘러싼 실천들에 대해 교사들이 성찰하도록 이끌며, 교사와 학생의 관계, 특히 교육적으로 의도할 수는 있지만 예측할 수는 없는 관계에 초점을 두도록 하는 이론화 영역이다. 왜냐하면 학생들은 교사가 가르치는 대로 교육내용을 지각하지도 받아들이지도 않기 때문이다.

그리하여 교육내용이 학생들에 의해 어떻게 지각되고 이해되는지를 연구하는 상이한 접근의 연구들이 나오게 된다. 교사는 수업 계획을 세우기 위해 학생과 관련하여 목적, 내용, 방법, 문화적 맥락을 모두 고려해야 한다는 것이다. 그리하여 울젠스 등(2017: 29)에 따르면, 빌둥이론에 입각한 교육적 상호작용에서는 다음과 같은 질문들이 명료화될 필요가 있다. 첫째, 좀 더 넓은 의미의 실재적 세계가 수업 내용에 나타나도록 되어 있는가? 둘째, 수업 내용은 학습자의 마음에 어떤 중요성을 가지는가? 셋째, 교육내용은 학습자의 미래에 어떤 중요성을 지니는가? 넷째, 수업 내용은 학교 프로그램의 다른 요소와 어떻게 관계되어 있는가? 다섯째, 수업 내용은 학습자 자신의 탐구를 자극하는가?

이렇듯 교육이라는 실천을 하나의 고유하고 독자적인 인간 실천으로 이해하고 이를 해명하고자 하는 이론들은 '교육적' 관점이나 관심의 내용과 구조를 규명하는 개념들을 만들어 냄으로써 교육활동이나 실천을 고유하게 사유하고 자율적으로 안내할 수 있는 메타 언어적 기준이나 원리를 만들어 낸다. 이것은 그것 자체로 우리의 교육실천을 안내하는 하나의 실천적 힘을 내포하는 것으로 보인다.

지금까지 논의된 빌둥이론을 기초로 '교육적 관점'을 구성하는 아이디어에 대한 두 가지 예비적 관찰을 다음과 같이 요약할 수 있을지 모른다. 첫째, 교육은 앞선 세대와 뒤이어 오는 세대와의 상호작용, 특히 전자가 후자에 미치는 영향력에 관심을 가지는 과업이라는 점이다. 우리는 이를 '**관계적**' 성격의 과업이라고 말할 수 있을 것이다. 즉, 교육은 본성상 관계적인 과업이다. 둘째, 교육은 이러한 관계적 성격으로 인하여 개인 혼자 하는 내적 경험인 학습 경험과는 구분되는 '교육적' 경험에 관심을 갖는데, 이때 '교육적'이라는 형용사는 그 경험의 질적인 특성을 함의한다. 여기서 질적인 특성이라는 것은, 그것이 '성장'으로 묘사되든 '성숙'으로 묘사되든, 자아변형의 한 과정으로서 존재 양태에서의 질적 변화를 가리킨다. 이를 우리는 '**자기형성적** 혹은 **자기변형적** 경험'이라고 말할 수 있고, 그것은 우리의 존재 양태나 지향성에서의 질적 변화

의 경험을 말한다.

'교육적 관점'에 대한 이러한 두 가지 예비적 이해는 이제까지 우리에게 익숙한 근대교육을 둘러싼 교육적 이슈나 담론을 반성적으로 되돌아보게 한다. 교육의 과업을 한편으로 사회화와 동일시하거나, 다른 한편으로 아이들의 재능이나 잠재력의 개발과 동일시하는 경향, 더 나아가 교육을 사회변혁의 도구로 바라보는 경향에 대해서도 되돌아보게 한다. 사회화나 아이들의 재능 및 잠재력 개발, 그리고 교육을 통한 사회의 변혁이 실천적으로 가치가 없다고 말하는 것이 아니다. 다만 교육을 이러한 개념이나 용어로 설명하고 사유하는 것은 교육을 교육이게 하는 핵심적 관심이나 관점에 비켜나 있다고 말할 수 있는 것이다. 그러므로 교육적 관점이나 관심을 이와 유사하지만 정확히 같은 것은 아닌 관점이나 관심과 어떻게 차별화시키고 또 상호 연결시킬 수 있는지를 명료하게 밝히는 작업은 교육에 대한 일반이론으로서 교육학적 지식을 추구하는 연구의 본분이라고 말할 수 있다.

'교육적 관점'을 구성하는 질문이나 핵심적 관심이 무엇이어야 하는지에 대한 논의는 교육이란 무엇이고 교육의 목적이란 무엇인가와 같은 교육학의 오랜 질문들과 더불어 교육철학자들에 의해 끊임없이 제기되고 또 지속되어야 하는 것이다. 이를 통해 그러한 질문이나 관심이 새롭게 해석되거나 더욱 풍요롭게 발전할 수도 있고, 다른 주요 관심들에 의해 도전받거나 보충될 수도 있다. 한편, '교육적 관점'의 정체에 대한 교육철학자들의 이러한 논의와 이론화가 비록 잠정적 제안에 머물더라도, 그 자체가 교육이라는 실천이나 현상을 포괄적으로 이해하거나 사유하는 데에 어느 정도 안내자 역할을 할 수 있다는 사실을 우리는 인정할 필요가 있다.

4. 교육연구에서 '이론'의 역할은 무엇이고, 교육철학과 경험연구와의 관계는 무엇인가?

국내 교육철학연구를 포함하여 교육연구 일반은 많은 경우 두 가지 극단을 오가는 것으로 자주 비판된다. 지나치게 이론화되어 있어서 우리가 당면한 현실의 교육문제와 아무런 관련성이 없어 보이거나, 반대로 지나치게 덜 이론화되어 있어서 현실의 교육문제를 선언적으로 제기하거나 지적하는 것 이상으로 진전되지 않는다는 것이다. 이러한 경향은 교육연구과 교육실천 간의 간극을 넓게 벌려 놓을 뿐만 아니라, 이론이 교육연구나 교육실천에서 하는 역할에 대한 우리의 이해를 흐리거나 방해하곤 한다. 그렇다면 교육연구와 교육실천에서 이론의 역할은 무엇인가?

교육연구와 교육실천에서 이론은 중요한 역할을 한다. 비에스타 등(2014: 3)에 따르면, 교육연구과 교육실천에서 이론이 전적으로 없다고 했을 때 그것이 무엇을 의미하고, 특히 실천이 무엇과 같은 것이 될지 상상해 보는 것만으로 우리는 그 사실을 쉽게 알 수 있다. 이론이 없는 실천이란 그 실천이 무엇을 **지향해야 하는지**, 우리가 실행하고 있는 그 실천이 무엇을 **의미하는지**, 혹은 우리가 그것을 왜 해야 하는지에 대해 도대체 알 수 없게 만든다. 어쩌면 교육이론은 교육실천이 성취해야 할 것, 즉 목적('in order to')도 말해 주지만, 그 성취 여부와 상관없이 교육실천이 추구하고 지향해야 할 가치, 즉 그것 때문에 그 실천을 한다는 의미에서('because') 우리 교육행위의 근거에 대해 말해 주는 것이기도 하다. 그것이 '위해서'이든 '때문에'이든, 이론은 실천에서 중요하다. 그러나 어떤 종류의 이론이 필요하고 또 중요한가라고 묻기 시작한다면 우리 앞에 보다 복잡한 문제가 등장하기 시작한다. 교육연구 분야는 경험연구, 개념연구, 역사연구 등 다양하고, 여기서 이론은 상이한 역할을 할 뿐만 아니라 이들이 교육실천에서 하는 역할도 각각 상이하기 때문이다.

비에스타 등(2014: 3-5)에 따르면, 경험적 지식과 이론적 지식 간의 이원적 구분은 근대 과학적 세계관의 등장과 더불어 더욱더 두드러진다. 여기서 이론의 주요 역할은 경험적 현상 사이의 인과적 관련성을 '설명하는 것(explaining)'이 되었다. 이론이 우리에게 필요한 이유는 현상 간의 상관관계는 지각될 수 있지만 그 뒤의 인과관계는 지각될 수 없다는 사실과 관련이 있다. 그리하여 이론은 그 뒤의 과정이나 메커니즘에 대한 설명이나 사변(speculation)을 위해 필요했다는 것이다. 비에스타는 이론에 대해 프랑스의 철학자 가스통 바셀라르(Gaston Bachelard)의 용어로 "숨겨진 것에 대한 과학"이 되는 한편, 19세기 말 해석학과 해석주의의 등장과 더불어 "이해(understanding)"를 위한 장치, 즉 일상적인 이해와 경험을 깊이 이해하는 장치로 등장한다고 말한다(Biesta et al., 2014: 5). 즉, 이론은 사람들이 왜 지금 우리가 하는 것처럼 말하고 지금 우리가 행하는 것처럼 행하는가를 이해 가능하게 하는 장치가 되었다는 것이다. 한편, 마르크스에 기원이 있는 독일 프랑크프루트학파의 철학에 의해 발전된 비판이론은 그러한 경험과 해석을 왜곡시키는 숨은 권력관계를 폭로하는 데에 일

차적 관심이 있다. 여기서 이론은 '해방(emancipation)'에 기여하는 모종의 폭로, 권력 작동 방식의 폭로를 그 역할로 한다.

'설명'을 위한 이론의 역할과 '이해'나 '해방'을 위한 이론의 역할 간에는 분명한 차이가 있지만, 이들을 모두 하나로 연결시켜 주는 논리가 있다. 그것은 바로 낯설고 이해되지 않는 것을 이해의 영역으로 가지고 오기 위해 이론을 쓴다는 점이다. 낯선 것을 익숙하게 만든다는 보다 큰 의도의 어떤 태도나 지향이 우리가 연구를 해야 하고 또 이것은 할 수 있는 것이라는 전형적인 근대 개념으로 특징 지워진다. 여기서 ① 이론적 연구는 대체로 자연적이고 사회적인 세계에 대해 더 낫고 더 깊은 통찰을 갖도록 돕는 과정으로 묘사될 수 있다.

그러나 연구는 또한 익숙한 것을 낯설게 만드는 반대방향으로의 야심에도 적용될 수 있다. 푸코는 이런 시도를 한 사람으로서 "사건화(eventalization)"라는 그의 아이디어로 그 야심을 정식화한다(Biesta et al., 2014: 5). 푸코는 여기서 "자명성의 균열(breach of self-evidence)"(Biesta et al., 2014: 5; Foucault, 1991: 76-77)을 목적으로 하는 접근을 옹호한다. 역사적으로 변하지 않는 것, 직접적인 인간학적 특질 혹은 스스로를 모두에게 동질적으로 강요하는 자명성을 촉발하는 유혹이 있는 곳에서, 보편자가 아니라 (유연한) 유일무이한 고유성(singularity)을 가시적으로 만듦으로써, 그렇게 보편적으로 받아들여지는 자명성에 균열이 일어나도록 한다고 말한다. 그리하여 '사건화'는 그 유일무이한 고유한 사건을 둘러싸고 이해가능성의 다면체를 구성함으로써 작동한다. 여기서 이해가능성이 지니는 다면적 모습은 수적으로 주어지지 않으며 유한한 것으로 이해되지도 않는다. '사건화'는 조언이나 가이드라인을 줄 수 있는 그러한 종류의 통찰을 생산하지 않는다. 그러나 그렇다고 실천적 효과가 없는 것도 아니다. 사람들로 하여금 자신들이 지금까지 말하고 해 오던 것을 더 이상 알지 못하게 하는 상황을 만들어 버리기 때문이다. 그리하여 ② '사건화'로서의 이론은 사람들이 당연하게 해 오던 말이나 행동이나 담론을 문제적으로 보기 시작하게 만들고, 그로 인해 동요되어 다시 생각하게 하는 힘을 갖는다.

이제까지의 논의를 바탕으로 이제 교육연구에서 중요하게 고려되어야 할 이론의 유형과 그 역할에 대해 간략하게 정리해 보자. 경험적 연구와의 관계 속에서 말하자면 우리는 개념화(사변화), 모형화, 사건화를 들 수 있을지 모른다. 첫 번째 유형인 개념화로서의 이론은 경험적 연구에서 이론의 역할을 보여 주는 대표적 유형이다. 개념화로서의 이론은 경험적 자료를 분석하고 해석하는 데에 사용될 수 있다. 이때 이론은 특정 주제를 알고 이해하고 시뮬레이션하도록 돕는 데 사용되는 개념으로서 단순한 데이터를 '이해'로 전환시키는 데에 중요한 역할을 한다. 한편, 개념화로서의 이론은 이렇게 데이터가 모아지고 나서 등장하는 것일 뿐만 아니라, 데이터를 모으기 전, 연구의 시작 국면에서도 중요한 역할을 한다. 개념화로서의 이론이 지니는 이 두 측면은 매우 중요한데, 특히 연구 시작점에서의 이론과 연구 후반부에 등장하는 이론의 역할은 반드시 구분할 필요가 있다. 왜 그러한지 살펴보자.

개념화로서의 이론은 우리가 탐구하기를 원하는 현상의 개념화에 필수불가결하다. 연구자들이 '학습'의 현상에 대해 연구하기를 바란다고 할 때, 이 바람은 그들이 학습을 어떻게 개념화하기를 원하는지에 대한 질문에 깊이 참여한 다음에 오는 것이다. 예를 들어, 학습을 정보처리과정으로 볼 것인지, 아니면 행동적 변화로 볼 것인지, 아니면 지식습득이나 사회적 참여 및 실천으로 볼 것인지가 먼저 결정되고 난 다음에, 학습에 대한 경험적 연구가 본격적으로 시작될 수 있다. 학습과 관련된 자료를 수집하기 위해 무엇을 어떻게 모으고 관찰할 것인가가 그때서야 비로소 결정될 수 있기 때문이다. 연구자는 교육의 '어떤 현상'에 대해 탐구할 것인지에 대해, 그리고 그 교육현상에 대해 '어떤 방식으로' 초점을 둘 것인지에 대해, 즉 연구설계와 연구방법에 대해 마음을 먼저 정해야 한다. 이때 개념으로서 이론은 필수적이다.

연구 진행과정의 마지막 단계에서 작업하는 연구자들은 자주 연구의 시작 단계에서 이론을 가져오는 것에 대해 반대하는 경향이 있다. 왜냐하면 이것이 연구의 결과에 선입견을 낳을까 두려워하기 때문이다. 즉, 자신이 미리 세운 이론적 틀 바깥에 놓여 있는 관련 측면이나 현상들을 보지 못하게 될까 봐 두려워하는 것이다. 물론 연구에서 개방적인 것은 늘 옳다. 하지만 비에스타 등(2014: 6)에 따르면, 이러한 경향은 세계가 결코 비개념화된 채로 드러나지 않는다는 사실을 보는 데 실패한다. 연구의 시작점에서 개념화 작업에 깊이 참여하지 않음으로써 연구대상에 대한 기존의 정의나 개념을 무비판적으로 수용하는 위험에 빠지는 것이다.

두 번째 유형의 이론은 모형화다. 이것은 과학적 이론의 대표적 유형이다. 모형화의 목적은 실세계의 특정한 대상이나 현상을 표상하고 그 행동을 예측하는 것이다. 현상을 일으키는 메커니즘을 추정하여 그 현상에 대한 이론적 모형을 만들 수 있다. 즉, 세계에 존재하는 것으로 가정되는 특정 대상과 그 대상의 행동을 이해하기 위한

일련의 개념을 규정하고 분석하고 소통하는 데 도움을 줄 수 있는 가설적 재현이다. 그러므로 이러한 이론적 모형은 상상의 고안물인 한편, 이론적 가설이란 특정 모형과 실세계의 일부가 이러저러한 측면에서 닮았다는 주장이다. 우리는 모형 자체에 대해서는 참-거짓을 평가할 수 없지만, 이론적 가설에 대해서는 체계적으로 수집된 경험적 자료나 증거에 기반하여 참-거짓을 평가할 수 있다. 보통 여기서 이론이란 모형과 이론적 가설들의 느슨한 집합일 뿐이다. 예를 들어, 고전역학 이론이란 고전역학의 여러 방정식과 여러 힘 함수에 의해 정의된 가상의 여러 모형들과 그 각 모형들이 실제 세계의 어떤 부분들과 얼마나 닮았는지를 주장하는 이론적 가설들이 일정한 덩어리를 이룬 것이라고 보면 될 것이다. 즉, 이론이란 모형들에 대한 지식과 각 모형의 적용 범위에 대한 지식으로 이루어져 있을 뿐이므로, 우리에게 중요한 것은 모형과 가설이 된다. 다시 정리하면, 과학의 연구자는 실세계를 표상하기 위한 목적으로 모형을 고안한 후, 그 모형이 실세계와 어떠어떠한 점에서 얼마나 닮았다는 가설을 세우고 그것을 평가하는 일을 하는 사람이다.

세 번째 유형의 이론은 사건화다. 앞의 두 가지 이론화 유형이 '이론 체계'의 형성을 중시한다는 점에서 명사형의 이론이라고 말할 수 있다면, 사건화로서의 이론은 이론화 과정 중의 실천적 효과를 더 중시한다는 점에서 동사형의 이론이라고 말할 수 있다(Biesta et al., 2014: 5-6). 이러한 실천적 효과는 경험적 자료를 다루는 작업으로부터 초래될 수도 있고, 로티(Rorty, 1989)의 표현으로 말하자면, 모든 자율적인 형태의 이론화 작업, 예를 들어 교육적 과정과 실천에 대한 재묘사로 이해될 수 있는 이론화 작업으로부터 파생될 수도 있다. 재묘사, 재기술이라는 표현은 교육적 과정과 실천이 항상 어떤 방식으로든 그것에 참여하는 사람들에 의해 다시 기술된다는 사실을 강조한다. 이러한 양식의 이론적 작업은 교육적 과정이나 실천에 대해 상이하고 대안적인 서술들을 제공할 수 있다. 이론은, 예를 들어 정보처리의 과정이라는 관점에서 교실에서 일어나는 일을 재기술할 수도 있고, 합법적인 주변적 참여의 관점에서 혹은 계급과 젠더 불평등의 재생산이라는 관점에서 그것을 재기술할 수도 있다. 이론은 학습을 학생들의 내면적 힘을 강화하는(empowering) 과정으로 재기술할 수도, 통제의 과정으로 재기술할 수도 있다. 이론은 교육을 '지식전달'로 혹은 '새로움의 세계로 오는 것'에 대한 관심으로 기술할 수도 있다. 비록 그러한 묘사가 하나의 가설로 기능해서 경험적 작업을 위한 출발점이 된다고 하더라도, 그 묘사들이 반드시 배타적

인 진리주장으로 이해될 필요는 없다. 단순히 그럴 수 있는 하나의 가능한 해석으로 보일 수 있다면, 그 해석은 새롭고 상이한 방식으로 사물을 보는 가능성을 열어 보임으로써 교사들이 하는 지각이나 판단 그리고 행위를 새롭게 이해하는 정보를 제공해 줄 수 있다.

교육연구에서 연구의 대상은 바로 '교육실천'이라고 자주 말해진다. 이것은 교육연구자들이 가장 자주 하는 말이다. 그러나 연구의 대상이 학교에서 발견될 것이라는 점에 동의한다고 하더라도, 학교라고 불리는 건물 안에서 '교육'으로 간주될 수 있는 '실천'이 실제로 일어나는가 하는 의문은 여전히 남아 있다. 그리고 교육이 오직 학교에서만 일어나는지도 의문이다. 그리하여 비에스타 등(2014: 6-7)은 우리에게 묻는다. 교육이라는 활동은 그저 '교사가 떠드는(teacher-talk)' 현상이냐? 어떤 사람을 교사라고 할 때 우리가 이미 알고 있어야 하는 것은 무엇인가? 교육이라는 현상은 교사가 말하고 학생은 듣는 그 현상, 바로 그것을 말하는 것인가? 아니면 교사가 말하고 학생은 듣지만, 동시에 그 교사의 말로부터 학생 안에 뭔가 배움이 일어나는 현상을 지시하는 것인가? 학생의 잘못된 행동에 대한 처벌은 교육이라는 활동이나 현상의 일부인가 아닌가? 잠재적 교육과정은 교육의 일부인가 아닌가? 이런 질문들은, 교육연구자들이 탐구해야 할 대상이 정확히 무엇인지, 즉 하나의 학문분야로서 교육학의 연구대상은 정확히 무엇인지에 대한 것조차 우리의 반성을 요구한다는 사실을 보여준다. 그리고 이 반성에서 이론은 중요한 역할을 한다.

교육학은 앞에서 언급된 세 가지 유형의 이론화 과정을 모두 포괄하는 간학문적 연구 분야로 묘사될 수 있을 것이다. 그리고 교육연구에서 '개념'과 '이론(화)'의 중요성은 경험연구에서조차 아무리 강조해도 지나치지 않다. 교육실천의 (객관적) 작동을 제대로 설명하고 예측하고 처방하기 위해서뿐만 아니라, 그 실천의 (간주관적) 의미를 새롭게 이해하고 변형시켜 나가기 위해서 우리가 그 이론이 아니면 도저히 볼 수 없고 이해할 수 없는 그 실천이 놓인 존재론적이고 이데올로기적인 조건을 목격하기 위해서도 이론은 필요한 것이다. 가치지향적인 인간 활동과 실천으로서의 교육에 대한 연구에서, 이론은 그 실천적 관련성에서 상이하고 다면적일 뿐만 아니라 필수적인 의미를 가진다는 사실을 정확하게 이해할 필요가 있다. 그리고 교육철학은 앞에서 소개된 세 가지 유형 중 개념화와 사건화로서의 이론적 작업에 관여한다고 말할 수 있다. 그리하여 교육(철)학 연구는 이론학문인가 실천학문인가라는 단도직입적인 질

문에 대하여 우리는 이제 다음과 같이 대답할 수 있을지 모른다. 그것은 이론적이자 실천적인 학문이다. 그러나 그것이 어떤 의미에서 그러한지는 그것을 연구하는 교육철학자들에게 되물어 볼 일이다. 이 둘 간의 상이한 방식의 관계 짓기는 미래 교육철학연구를 위해 열려 있기 때문이기도 하다.

토론 거리

1. 교육철학 고전 텍스트를 '깊이 그리고 자세히 읽는다'는 것은 무슨 뜻인가? 이러한 읽기 경험은 왜 수행하기 어려운가? 우리 주위에 이것을 방해하는 요인들에는 어떤 것들이 있는가?
2. 교육에서 '빌둥이론'이란 무엇인지 다양한 자원과 텍스트를 활용하여 탐색해 보고, 탐색한 내용을 다른 사람과 서로 공유해 보라. 이것이 교육의 이론으로 중요하다고 생각되는 이유를 함께 논의해 보자.
3. 교육연구와 교육실천에서 이론은 왜 중요한가? 그리고 이론으로서 교육철학적 지식의 실천적 힘은 어디에서 오는 것 같은가?

더 읽어 볼 자료

Laverty, M. J., & Hansen, D. (2021). *A history of western philosophy education in the modern era*. 김희봉, 곽덕주, 김운종, 김회용, 손승남, 이소영, 이지헌, 임배 역(2023). 시리즈 편집자 서론. **서양교육철학사: 근대**(pp. 15-34). 서울: 학지사.

▶ 서양교육철학사상사 시리즈의 출판 취지와 의미에 대한 서론 격의 논의로서, 서양교육사상 고전 읽기의 의미와 가치에 대해 당대적인 관점에서 상당히 영감 넘치게 해설해 놓은 글이다. 자유교육의 의미와 가치에 대한 현대적 재해석을 담고 있고 오늘날 인문학적 사유의 의미와 가치에 대해 깊은 통찰을 제공한다.

곽덕주 외(2009). '실천 철학'으로서의 교육철학하기: Wilfred Carr의 견해를 중심으로. **교육철학연구**, 45, 27-51.

▶ 교육철학을 '이론철학'이 아니라 '실천철학'이라고 할 때 그것이 무엇을 의미하는지를 영국의 교육철학자 윌프레드 카(Wilfred Carr)의 독창적인 견해에 기대어 해설하고 설명하는 글이다.

박은주, 곽덕주(2016). 실천교육학의 관점에서 본 교육연구의 성격 재탐색. **교육학연구**, 54(2), 1-30.

▶ 교육학이나 교육철학이 생산해 내는 (근대적) 지식의 성격에 대한 보다 근원적인 질문 제기를 중심으로 양적 연구와 질적 연구를 포괄하는 경험연구와 교육철학적 작업과의 관련을 체계적으로 분석한 글이다.

참고문헌

곽덕주, 최진(2018). 맥신 그린의 '미적 체험 예술교육 접근'의 인문교육적 가치: 새로운 '인문적' 교수-학습 패러다임을 탐색하며. **교육철학연구**, 40(2), 1-26.

장상호(2002). 교육적 관계와 교육공동체에 관한 소고. **교육원리연구**, 7, 1-42

장상호(2005). 당신은 교육학자인가? **교육원리연구**, 10(2), 1-39.

Biesta, G., Allan, J., & Edwards, R. (Eds.) (2014). Introduction: The theory question in education and the education question in theory. *Making a difference in theory* (pp. 1-10). London & New York: Routledge.

Cavell, S. (1976). *Must we mean what we say?* Cambridge: Cambridge University Press.

Foucault, M. (1991). Questions of method. In G. Burchell, C. Gordon, & P. Miller (Eds.), *The Foucault effect: Studies in governmentality* (pp. 73-86). Chicago, IL: The University of Chicago Press.

Laverty, M. J., & Hansen, D. (2021). *A history of western philosophy education in the modern era*. 김희봉, 곽덕주, 김운종, 김회용, 손승남, 이소영, 이지헌, 임배 역(2023). **서양교육철학사: 근대**(pp. 15-34). 서울: 학지사.

Oakeshott, M. (1989). *The voice of liberal learning.* Carmel, IN: Liberty Fund.

Rorty, R. (1989). *Contingency, irony and solidarity.* Cambridge: Cambridge University Press.

Siegel, H. (2009). Introduction: Philosophy of education and philosophy. *The Oxford handbook of philosophy of education* (pp. 3-8). Oxford: Oxford University Press.

Uljens, M., & Ylimaki, R. M. (Eds.) (2017). *Chapter 1. Bridging educational leadership, curriculum theory and didaktik: Non-affirmative theory of education* (pp. 3-149). Gewerbestrasse: Springer.

제2부

학교교육의 목적과 교육과정에 대한 철학적 고찰

제5장 … 교육과 지식
제6장 … 도덕교육의 성격
제7장 … 시민성 교육의 의미와 다양한 양태
제8장 … 자기 탐구를 위한 미적 교육
제9장 … 자유교육과 직업교육, 양립 가능한가?

교육학이 학교에 대한 탐구 이상인 것은 분명하다. 학교 이전과 학교 바깥의 교육도 가능하고 의미가 깊기 때문이다. 교육학이 교육에 대한 탐구인 이상, 학교라는 범위에 제한될 수도 없고 제한되어서도 안 된다. 그럼에도 불구하고 학교가 교육의 중핵인 것은 분명하다. 더욱이 오늘날처럼 국가와 자치단체가 주도적으로 학교라는 교육제도를 유지하고 지지하는 상황에서는 학교가 교육의 전체는 아닐지라도 교육의 핵심 영역과 역할을 떠맡고 있는 것이 사실이다. 이런 점에서 학교는 교육학의 우선적인 관심의 대상이다.

학교에서 수행되는 교육의 여러 영역과 주제 및 관심사는 통상적으로 지(知) · 정(情) · 의(意)로 요약되곤 한다. 지식의 습득과 지적 역량의 형성, 도덕적 의지와 행위 주체의 성장, 그리고 몸의 느낌인 감정의 고등화와 미적 취향의 습득은 학교에서 수행되는 교육을 대변하는 주요 영역이자 관심사로 분류되어 왔다. 이러한 분류는 사실 엄격하지도 않고, 상호적으로 중첩되고, 역동적 관련성 속에 서 있다고 할 수 있다. 앎과 도덕적 자각 및 결단, 그리고 충동과 욕망의 조절과 그에 따른 감정 등은 하나의 행위 속에 상호 침투하며 하나의 행위, 하나의 몸을 구성하게 된다. 이러한 어려움에도 불구하고 교육의 영역과 관심사를 크게 셋으로 구분하여 지식교육, 도덕교육, 그리고 미적 교육으로 살펴보고자 한다. 이 말은 지식교육이 오직 지식의 습득에만 관련되며, 탐구태도나 실천적 의지를 도외시한다는 의미가 아니라, 지 · 정 · 의가 통합된 교육일 수밖에 없더라도 지식의 습득과 지력의 계발이 중심적인 관심사로 작동한다는 의미일 뿐이다. 그리고 근대적 사회 질서 속에서 새롭게 부각된 학교교육의 목적으로서 (민주)시민교육과 직업교육에 대한 논의도 이러한 사아 통합적 차원을 고려하여 이해될 필요가 있다.

여기서는 순서대로 먼저 지식과 교육의 문제를 학교교육에서 배우는 분절되고 형식화된 교과가 실은 어떤 유구한 역사를 가지고 있는가를 중심으로 제5장에서 살펴본 후(지식교육), 오늘날 학교에서 인성이나 인격교육이 중요하다고 말할 때 이것이 의미하는 바가 무엇이며 이것이 교사의 훈육과 관계된 역할은 무엇인지를 도덕교육과 관련된 논의의 흐름과 주요 논점을 중심으로 제6장에서 살펴본다(도덕교육). 이어서 제7장에서는 학교교육이 현대 민주사회에 기여할 수 있으려면 어떤 교육 목표나 사상적 갈래에 유념해야 하는가를 시민성 개념과 시민교육의 다양한 양태를 중심으로 점검한다(시민교육). 제8장에서는 감각과 감정의 순화 및 고등화와 관련된 미적 교육 또는 신체교육과 관련하여 학교교육이 개인의 개별화와 밀접히 관련된 미적 판단력을 함양하려면 예술의 교육적 가치를 어떻게 이해해야 하는지를 중심으로 살펴본다(미적 교육). 마지막으로 제9장에서는 이러한 일련의 교육이 지향하는 목적에 따라 소위 말하는 자유교양교육과 삶의 준비로서 직업교육 간의 불화 및 화해 가능성에 대하여, 학교교육이 인간의 실제적 삶에 직접적인 도움을 주는 직업교육을 해야 한다는 주장은 전통적인 자유교육의 이념에 어떻게 위배되는지, 학교교육은 사회적 요구를 얼마나 수용하고 대응해야 하는지의 문제를 중심으로 점검하고자 한다(직업교육).

이러한 일련의 성찰을 통해 교육의 핵심 영역이자 현상인 학교가 안고 있는 전통적인 주제와 문제에 대한 교육철학적 논의의 흐름을 소개하고자 한다.

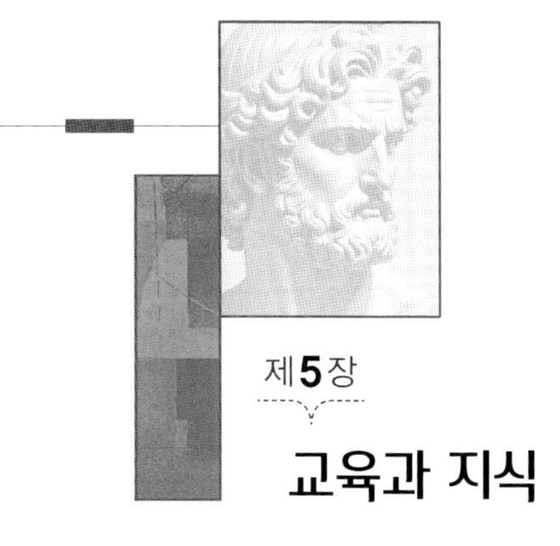

제 5 장

교육과 지식

한기철

도입

교육은 교과라 불리는 지식을 가르치고 배우는 일이다. 그리고 그 점에서 그것은 그 자체로 지식교육이다. 종종 인성 교육이니 인격 교육 같은 것을 들고, 그것을 지식 교육과 달리 수행되는 것으로 말하는 경우들이 있지만, 이는 타당한 관점이 아니다. 교육은 배우는 자가 인성과 인격을 갖추도록 하는 일이라는 점은 맞지만, 이 일은 결코 지식교육과 별도로 이루어질 수 있는 일이 아니다. 지식교육이 아니라면 '인성'이나 '인격'을 기르는 일은 가능하지 않다고 보아야 한다. 교육은 그 자체로 지식교육이므로, 교육이 잘못 되고 있다는 말은 곧 지식교육이 잘못 되고 있다는 말이요, 교육을 제대로 해야 한다는 말 또한 지식교육을 올바로 해야 한다는 말로 이해해야 한다. 교과 지식이라는 것이 성립되지 않았다면 교육이라 불리는 인간 활동의 전통은 여전히 일상적 경험의 전수나 훈육 수준을 벗어나지 못했을 것이다. 그러므로 교육철학을 공부하는 사람들은 지식의 기본적 성격과 그것의 교육적 의미를 체계적으로 이해하고 있어야 한다. 이를 위해 이 장에서 우리는 서양 전통에서 성립한 교과 지식의 체계와 그것의 기원이 된 헬라스 학문들의 기본적인 성격, 그리고 학문과 그것을 가르치고 배우는 활동이 변질되거나 타락할 수 있는 위험성과 또한 그것을 올바로 수행하기 위한 방법적 원리 등을 논의할 것이다.

1. 지식의 교육적 의미, 그리고 지식의 형식들

교육은 교사, 학생, 교과라는 세 요소로 이루어지는 인간 활동이다. 교육의 의미를 한 문장으로 기술하면, 그것은 교사가 학생에게 교과를 가르침으로써 그 학생으로 하여금 인간다움—또는 인간성, 인성—을 갖추도록 하는 일이다. 이 세 요소 중에 어느 하나라도 빠지면 교육은 이루어질 수 없다. 간혹 교사의 가르침이 없어도 학생들은 수많은 것을 배운다고 말하는 경우가 있지만, 엄밀히 말하면 이는 올바른 진술이 아니다. 이는 교사로 특정하기가 애매할 뿐 교사의 가르침을 대신하는 수많은 요인들이 개입함으로써 학생의 배움이 이루어진다는 점을 비유적으로 표현한 말일 뿐이다. 그 어떤 것이든, 가르침의 요소가 동반되지 않는 상황에서 학생의 배움은 결코 일어나지 않는다

또한 항간에는 지식교육 때문에 교육이 잘 이루어지지 않는다고 말하는 경우들이 있다. 지식교육이 아이들의 인성을 기르는 데 도움이 되지 않거나 심한 경우는 오히려 그것을 방해하기도 한다는 것이다. 그러나 이 또한 교육에 관한 올바른 진술이 아니다. 가르치고 배우는 것, 다시 말하면 '교육내용'이 없이는 그 어떤 교육활동도 이루어질 수 없다. 교육학의 주된 탐구대상인 형식 교육에서 교육내용의 전형(典型)은 지식으로 이루어진 교과를 가리킨다. 요컨대 교육이라 지칭하는 인간 활동의 실체는 교사와 학생이 교과라 칭하는 지식을 가르치고 배우는 일이며, 그것의 목적은 학생으로 하여금 인간다움을 갖추도록 하는 데 있다. 교육이 제대로 이루어지지 않았다는 말은 곧 이 일이 제대로 이루어지지 않았다는 말이며, 이는 곧 학생이 인간다움을 갖추도록 하는 목적을 달성하는 데 실패했다는 말이다.

교과는 지식으로 이루어져 있다. 학생이 인간다움을 갖추었다는 말은 그 학생이 교과를 잘 배웠다는 말과 같다. 논리적으로 이는 교과를 잘 배우지 않으면 결코 인간다움을 갖출 수 없다는 말과 같다. 12년간의 초중등교육 과정을 이수했으나 제대로 된 인간성을 갖추지 못한 경우를 우리 주변에서 흔히 볼 수 있거니와, 이는 그 기간

중에 교과를 가르치고 배우는 일이 제대로 이루어지지 않았기 때문이다. 우리의 학교교육이 보이는 가장 핵심적인 문제는 바로 이 일에서 비롯된다. 그렇다면 교육철학자의 임무는 교과라 칭하는 지식 체계가 무엇인지, 그것을 잘 가르치고 배운다는 말은 무슨 말인지, 교과를 배웠음에도 인간다움을 갖추지 못하는 경우는 왜 일어나는지를 밝히는 일이다.

교과 지식의 교육적 의미를 이해하는 데 '지식의 형식들(forms of knowledge)'이라는 개념을 살펴보는 것이 중요한 방법이 될 수 있을 것 같다. 영국 교육철학자 허스트(P. H. Hirst)는 현대에 들어 다소간 그 의미가 혼란스러워진 자유교육의 의미를 지식의 형식들을 가르치고 배우는 일이라는 관점에서 재조명했다. 허스트에 따르면 지식은 단순한 정보의 수집물이 아니라 인간이 성취해 온, 경험을 이해하는 복잡한 방식이다(Hirst, 1965: 122). 지식은 우리의 경험을 이해하는 방식이므로, 그것은 곧 사람들이 자기 스스로를 포함한 주변 세계를 대하는 여러 다양한 태도를 그 속에 반영하고 있다. 우리 마음이 세계를 대할 때 취하는 여러 가지 태도들—상상하고 분석하고 비판하고 부정하고 승인하고 등—은 사실 이들 각각에 해당하는 지식을 학습한 결과로, 우리 마음이 발휘하는 행위 양태들이라 할 수 있다. 지식을 학습하지 않으면 마음은 개발될 수 없다. 마음을 개발한다는 말은 사실 지식을 습득한다는 말을 비유적으로 표현한 것에 불과하다.

지식은 공적인 성격을 지니고 있으므로 여러 사람들이 공통된 것으로 인지할 수 있으며, 학습을 통해서 전수되고 획득된다. 인간이 하는 경험은 원래 사사로운 것이지만 사람들이 공통적으로 이해하는 상징체계를 통해 지식으로 전환될 수 있다. 원래 사적인 영역에 속했던 개인의 경험은 지식으로 전환됨으로써 이제 다른 사람들이 인지할 수 있는 공적인 것으로 확장된다. 동일한 개념 체계를 공유하고 있는 사람들은 그 개념 체계를 통해서 서로의 경험을 공유할 수 있게 된다. 선대(先代) 사람들은 자기들의 경험을 언어화하여 지식으로 성립시키고, 후대 사람들은 그 지식을 학습함으로써 자기들의 마음을 개발해 나가는 것이다. 지식을 매개물로 해서 세대 간에 의사소통이 이루어지고, 우리는 그것을 가리켜 교육이라고 부른다.

인간의 경험은 여러 다양한 모습으로 이루어져 왔으므로, 그것을 이해하는 데는 여러 다양한 지식들이 필요하다고 보아야 한다. 그런데 허스트는 지식에 여러 다양한 종류들이 있다는 정도로 말하지 않고 그 각각을 '형식(form)'이라는 말로 지칭함으로써 좀 더 특별한 의미를 부여한다. 모든 지식은 서로 구분되는 '형식'으로 구조화되어 있으며(Hirst, 1966: 42), 개별 '지식의 형식(form of knowledge)'은 그 각각이 공적인 상징체계를 사용하여 우리들 경험을 구조화한 것이다(Hirst, 1965: 128).

지식의 형식들은 다음과 같은 네 가지 특징을 보인다. 첫째, 지식의 형식들에는 각각에 독특한 핵심적 개념들이 있다. 이를테면 자연과학에서 중력, 가속도, 수소, 그리고 수학에서 수, 미분, 적분 등이 그런 것들이다. 둘째, 각 지식의 형식은 그것에 속하는 이들 개념이 유기적으로 연결되어 있고, 그 결과 하나의 독특한 논리적 구조를 이룬다. 이와 같이 독특한 방식으로 구조화된 개념 체계들은 다른 개념 체계와 뚜렷이 구분된다. 예컨대, 물리학에서 사용되는 용어와 진술들은 역사학에서 사용되는 그것과 뚜렷이 구분되는데 이는 각각에 특유한 논리적 구조 때문이다. 셋째, 지식의 형식들은 상징을 사용하여 만들어진 표현들이므로 각각에 해당하는 인간 경험들을 타당하게 표현하고 있는지를 검증할 수 있다. 특히 자연과학이라 불리는 형식에서 이 일은 대단히 중요한 부분을 차지한다. 넷째, 지식의 형식들은 각각에 해당하는 인간 경험들을 제대로 표현하고 있는지를 검증하는 데 필요한 기준들과 함께, 해당 경험 영역을 탐구하는 데 필요한 기술과 기법들을 포함하고 있다. 자연과학의 다양한 연구기법들과 문학적 표현 기법들이 여기에 해당한다.

지식의 형식들은 각각에 독특한 용어와 개념, 그리고 그것들의 논리적 연결로 이루어진 진술들뿐만 아니라, 그것이 대상으로 하는 인간 경험 영역을 탐구하는 기법까지 포함하고 있다는 점에서, 우리가 통상 학문이라고 지칭하는 것들과 크게 다름이 없다. 허스트는 자신의 1965년 논문에서 이와 같은 지식의 형식 또는 학문으로 일곱 가지—수학, 자연과학, 인간과학, 역사, 종교, 문학과 순수예술, 철학—를 열거하고 있다. 1966년 논문에서 제시한 목록—과학, 수학, 역사, 도덕, 미학, 철학, 종교—도 대동소이하다. 지식이 발전해 온 역사는 이들 논리적으로 독특한 형식들이 점진적으로 분화해 온 역사이며, 각각의 형식은 나름의 개념 체계와 타당성 검증의 기준을 제공함으로써 인간 경험에 대한 이해 방식들을 제공해 왔다. 지식은 모두 지식의 형식들로 구분되어 우리에게 제시되므로, 지식을 배운다는 것은 바로 이와 같은 지식의 형식들을 배운다는 것을 의미한다. 그렇다면 이와 같은 지식의 형식들은 원래 어디서 기원한 것인가?

2. 고전적 맥락에서 본 세 가지 지식과 그것들의 근대적 전개

우리 학교 교과 체계는 서양 전통에서 온 것이다. 우리 전통사회에도 학교가 있었고 그 학교에서 가르치고 배운 교과가 있었지만, 오늘날 우리 학교의 교과는 우리 전통에서 계승된 것이라 할 수 없다. 그것은 모두 일제 강점기를 거쳐, 특히 해방 후 미군정청과 대한민국 정부에 의해 서양 교육제도가 도입되면서 그와 함께 따라 들어온 것이라고 보아야 한다. 그 점에서 통칭하여 '교과'라 부르는, 학교에서 가르치고 배우는 지식의 성격을 이해하려면 서양 전통을 참조하는 것이 적절하다고 하겠다.

현대 들어 다소의 변형이 있기는 했지만, 우리 학교 교육과정의 기본 골격은 고대 헬라스에서 발달한 학문들을 기반으로 만들어진 것이다. 실업학교(實業學校)들이 있었고 그래서 실업 교과목들이 있기도 했지만, 특히 학교교육에 대한 우리 국민들의 귀족주의적 정서를 고려하면, 우리 교과 체계는 이른바 '주지 교과'를 중심으로 구성되어 있고 그 주지 교과들은 고대 헬라스에서 유래한 자유교과에 연원이 있다고 말해도 틀리지 않는다. '자유교과'라는 말 자체는 고대 로마에서 온 것이지만 자유교과로 불린 그 교과 체계의 내용은 모두 고대 헬라스에서 전승된 것이었다. 그래서 우리 학교 교과를 구성하는 지식들의 기본적인 성격을 이해하려면 역시 고대 헬라스 학문 체계를 참조하는 일이 필요하다. 우리는 다음에서 아리스토텔레스의 관점을 토대로 인간 사유의 양식, 곧 지식의 종류는 어떻게 구분되고 그들 각각은 인간 삶의 어떤 부분을 대상으로 어떤 사고를 수행토록 했는지를 검토할 것이다.

아리스토텔레스의 구분에 따르면 지식은 이론적 지식, 실천적 지식, 생산적—또는 기술적—지식이라는 세 종류로 구분된다. 각각의 지식은 인간이 주변 세계에 대해 수행하는 세 종류의 사유 또는 행위와 연결된다. 모든 생명체는 각기 자신을 둘러싼 세계와 상호작용함으로써 삶을 이어 간다. 인간이 주변 세계를 대상으로 수행하는 행위는 다른 동식물과 달리 특히 지적인 성격을 지니는데, 그 과정에서 인간은 지식을 발달시켜 왔고 그렇게 발달한 지식을 통해서 주변 세계와의 상호작용 수준을 높여 왔다. 세 종류의 지식 각각은 바로 그와 같은 인간 대 주변 세계 간의 상호작용이 이루어지는 방식에 해당한다고 말할 수 있다.

아리스토텔레스는 『니코마코스 윤리학』 제6권에서 인간 영혼을 이성을 소유하고

있는 부분과 이성을 소유하고 있지 않은 부분으로 나누고, 그 가운데 이성을 소유하고 있는 부분, 곧 이지적 덕성에 관여하는 부분을 다섯 가지로 분류한다. 이 다섯 가지 이지적 덕성은 에피스테메, 누스, 소피아, 프로네시스, 테크네인데, 로스(David Ross)는 각각을 과학적 지식, 직관적 이성, 철학적 지혜, 실천적 지혜, 기예(art)로 번역한다(Aristotle, 2009: 140). 이 가운데 에피스테메, 누스, 소피아는 오직 앎에만 관련되며, 프로네시스와 테크네는 그에 덧붙여 실제에도 관여한다. 프로네시스는 바람직한 상태 또는 만족스런 상태를 있게 하기 위해서 행하는 사고 능력을 가리키며, 테크네는 실용적인 용품이나 예술품을 만들어 내는 데 필요한 지식을 의미한다. 전통적으로 윤리학과 정치학에서 다루어 온 영역은 프로네시스 영역이다. 직관적 이성으로 번역되는 누스는 이론적 지식의 출발점이 되는 이른바 제일(第一) 원리를 이해하는 능력이다. 그리고 에피스테메는 누스에 의해 파악된 제일 원리 또는 원인에서부터 올바른 결론을 추론해 내는 능력을 가리킨다. 마지막으로 소피아는 에피스테메와 누스가 결합된 것으로, 아리스토텔레스가 그의 『형이상학』에서 언급한 지혜의 세 영역, 곧 형이상학, 수학, 자연과학을 모두 포함하는 지식영역이다. 앞 문단에서 열거한 세 가지 지식과 대응시키면, 이론적 지식은 소피아에, 실천적 지식은 프로네시스에, 그리고 생산적-기술적 지식은 테크네에 해당된다.

표 5-1 활동과 지식의 세 종류

활동의 종류	지식의 종류
테오리아	소피아(에피스테메+누스)
프락시스	프로네시스
포이에시스	테크네

보스톡(David Bostock)에 따르면, 아리스토텔레스적인 의미에서 이론적 지식은 기하학과 같이 연역적으로 조직된 지식에서 그 전형을 찾아볼 수 있다(Bostock, 2000: 75). 기하학적 지식은 이미 진리치인 것으로 입증된 일련의 공리(혹은 제일 원리)에서 시작하여 연역의 과정을 거쳐서 도달한 결론들로 이루어져 있다. 연역의 과정에 오류가 없다면 참인 진리로부터 연역된 결론들 또한 필연적으로 참인 것으로 간주되어야 한다. 그 전형은 기하학—보다 포괄적으로는 수학—에서 찾아볼 수 있지만, 이론

적 지식의 영역에는 수학과 더불어 신학(神學)과 자연과학(생물학, 물리학 등)도 포함된다. 또한 아리스토텔레스가 이론적 지식은 '필연적인 것'에 관한 지식이라고 했을 때 그 필연적인 것은 보편적인 것을 의미하는 것으로 이해될 수 있으며, 따라서 실천적 지식이 '특수한 것'에 관한 지식인 것에 반해, 이론적 지식은 때와 장소에 상관없이 일관된 '보편적인 것'에 관한 지식이라는 점도 주목할 필요가 있다.

철학은 원래 이론적인 대상을 탐구하는 일로 시작했다. 이론적인 대상은 보편적이고 시대 초월적인 진리를 가리킨다. 늘 변화하는 세계를 사는 인간들이 그것에서 오는 허무함을 극복하기 위해, 시간이 흘러도 변치 않는 것, 누구에게나 어떤 경우에나 동일하게 적용되는 것이 무엇인지를 탐구하는 것으로 철학은 시작했다. 기원전 6세기 초에 등장한 최초의 철학자들은 자연계를 대상으로 이러한 이론적 사유를 수행했다. 플라톤(기원전 427~347)은 그와 같은 이론학적 전통을 이어받았다. 그는 선대 자연철학자들에게서 앎과 그것의 대상은 시공간을 초월해서 존재하는 영원불변하는 것이어야 한다는 점을 배웠다. 그리고 그것을 피타고라스 학파의 수학적 사유와 결합함으로써 스승 소크라테스가 이루려고 했던 과업, 곧 자연계가 아닌 인간사(人間事) 영역에서의 철학적 사유—도덕적 영역에서의 절대적 기준에 대한 탐구—의 가능성을 개진할 수 있었다. 그러나 그의 제자 아리스토텔레스는 이와는 사뭇 다른 학문적 관점을 취했다.

맥카시(Thomas McCarthy)는 아리스토텔레스에서 정치학과 윤리학으로 대표되는 실천적 지식은 공통적으로 '좋은 것'에 관한 학문이었으며 정의로운 삶에 대한 사고체계였다고 설명한다(McCarthy, 1978: 2). 이 두 학문은 인간 행위의 영역, 곧 프락시스를 탐구하는, 그 점에서 말 그대로 '실천적(practical)' 학문이었으며, 폴리스 시민들로 하여금 유덕함을 갖추게 하고 그런 상태를 지속적으로 유지하게 하는 것을 목적으로 하는 학문이었다. 정치학은 폴리스 시민들의 우연적이고 가변적인 삶을 탐구대상으로 하는 학문이었으며, 그 점에서 그것은 다른 실천 철학분야들과 마찬가지로 이른바 엄밀과학의 한 형태로 간주될 수 없었다. 정치학은 인간이 개입함으로써 발생하는 우연적인 것들, 가변적인 것들에 관한 학문이었으므로 그것의 결론들은 개연적인 것이고 대체적인 것의 형태에 머물 수밖에 없었다. 정치학이 밝히고자 했던 인간의 품성은 헬라스어 프로네시스에 해당하는, 곧 장차 수행할 행위와 관련하여 그것이 이루어질 다양한 상황들을 신중하게 이해하는 능력을 가리켰다.

아리스토텔레스에서 정치학, 윤리학 등의 실천 철학은 지식의 다른 두 갈래, 곧 이론적 지식, 기술적(技術的) 지식과 혼동되어서는 안 되는 것들이었다. 이론적 활동, 곧 테오리아는 항상 일관된 모습을 띠는 것, 영원한 것, 변하지 않는 것을 관조(觀照)하고 사변(思辨)하는 활동을 의미했다. 그것은 우주의 본질과 그 질서에 관한 지식을 추구하는 활동이었다. 인간은 이론적인 사고를 통해 자신의 영혼이 우주적 질서와 조화를 이루게 할 수 있다. 그러나 아리스토텔레스에 따르면 그와 같은 순수하게 관조적인 삶은 대개의 경우 보통의 인간이 성취할 수 없는 이념이었다. 폴리스에서 삶을 영위하는 대부분의 시민들에게 적절한 삶은 일차적으로 유덕한 행위를 수행하는 삶이었으며, 그러한 유덕한 삶은 신중한 판단을 행하는 과정을 통해 배양되는 유덕한 품성을 토대로 이루어졌다.

실천적 지식은 생산적-기술적 지식과도 구분된다. 프락시스 영역과 포이에시스 영역, 곧 한편으로 도덕적-정치적 행위 영역과 다른 한편으로 쓸모 있는 물건이나 아름다운 예술품을 제작하는 행위는 구분되어야 한다. 전자가 실천적 분별력—프로네시스—에 관련된 것이라면, 후자는 장인의 기예 또는 테크네에 관련된 것이었다. 생산적 지식은 이론적 지식과도 구분되는 것이었는데, 그것은 이론이 생산의 대상이 아닌, 우주의 영구불변하는 신적 질서, 따라서 오직 관조의 대상으로 존재하는 실재의 질서에 관한 것이었기 때문이다. 이론은 원래 장인이나 예술가의 테크네에 직접 기여하는 바가 전혀 없는 것이었다. 프로네시스와 마찬가지로 테크네는 폴리스에서의 삶을 살아가는 데 전제조건이 되는 것이었지만, 그것은 또한 프로네시스와 마찬가지로 이론으로부터 비롯되는 것도, 이론에 의해서 정당화되는 것도 아니었다.

아리스토텔레스의 실천 철학과 실천적 지식, 그리고 그것의 대상이 되는 인간사(人間事) 개념은 사실 훨씬 이전, 그러니까 기원전 5세기 중엽 이후 아테네 사회에 등장한 소피스트들과 이들의 관점을 계승한 이소크라테스의 학문에서 유래한 것이라고 보아야 한다. 소피스트들은 이전 자연철학자들처럼 '존재하는 것은 무엇인지'를 탐구하는 일에 관심을 두지 않았다. 그들의 관심은 이른바 객관적으로 존재하는 대상이 아니라 사람들이 그 대상에 대해 어떻게 여기는지 하는 것이었다. 소피스트들이 보기에 누구에게나 동일하게 진리인 것 또는 '진짜로 존재하는 것'에 대해 우리 인간은 알 수 없다. 객관적 실재라는 것이 있다고 말할 수 없으므로 그러한 객관적 실재에 대한 지식이 있다고도 말할 수 없다. 당대 가장 뛰어난 소피스트이자 연설가로 알려진

고르기아스는 아무것도 존재하지 않으며, 그런 것이 있다고 하더라도 우리는 그것을 알 수 없으며, 그것을 안다고 하더라도 타인에게 그 앎을 전달할 수 없다고 주장했다. 또한 최초의 소피스트로 알려진 프로타고라스는 '만물의 척도는 인간'이라는 명제를 통해, 존재하는 것이란 그것에 대해 사고하는 사람이 그것을 인지한 바 그대로, 곧 인간의 지식에 의해 그 의미가 규정된다고 주장했다. 지식이 성립하는 데는 개별 사고 주체의 인식 행위가 중요한 요건으로 작용한다는 점, 그리고 대상에 대한 지식은 그것을 인식하는 사람에 따라 달라질 수 있다는 점을 주장한 것이다.

아테네 출신 소피스트 이소크라테스(기원전 436~338)는 지식의 성격에 관한 이들 초기 소피스트들의 관점을 많은 부분 수용했다. 이소크라테스는 시공을 초월해서 존재하는 절대적이고도 보편적인 진리를 추구하는 대신, 특정 국면에서 구성되는 맥락적 지식을 추구한 소피스트들의 반토대주의적 맥락주의의 전통(최종렬, 2004: 282)을 이어받았다. 그가 보기에 실천의 영역, 곧 인간사는 객관적으로 존재하는 보편적 원리를 일괄 적용함으로써 수행될 수 있는 영역이 아니다. 인간사를 대상으로 하는 지식, 곧 실천적 지식은 늘, 말 그대로 우리의 실지 행위를 대상으로 한다. 우리의 실존은 예외 없이 그 어떤 특정한 시공간적 상황 속에서 이루어지므로, 그것을 대상으로 하는 지식도 그러한 구체적 상황들을 반드시 고려함으로써 전개될 수밖에 없다. 이소크라테스가 수사학을 최고의 학문으로 간주하는 것은 바로 이 때문이다. 수사학은 연설에 관한 학문이다. 연설의 목적은 말로 타인을 설득하는 것이다. 타인을 설득하는 일은 이미 성립해 있는 그 어떤 일반적 원리를 그 타인에게 일방적으로 적용함으로써 이루어질 수 있는 일이 아니다. 연설을 듣는 상대방의 처지를 고려하지 않고 오로지 보편적으로 성립해 있는 규범만을 적용한다면 그것은 강요와 다름이 없게 되고, 그럴 경우 연설은 필시 실패할 수밖에 없다. 요컨대, 연설가는 자신이 행하는 연설이 반드시 그것이 이루어지는 상황에 적절하도록 할 것을 요청받는다. 이 이유 때문에 말을 하고 글을 쓰는 일에 관한 지식—문법과 수사학—은 실천학의 가장 중요한 부분이 되었으며, 이후 서양 전통 내내 학교 교과에서 가장 중요한 부분을 차지하게 된다.

이론적 지식, 실천적 지식, 생산적-기술적 지식의 성격, 그리고 그것들 간의 관계는 근대 과학의 발전과 함께 급격한 변화를 겪는다. 이제 이론은, 고도로 발달한 자연과학에서 그 전형을 목격할 수 있듯이, 양적이고 법칙화된 형태로 표현된, 논리적으로 통합된 진술 체계를 의미하게 되었다. 이처럼 새로 등장한 이론적 지식에는 예언과 공학적 응용의 가능성이 중요한 특징으로 부각되었다. 연관된 조건들이 어떻게 구성되어 있는지를 알고 있으면, 이제 과학적 법칙은 장차 일어나게 될 현상을 예측하게 해 준다. 그리고 이는 곧 그러한 연관된 조건들을 조작함으로써 장차 일어나게 될 현상을 원하는 방향으로 일어나도록 변경하는 일이 가능하게 되었다는 것을 의미한다.

그런데 근대 자연과학이 지닌 그러한 공학적 잠재력이 곧바로 산업혁명의 원동력이 되었던 것은 아니다. 산업혁명을 일으킨 공학적 지식은 오랫동안 축적된, 숙련된 기술과 공예의 전통, 곧 테크네가 가져다준 결과라고 보는 것이 더 적절하다. 오늘날 우리가 알고 있는 과학과 공학의 밀접한 관계는 19세기에 들어서야 비로소 형성되기 시작했다. 그리고 그 관계는 이후 지속적으로 발전하여, 오늘날에는 심지어 순수과학이 발전해 나갈 방향을 결정하는 과정에서도 공학적인 고려가 지배적인 역할을 할 정도가 되어 버렸다. 이와 함께 이전에 중요시되었던 장인의 숙련된 솜씨로서의 테크네는 점점 그 중요성을 잃게 되었다. 그리하여 한편으로 관조적 이론과 다른 한편으로 이론과는 무관한 테크네에 대한 고전적 개념들은 각각 과학적 이론과 그것을 기반으로 한 공학—테크놀로지—이라는 근대적 개념으로 대체되었다.

실천적 지식의 개념도 이와 유사한 변화를 겪게 된다. 이미 17세기 중반에 이르러 홉스(Thomas Hobbes)에 의해서 인간 행동은 과학적 탐구의 자료가 된다. 그래서 인간 본성이 지닌 법칙을 정확하게 이해하기만 한다면 인간 삶이 바람직한 형태로 이루어지는 데 필요한 조건들을 성립시키는 일도 가능한 것으로 인식되기 시작한다. 어떻게 행위하는 것이 행위 주체를 좋은 삶과 정의로운 삶으로 이끌도록 할 것인지, 유덕한 품성을 형성하는 것은 어떤 의미이며 그것은 어떻게 가능한지, 행위를 사려 깊게 수행한다는 것은 무엇을 의미하는지 등에 관한 고전적 가르침은 이제 과학을 토대로 한 사회이론을 응용하는 일과 그것을 기반으로 하여 바람직한 상태를 가져올 것으로 예상되는 조건들을 만들어 내는 일로 대체되었다. 폴리스 시민들의 유덕한 삶과 관련된 실천적 문제는 국가의 질서를 유지하고 그 속에서 삶을 사는 시민들의 복지를 보장하기 위한 사회적 상호작용 방식을 규제하는 기술적(技術的) 문제로 전환되었다. 이후 이루어진 자연과학과 사회과학의 발전, 그리고 그것들이 이룬 발전을 설명하고 정당화하기 위해 등장한 실증주의 철학 앞에서 고전적인 의미에서의 정치학의 가르

침은 이제 더 이상 그 본래 의미를 찾아볼 수 없는 역사의 유물로 간주되고 만다. 그 자리를 대신한, 오늘날 이른바 정치과학(political science)라 불리는 학문영역에 옛날의 정치학과 공통된 점이 있다면 그것은 단지 그 이름이 비슷하다는 정도뿐이다.

3. 학교 교과의 기원: 자유교과

교육은 교과라 불리는 지식을 가르치고 배우는 일이라고 했다. 우리가 학교에서 가르치고 배우는 교과 체계는 크게 보아 앞에서 말한 고대 헬라스 학문들에 그 뿌리를 두고 있다고 말할 수 있다. 전쟁이 빈번했던 고대 사회에서 가장 필요한 과목이었던 체육과 함께 이들 학문으로 구성된 기초 위에, 근대 들어 새로 형성된 경험과학적 지식과 또한 경험과학적 방법을 이른바 인간 현상을 탐구하는 데 적용한 사회과학적 지식, 그리고 이후 사회가 발전하면서 그때그때의 시대적 · 사회적 필요에 따른 지식들이 추가되면서 현재의 학교 교과 체계가 형성되었다고 말하면 크게 틀림이 없다. 그러므로 오늘날 우리 학교 교과의 성격을 이해하려면 그 뿌리가 되는 고대 헬라스 학문들이 어떤 과정을 거쳐 학교교육의 내용으로 정착되었는지를 역사적 관점에서 고찰하는 일이 필요하다.

헬라스 세계를 정복한 고대 로마인들은 처음에는 헬라스 문명에 배타적인 태도를 보였으나 결국에는 그것을 적극적으로 계승하게 된다. 여기에 가장 큰 역할을 한 사람들은 키케로(Marcus Tullius Cicero)와 바로(Marcus Terentius Varro) 같은 기원전 1세기 로마 학자들이었다. 고대 헬라스 학문은 이들 로마 학자들에 의해 '자유교과'라는 명칭으로 불리며 이후 서양 교육의 토대를 이루게 된다. 우리 학교 교과 체계 또한 이 자유교과 체계에서 온 것이라고 말할 수 있다.

'자유교과(自由敎科)'는 영어 'liberal arts'를 번역한 말이며, 영어 liberal arts는 라틴어 '아르테스 리베랄레스(artes liberales)'에서 온 말이다. 이 단어는 문헌상으로는 기원전 84년에 키케로가 쓴 『발명에 대하여』에 처음 등장한 것으로 알려져 있다(Kimball, 1986: 13). 여기서의 '리베랄레스'는 정치경제적인 의미에서 '자유인의' 또는 '자유인에 관한'이라는 의미를 갖는다. 그러므로 자유교과는 노예가 아니라는 뜻에서의 자유인을 위한 교과를 가리키는 말이라고 할 수 있다. 이 시대 자유인은, 고대 헬라스 시대

와 마찬가지로, 소극적으로는 생산 노동에 얽매이지 않는 여유와, 그리고 적극적으로는 학문과 정치 활동을 위한 여가를 소유한 사람들이었다. 자유교과는 이런 특성을 지닌 자유인 계급에 속한 사람들이 행했던 활동들과 관련되는 학문들로 구성되었다고 할 수 있다. 그 어떤 활동에 종사하려면 그에 맞는 지식이 필요하다는 점은 달리 설명이 필요치 않을 것이다. 고대 자유인들이라고 해서 마냥 놀고먹기만 했던 것은 결코 아니다. 노예라고 불린 사람들에게 그에 맞는 활동이 있었고 그에 맞는 지식이 있었던 것과 마찬가지로, 자유인이라고 불린 사람들에게도 또한 그에 맞는 활동과 지식이 있었을 것이다. 자유교과는 바로 후자에 속한 사람들을 위한 지식 체계를 가리키는 말이었다.

자유교과는 키케로와 바로의 문헌에 등장한 이후, 그리고 5세기 이후에 그것의 수가 일곱 개로 지정될 때까지, 여러 학자들에 의해 다양한 형태로 규정되었다. 키케로 당대의 비트루비우스(Marcus Vitruvius Pollio)는 건축가가 공부해야 할 학문을 열한 개로 열거했고, 2세기에 갈레노스(Claudios Galenos)는 의사가 공부해야 할 교과로 여덟 개의 교과 목록을 제시했으며, 그다음 세기 섹스투스 엠피리쿠스(Sextus Empiricus)는 논리학을 철학에 포함시켜 총 여섯 개로 이루어진 교과 목록을 기술했고, 그 몇십 년 후에 아우구스티누스는 자신의 저작들 속에서 자유교과를 또한 다양한 수로 열거했다(Kimball, 1986: 30).

자유교과는 그것이 5세기 초에 일곱 개의 학문들로 지정될 때까지 여러 가지 형태로 조합되어 나타났다. 그러나 그 교과 체계에 대한 최초의 언급은 역시 기원전 1세기 로마 학자 바로에 의해서라고 해야 할 것 같다. 보이드에 따르면, "바로는 일반적으로 자유학과에 관한 최초의 포괄적인 저서를 쓴 사람으로 인정되고 있다"(Boyd, 1952/2008: 110). 보이드가 말하고 있는 그 저서는 지금은 전해지지 않는 『신자유학문』인데, 바로는 이 책에서 문법, 수사학, 변증법(논리학), 기하, 산수, 천문학(점성학), 음악, 의술, 건축 등 아홉 개의 학문에 대해서 두루 논의한 것으로 알려져 있다. 고대 헬라스 교육의 이상이 로마로 수용되기 시작한 것은 기원전 218년부터 201년까지 벌어진 제2차 포에니 전쟁 직후였다. 그 초기에 로마 젊은이들에 대한 교육은 헬라스인 교사들에 의해 헬라스어로 이루어졌으나, 이후 라틴어로 쓰인 텍스트를 사용해서 라틴어로 이루어지는 교육이 빠른 속도로 확산된다. 그리고 여기에 키케로와 바로 같은 학자들이 가장 큰 공헌을 한다. 『신자유학문』은 앞서 열거한 아홉 개의 학문들 각

각에 대해서 바로가 쓴 논문들로 구성되었는데, 이는 명백히 고등교육 수준의 수사학 학교 이전 단계, 곧 중등학교 수준에서의 교과교육을 위한 것이었다(Abelson, 1906: 4-5).

제정 로마 시대에도 교과목에 대한 학자들의 언급은 꾸준히 이어졌다. 세네카(Seneca the Younger)는 한 서간문에서 문법, 음악, 기하, 산수, 천문의 다섯 개 학문을 순서대로 열거했고, 또 다른 곳에서는 수사학과 변증법을 서로 구분한다든지 바로를 따라 의술을 자유교과로서 논의했다(Abelson, 1906: 5; West, 2011: 2). 또한 퀸틸리아누스(Marcus Fabius Quintilianus)는 저 유명한 『웅변가의 교육』에서 헬라스인들의 '엔퀴클리오스 파이데이아' 이념을 따르기 위한 보다 체계적인 교과 교수 방안을 제시하고, 문법, 수사학, 음악, 산술, 기하, 천문 등 여섯 개의 교과를 언급했다(West, 2011: 2).

헬레니즘의 영향을 받은 로마 학교들은 퀸틸리아누스 이후 한동안은 그 실제적 효력을 유지했지만, 3세기 말에 이르러 점차로 쇠퇴하기 시작한다. 학문은 당대 현실과의 직접적인 연관성을 잃고 점차 그 깊이를 잃어 갔다. 천박성과 얄팍함이 서서히 이들 학문을 잠식해 갔고, 그 결과로 대부분의 로마 학교들은 그 교육과정 면에서 편협해진다. 그런데 여기서 주목할 점은, 이 시대 로마 학교의 교육과정은 헬라스에서 전해진 교과들을 피상적으로 공부하는 수준을 벗어나지 못했지만, 5세기 초에 이르면 문법, 수사학, 변증법, 산수, 기하, 천문학, 음악이라는 일곱 개 교과목—'칠 자유교과'—로 구성된 교육과정이 이교도 학교들의 표준으로 받아들여지게 된다는 사실이다. 칠 자유교과를 기술하는 문헌들이 흔히 그 가장 기본적인 자료로 삼는 카펠라(Martianus Capella)의 저서 『학문과 웅변의 결혼』이 이 시기에 쓰였는데, 이는 이 일곱 개의 교과가 이 당시 학교의 표준적인 교과목으로 사용되었다는 주장을 뒷받침하는 근거가 된다.

보이드에 따르면, 칠 자유교과의 기원을 탐구하는 사람들에게 가장 중요한 문헌이라고 할 수 있을 『학문과 웅변의 결혼』은 중세 전 기간을 통해 비상한 인기를 누렸다. "그 책은 높은 수준의 학문을 가르치는 것으로 자처한 여러 학교의 가장 일반적인 교과서였으며, 여러 시기에 정말로 뛰어난 학자들이 그 책의 주석서를 썼다"(Boyd, 1952/2008: 140). 바로의 『신자유학문』을 본뜬 것이 분명한 이 책은 총 아홉 권으로 이루어졌는데, 첫 두 권은 우화 형식으로 된 서문에 해당하고 나머지 일곱 권 각각에서 문법, 변증법, 수사학, 기하, 산수, 천문학, 음악을 설명하는 내용으로 되어 있다. 바

로의 책에는 포함되어 있는 의술과 건축을 제외시킨 이유에 대해서 카펠라는 이 두 학문은 순수하게 물질적인 것을 다루는 학문이고 그 점에서 세속을 초월한 대상들을 다루는 자신의 책에는 어울리지 않기 때문이라고 말하고 있다(Abelson, 1906: 7). 아벨손(Paul Abelson)은 카펠라의 생애에 대해 거의 알려진 바가 없다는 사실로 미루어 볼 때 이 사람을 칠 자유교과 체계를 처음으로 고안해 낸 사람이라고는 볼 수 없고, 따라서 그의 이 저서는 다만 당대의 표준적인 경향을 대변해 주고 있는 것이라고 보아 크게 틀림이 없다고 주장한다(Abelson, 1906: 6-7). 아무튼 5세기에 이르러 로마 제국의 공공학교 교육과정은 칠 자유교과라는 고정된 형태로 수립된다.

칠 자유교과가 이교도 학교들의 표준적인 교과 체계로 성립되는 과정은 그 반대편, 곧 기독교인들의 관점에서 보면 도저히 용납할 수 없는 과정이었다. 2~4세기를 거치는 기간 동안, 다시 말하면 헬라스 학문들과의 경쟁 관계가 유지되고 있는 동안, 기독교 성직자들은 이 학교들에서 가르치는 학문들을 강한 적대감으로 대했다. 급기야 4세기 말에 이르면 로마 제국 전역에서 공공학교는 심각하게 약화되고 그와 함께 고대 헬라스에서 전승된 학문들 또한 쇠퇴한다. 그런데 역설적으로, 이 같은 공공학교의 소멸은 다시 자유교과가 회생하는 계기가 된다. 5세기 즈음에 이르러 공공학교가 더 이상 교회에 위협이 되지 않는다는 점을 알게 된 성직자들은 이제 이전만큼 자유교과에 대해서 적대감을 가질 필요가 없게 되었다. 공공학교가 소멸하고 난 뒤, 다시 말하면 기독교 교회의 성직자들이 유일한 지식인층을 형성했던 시대에, 자유교과들은 이들 성직자들에 의해서 다시 탐구된다. 여기에 동원된 논리는 카펠라의 칠 자유교과 연구를 신학을 공부하는 준비 과정으로 활용하자는 것이었다. 그리고 이 일에 가장 큰 공헌을 한 인물은 초기 기독교 교회의 대표적인 교부 아우구스티누스(Aurelius Augustinus)였다.

아우구스티누스는 비록 칠 자유교과 프로그램의 창안자라거나 또는 칠 자유교과 체계를 포괄적으로 언급한 사람이라고 할 수는 없지만, 그것이 기독교 세계에서 보편적으로 수용되는 데 누구보다도 큰 역할을 한 사람으로 평가된다. 아벨손은 아우구스티누스의 저서 『재고록』과 『고백록』의 내용을 참조하여 그가 천문학을 제외한 나머지 여섯 개 자유교과에 대한 논술을 썼다고 말하고 있고(Abelson, 1906: 8), 보이드는 아우구스티누스가 스무 살쯤에 자유교과 연구에 착수하여 그것들에 관한 여러 편의 논술을 쓰기 시작했고 이후에 논리학, 수사학, 음악, 기하, 산수, 철학에 관한 서론을

썼다고 말하고 있다(Boyd, 1952/2008: 139). 아우구스티누스 같은 권위자에 의해 세속 학문인 자유교과가 기독교 성직자들에 의해 활발히 탐구되는 계기가 마련되기는 했지만, 이들 세계에서 '칠 자유교과'라는 명칭이 사용되었는지는 분명치 않다. 칠 자유교과 체계의 토대가 된 카펠라의 저서는 그것이 자아내는 이교도적 분위기 때문에 일반적으로 받아들여지지 못했다(Boyd, 1952/2008: 149).

'칠 자유교과'라는 용어가 기독교인들 사이에서 처음으로 사용된 것은 6세기 초 카시오도루스(Flavius Magnus Aurelius Cassiodorus)에 의해서였다(Abelson, 1906: 9). 카시오도루스는 성서를 연구하기 위한 도구교과로서 자유교과가 갖는 필요성을 강조한 아우구스티누스의 주장을 지지하면서, 자신의 저작에서 지식의 7중 구조를 새롭게 강조하고 그것을 '지혜가 그 집을 짓고 일곱 기둥을 다듬었다'는 성서 구절과 관련지음으로써 그것에 종교적인 의미를 부여했다(Boyd, 1952/2008: 149; Abelson, 1906: 9; Brubacher, 1966: 446). 카시오도루스가 칠 자유교과—이 교과들의 목록은 카펠라의 그것과 일치한다—를 언급하면서 그것을 잠언 9장 1절에 나오는 이 구절과 연결 지었다는 점은 대단히 큰 의미를 띤다. 그것은 한편으로 이 시대 지도층 기독교인들 사이에서 세속 학문을 기독교 교육과정과 통합시켜야 할 필요성에 대한 공감대가 형성되었다는 것과 또 한편으로 그 학문의 수가 일곱이라는, 150년 이상 지속되어 온 사실이 성서에 의해서 비로소 뒷받침되었다는 것이다. 그리하여 아우구스티누스와 함께 카시오도루스에서 수립된 칠 자유교과의 권위는 이 교과 체계가 이후 근 900년 동안 중세 교과의 표준으로 정착하게 되는 데 충분한 토대를 제공하게 된다. 이들의 노력으로 말미암아 이교도 교과 체계가 중세 지식인들 세계에 자리 잡는 과정이 최종적인 완성을 이루게 된 것이다. 카시오도루스 시대 이후 칠 자유교과는 철학과 신학을 공부하기 전, 그 준비 과정으로서 공부해야 할 교과들을 가리키는 고정된 용어로 널리 사용되게 된다.

4. 지식과 교육의 타락, 그리고 후마니타스의 이념

우리 논의는 다시 기원전 1세기 고대 로마인들이 헬라스 문명을 이어받던 시기로 되돌아간다. 20세기 프랑스 역사학자 마루(Henri-Irenee Marrou)는 고대 헬라스 교육

전반의 성격을 '고전적 인문주의(classical humanism)'으로 규정짓는다(Marrou, 1964: 296-308). 마루가 보기에 고대 헬라스 문명 전체의 핵심은 교육이요, 그 점에서 그것을 '파이데이아' 문명이라 불러서 틀릴 것이 없다. 헬라스의 파이데이아를 로마 학자들이 '후마니타스'라는 말로 이어받았고, 후마니타스는 휴머니즘의 어원이 되므로, 헬라스 문명 전반의 성격은 곧 인문주의라는 말로 규정지을 수 있다.

마루에 따르면 고대 헬라스 교육이 추구했던 이상은 '휴머니즘'이라는 말로 요약될 수 있다. 고대 헬라스 교육은 그 본질에서 헬라스식 삶의 방식으로의 입문을 의미했는데, 그것은 곧 아이들을 야수가 아닌 인간으로, 야만인이 아닌 헬라스인으로 살도록 한다는 것을 뜻했다. 헬라스인으로서 삶을 영위하는 일은 자율성을 지닌 개인으로서의 품성을 유지하되, 개별성을 넘어서는 전체의 가치 또한 잊지 않는 것을 의미했다. 헬라스인들은 스스로를 다른 모든 것의 가치를 재는 기준으로 간주했다. 헬라스인으로 성장한다는 것 자체가 곧 완전성을 갖춘다는 것을 의미했기 때문이다. 파이데이아는 바로 이와 같은 완전한 인간, 완성된 품성을 갖춘 인간을 기르는 일을 의미했다.

기원전 5세기 페르시아와의 전쟁을 승리로 이끈 후 번성했던 헬라스 도시국가들은 기원전 4세기 이후 점점 세력이 약화되었고, 결국 헬라스 전체의 패권은 그 세기 말에 필리포스 2세 지배하의 마케도니아로 넘어간다. 그러나 필리포스 2세의 치세도 오래 가지 못하고, 이후 헬라스 세계는 그의 아들이자 후계자인 알렉산드로스에 의해 큰 변화를 맞는다. 후대 역사가들은 대개 알렉산드로스의 동방 원정이 그의 사망으로 인해 종료되는 시점인 기원전 323년부터 로마가 헬라스를 병합하는 기원전 146년까지를, 또는 더 길게는 이집트의 프톨레마이오스 왕조가 멸망하는 기원전 30년경까지를 '헬레니즘 시대'라 부른다. 마루에 따르면 고전주의 교육(classical education)은 곧 헬레니즘 시대 교육(Hellenistic education)을 가리킨다(Marrou, 1964: 139). 그래서 이 이후 고대 로마로 이어지는 고전적 휴머니즘의 전통도 헬레니즘 시대 교육의 산물이며, 그것을 계승한 고대 로마의 휴머니즘 또한 헬레니즘 시대 교육의 전통을 발전적으로 이어받은 로마 학자들의 노력이 낳은 산물이었다고 보아야 한다.

헬레니즘 시대는 요즘 말로 하면 융합의 시대라고나 할 수 있는 시대였다. 고전기 헬라스의 문화가 알렉산드로스가 정복한 지역의 문화들과 한데 어우러져 대단히 복잡다단한 문명적 현상들을 낳은 시대가 바로 이 시대다. 그러나 헬레니즘 시대 헬라

스 도시들에서 파이데이아는 여전히 중시되었다(김경현, 2015: 107). 기존의 폴리스들이 자치권을 상실하고 그 주민들의 이른바 '바르바로이' 세계로의 이주와 정착이 광범위하게 이루어졌으므로, 이들 이주민 헬라스인들에게는 낯선 세계 속에서 헬라스적 정체성과 생활방식을 지키는 일이 중요한 과제로 등장했을 것이고, 이 일을 위해 체계적으로 파이데이아를 수행할 필요가 발생했던 것이다. 이 시대 도시들이 공교육에 관심을 갖고 투자를 아끼지 않은 것도 바로 이 이유에서였다고 할 수 있다. 미성년 단계인 초·중등 수준의 교육은 각 가정에 맡겨졌지만, 성년이 되는 14세부터 20세까지의 교육—예비시민(에페보스)에 대한 고등교육—은 학교교육의 몫이었다.

기원전 3세기 중엽 이전의 로마인들은 무식했다. 이 당시의 로마인들은 삶의 경험이나 고민을 작품으로 남겨야 하겠다는 생각조차 품지 못했다. 그러다가 제1차 포에니 전쟁이 끝나고 외부와의 접촉이 확대되면서 비로소 로마인들은 헬라스의 위대한 문화와 대면하게 되었고 그 후 거대한 문화적 충격 속에서 헬라스를 모방하는 데 열중했다(정기문, 2012: 104). 기원전 2세기 로마가 헬라스를 정복한 사건, 그것을 풍자적으로 표현한 호라티우스(Quintus Horatius Flaccus)의 저 유명한 시 구절은 이제 누구나 한 번쯤은 들어 보았을 법한 것이 되었다. "정복당한 헬라스가 그 야만적 정복자인 로마를 오히려 사로잡았고 라틴 세계에 학문과 예술을 가져다주었다"(Boyd, 1952/2008: 80). 정복자인 로마인들을 오히려 사로잡은 헬라스 문명 중에 파이데이아의 이념이 빠졌을 리 없다. 그래서 기원전 2세기 이래 로마는 열광적으로 헬라스의 파이데이아를 수입한다(정기문, 2012: 110).

헬라스의 파이데이아를 로마가 수입하면서 그것을 '후마니타스'라는 말로 지칭했다는 점은 서양교육사가들 사이에서는 일반적인 견해다. 후마니타스라는 말은 기원전 2세기에 스키피오 학파에서 처음 사용한 말이지만(김창환, 2007: 45), 그것을 본격적으로 개념화한 사람은 역시 키케로였다. 키케로는 후마니타스 이념을 자신의 철학과 사상의 핵심 개념으로 수용하고 그것을 교육과 도야를 통해 인간성이 최고에 도달한 상태를 나타내는 개념으로 사용했다(김창환, 2007: 47). 그리고 그는 후마니타스를 실현하기 위한 교육의 과정을 '스투디아 후마니타티스(studia humanitatis)'라는 개념으로 제시했다(김창환, 2007: 50). 우리가 여기서 주목해야 할 중요한 점은 헬라스의 파이데이아를 후마니타스라는 개념으로 지칭하는 과정에서 키케로가 가졌던 문제의식이다.

후마니타스는 파이데이아를 단순 번역한 말이 아니다. 키케로 당대에 목격되었던 파이데이아의 모습은 키케로 입장에서는 그것 그대로 받아들이기가 불가능할 정도로 변질되어 있었다. 고대 헬라스의 파이데이아는 원래 인간의 마음이 충만하게 발달한 상태를 가리키는 말이었으며, 그 점에서 그것은 참된 인간으로 성장한 인간의 교양을 뜻하는 개념이었다. 그러나 그처럼 찬란했던 파이데이아의 모습들은 헬레니즘 말기에 들어서면서 차츰차츰 스러져 갔다. 자연과 인간을 대상으로 한 찬란했던 헬라스 학문들은 대부분이 기술 수준으로 전락했고 참된 인간성을 기르는 일과의 연결고리를 상실해 갔다. 이 시대의 파이데이아로는 더 이상 인간다움을 기를 수 없게 된 것이다.

헬레니즘 초기 교과과정은 아직은 예체능 교과를 포함하는 일반 교육의 성격을 유지하고 있었다. 그러나 시간이 지날수록 예체능 교과목들은 빠르게 퇴조했고, 수학과 천문학도 소홀히 취급되었다. 고등교육 수준에서 철학은 소수에 의해 그 명맥이 유지되었고, 대체로 수사학(웅변술)이 계속해서 교육의 주도권을 장악했다. 그러나 그 수사학마저도 도시공동체의 실무와 공익에 연관된 것이 아니라 찬양 연설이 주류를 이루었고, 그것을 위해 정해진 틀에 따라 비현실적 논제로 훈련하는 '수사학을 위한 수사학'으로 변질되는 경향을 보였다(김경현, 2015: 111). 게다가 로마에서 학교교육을 담당한 교사들은 대부분이 헬라스에서 붙잡혀 온 노예 출신 학자들이었는데, 이들은 대단히 엄격하고 체계적인 문법 교육을 강조했다. 노예 출신 문법 선생들은 한편으로는 생존을 위해서, 다른 한편으로는 자신들이 운영하는 학교의 특성화를 위해서 문법 교육의 체계화와 전문화를 시도했다(안재원, 2010: 96-97). 그러나 바로 이런 경향들로 인해 정작 인간성이라는 가치는 소홀히 취급될 수밖에 없는 결과를 초래하고 만 것이다.

수사학은 원래 가장 인간적인 학문이었다. 이소크라테스에 따르면 수사학이 원래 추구하는 바, 곧 진정성을 갖춘 말을 통해 타인과 의사를 주고받는 일은 인간이 향유해 온 모든 문화와 교육의 원천이 된다. 이 능력 덕택에 인간은 가치 있는 것과 그렇지 않은 것을 구분할 수 있을 뿐만 아니라 앞의 것을 권장하고 뒤의 것을 논박할 수 있다. 수사학적 능력, 곧 훌륭한 연설을 행하는 능력이야말로 인간에게 허용된 건전한 이해와 판단 능력을 입증하는 지표다. 그런데 이런 수사학이 키케로 시대에 와서 타락한 양상을 보인다. 아니, 수사학만이 아니라 그 어떤 학문이든 그것이 원래 지녔

던 성격을 벗어나서 변질될 가능성은 언제든지 있으며, 그때마다 오히려 인간성을 훼손하는 방식으로 탐구될 위험성은 언제든지 있다.

키케로가 헬라스의 파이데이아를 가리켜 후마니타스라는 말로 지칭한 데는 그와 같은 당대 학문과 교육의 타락한 양상에 대한 문제의식이 짙게 작용했다. 기원전 5세기 소피스트들과 소크라테스 이래로, 철학적 사유는 인간 삶을 주제로 삼아 이루어져 왔다. 지식이란 그 어떤 것이든 궁극적으로는 사람을 위해 탐구되고 전수되어야 함이 마땅하다. 그러나 인류 역사를 되돌아보면 학문과 교육이 그 원래 목적인 사람다움을 추구하는 일과 별 상관없이 이루어진 적이 적지 않다. 헬레니즘 말기, 키케로가 헬라스 학문과 교육 전통을 계승하려 했을 때 그가 목격한 것이 바로 그와 같은 학문과 교육의 쇠퇴와 타락이었다. 앎이 삶과 분리되었을 때 그 각각은 존재 가치를 유지할 수 없다. 앎과 분리된 삶이 참된 인간 삶이 될 수 없는 것과 마찬가지로, 삶과 분리된 앎은 더 이상 탐구되거나 전수될 가치를 상실한다. 어떻게 해야 할 것인가?

키케로의 후마니타스 이념은 헬레니즘 말기에 유행했던, 삶과 분리된 앎을 다시 원래 위치로 복구할 것을 요청하는 이념이다. 그의 관점에서 보면 '삶에 대한 앎'—스투디아 후마니타티스—를 배우는 일, 곧 인문 교양을 갖추는 일은 해도 되고 하지 않아도 딱히 별일 없는, 삶의 장식 같은 것이 결코 아니다. 그것은 삶의 강제요 필수다. 지식이 우리 삶을 위해 반드시 필요한 것이라는 점, 그것은 단지 취미 같은 것이 아니라 우리가 삶을 살아가는 데 토대가 되는 가장 기본적인 요소라는 점은 지금 우리 시대 학문과 교육에 종사하는 사람들에게 대단히 중요한 질문과 과제를 던져 주고 있다. 우리 시대 학교에서 가르치고 배우는 지식은 교사와 학생들의 삶에 어떤 의미를 제공하고 있는가? 그것은 학생들이 성숙한 인격체로 성장하는 데 실질적인 도움을 주고 있는가? 우리의 학교교육은 아이들로 하여금 참으로 인간다움을 갖추도록 하고 있는가? 만약 그렇지 않다면 문제는 어디에 있고, 또한 그것은 어떻게 해결될 수 있는가?

5. 교과 수업의 원리: 듀이의 프래그머티즘

학교교육의 본체는 교사와 학생들이 만나 교과라 불리는 지식을 가르치고 배우는 일로 이루어져 있다. 교육이 잘 되고 있다면 이 일이 성공적으로 이루어지고 있다는 말이요, 교육에 문제가 있다면 이 일에 실패하고 있기 때문이다. 그런데 교육은 우리 사회에서 수행되는 여러 다른 제도적 영역들과 긴밀히 연결되어 전개되므로, 그 일이 이루어지는 데서의 성공과 실패는 우리 사회 다른 영역들과의 관계에서 교육이 어떻게 인지되고 기대되는지에 의해 큰 영향을 받는다. 정치, 경제, 문화, 종교, 노동, 시장 등의 영역에서 이루어지는 학교교육에 대한 기대는 교육이 제대로 이루어질지 또는 파행적으로 이루어질지 하는 것에 강력한 배경 요인으로 작용한다. 오늘날 우리 학교교육에 문제가 많다는 의견이 지배적이라면, 그 문제는 근본적으로 학교에서 지식을 가르치고 배우는 일이 제대로 이루어지지 않는다는 말이거니와, 이 문제를 촉발하는 한 가지 큰 원인은 바로 이와 같이 교육과 연관되어 있는 여타의 사회 영역에서 교육의 본질적 임무가 제대로 수행되는 일을 방해하는 요인들이 강하게 작용하고 있기 때문이라고 할 수 있다.

그러나 다른 한편으로, 우리는 이 환경적 요인들에 의해 교육이 전적으로 좌지우지되는 일을 결코 용인할 수 없다. 그러한 외적 요인들이 학교교육을 도구화하고 지식교육이 파행적으로 전개되는 일을 부추길지라도, 그저 수동적으로 그러한 외적 요인들에 휩쓸려 다닐 수만은 없다. 교육에 종사하는 사람들은 오히려 교육 자체의 내적 잠재력이 적극적으로 발휘되도록 함으로써 교육이 그 본질적 임무를 다하도록 하는 일에 힘을 기울여야 한다. 한 사회가 전반적으로 건강함을 유지하려면 그것을 구성하는 제도적 영역들이 각기 그 본래 의미와 목적에 충실할 수 있도록 하는 일이 필요하다는 점을 우리는 부정할 수 없다. 그 점에서 교육 바깥에서 작용하는 외적 요인들과 별도로, 교육 내부에서 지식교육이 이루어지는 올바른 방향을 탐구하는 일은 교육을 탐구하는 사람들에게 반드시 필요한 일이라 하겠다.

총체로서의 인간 삶은 다양한 활동들로 구성된다. 그리고 각기의 활동은 그에 관한 지식들을 통해 수행된다. 한 활동은 오랜 기간 그 활동에 종사해 온 사람들의 경험이 축적됨으로써 그 활동만의 고유함과 전문성을 높여 왔다. 한 활동이 고유함과 전문성을 확보했다는 말은 곧 그 활동에 관한 지식이 누적되고 발전되어 왔다는 것을 의미한다. 그러므로 특정 지식은 다름 아니라 특정 인간 활동의 결과물인 동시에 그 활동이 보다 전문적으로 수행되기 위한 처방이라 할 수 있다. 요컨대, 지식은 원래 활동으로부터 나온 것이며, 그것을 가르치고 배우는 일 또한 그것에 해당하는 활동을 가르치고 배우는 것이어야 한다.

교육이란 지식을 가르치고 배우는 일이라는 점은 이 장 내내 우리 논의가 일관되게 견지해 온 관점이다. 우리 논의 대상이 되는 형식 교육, 곧 학교교육은 지식이 전문성과 체계성을 갖추면서 그와 함께 등장했다. 지식이 전문성과 체계성을 갖춘 것은 대상을 문자—또는 그에 준하는 상징체계—로 기록할 수 있게 되었기 때문이다. 문자의 발달은 이전에는 상상할 수 없을 정도로 많은 양의 지식을 저장할 수 있게 했을 뿐 아니라, 문자로 기록된 지식이 시간적으로 오래 지속되고 공간적으로 많은 사람들에게 전달되는 일이 가능하도록 했다. 2,500년 전 플라톤의 철학을 지구 반대편에 살고 있는 현재의 우리가 접할 수 있는 것은 그것이 문자로 기록되어 전하기 때문이다. 교육이 오늘날처럼 광범위하고 체계적인 수준으로 수행될 수 있는 것은 인간 경험이 단발성으로 그치지 않고 문자를 통해 오랜 기간 축적될 수 있기 때문이라고 해도 틀리지 않는다. 그런데 여기서 주의해야 할 것은 문자를 통한 지식의 발달이 또한 우리의 교육활동에 치명적인 해를 입힐 가능성이 늘 존재한다는 점이다. 듀이(John Dewey)는 교육의 과정에서 문자화된 지식이 초래할 수 있는 구체적 삶과의 분리 위험성을 가장 체계적이고도 세밀하게 분석한 대표적인 철학자다.

듀이의 사유는 넓게 보면 19세기에서 20세기에 걸쳐 발달한 프래그머티즘 철학의 맥락 속에서 전개되었다고 할 수 있다. 지식에 관한 우리 논의와 관련해서 기본적으로 주목할 점은 프래그머티즘의 이른바 '전통적인' 지식관에 대한 도전이다. 전통적인 지식관은 고대 헬라스의 플라톤에서 비롯된, 그리고 근대 데카르트(Rene Descartes)에 의해 계승된 실재론적 관점, 곧 앎의 대상은 앎의 주체로서의 우리 마음과 분리되어 객관적으로 존재한다고 보는 관점을 가리킨다. 프래그머티즘은 지식에 관한 이러한 실재론적 가정을 인정치 않는다. 그것은 올바른 지식에 대한 판단 기준을 제공했다는 점에서뿐만 아니라 특히 그러한 지식, 관념, 앎을 얻는 일은 어떻게 가능한가 하는 것에 초점을 두었다는 점에서 대단히 혁신적인 관점이다.

잘 알려져 있는 것처럼, 프래그머티즘의 시조라고 지칭되는 퍼스(C. S. Peirce)는 개념의 의미가 그것이 가져다주는 효과로부터 발생한다고 주장했다. 의미의 차이는 결과에 있어서의 차이와 같은 말이다. 이른바 '실천에 대한 강조'는 퍼스의 바로 이 주장에서 오는 것이라고 보아도 무방하다. 개념이 가져다주는 결과는 그 개념을 사용해서 그에 해당하는 행위를 직접 해 봐야 확인할 수 있는 것이기 때문이다. 진리라는 것은 실험과 실증, 그리고 실천을 통해 증명되고 검증되어야 하며, 경험을 통해 확인되어야 한다는 것이다. 프래그머티즘이 경험, 결과, 행동을 중요시하는 것은 바로 이와 같은 그것의 지식관 때문이다. 그리고 이 관점은 듀이에 가서 보다 완성된 형태를 갖추게 된다.

지식에 대한 듀이의 관점이 전통적 지식관과 다른 점은 그것이 지식과 그 획득의 관계를 완전히 뒤바꾸어 놓았다는 데 있다. 종래의 인식론적 관점은 지식을 이미 객관적으로 존재하는 것으로 가정하고, 자기와 상관없이 존재하는 그 지식을 인식의 주체가 획득하는 일이 어떻게 이루어지는지를 규명하는 데 관심이 있었다. 그러나 듀이의 반(反)인식론적 관점은 양자의 순서를 완전히 거꾸로 파악한다. 먼저 오는 것은 지식의 획득 과정이고, 지식이라는 것은 그것을 획득하는 일로부터 그 가능성이나 타당성의 근거를 제공받게 된다. 데카르트의 인식론이 기본 가정으로 삼고 있었던 주관과 객관, 또는 마음과 대상 간의 분리가 듀이에 와서는 폐기되는 이유가 바로 여기에 있다. 이제 중심에 두어야 할 것은 앎의 대상과 분리되어 있는 마음이 아니라, 삶을 영위하는 인간 유기체와 그것을 둘러싼 환경 간에 끊임없이 이루어지는 상호작용이다. 환경에 대한 인간 유기체의 쉼 없는 작용 활동, 그에 대해 환경으로부터 되돌아오는 반작용, 그리고 그것에 대해 다시 이루어지는 유기체의 재작용, 이 일련의 과정에 대한 언급을 배제하고는 지식에 대한 그 어떤 타당한 논의도 결코 이루어질 수 없다. 듀이의 프래그머티즘의 핵심적인 요소 가운데 하나는 실재란 반드시 유기체의 활동, 또는 행함의 결과로서만 스스로를 드러낸다고 보는 관점이다.

환경에 대한 유기체의 활동, 그리고 그 결과로서 지식이 생기는 이 일련의 과정은 일회성으로 끝나지 않는다. 환경과의 끊임없는 교섭 작용을 통해서, 환경과의 역동적인 균형을 유지하기 위한 끊임없는 노력을 통해서, 우리는 일정한 행위 패턴—습관—을 습득하게 된다. 습관을 습득하는 과정은 기본적으로 일종의 시행착오 과정이다(Biesta & Burbules, 2003: 11-12). 우리는 그 어떤 것을 행함으로써 환경에 영향을 미치게 되고, 끊임없이 그와 같은 우리의 행함이 초래한 결과들을 겪게 되며, 다시 우리 스스로를 그것에 적응시키게 된다. 이런 과정이 계속해서 반복됨으로써 결과적으로 우리는 환경을 변화시킴과 동시에 우리 스스로를 변화시켜 나간다.

이전에 이루어진 일련의 행함을 통해서 형성된 습관은 우리가 이전과 유사한 환경을 접했을 때, 그것을 실지로 해 보지 않고도 그 결과를 예측할 수 있게 해 준다. 실지로 해 보지 않고도 환경과 교섭해 보는 일은 상징 또는 기호를 사용함으로써 가능

하다. 듀이가 '사고'라고 지칭한 이 활동을 통해서 우리는 해당 활동이 가져다줄 결과를 실지로 겪지 않고 그것을 시도해 보는 일이 가능하다. 상징을 통한 활동, 곧 사고는 환경의 작용에 대한 우리의 반응이 보다 정확하고 지적인 형태로 이루어지도록 한다. 이와 같은 우리 인간의 지적 활동은 세월을 거치면서 축적되고 또 여러 형태의 부호 체계로 기록되었다. 문자—또는 그것에 준하는 다양한 형태의 매체—를 사용한 기록은 우리에게 그와 같은 지적 활동의 유산들이 세대를 거쳐 전해지는 획기적인 혜택을 가져다주었다.

상징체계가 우리에게 가져다준 혜택은 실로 막대하다. 일상에서 이루어지는 구체적인 경험 세계에 갇혀 있던 사람들은 상징체계의 도움으로 이제는 다른 사람들이 이전에 했던 수많은 경험의 유산들을 공유할 수 있게 되었다. 매체의 사용을 통해서 사람들은 자신이 직접 경험해 보지 않고도, 다시 말하면 간접적인 경험을 통해서 자신의 경험의 폭을 이전과는 비교할 수 없을 정도로 확장시킬 수 있게 되었다. "야만 상태에서 문명 상태로 나아온 한 단계 한 단계는 모두 순수하게 직접적인 경험을 확대해 주고 또 그것을 오직 기호나 상징으로밖에 표현될 수 없는 것들과 연결시켜 줌으로써 그 의미에 깊이와 폭을 더해 주는 매체의 발명에 의존해 왔다"(Dewey, 1916/1987: 359). 그런데 문제는 우리 경험의 폭을 한없이 확장시켜 준 이와 같은 상징체계가 다른 한편으로 우리 경험의 성격을 예상치 못한 방향으로 변질시킬 위험을 항상 안고 있다는 점이다.

상징이나 부호는 항상 그 어떤 구체물에 대한 것이다. 상징의 의미는 그것이 나타내는 그 구체물로부터 온다. 문자는 그것이 표현하고자 하는 그 대상과의 연결을 유지하고 있을 때에 한해서 유의미한 것이다. 그런데 다른 한편으로, 상징은 원래 그것이 표현하고자 하는 것으로부터 의미를 부여받지만, 전자는 후자와의 사이에서 어느 정도의 거리를 유지함으로써 일종의 상대적인 자유를 누린다. 어찌 보면 인간의 사고는 상징이 지닌 바로 이와 같은 상대적 자유 때문에 가능한 것이라고도 할 수 있다. 그러나 상징이 지닌 그러한 상대적 자유는 종종 상징이 그것 자체로 성립하는, 말하자면 '절대적 자유'로 둔갑할 위험을 늘 안고 있다.

> 상징이 진정한 의미에서 사물을 대표하지 못할 위험은 언제나 있다. 다시 말하면, 상징을 하는 언어적 매체가 눈앞에 없는, 멀리 떨어진 것을 불러일으켜서 참으로 현재의 경

> 험 속에 들어오도록 하는 것이 아니라, 언어적 매체 그 자체가 목적이 되는 것이다. 학교의 정규교육은 특히 이 위험에 빠지기 쉽다. 그리하여 그 결과로, 학교에서 문자 교육이 시작되는 것과 동시에, 보통 '학교 공부'라고 하는, 단순히 책으로 하는 공부가 너무나 보편적인 현상으로 나타나게 된다. (Dewey, 1916/1987: 360)

상징, 부호, 문자 등으로 표현된 정보 체계가 구체적인 대상과의 관계를 상실하게 될 때 그것은 실체화되며 우리 사고는 '메마른' 형태로 진행된다. 인간 삶의 본모습이 구체적인 대상과 그것들이 지닌 질성(質性, quality)으로 이루어진 세계를 토대로 한 것이라는 점을 감안하면, 구체적인 대상과의 관련을 상실한 채로 이루어지는 경험은 인간 삶의 포괄성을 제대로 반영하지 못하는 것이 되고 만다. '메마른 경험', '죽은 지식' 등과 같은 말은 바로 그와 같은 편협된 삶의 모습을 지적하는 말들이다. 그리고 여기에 지식교육에 관련된 문제의 핵심이 있다. 지식교육의 핵심적인 문제는 상징, 부호, 문자 체계의 실체화 혹은 소외가 그것을 소재로 한 교육활동의 과정에서도 교정되지 않고 그대로 작용한다는 데 있다. 그러므로 이제 문제 해결의 실마리는 그것들의 원래 의미가 교과교육 과정에 제대로 반영되도록 하는 일, 실체화되어 있는 상징체계를 교과교육 과정에서 그 원래 위치로 되돌리는 일이 어떻게 이루어질 수 있는지 하는 것이다.

부호 체계를 사용하여 기록된 인간 경험의 축적물이 세대를 거쳐 전해지는 데서 발생하는 문제는 이돈희(1992, 1999)의 용어로 기술하면 '일차적 경험'과 '이차적 경험' 사이의 단절로 표현할 수 있다. 환경을 상대로 이루어지는 우리 인간의 행함—경험—은 그 원천에서는 대단히 구체적이고 직접적이며 통합적인 차원에서 이루어진다. 이것을 일차적 경험이라고 한다면, 이차적 경험은 그러한 일차적 경험을 소재로 하여 반성적 사고 과정을 거쳤을 때 성립하는 경험 양식이다. 우리가 통상 학교에서 가르치고 배우는 교과는 모두 우리의 일차적 경험을 소재로 하여 이차적 경험의 수준에서 성립시킨 지식이다. 그런데 이들 교과를 '교과'라는 이름으로 지칭하는 우리의 의도가 제대로 실현되려면 그것들을 원래 경험의 형태로 되돌려 놓지 않으면 안 된다. 일차적 경험은 그 어떤 것이든지 간에 반성적 사고를 거쳐서 다음의 경험을 통제하는 데 영향을 주어야 한다. 이 과정이 없으면 성장도 일어나지 않기 때문이다. 이 점에서 우리는 언제나 이차적 경험의 결과를 필요로 한다고 할 수 있다. 그러나 중

요한 것은 이전 세대가 남긴 이차적 경험의 유산은 그것을 가르치는 과정에서 반드시 배우는 사람 편의 일차적 경험으로 환원되어야 한다는 점이다. "듀이는 일상적 경험의 상황, 즉 구체적인 실제 혹은 실천의 사태로 되돌아올 것을 요구하였다. 왜냐하면 우리의 경험은 거기에서 시작하였고, 거기에서 완성될 것이기 때문이다"(이돈희, 1992: 37).

우리가 교과라고 부르는 지식 체계는 우선은 각 해당 분야의 전문가들에 의해 만들어진 것이다. 각 분야의 전문가들은 그야말로 해당 분야 지식의 전문가들이므로, 이들이 교과 지식을 조직할 때 일차적인 기준이 되는 것은 그 지식의 논리적 형식이 될 수밖에 없다. 교과는 어쨌거나 지식의 형식들로 구성되어 있고 그것이 상징, 부호, 문자 등의 매체를 사용하여 기술된 것들인 이상 논리적 형식을 그 뼈대로 삼을 수밖에 없는 것이다. 그러나 지식의 형식들로 이루어진 그 교과들이 진정한 의미에서의 교과로 받아들여지려면 학습자와의 관계를 반드시 고려하지 않으면 안 된다. 이 점에서 "경험의 논리적 측면은 교과 그 자체를 뜻하는 것이며, 경험의 심리적 측면은 학습자와의 관련 속에서의 교과를 뜻하는"(Dewey, 1902/2002: 56) 것이 된다.

그러므로 교과교육의 과정은 교과 그 자체의 논리적 순서에 따라 진행되어야 하는 것이 아니라, 그것을 학습자의 마음이 발달하는 순서, 곧 학습자의 심리적 순서로 바꾸어 놓는 활동들로 이루어져야 한다. 마치 완성된 지도 속에서 탐험가의 구체적인 여행 경험들을 구성해 내는 것과 같이, 학교교육에서의 학문 또는 교과는 현재에 이르는 동안 그것이 만들어지는 과정에서 그것에 참여한 사람들의 과거 경험들로 번역되어야 한다. 지도가 탐험가의 여행을 안내하는 것과 같이 학문이나 교과는 그것을 내용으로 하는 교육활동을 안내하는 역할을 하지만, 어디까지나 그것 자체로는 직접 경험을 대신할 수 없다. 체계화된 지식은 성장 과정에 중요한 위치를 차지하며 발달 과정을 보다 질서 있고 바람직한 것으로 만들기 위해 그 이전에 있었던 사람들의 경험과 노력의 결과를 어떻게 이용할 수 있는지를 보여 준다는 점에서 교육의 과정에서 반드시 필요한 것이다. 그러나 그것의 가치는 어디까지나 앞으로 올 경험의 성장에 그것이 어떤 작용을 하느냐에 달려 있다. 바로 이런 점 때문에 교과를 구성하는 교육내용은 다시 학습자의 구체적인 경험 속으로 되돌릴 필요가 있는 것이다(Dewey, 1902/2002: 60).

토론 거리

1. 지식교육에 관한 논의가 다루어야 할 하나의 중요한 문제는 지식은 원래 인간 삶의 구체적 국면들에서 나온 것이지만 학교에서 교과로 다루어지면서 원래의 인간 삶과 별 상관없이 가르치고 배우고 평가되고 있다는 점이다. 주변에서 목격되는 구체적인 상황들과 연결 지어 논해 보자.
2. 자유교과는 자유인에 관한 교과요, 자유인을 위한 교과다. 그리고 그런 자유교과를 가르치고 배우는 과정을 가리켜 자유교육이라 칭한다. 원래는 계급 구분을 전제로 해서 성립한 개념들이지만, 오늘날 우리는 제도적으로 계급 구분을 허용치 않는 사회에 살고 있으므로, 이 개념들을 현대적인 맥락에서 재규정해 볼 필요가 있다. 이 개념들의 의미를 오늘날 우리 사회의 맥락에서 논해 보자.
3. 우리 사회 학교교육 현장에서 흔히 목격되는 '시험을 위한 공부', '평가를 위한 수업'은 결국 타락한 지식교육의 전형적인 형태라 볼 수 있다. 듀이의 프래그머티즘은 이런 잘못된 지식교육을 바로잡는 데 어떤 도움을 줄 수 있는지를 구체적인 방법을 들어 논해 보자.

더 읽어 볼 자료

이돈희(1992). **존 듀이: 교육론**. 경기: 교육과학사.

▶ '경험', '성장', '민주주의'는 듀이 교육론을 이해하는 데 중심이 되는 세 가지 개념인데, 이 책은 각각에 대한 해설과 함께 관련되는 듀이 원저의 번역을 실었다. 듀이는 교육을 공부하는 학도들이 반드시 공부해야 하는 철학자인데, 이 책은 그를 이해하는 데 중요한 거점을 제공할 책이다.

한기철(2005). '이론적인 것'의 의미와 John Dewey 해석의 두 갈래. **교육철학, 34**, 63-85.

▶ 이 논문은 '이론' 또는 '이론적인 것'의 의미에 관한 두 가지 상이한 입장과 각각의 입장에서 듀이의 지식론이 어떻게 평가되고 있는지를 검토한다. 저자는 '이론'을 '상징 또는 기호'로 파악하는 관점이 교육적 경험의 성격에 관해 우리에게 제공해 줄 수 있는 이점에 주목하고자 한다.

한기철(2016). 인문주의의 형성과 전개: 고전적 맥락을 중심으로. **도덕교육연구, 28**(3), 163-196.

▶ 이 논문은 '인문주의'라는 용어와 그것이 추구하는 이상을 고전주의적 맥락에서 탐구한다. '인문주의'의 원어에 해당하는 서양어 '휴머니즘'은 언제부터 어떻게 사용되기 시작했는지, 그것의 기원이 되었던 고대 로마의 '후마니타스'는 어떤 문제의식에서 비롯되었는지, 그리고 이런 것들을 토대로 오늘날 우리 학교교육이 추구해야 할 이념은 무엇인지를 논의한다.

한기철(2017). 자유교과의 형성과 전개: 고중세적 맥락에서. **교육사상연구**, 31(1), 159-183.

▶ 이 논문은 자유교과와 칠 자유교과의 형성과 전개 과정을 서양 고중세적 맥락에서 되짚어 본다. 저자는 '자유교과'에 해당하는 개별 교과들은 고대 헬라스에서 전승된 것이지만 그것들을 모두 포괄하는 전반적인 교과 체계는 기원전 1세기 고대 로마에서 유래한다는 점, 그리고 특히 그것은 4세기 이후 '칠 자유교과'의 형태로 확립된 후 기독교 성직자들에 의해 수용되고 중세 교과의 표준으로 정착되었다는 점을 그 역사적 흐름에 따라 기술한다.

Dewey, J. (1902). *The child and the curriculum/Experience and education*. 박철홍 역(2002). **아동과 교육과정/경험과 교육**. 서울: 문음사.

▶ 듀이 생애의 비교적 초기(1902년)에 발간된『아동과 교육과정(The Child and the Curriculum)』은 교과교육의 방법적 원리에 관한 듀이 사상을 이해하는 데 가장 중요한 저서라 할 수 있다. 아동의 삶이 학교 공부와 어떻게 분리되는지, 양자를 교실 수업에서 어떻게 다루어야 할지에 대한 핵심적인 가르침을 제공받을 수 있다.

Dewey, J. (1916). *Democracy and education*. 이홍우 역(1987). **존 듀이: 민주주의와 교육**. 경기: 교육과학사.

▶ 듀이 철학을 대표하는 책으로서 다시 언급할 필요 없이 중요한 저서다. 플라톤의『국가』, 루소의『에밀』과 함께 교육을 공부하는 사람들에게 이른바 삼대 필독서 중 하나로 꼽히는 책이다. 오늘날 우리의 학교교육에서 동원되는 여러 가지 현대적인 처방들은 모두 듀이의 이 책에 그 뿌리가 있다고 말해도 과언이 아니다.

참고문헌

김경현(2015). 로마제정기 그리스 세계의 파이데이아: 제2 소피스트론 비판을 중심으로. **서양고대사연구**, 40, 103-137.

김창환(2007). **인본주의 교육사상**. 서울: 학지사.

안재원(2010). 인문학(humanitas)의 학적 체계화 시도와 이에 대한 비판에 대해서: ars 개념을 중심으로. 서양고전학연구, 39, 91-127.
이돈희(1992). 존 듀이. 경기: 교육과학사.
이돈희(1999). 수정판 교육정의론. 경기: 교육과학사.
정기문(2012). 로마의 후마니타스와 인본주의. 서양고대사연구, 30, 103-130.
최종렬(2004). 과학, 도덕학, 미학의 역사적 관계: 고대 그리스 사상에서 르네상스 휴머니즘까지. 사회와 이론, 4, 267-339.

Abelson, P. (1906). *The seven liberal arts: A study in medieval culture*. New York: Teachers' College, Columbia University.
Aristotle (Ross, D. trans.) (2009). *The nicomachean ethics*. Oxford: Oxford University Press.
Biesta, G. J. J., & Burbules, N. (2003). *Pragmatism and educational research*. New York: Rowman & Littlefield Publishers, INC.
Bostock, D. (2000). *Aristotle's ethics*. Oxford: Oxford University Press.
Boyd, W. (1952). *History of western education*. 이홍우, 박재문, 유한구 역(2008). 서양교육사. 경기: 교육과학사.
Brubacher, J. S. (1966). *A history of the problems of education*. New York: McGraw-Hill Book Company.
Dewey, J. (1902). *The child and the curriculum/Experience and education*. 박철홍 역(2002). 아동과 교육과정/경험과 교육. 서울: 문음사.
Dewey, J. (1916). *Democracy and education*. 이홍우 역(1987). 존 듀이 민주주의와 교육. 경기: 교육과학사.
Hirst, P. H. (1965). Liberal education and the nature of knowledge. In R. D. Archambault (Ed.), *Philosophical analysis and education*. London: Routledge & Kegan Paul.
Hirst, P. H. (1966). Educational theory. In J. W. Tibble (Ed.), *The study of education*. London: Routledge & Kegan Paul.
Kimball, B. A. (1986). *Orators and philosophers: A history of the idea of liberal education*. New York: Teachers College Press.
Marrou, H. I. (Lamb, G. trans.) (1964). *A history of education in antiquity*. New York: The New American Library.
McCarthy, T. (1978). *The critical theory of Jürgen Habermas*. Cambridge: The MIT Press.
West, A. F. (2011). *The seven liberal arts*. Classical Academic Press. http://classicalsubjects.com/resources/TheSevenLiberalArts.pdf

제6장

도덕교육의 성격

신춘호

도입

'어떻게 하면 도덕적 인간을 길러 낼 수 있는가'—동서고금을 막론하고 이 문제야말로 가장 중요하고도 시급한 교육의 문제였으며, 오늘날에도 마찬가지다. 극단적인 회의주의나 무정부주의를 고수하지 않는 한, 인간의 삶은 도덕과 한 치도 떨어질 수 없기에, 도덕적 관심은 인간적 삶의 가장 근저에 깔려 있다고 말할 수 있다. 이런 까닭에 도덕교육은 단순히 교육의 한 분야나 영역이 아니라 교육 그 자체와 불가분의 관련을 지닌다. 말하자면, 교육은 그 전체로서 도덕교육의 성격을 지닌다고 볼 수 있는 것이다. 도덕교육과 관련하여 철학은 구체적 방법에 앞서는 보다 근본적인 문제들을 다룬다. 즉, 그것은 '도덕이란 무엇인가', '도덕적 인간은 어떤 인간인가' 하는 질문, 그리고 '도덕성을 길러 주는 일은 과연 가능한 일인가', '만약 가능하다면, 그 일은 정확히 어떤 성격의 일인가' 하는 질문을 다룬다.

이 장에서는 먼저 이 질문들에 대한 서구의 가장 대표적인 견해들을 살펴보고자 한다. 도덕교육은 철학의 한 분야로서의 윤리학과 매우 긴밀한 관련을 지닐 수밖에 없다. '어떻게 하면 도덕적 인간을 길러 낼 수 있는가' 하는 질문에 대답하려면, '도덕성이란 무엇인가' 하는 질문을 고찰하지 않을 수 없는 것이다. 반대편으로 말하자면, 도덕성에 관한 특정한 윤리학적 견해에는 도덕교육적 함의가 들어 있다고 말할 수 있다. 요컨대, 특정한 윤리학적 견해에는 그것으로부터 추론될 수 있는 도덕교육에 대한 견해가 들어 있는 것이다. 이 장에서 살펴볼 윤리학과 도덕교육의 대표적인 견해들은 인간의 도덕적 삶에 대한 나름의 견해와 해석을 보여 준다. 마지막으로는 도덕교육의 실제적 방법인 훈육과 교사의 권위에 대한 문제를 고찰하고자 한다.

1. '덕은 가르칠 수 있는가': 소크라테스

메논: 소크라테스님, 덕이란 가르칠 수 있는 것인지 또는 실천에 의해 획득되는 것인지, 그것이 아니라면, 덕이란 가르침이나 실천에 의해서가 아니라 자연의 선물로서 사람에게 주어지는 것인지 말해 주십시오. 그것도 아니라면 덕이란 도대체 어떻게 해서 생기는 것입니까?

소크라테스: 사실을 말하자면, 나는 그것을 알기는커녕, 덕이라는 것 자체가 무엇인지도 모르고 있다네.

플라톤, 『메논(Menon)』

1) '덕은 가르칠 수 있는가'

소크라테스를 '서양철학의 아버지'라고 부르거니와, 그것은 그가 '덕이란 무엇인가' 하는 질문을 '지혜를 추구하는 일'인 철학이 해명해야 할 으뜸가는 질문으로 삼았기 때문이다. 소크라테스에게 있어서 철학은 오늘날의 이른바 '강단 철학', 즉 삶의 현실과 괴리된 채 강의실에서만 논의되는 철학이 아니었다. 그것은 철저하게 인간적 삶의 현실에 대한 성찰이었으며, 무엇보다도 소크라테스 자신의 삶에 대한 성찰이었다. 그렇기에 그의 철학은 그의 삶, 그리고 그 당대의 아테네 시민들의 삶과 분리될 수 없었다. 플라톤이 남긴 대화편『변론(Apology)』은 소크라테스 철학의 이런 면모를 매우 생생하게 전해 주고 있다.

소크라테스의 탐구는 그의 조국 아테네가 직면하고 있던 위기 상황을 배경으로 하고 있다. 그 당시 아테네는 작은 도시국가에서 민주주의에 기반한 해양제국으로의 비약적 성장을 경험한 직후 서서히 내리막길을 걷고 있었다. 이 과정에서 예부터 계승되던 전통적 가치관은 그 힘을 상실해 가고 있었고, 정치경제적 성장과 더불어 등장한 개인주의와 쾌락주의, 회의주의 등이 점차로 강력한 영향력을 발휘하고 있었다. 이러한 상황에서 소크라테스는 개인주의와 쾌락주의, 회의주의 등을 비판하면서, 용기와 절제, 정의와 지혜 등과 같은 전통적 덕목들을 새로운 관점에서 해석하고 옹호하고자 하였다.

'너 자신을 알라'는 격언이 보여 주듯이, 소크라테스는 철학적 성찰은 자연세계가 아니라 인간의 삶을 겨냥해야 한다는 점을 견지하였다. 그는 사람은 누구나 자신의 삶을 깊이 있게 성찰해야 하며, 만약 그 성찰이 올바르게 수행된다면, 전통적 덕목들은 개인이 임의로 선택하거나 외면할 수 있는 것이 아니라, 인간적 삶과 행위의 이면에 붙박혀 있는 본질적 가치라는 점을 깨달을 수 있다는 입장을 견지하였다. 말하자면, 그는 전통적 가치를 옹호하되, 맹목적인 방식이 아니라 시민 각자가 이성적 성찰을 통하여 그 가치를 깨달을 수 있다는 입장을 취한 것이다. 후세대의 교육에 엄청난 영향을 미친 '덕은 지식이다'라는 그의 유명한 주장은 이러한 탐구 과정에서 제시된 것이다. 여기서 '덕'은 희랍어 '아레테(arete)'의 번역어다. 이 희랍어는 도덕교육의 맥락에서는 통상 '덕(virtue)'으로 번역되지만, 본래는 그보다 더 넓은 의미를 가지고 있다. 이 말은 본래 인간이나 사물이 지니는 '탁월성(excellence)'이나 '훌륭함'을 가리킨다. 예컨대, 이 말은 새가 잘 나는 것, 말이 잘 달리는 것과 같이, 어떤 것이 그 본래의 기능을 최대로 잘 수행하는 상태를 가리키며, 희랍인들은 용기나 절제, 지혜 등을 인간의 '아레테', 즉 인간이 인간으로서 지니는 '탁월성'이라고 보았다.

'덕은 가르칠 수 있는가' 하는 질문을 다루고 있는 대화편 『프로타고라스(Protagoras)』와 『메논』은 소크라테스의 탐구가 어떤 것인지를 비교적 분명하게 보여 준다. 다소간 차이가 있지만, 이 두 대화편의 논의는 모두 '덕은 가르칠 수 있는가' 하는 질문에서 출발하여, '덕이란 무엇인가' 하는 질문으로 나아가지만, 이렇다 할 명확한 결론 없이, 덕이 무엇인지에 대해서는 추가적인 탐구가 필요하다는 식으로 종결된다. 이처럼 명확한 결론은 없지만, 이 두 대화편은 도덕에 관한 철학적 탐구의 모습을 매우 생생하면서도 박진감 있게 보여 준다.

우리는 먼저 '덕은 가르칠 수 있는가' 하는 질문 자체에 주목할 필요가 있다. 이 질문은 덕을 가르치는 방법에 관한 질문이 아니라, 덕이라는 것은 가르칠 수 있는 성격의 것인가 하는 질문, 즉 도덕교육의 성립 가능성에 관한 질문이다. 이 대화편에 등장하는 프로타고라스나 메논이 그러하듯이, 우리는 덕을 가르치기 위한 크고 작은 행위들이 우리 주변에서 늘상 일어나고 있다는 사실을 목도하면서 산다. 부모나 어른들은 아이들을 훈계하거나 칭찬하고, 교사들은 도덕적 선행과 모범을 제시하면서 그 이유를 설명해 주는 것이다. 이처럼 덕을 길러 주기 위한 노력은 비단 학교에서뿐만 아니라 일상생활에서도 늘상 일어나는 일이요, 이런 사실에 주목한다면, '덕은 가르칠 수 있는가' 하는 질문은 '쓸데없는' 질문으로 간주될 수 있다. 그러나 이 질문은 우리가 덕을 가르치기 위한 노력을 기울이고 있다는 사실을 부정하려는 의도에서 제기된 질문이 결코 아니다. 이 질문은, 덕이 어떤 성격의 것이며, 그것을 올바르게 가르칠 수 있는 방법은 무엇인가를 성찰해 보라는 제안인 것이다.

우선 '덕이란 무엇인가' 하는 점과 관련하여, 이 대화편에 등장하는 '여러 가지 덕'과 '한 가지 덕'의 구분은 매우 중요한 의미를 지닌다. 당대의 통념을 대변하는 프로타고라스나 메논은, 덕이 무엇인지 모른다는 입장을 견지하는 소크라테스에게, 덕이 무엇인지는 누구나 다 알고 있지 않은가 하는 반응을 보이면서, '여러 가지 덕', 즉 남자의 덕은 나라의 일을 잘 돌보는 것이요, 여자의 덕은 좋은 주부로서 집안 살림을 잘 하는 것이고, 이런 식으로 아이에게는 아이의 덕이 있고 노인에게는 노인의 덕이 있다는 식의 견해를 제시하고 있다. 여기에 대하여 소크라테스는 그렇게 '덕 보따리'를 제시하지 말고, '하나의 덕'을 논해야 한다고 대응한다. 그는 색깔에는 붉은색, 파란색, 흰색 등 여러 가지가 있지만, 목하 논의의 초점은 그런 여러 종류의 색깔이 아니라 '색깔 자체'가 무엇인가에 있다고 지적한다. 여기서 소크라테스가 말하는 '한 가지 덕'은 일상의 규범이나 덕목 중의 하나를 가리키는 것이 아니다. '한 가지 덕'은 그 여러 가지 덕들을 덕으로 성립시켜 주는 것, 즉 덕의 본질을 가리킨다.

2) '덕은 지식인가, 성품인가'

대화편『프로타고라스』의 논의는 덕의 성격에 대한 두 가지 '잠정적인' 견해가 있을 수 있다는 점을 보여 주며, 이 두 가지 견해는 이 장의 다음 논의에서 보듯이 오늘날

에 이르기까지 도덕교육에 지대한 영향력을 미치고 있다.

> 우리가 도달한 결론이 만약 목소리를 가졌다면, 이렇게 말하겠지요. "소크라테스님과 프로타고라스님, 그대들은 둘 다 이상한 사람들이네요. 소크라테스님, 그대는 처음에는 덕은 가르칠 수 없는 것이라고 주장하더니, 지금은 그에 반하는 주장을 하느라 열을 올리고 있네요. 그대는 정의, 절제, 용기 등 모든 것이 지식이라는 것을 증명하려고 하는데, 그렇다면 덕은 분명히 가르칠 수 있는 것이 되니 말입니다. …… 한편, 프로타고라스님은 처음에는 덕은 가르칠 수 있는 것이라고 주장하다가 지금은 반대로 덕은 사실상 지식이 아닌 다른 것이라는 점을 밝히려고 열을 올리고 있네요. 그렇게 되면 덕은 사실상 가르칠 수 없는 것이 되겠지요"(플라톤, 『프로타고라스』, 361a~c).

이 대화편에서 '덕은 지식이다'라는 소크라테스의 견해는 통상 '지행의 괴리'라고 불리는 사태, 즉 무엇이 선인줄 알면서도 그렇게 행동하지 않는 사태에 대한 검토 과정에서 제시된다. 오늘날 우리가 그렇듯이, 고대 희랍인들도 '지행의 괴리'야말로 인간의 도덕적 삶에 있어서 가장 고질적인 병폐라고 생각했던 것이다. 그러나 이 대목에서 소크라테스는 통상적 의미의 '지행의 괴리'라는 것이 과연 성립할 수 있는 것인가 하는 의문을 제기한다. 그는 '선인 줄 알면서도 그렇게 행동하지 않는 경우'라는 것은 '무엇이 선인 줄 알면서도 쾌락의 유혹에 빠진 경우'이며, 그렇게 선을 택하지 않고 쾌락의 유혹에 빠지게 되었다는 것은, 어느 쪽이 자신에게 참으로 '좋은 것'인지를 제대로 알지 못한 결과이며, 따라서 그런 유혹에 빠진 사람은 자신이 처한 사태를 제대로 헤아리거나 파악하지 못하는 사람, 즉 '무지'한 사람이라고 지적한다(352e~357e). 이렇게 보면, '알면서도 행동하지 않았다'는 말은 성립할 수 없는 말이 된다. 겉으로는 아는 것처럼 보이지만, 사실은 무지로 인하여 유혹에 빠진 것이기에, '알지 못했기에 행동하지 못했다'고 고쳐 써야 하는 것이다.

소크라테스는 용기를 사례로 하여 이러한 견해를 제시한다. 용기 있는 사람은 무모하거나 비겁하지 않은 사람임에 분명하다. 그렇다면 그가 갖춘 용기라는 덕은 과연 어떤 것인가? 프로타고라스의 처음 대답은 '두려움 없이 적진을 향해 돌진하는 사람'이었지만, 그 대답은 결코 올바른 대답이 될 수 없다. 무모한 사람과 용기 있는 사람은 구분되어야 한다. 역설적이게도, 참으로 용기 있는 사람은 두려움을 느껴야 할

때 두려움을 느끼는 사람이요, 따라서 돌진하지 않고 도망가야 하는 경우에는 도망갈 수 있는 사람이어야 한다. 그렇다면, 참으로 용기 있는 사람은 무엇을 두려워해야 하고 무엇을 두려워하지 말아야 할지를 '제대로 아는 사람'이어야 한다. 두려워해야 할 것을 두려워하지 않으면 무모한 사람이 되고, 두려워하지 말아야 할 것을 두려워하면 비겁한 사람이 된다. 이처럼 덕은 '제대로 아는 것', 즉 지식이라고 보아야 하며, 따라서 '무지하면서도 용기 있는 사람이 있을 수 있다'는 주장은 성립 불가능한 것이 된다.

이러한 소크라테스의 견해와는 달리, 프로타고라스는 비록 분명하게 규정하고 있지는 않지만, 덕은 지식이 아니라 일종의 습관이나 성품과 같은 것이라는 견해를 제시하고 있다. 대화편의 전반부에서 소크라테스는 덕에 관한 한 가지 견해를 검토해 볼 필요가 있다고 지적한다. 그 견해인즉, 의술이나 악기연주, 건축술 등과는 달리, 덕의 경우에는 그것을 가르치는 전문적인 교사를 찾아보기 어려우며, 또한 덕을 가진 훌륭한 위인들도 그 자식들에게 덕을 가르치는 데에 실패하고 있다는 사실에 비추어 볼 때, 덕은 가르칠 수 없는 것으로 보아야 하지 않는가 하는 것이다. 프로타고라스의 주장은 이 견해에 대한 비판의 과정에서 제시된다.

그 대목에서 프로타고라스는 덕은 가르칠 수 있는 것이라고 지적하면서, 다만 덕은 다른 기술들과는 달리 모든 사람들이 두루 지니고 있는 것이기에 전문적 교사가 없는 것처럼 보일 뿐이라고 지적한다. 그다음으로 그는 부모나 어른은 물론이요, 국가 전체가 덕을 가르치는 일을 하고 있다고 지적한다. 그는 "아이가 말을 알아듣는 순간부터, 유모와 어머니, 가정교사와 아버지까지 아이가 최대한 훌륭하게 자라도록 계속해서 훈계하고 가르치면서 말 그대로 전쟁을 치른다"라고 지적하면서, 이처럼 모든 부모나 어른들은 아이들이 어렸을 때부터 권유나 징벌 등 온갖 방법을 써서 덕을 가르치고 있으며, 학교에서 글을 배울 때에도 아이의 품행에 주목하고, 나중에 어른이 되어서도 국가가 관습과 법으로서 덕을 가르치는 일을 한다고 주장한다. 이처럼 아이가 태어나는 순간부터 부모나 어른, 국가가 모두 합심하여 덕을 가르치려고 노력하고 있는데, 도대체 무슨 근거로 '덕은 가르칠 수 없다'고 말하는가 하는 것이 그의 비판이다(325c~326e). 이러한 프로타고라스의 견해는 덕은 지식이 아니라 성품이라는 견해, 즉 덕은 어릴 때부터의 습관을 통하여 형성되는 마음의 성향이라는 견해를 드러내고 있다.

앞서 언급한 바와 같이, 덕이 무엇인가 하는 질문에 대한 소크라테스의 탐구는 뚜렷한 결론을 맺지 못하고 종결되지만, 덕에 관한 그의 성찰과 '덕은 지식이다'는 그의 '잠정적' 견해는 후세대에게 추가적인 해명을 요구하는 여러 가지 문제들을 남겼으며, 이 점에서 소크라테스의 탐구는 도덕교육에 관한 본격적인 이론적 탐색의 출발점이 되었다고 말할 수 있다. 그의 뒤를 이은 플라톤과 아리스토텔레스는 소크라테스가 제기한 이 문제를 탐색하여 각기 자신만의 체계적인 철학이론을 구축한 대표적인 사상가이다. 덕의 성격과 그 교육 방법에 대한 이 두 사람의 견해 사이에는 간과할 수 없는 뚜렷한 차이가 있다.

3) '최상의 지식'으로서의 덕: 플라톤

플라톤은 '덕은 지식이다'는 소크라테스의 견해를 계승하면서도, 덕이 지식이라면, 그 지식은 어떤 성격의 지식인가 하는 점, 덕의 성격을 어째서 그런 의미의 지식으로 규정해야 하는가 하는 점을 해명하고자 했다고 볼 수 있다. 아리스토텔레스가 정확히 지적한 바와 같이, 이 과정에서 플라톤은 그 유명한 '이데아론' 또는 '형상이론'을 발전시켰다. '이데아'나 '형상'으로 번역되는 희랍어 'eidos'는 본래는 눈에 보이는 외양이나 모습을 뜻하는 말이었지만, 플라톤에 와서 그 의미가 극적으로 전환되어, 눈에 보이는 것이 아니라, '눈에 보이지 않는' 사물의 본래 모습을 뜻하는 말로 전환되었다. 그리하여 '이데아'는 사물이나 현상의 본질 또는 이상적 표준을 가리킨다면, 사물이나 현상은 그 이상적 표준인 이데아가 눈에 보이는 형태로 나타난 것에 해당한다고 말할 수 있다.

소크라테스가 '여러 가지 덕'이 아닌 '한 가지 덕'을 탐구했듯이, 플라톤은 용기나 절제, 관용 등과 같은 개별적 덕들이 아니라, 그러한 개별적 덕들을 덕으로 성립시켜 주는 보다 근원적 수준의 덕이 있다고 보아야 하며, 철학은 바로 그것이 무엇인가를 탐구해야 한다고 생각했다. 용기나 절제, 관용 등은 인간이 갖추어야 할 '좋은 것'(또는 '훌륭함', '덕')임에 분명하다. 존재하는 것들은 언제나 그것을 존재하게 해 주는 '근거'나 '이유'를 가지게 되어 있으며, 그런 만큼 여러 가지 '좋은 것들'이 존재하려면, 그것을 '좋은 것'으로 성립시켜 주는 근원적 수준의 '좋은 것'이 있어야 한다고 말할 수 있다. 그리고 이런 식의 생각을 끝까지 밀고 나가면, 결국은 가장 근원적인 것, 즉 '오직 하나뿐인 좋은 것'이 있어야 한다고 생각할 수 있다. 플라톤의 대화편『국가』에 나타난 '좋은 것의 형상(the form of the good)'은 이런 의미에서 '가장 궁극적으로 좋은 것'('이데아')을 가리키며, 이것이야말로 모든 개별적 덕들의 본질에 해당한다. 덕의 성격에 관한 이러한 플라톤의 견해에 따르면, 덕 있는 사람은 이데아를 제대로 깨닫고 있는 사람이 된다.

물론 플라톤은 모든 사람들이 이데아에 관한 지식을 획득할 수 있다고 보지 않았다. 그와는 정반대로, 그는 인간의 본성과 삶의 현실을 고려할 때, 자질과 능력이 우수한 소수의 사람들만이 그러한 지식을 획득할 수 있다고 보았으며, 그런 사람들이 통치자가 되어 국가를 다스릴 때에 비로소 인간 사회에 정의가 구현된다고 보았다. 그는 비록 모든 사람이 이런 '철인군주(philosopher-king)'가 될 수는 없지만, 한 국가가 취할 수 있는 최선의 교육이 있다면, 그 교육은 마땅히 이런 능력을 갖춘 통치자의 양성을 목적으로 해야 하며, 그것을 위해서는 국가 주도의 체계적인 교육제도가 필요하다고 보았다.『국가』에 비교적 상세하게 나타나 있는 그의 교육론은 덕 있는 사람을 길러 내는 일은 결코 쉬운 일이 아니라는 점을 보여 준다.

미래의 통치자가 될 사람을 길러 내는 교육은 아이들의 출생과 더불어 시작되는 일상의 훈육에서 시작하지만, 이것은 그야말로 시작에 불과하다. 그 교육은 아이가 청년이 되거나 어른이 되었을 때에도, 그들의 성장단계와 능력에 적합한 방식으로 평생에 걸쳐 지속되어야 한다. 물론 그 최종적인 목적은 이데아에 관한 지식에 도달하는 것이다. 플라톤은 교육의 초기에는 음악과 체육으로 영혼과 몸을 단련하고 순화하는 교육을 해야 하고, 그다음 단계에서는 대수와 기하, 화성과 천문 등의 지식교육을 해야 하며, 마지막으로는 변증법, 즉 철학교육이 이루어져야 한다고 주장한다. 사실상 한 사람의 전 생애에 걸쳐 전개되는 이 길고도 긴 교육의 과정은 인간 영혼이 감각과 경험의 세계에서 벗어나 이데아를 향하여 나아가는 순차적인 단계를 보여 준다.

플라톤은 '선분의 비유'를 통하여 이 교육의 출발점과 종착점이 어떤 것인가를 설명하고 있다. 그 출발점은 통상 '억견(eikasia)'이라 불리는 것으로서, 이것은 사물의 형태나 모양에 대한 감각적 인식을 가리킨다. 이 수준의 인식은 사물의 실체가 아니라 그것의 '그림자'만을 아는 것이다. 인간 영혼은 여기서 출발하여 사물의 실체에 대한 '상상(pistis)'의 단계로 나아가고, 거기서 다시 사물들의 특성이나 원리에 대한 '지

식(dianoia)'으로 나아가며, 최종적으로는 '최상의 지식'으로서의 '지성(noesis)'에 도달한다. 그는 대화편『향연(Symposion)』에서 이 단계에 도달하는 것이 어떤 것인지를 다음과 같이 지적하고 있다.

> 그는 거기서 최후의 도착점에 이르게 됩니다. 사랑이라는 것은 '아름다움의 이데아'라는 저 초월적 존재를 향한 것이며, 그것에 대한 깨달음을 얻는다는 것은 곧 온갖 세속적 폐습으로부터 온전히 벗어나서, 아름다움을 '육체의 눈'이 아닌 '마음의 눈'으로 본다는 것을 뜻합니다. 이 경지에 이르면, 덕과 지혜가 마음으로부터 자연스럽게 생겨나게 되며, 인간은 신과 벗이요, 불멸성의 상속자가 되는 것입니다. 소크라테스여! 사람이 도대체 살 가치가 있다면 그것은 오직 이 '아름다움의 이데아'를 보았을 때입니다(201c~d).

플라톤의 사상이 지니는 의미를 한두 마디로 논할 수는 없지만, 도덕교육과 관련하여 그의 사상은 다음과 같은 세 가지 시사점을 제시한다고 말할 수 있다. 첫째, 도덕교육은 곧 인간교육이라고 말할 수 있을 정도로 광의의 의미를 가진다고 말할 수 있다. 대수나 기하를 가르치는 것은 좁게 보면 수학교육이지만, 플라톤에게 있어서 그것은 도덕교육의 한 부분인 것이다. 둘째, 도덕교육은 인간 영혼을 이루는 요소인 욕망이나 의지 등에도 관심을 가져야 하지만, 그 무엇보다도 인간의 '철학적 본성'인 이성적 능력의 계발에 주목해야 한다. 도덕교육은 바로 거기에서 정점에 이르기 때문이다. 마지막으로 도덕교육은 세속적 가치나 물질적 행복 등이 아니라 형이상학적 목적을 추구하는 교육이다. 플라톤은 교육을 '영혼의 전환', 즉 경험과 현실에 묶여 있던 인간 영혼이 그 방향을 정반대로 돌려서 이데아라는 초월적 가치를 추구하는 것으로 보았다. 플라톤에게서, 이 영혼의 전환은 전인격적 변화이자 성장을 뜻한다.

4) '성품'으로서의 덕: 아리스토텔레스

플라톤이 덕의 지위를 '신적 차원'으로 끌어올렸다면, 아리스토텔레스는 그것을 다시 '현실의 차원'으로 되돌렸다고 말할 수 있다. 그는 '덕은 지식이다'는 소크라테스와 플라톤의 주장을 비판적으로 검토하여 그 나름의 대안적 견해를 제시하고자 하였

으며, 그 과정에서 덕을 두 가지로 구분하고자 하였다. '지적인 덕(virtue of intellect)'과 '도덕적인 덕(virtue of moral)'이 그것이다. 전자는 지식과 지혜, 지성 등과 같은 지적 탁월성이며, 후자는 용기와 관용, 인내와 절제 등과 같은 도덕적 탁월성을 가리킨다. 이 두 가지 덕은 서로 다른 성격을 가지며 따라서 서로 다른 방식으로 획득된다는 것이다.

> 덕에는 두 가지 종류가 있다. '지적인 덕'과 '도덕적인 덕'이 그것이다. 지적인 덕은 주로 교육에 따라 생겨나고 성장하는데, 거기에는 시간과 경험이 필요하다. 한편 도덕적인 덕은 습관의 산물이다. 그래서 이런 덕에는 '습관(ethos)'이라는 말에서 파생된 '도덕적(ethike)'이라는 이름이 붙는다. 이것으로 볼 때, 도덕적인 덕은 어떤 것도 우리 안에서 저절로 생겨나지 않음이 분명하다(아리스토텔레스, 『니코마코스 윤리학』, 1103a).

이와 같이 아리스토텔레스는 '덕은 지식이다'는 관점을 견지한 소크라테스와 플라톤에 대한 비판적 입장을 취하면서, 덕은 그들이 말한 지식이 될 수 없으며, 그렇다고 하여 영혼이 지니는 어떤 감정이나 능력을 가리키는 것도 아니라고 주장한다. 예컨대, 용기 있는 사람이 지니는 용기라는 덕은 감정이나 능력과 밀접한 관련을 지니지만, 그렇다고 하여 어떤 감정이나 능력 자체가 덕이 되는 것은 결코 아니다. 절제의 덕을 가진 사람은 참을성이 많은 사람이고, 용기 있는 사람은 과감성이 있는 사람일 것이다. 이런 사실을 잘 살펴보면, 덕은 일종의 '성품(state of character)'으로 보아야 한다는 것이 그의 주장이다.

물론 성품이라고 하여 모두 덕이 되는 것은 아니다. 덕은 '올바른 성품'이며, 여기서 '올바르다'는 것은 덕이 중용의 원리에 기초한다는 점을 나타낸다. 덕 있는 사람은 올바르게 처신하는 사람이며, 올바르게 처신한다는 것은 곧 감정에 있어서나 행위에 있어서나 지나치거나 모자람이 없게 처신한다는 것을 뜻한다. 요컨대, 그것은 '적당할 때, 적당한 사물과 관련하여, 적당한 사람들에게, 적당한 목적을 위해, 적당한 방법으로' 처신하는 것이며, 이와 같이 지나치거나 모자람이 없이, 주어진 상황에 가장 적당하게 처신하는 것이 덕의 성격이다.

이와 같이 덕이 중용을 따르는 성품이라면, 그것은 결코 '지적인 덕'과 동일한 방법으로 획득된다고 말할 수 없다. '지적인 덕'은 대수나 기하, 철학과 같은 이론적 지식

을 학습함으로써 획득할 수 있다. 그러나 '도덕적인 덕', 즉 적당한 때에, 적당한 사람에게, 적당한 방법으로 처신하는 성품은 결코 그런 방식으로 길러지거나 획득되는 것이 아니다. 아리스토텔레스는 목수나 피리연주자가 오랜 시간의 반복적 경험과 실천을 통하여 그 기술을 획득하는 것과 마찬가지로, 도덕적 성품 또한 반복적 실천을 통하여 획득된다고 지적한다.

물론 아리스토텔레스가 반복적 실천을 하기만 하면 덕이 저절로 생겨난다고 주장한 것은 아니다. 습관적이고 반복적인 실천이 덕의 함양으로 연결되기 위해서는 그 과정에 '실천적 지혜'—'프로네시스(phronesis)'—가 작용해야 한다. 이 실천적 지혜는 일상의 사태에서 무엇이 옳고 그른지를 숙고하는 지적 능력을 가리킨다. 지적 능력이라는 점에서 이것은 '지적인 덕'에 속하는 것이지만, 그렇다고 하여 플라톤이 강조한 '지성(noesis)'이나 '이론적 지식(episteme)'과 동일한 성격을 가지는 것은 결코 아니다. 플라톤이 말한 지성은 불변하는 절대적 법칙이나 원리를 대상으로 하지만, 이와 달리 실천적 지혜는 시시각각 변화하는 인간 삶의 현실, 제각각의 특수성을 지니는 삶의 특수한 사태들을 대상으로 한다는 것이다. 이처럼 아리스토텔레스는 실천적 지혜는 보통의 이론적 지식과는 다른 성격의 지식이라는 점을 강조하였으며, 그의 이런 주장은 한편으로는 도덕적 지식이 지니는 특수성을 강조하는 것이지만, 다른 한편으로는 이론적 지식과 도덕적 지식 사이의 관련에 대한 추가적인 해명을 요청한다고 말할 수 있다.

후세대의 입장에서 보면, 아리스토텔레스의 견해는 적어도 두 가지 점에서 주목의 대상이 된다. 우선 그는 '지식으로서의 덕'을 주창한 소크라테스나 플라톤을 비판하면서, '성품으로서의 덕'을 비교적 선명하게 주창하였으며, 그 결과 오늘날에 이르기까지 서양 윤리학에 강력한 영향력을 미치는 두 사상적 전통을 만들어 냈다. 둘째로, 도덕교육의 방법과 관련하여, 아리스토텔레스의 주장은 이성적 사유에 못지않게, 또는 그것보다 더 우선하여 일상적 규범이나 관례, 또는 전통을 따르는 습관 형성이 지니는 중요성을 부각시켰다고 말할 수 있다. 오늘날의 용어로 이른바 '실천을 통한 도덕교육'이 바로 그것이다.

2. 이성과 자율성: 칸트와 콜버그

> 어린이들은 본능적 충동들에 따라 행위하는 습관에 물들지 않고, 규칙에 따라서 행위하는 습관을 붙여야 한다. 훈육을 받을 때 어린이들은 이런 습관을 몸에 익힐 수 있지만, 그 습관은 시간이 지나면서 점점 약화된다. 그렇기에 어린이들은 정당한 행위 규칙들에 따라 행위하는 것을 배우는 것과 동시에, 행위 규칙들의 적절성과 정당성을 스스로 인식하고 통찰할 수 있어야 한다.
>
> 칸트, 「교육학 강의(On Education)」 中

1) '이성의 명령'으로서의 도덕: 칸트

18세기 계몽주의를 대표하는 칸트(I. Kant)는 오늘날의 윤리학과 도덕교육에 가장 큰 영향력을 미치고 있는 사상가 중의 한 명이다. 도덕의 본질은 당위, 즉 '해야 한다'는 의무의 개념에 있으며, 의무는 이성의 무조건적 명령인 '정언명령(categorical imperative)'에 기초한다는 주장을 핵심으로 하는 그의 윤리학은, 도덕을 사회적 관례나 관습, 전통이나 인간이 지니는 성품이나 성격에서 찾는 것이 아니라, 이성적 존재로서의 인간의 본성과 그러한 존재가 지니는 자유(자율성)에서 찾고 있다. 칸트 자신은 비록 플라톤의 형이상학에 대한 비판적 관점을 견지하고 있지만, 전체적인 면모에 있어서, 그의 사상은 플라톤 사상을 18세기의 시대적 맥락에 비추어 재해석한 것이라고 평가할 수 있다.

일찍이 플라톤은 인간 영혼의 비이성적 요소인 욕망이나 의지는 이성에 의하여 통제되어야 한다는 주장, 즉 욕망과 의지는 이성의 명령에 복종해야 한다는 주장을 제시한 바 있다. 이와 마찬가지로, 칸트는 인간의 삶을 욕망과 의무, 쾌락과 규범이 치열한 대결을 펼치는 세계로 파악한다. 그는 이 치열한 대결의 장에서 인간 마음은 거의 언제나 욕망과 쾌락에 지배를 받는다고 생각하였으며, 이러한 문제의식에 기초하여, 인간이 추구해야 할 도덕은 욕망이나 쾌락과는 그야말로 완전하게 다른 성격의 것이라는 점을 강조하고자 하였다.

이 점에서 비추어 보면, 칸트의 윤리학에서 일차적인 주목의 대상이 되는 용어는 '이성'이 아니라 '순수(pure)', 즉 그의 논의에 등장하는 '순수 의지'나 '순수 실천이성' 등에서의 '순수'라는 말이다. 칸트 철학에서 '순수'라는 말은 일체의 경험적 요소가 섞이지 않았다는 뜻을 나타낸다. 이 말이 어떤 뜻인가를 이해하는 일은 그다지 어렵지 않다. 불쌍한 사람을 기꺼이 도와주는 동정심은 칭찬받아 마땅하겠지만, 그러한 동정심이나 친절, 자애 등과 같은 감정이나 정서는 결코 '순수하다'고 말할 수 없다. 그런 감정이나 정서에도 정도의 차이가 있을지언정 사람의 선호나 욕구, 성향이 섞여 있다. 타인에 대한 친절이나 애정 역시 마찬가지다. 여기에도 욕구나 성향이 전연 들어 있지 않다고 볼 수 없다. 이렇게 보면, 인간이 가지는 감정이나 의지, 정서 등은 완전하게 '순수'한 것은 없다고 볼 수밖에 없다. 한 치의 양보를 허락치 않고, 욕망이나 쾌락과 결별하기 위하여, 칸트는 일체의 경험적 요소가 배제된 영역, 비록 그것이 현실의 삶에서는 존재하지 않는다 하더라도, '개념상' 또는 '원칙상' 일체의 경험적인 요소가 섞이지 않은 영역에서 도덕성을 구명하고자 하였다.

> 이 세계에서 또는 이 세계 밖에서까지라도 아무런 제한 없이 선하다고 생각될 수 있는 것은 오로지 선의지뿐이다. 지성, 기지, 판단력, 그 밖의 정신의 재능이라고 불리는 것들, 용기, 결단력, 일관성과 같은 기질상의 성질들은 많은 의도에서 선하고 바람직스러운 것들이라고 말할 수 있다. 그러나 의지가 선하지 않다면, 이런 것들도 악한 것이 되고, 해로운 것이 될 수 있다(Kant, 1785/2011: 77).

앞의 인용문에서 보듯이, 일체의 쾌락과 행복을 배격한 칸트의 분석은 도덕의 '순수성'을 보여 주는 단서가 되는 선의지에서부터 출발한다. 물론 선의지에서 비롯된 행동이라고 하더라도 현실에서는 예기치 않는 결과를 초래할 수 있다. 그러나 그런 결과들과는 무관하게, 선의지 자체만 놓고 보면, 그것이야말로 이 세상에서 순수하게 선한 유일한 것으로 볼 수 있다. 이렇게 해서 도덕의 최상의 원리를 해명하기 위한 칸트의 분석은 선의지라는 출발점에서 시작하여, 의무와 정언명령을 거쳐, 자유(또는 자율성)에서 종착점에 이르게 된다. 『윤리형이상학 정초』에 잘 나타나 있는 칸트의 철학적 분석은, 그의 주장에 대한 찬반과 논란을 떠나, 철학적 분석이 어떤 것인지를 매우 선명하게 보여 준다. 'X는 어떻게 하여 성립할 수 있는가' 하는 질문, 즉 'X'

의 논리적 가정(또는 전제조건)을 해명하기 위한 이 분석의 과정을 요약하면 대략 다음과 같다.

이제 순수한 선의지가 있다고 가정하자. 그렇다면 이러한 선의지는 어떻게 하여 성립할 수 있는가, 즉 이러한 선의지가 논리적으로 가정하고 있는 것은 무엇인가? 의지가 '선의지'가 되는 것은 그 의지가 오로지 도덕적 의무를 따르는 경우일 것이다. 따라서 선의지는 도덕적 의무를 논리적으로 가정한다. 도덕적 의무가 있어야 선의지가 존재할 수 있는 것이다. 그렇다면 이제 도덕적 의무는 무엇이고 그것은 무엇을 논리적으로 가정하는가? 의무라는 것은 당위, 즉 '해야 하는 것'으로서 강제력을 지닌다. '해도 되고 안 해도 그만'인 것, '이런 경우에는 하고, 저런 경우에는 안 해도 되는' 것은 결코 의무가 될 수 없다. 이렇게 생각하면, 도덕적 의무라는 것은 예외를 허용하지 않는 성격, 즉 보편성과 필연성을 지녀야만 한다. 도덕적 의무가 지니는 이러한 성격에 비추어 보면, 우리는 일체의 예외나 조건을 허락하지 않으면서, 인간의 의지에 강제력을 행사하는 명령이 있어야 한다고 본다. 보편성과 필연성을 지니는 이 명령은 '무조건적 명령'(즉, 정언명령)임에 분명하다. 이 정언명령은 '너의 행위의 준칙이 보편적 법칙이 될 것을, 그 준칙을 통해 네가 동시에 의욕을 가질 수 있는, 오직 그런 준칙에 따라서만 행동하라'는 말로 나타낼 수 있다.

이 대목에서 칸트는 정언명령을 약간 다른 방식으로 재규정하고 있지만, 그 핵심은 정언명령이 지니는 보편성과 필연성을 드러내는 데에 있다. 그렇다면 다시, 정언명령이 성립하기 위하여 논리적으로 가정되어야 하는 것은 무엇인가? 그것은 그 명령을 받는 존재의 자유다. 아닌 게 아니라 필연의 법칙에 구속되어 있는 존재에게 명령은 아무런 의미를 가질 수 없다. '~해야 한다'는 명령은 '~할 수 있다'는 것을 가정해야만 의미를 가질 수 있는 것이다. 그리하여 이성적 존재로서의 인간이 지니는 '자유'가 도덕적 의무의 성립 조건이며, 도덕의 최상의 원리가 된다. 여기서 다시, '자유는 어떻게 가능한가' 하는 질문이 제기될 수 있다. 그러나 여기에 대해서는 더 이상의 해명이 불가능하다. 요컨대, 자유는 인간의 도덕적 삶을 성립시키는 궁극적인 기반이 된다.

이러한 칸트의 분석에서 '자유'—'선험적 자유(transcendental freedom)'—는 일상적 의미에서의 자유, 즉 '선택의 자유'를 뜻하는 것이 아니라는 점에 주목할 필요가 있다. 일상에서의 선택의 자유는 '순수하게' 이성의 명령을 따른다고 말할 수 없다. 우리는

'하고 싶은 것'을 선택하며, '더 하고 싶은 것'을 선택한다. 이렇게 우리의 선택은 우리의 선호와 성향, 욕망에 더 많은 영향을 받는다고 볼 수 있다. 또한 칸트의 자유는 '무제한적' 자유를 뜻하는 것도 아니다. 정반대로 이 자유는 철두철미 이성의 명령을 따르는 상태를 가리킨다. 그리하여 이런 의미에서의 자유는 곧 '자율성'을 뜻한다. 일찍이 공자는 자신은 나이 70세에 이르러야, 비로소 '마음이 하고자 하는 바를 따르더라도 법도를 어기지 않게 되었다'고 말한 바 있다(七十 而從心所慾 不踰矩). 공자가 말하는 '하고자 하는 바를 따라도 법도를 어기지 않는 상태', 즉 마음과 의무가 하나로 일치한 상태가 칸트가 말하는 자유(또는 자율)를 뜻한다고 볼 수 있다. 여기서 우리는 도덕교육의 목적으로서의 자유가 어떤 것인지를 짐작할 수 있다.

2) '합리적 자율성'으로서의 도덕: 콜버그

20세기 심리학자인 콜버그(Kohlberg)의 도덕성 발달이론은 현대의 도덕교육에 큰 영향력을 미치고 있는 이론으로서, 그의 저서『도덕발달의 철학(The Philosophy of Moral Development)』은, 설령 그 입장에 반대한다고 하더라도, 도덕교육에 진지한 관심을 가지는 사람이라면 누구나 읽어야 할 필독서로 평가되고 있다. 이 책에서 그는 이른바 '덕보따리식(bag of virtues)' 교육을 비판하면서, 그 대안으로 도덕적 추론을 중시하는 자신의 이론, 즉 도덕적 추론은 인습 이전 수준에서 출발하여, 인습의 수준을 거쳐, 최종적으로는 보편적 원리에 기초한 인습 이후의 수준(즉, 자율성)에 이르게 된다는 주장을 제시하고 있다. 이러한 그의 주장은 도덕을 이성과 자율성으로 설명한다는 점에서 칸트의 사상에 기반하고 있다고 말할 수 있다.

철학자인 칸트와는 달리, 심리학자인 콜버그는 도덕성의 발달과정에 관심을 가졌으며, 그런 만큼 그의 주장은 현대의 도덕교육, 특히 학교의 도덕교육과 같이 의도적이고 체계적으로 이루어지는 도덕교육에 큰 영향력을 미치고 있다. 그는 종래의 '덕보따리식' 교육이나 도덕교육을 '성품교육(character education)'으로 규정하는 견해를 비판한다. '덕보따리식' 교육은 부모나 교사들이 일상에서 중요하다고 생각하는 덕목들을 취사 선택하여, 주로 권유와 훈계를 통하여 가르치는 방식의 교육을 가리킨다. 도덕교육에 관한 이런 방식의 생각은 오늘날에도 흔히 찾아볼 수 있다. 예컨대, 누군가가 별다른 이론적 근거 없이 오늘날 사회적 갈등과 대립이 심각한 지경에 이르렀다는 점을 들면서, 도덕교육에서 타인에 대한 '공감'과 '배려', '인간 존중' 등과 같은 덕목들을 강조해야 한다고 주장한다면, 그는 이 '덕보따리식' 교육의 논리를 따르는 셈이 된다. '성품교육' 또한 사정은 마찬가지다. 그가 보기에 '성품'이라는 용어는 도덕성이나 도덕교육의 성격을 해명하는 데에 별다른 기여를 하지 못한다. 성품이라는 용어는 모호한 개념일 뿐만 아니라, 앞의 아리스토텔레스에 대한 논의에서 보듯이, 이성적 능력보다는 일상의 삶에서 형성되는 습관과 성향, 감정과 정서 등을 나타내는 용어이며, 그 점에서 그것은 도덕성을 해명하는 데에 별다른 기여를 하지 못한다.

콜버그가 보기에, 도덕을 성품이나 성향으로 보면서, 그 방법으로 '덕보따리식' 교육을 내세우는 것은 두 가지 치명적인 난점을 지닌다. 우선, 그는 모든 이들이 각자 자신들만의 덕보따리를 가지고 있으며, 그렇기에 정직과 같은 덕이 모든 이의 덕보따리에 들어 있지 않을 수 있으며, 그렇다 하더라도 정직에 대한 정의가 제각기 다를 수 있다고 지적한다. 이 말은 덕보따리식 교육이 지니는 임의성이나 비체계성을 지적하는 말로 보이지만, 사실상 이 지적은 그러한 임의성이나 비체계성은 덕이 무엇인지에 대한 그릇된 견해에서 비롯된다는 점을 겨냥하고 있다.

또한 아리스토텔레스가 '정의로운 행위를 실천함으로써 정의로운 사람이 된다'고 주장한 바와 같이, 덕보따리식 교육은 '실천을 통한 교육', 즉 올바른 행위의 반복적 실천을 통한 습관의 형성을 강조하지만, 콜버그가 보기에 이 방법은 명백한 난점을 지닌다. 이 방법은 아동의 행동에 주목하여 그것을 변화시키는 데에 주목하지만, 그러한 변화를 참으로 만들어 내려면, 아이의 '행동'이 아니라, 아이의 '마음'에 주목해야 한다는 것이다. 아이가 어째서 그렇게 행동하는가, 어떤 '생각'을 가지고 그런 행동을 하는가 하는 점이 중요한 것이다. 일찍이 소크라테스는 '덕은 지식'이라고 주장했거니와, 도덕교육에서 중요한 것은 아이의 행동이나 성향이 아니라, 그런 행동이 기반을 두고 있는 아이의 '생각'이요 '인식'이라는 것이다. 콜버그의 용어로 도덕적 추론이 바로 그것이다. 이러한 그의 관점에 따르면, 도덕성의 발달은 곧 도덕적 사태에 대한 아이의 인지적 추론이 발달한다는 뜻이 된다.

이런 관점에 기초하여 콜버그는 국적을 달리하는 여러 사람들, 그리고 초등학생이나 중학생 집단을 대상으로 한 실험연구 등을 수행하였으며, 그러한 실험 결과에 기초하여 도덕적 추론은 국적이나 나이 등과는 무관하게, '인습 이전 → 인습 → 인습 이후'의 3수준에 걸쳐 6단계의 발달과정을 거친다는 주장을 제시하고 있다. 이 발달단

계론은 현재에도 많은 논란의 대상이 되고 있지만, 상당한 정도의 경험적 실험에 기초한 그의 주장은 도덕교육의 실제에 적용될 수 있는 구체적인 교육 방법을 제시하고 있는 것이 사실이다. 예컨대, 그가 학생들을 대상으로 하여 실험한 '도덕적 딜레마 토론'은 오늘날 학교의 도덕과 교육에서 중요한 방법으로 활용되고 있다.

3. 전통과 습관: 매킨타이어와 오우크쇼트

> 덕의 의미를 파악하려면, 그에 선행하여 그것이 논의되는 사회적·도덕적 삶의 특성들에 대한 일정한 고찰이 요청된다. 덕의 의미는 바로 그것들에 의하여 정의되고 해명되기 때문이다. 호머(Homer)의 작품에서 덕은 사회적 역할에서 파생되는 부차적인 것으로 간주되는 반면, 아리스토텔레스의 논의에서 덕은 인간 행위의 '목적(telos)'으로서의 '좋은 삶(good life)'에서 파생되는 부차적인 것으로 간주된다. …… 덕은 그 핵심적 의미에 있어서 복합적이고, 역사적이며, 다층적인 성격을 지니다.
>
> 매킨타이어, 『덕의 상실(Beyond Virtue)』 中

1) 공동체적 삶과 덕: 매킨타이어

앞 절에서 살펴본 칸트와 콜버그의 주장이 합리적 자율성에 기초하여 도덕을 파악하는 대표적인 견해를 보여 준다면, 이하에서 살펴볼 매킨타이어(A. MacIntyre)와 오우크쇼트(M. Oakeshott)의 주장은, 관점은 서로 다르지만, 덕을 성품으로 규정하는 아리스토텔레스의 사상을 계승하면서, 전통적 규범을 따르는 실천과 습관 형성을 강조하는 견해를 보여 준다고 말할 수 있다.

현대의 '덕 윤리학(virtue ethics)'을 대표하는 학자인 매킨타이어의 저작 『덕의 상실』은 현대의 서구 사회가 겪고 있는 도덕적 곤경에 대한 반성에서 출발한다. 즉, 오늘날 서구 사회는 낙태나 전쟁과 같은 도덕적 쟁점을 둘러싸고 논란을 벌이지만, 무엇인가 의미 있는 진전은 이루지 못한 채, 지루하고도 소모적인 논쟁만 계속하고 있다는 것

이다. 그는 이 곤경을 도덕적 불일치 상태라고 말하지만, 그것은 곧 도덕적 아노미 상태라고 말할 수 있다. 그는 오늘날 현대 사회가 이러한 곤경에 빠지게 된 것은, 선이나 정의 등에 관한 사람들의 생각과 주장이 서로 다를 뿐만 아니라, 그 생각이나 주장이 기초하고 있는 관점들 사이에 '통약불가능성(incommensurability)'이라고 할 만한 근본적 차이가 있기 때문이라고 진단한다. 말하자면, 사람들은 각자 선이나 정의를 말하지만 그 선이나 정의가 무엇인지에 대해서는 전혀 다른 생각을 가지고 있고, 그 다른 생각들은 세상을 보는 전혀 다른 관점들에 기초하고 있기에, 상호 간에 모종의 의미 있는 합의나 일치가 이루어질 수 없다는 것이다. 그는 서구 사회는 근대화 과정을 거치면서, 고대 희랍에서 연원하는 전통적인 덕 윤리학의 전통—주로 아리스토텔레스의 윤리학—을 잃어버렸고, 그것의 대안을 확립하는 데에도 실패했다고 지적한다. 물론 근대 사회를 주도한 계몽주의 사상가들은 나름의 대안을 마련하려고 시도했지만, 그들의 시도는 실패하였고, 이른바 '정서주의(emotivism)'로 대표되는 개인주의와 상대주의만을 남겨 놓았다는 것이다. 여기서 '정서주의'는 도덕적 진술(예: '이것이 도덕적으로 옳다'거나 '이것은 선한 행위이다'는 진술)의 의미를 개인의 감정이나 정서를 표현하는 주관적 진술로 간주하는 견해를 나타낸다. 그리하여 그의 논의는 잃어버린 전통의 회복, 단순한 '답습'이 아니라 현대적 맥락에서의 '재해석'을 통한 회복을 겨냥하고 있다.

매킨타이어의 논의에서 우선 주목의 대상이 되는 것은, 덕의 성격을 온전히 파악하려면 우리는 '나는 어떤 규칙을 따라야 하는가', '나는 왜 그것을 따라야 하는가' 하는 질문에 관심을 가지기 전에, 먼저 '나는 어떤 사람으로 살아가고 있는가', '나는 어떤 사람이 되어야 하는가' 하는 질문에 관심을 가져야 한다는 주장이다. 이 말은 행위의 도덕적 규칙과 그것의 정당화를 시도하기에 앞서, 먼저 그 행위가 펼쳐지는 인간 삶의 구체적 상황과 모습을 살펴보아야 한다는 뜻을 나타낸다. 칸트로 대표되는 계몽주의 사상가들은 바로 이 점을 도외시했고, 정서주의 또한 여기서 예외가 아니라는 것이다. 그 양자의 주장을 정반대로 다르다. 칸트는 '이성적 자아'를 주장하는 반면, 정서주의는 개인마다 다를 수밖에 없는 '정서적 자아'를 주장한다. 그러나 이 양자는 모두 도덕적 자아로서의 인간을, 그의 삶이 펼쳐지는 사회적 · 역사적 · 문화적 맥락 안에서 파악하지 않고, 추상적이고 관념적인 수준에서 파악하는 관점을 보여 준다. 요컨대, 그 두 가지 자아는 '추상적 유령'과 같은 자아다.

'나'라는 도덕적 자아가 처한 삶의 구체적 현실을 되돌아보면, '나'는 이성의 명령을 따르는 '합리적 자아'로만 존재하는 것이 아니라고 말할 수 있다. 도덕적 자아에 대한 그러한 견해는 '나'를 지극히 추상적으로, 나의 삶이 전개되는 구체적인 '맥락'과 내가 가지는 감정과 욕망, 정서 등을 도외시하는 견해라고 말할 수 있다. 한편, '나'는 욕구나 감정, 정서를 가진 '정서적 존재'이지만, 나의 감정이나 정서는 결코 동물적 · 감각적 본성에서 생겨난 것이 결코 아니다. 그것은 나의 삶의 과정에서 형성된 것이요, 그런 만큼 거기에는 내가 살아가는 공동체의 역사와 문화가 반영되어 있다고 보아야 한다. 이처럼 매킨타이어가 보는 도덕적 자아는 공동체적 삶을 사는 존재요, 따라서 덕이 무엇인지를 알려면 우리는 인간적 삶이 전개되는 공동체적 삶의 성격과 그 역사성을 돌아보지 않으면 안 된다.

서구인의 입장에서 일본문화를 설명하고 있는 베네딕트(R. Benedict)의 유명한 책 『국화와 칼(The Chrysanthemum and the Sword)』은, 덕에 관한 매킨타이어의 관점을 이해하는 데에 좋은 참고가 된다. 베네딕트는 그 책에서 서구인과는 완전히 다른 일본인의 도덕세계가 어떤 것인지를 매우 흥미롭게 설명하고 있다. 그는 우선 일본인의 도덕세계는 서구인의 그것과는 달리 선과 악이 대결하는 단일한 구조로 되어 있는 것이 아니라, 다원적 구조를 지니고 있다고 지적한다. 일본인의 도덕세계는 각자의 법과 의무를 지니는 '주(忠)의 세계', '고(孝)의 세계', '기리(義理)의 세계', '인정(仁情)의 세계' 등으로 이루어져 있다는 것이다. 그렇기에, 서구인은 통상 '저 사람은 부도덕한 사람이다'고 말하지만, 일본인은 다만 '저 사람은 기리(義理)를 모른다'거나 '주(忠)를 모른다'고 말할 뿐이다.

이러한 세계관을 가지기에, 예컨대 '성실(誠實)'을 뜻하는 '마코토(まこと)'라는 말은 영어 'sincerity'와는 전혀 다른 의미를 가지게 된다. 서구인들에게 성실한 행위라는 것은 그 행동이 마음에서 비롯되었다는 점, 즉 가식적이거나 거짓이 없다는 뜻을 나타내지만, '마코토'라는 일본말은 이런 뜻과는 아무런 관련이 없다는 것이다. 아닌 게 아니라, 일본인들에게 속마음을 드러내거나 자기의 감정을 입 밖에 내는 것은 도리어 수치로 간주된다. '마코토'라는 말은 '사리를 추구하지 않는다'거나 '감정에 치우치지 않는다'는 뜻을 지니기도 하지만, 가장 중요하게는 '기리를 따른다'는 의미를 가지며, 그렇기에 가장 성실한 사람은 '일본정신에 가장 충실한 사람'을 뜻한다는 것이다. 이와 같은 베데딕트의 논의는 일본인의 도덕세계를 이해하는 일은 곧 독특한 역사와 전

통을 가진 일본인의 공동체적 삶을 이해하는 일이라는 점을 보여 준다. 매킨타이어는 그 공동체적 삶의 전통은 '서사(narrative)'를 통하여 공유되고 계승된다는 점을 강조한다. '서사'는 삶에 대한 '이야기'이자 '해석'을 가리킨다.

매킨타이어는 인간의 공동체적 삶은 크고 작은 여러 가지 다양한 '실천들(practices)'로 이루어졌다고 파악한다. 아리스토텔레스는 당대의 시대적 맥락에서 도덕적이고 정치적인 실천들을 '프락시스(praxis)'라고 불렀지만, 매킨타이어는 그 개념을 보다 넓게, 보다 정교하게 규정하려는 관점을 견지한다고 볼 수 있다. 그에 의하면, '하나의 실천(a practice)'은, 예컨대 공을 잘 던지거나 벽돌을 쌓는 것과 같은 단순한 행위를 가리키는 것이 아니라, '축구 경기'나 '건물을 짓는 일'과 같은 활동으로서, 이러한 활동들은 그 나름의 역사성과 전통, 탁월성의 준거 등을 지니고 있으며, 순전한 개인적 활동이 아니라 협동적 인간 활동의 성격을 지닌다. 이러한 성격을 지니는 다수의 많은 실천들이 씨줄과 날줄로 결합되어 공동체적 삶을 이룬다고 말할 수 있다. 고대 희랍인들이 말하는 '아레테(덕)'가 '탁월성'을 뜻하는 것처럼, 축구 경기에서 멋진 솜씨를 발휘하는 사람, 건물을 잘 짓는 사람이 덕을 가진 사람이 되는 것이다. 이렇게 하여, 덕은 '실천'에 입문한 결과로 획득된 성품으로 규정된다.

이러한 매킨타이어의 주장에 의하면, 덕을 획득하는 사실상 유일한 방법은 공동체적 삶을 이루는 크고 작은 '실천들'에 참여하여, 거기에서 공유되는 탁월성을 부단하게 자신의 것으로 만드는 노력을 기울이는 것이라고 보아야 한다. 여기서 우리는 '건축을 해 봐야 건축가가 되는 것과 마찬가지로, 올바른 행동을 해야 올바른 사람이 된다'는 아리스토텔레스의 주장을 다시 대면하게 된다. 베네딕트의 『국화와 칼』을 읽는 것은 일본을 이해하는 방법의 하나이지만, 그런 책을 아무리 많이 읽어도 일본인의 덕이 생겨나는 것은 결코 아니다. 일본인으로서의 덕을 익히는 확실하고도 유일한 방법은 일본인의 삶을 사는 것이다. 그들과 함께 살면서 같은 생각과 정서를 체험하고, 같은 고민과 갈등을 경험해야 하는 것이다. 매킨타이어의 표현을 빌어 말하면, 일본인의 덕을 획득하려면 그들의 삶이 펼쳐지는 '서사의 무대'에 참여해야 하는 것이다. 이처럼 덕의 획득은 오직 그것이 발휘되는 삶의 전통에 입문함으로써 가능한 것이 된다.

2) '습관적 도덕성'과 '반성적 도덕성': 오우크쇼트

영국의 정치철학자인 오우크쇼트(Oakeshott)는 앞의 매킨타이어와는 다른 관점에서, 현대 서구인의 도덕관에서의 '합리주의(rationalism)'를 비판하면서, '감정과 행동의 습관'이 지니는 중요성을 강조하였다. 그가 비판하고 있는 합리주의는 단순히 이성의 역할이나 기능을 중시하는 견해를 가리키는 것이 아니라, 인간의 정치적 · 도덕적 삶에서 이성이 하는 역할에 대한 그릇된 사고방식을 가리킨다. 우선 그는 현대 서구 사회는 두 가지 대조적인 도덕관을 계승하고 있다고 지적한다. '감정과 행동의 습관'으로서의 도덕성과 '도덕적 준거의 반성적 적용'으로서의 도덕성, 보다 간략히 말하여 '습관적 도덕성'과 '반성적 도덕성'이 바로 그것이다.

습관적 도덕성과 반성적 도덕성은 도덕적 삶에 대한 완전히 상반된 견해를 보여 준다. 우선 전자에 따르면, 도덕적 삶을 산다는 것은 이때까지 사람들이 살아왔던 대로 사는 것, 즉 전통적으로 계승되어 온 관습이나 규칙을 자신의 것으로 받아들이면서 사는 것이 된다. 이와는 달리, 후자는 기존의 습관이나 전통을 맹목적으로 따르지 말라고 주장하며, 모든 것을 합리적 이성이라는 잣대에 견주어 보아야 한다고 주장한다. 표면상 한쪽은 '전통을 따르라'고 하고, 다른 쪽은 '전통에서 벗어나라'고 하는 것으로 보인다. 그러나 오우크쇼트가 보기에, 양자의 관련을 이렇게 파악하는 것은 정확하지 않다.

반성적 도덕성을 내세우는 입장은 습관적 도덕성이 맹목적인 것일 수밖에 없으며, 그처럼 합당한 근거나 정당성이 결여된 행위는 결코 도덕적 행위가 될 수 없다는 점을 강조한다. 오우크쇼트가 보기에, 이 주장이 완전히 그릇된 것은 아니다. 그러나 그가 보기에, 습관적 도덕성이 순전히 맹목적이기만 한 것은 결코 아니다. 그는 '박쥐의 맹목'을 사례로 하여 이 점을 설명한다. 즉, 박쥐는 햇빛 아래의 밝은 곳에서는 맹목이지만, 햇빛이 없는 어두운 동굴 안에서는 안전하게 제 길을 찾아간다. 이처럼 습관과 전통은 보편적 이성이라는 기준에 비추어 보면 맹목적인 것처럼 보일지 모르지만, 수많은 특수한 사례들과 실천들이 이어지는 삶의 현실에서 우리를 안전한 길로 이끌어 주는 사실상의 유일한 안내자 역할을 한다. 전통이나 습관에는, 비록 그 표면에 드러나 있지 않지만, 이때까지 살아왔던 수많은 사람들의 경험과 지혜가 응축되어 있다고 보아야 한다는 것이다.

오우크쇼트가 보기에, 반성이나 이성은 결코 진공 상태에서 일어나는 것이 아니다. 그것은 습관과 전통의 맥락 안에서, 그것에 근거하여 성립한다고 보아야 하며, 바로 이 점에서 '반성적 도덕성'은 결코 '제 발로 설 수 있는' 도덕성이 아니다. 그럼에도 불구하고, 습관이나 전통을 도외시한 채, 순전히 관념상으로 구축된 도덕적 원리나 이상을 내세우는 것은 타당하지 않을 뿐만 아니라, 인간의 삶에 실질적인 위험과 불안을 초래한다. 그가 배격하고자 하는 합리주의는 이처럼 반성(또는 이성)을 습관이나 전통과 완전히 '분리'시켜 파악하는 사고방식을 가리킨다. 즉, 이 사고방식에 의하면, 도덕적 행위를 할 때 우리는 이성에 의하여 사전에 옳은 것으로 결정된 규칙이나 원리를 적용하는 일을 하는 것으로 간주된다. 그러나 사실을 놓고 보면, 도덕규칙이나 원리라는 것은 일상의 행위에 대한 '사후 요약'일 뿐이며, 그렇기에 그것 자체는 결코 우리를 행위하도록 만들지 못한다는 것이다.

반성적 도덕성을 강조하는 견해가 지니는 문제는 그것이 인간과 사회의 삶 전체가 오로지 특정한 도덕적 이상의 실현을 위하여 송두리째 바뀌어야 할 위험을 초래한다는 것이요, 이와 같은 도덕적 이상향의 강박적 추구는 인간 정신을 피폐하게 만들고, 더 나아가 한 사회가 유지해 오던 전통적 삶의 기반을 파괴해 버리는 결과를 초래한다. 이러한 그의 주장이 「바벨탑(The Tower of Babel)」이라는 제목의 글에 실려 있는 이유는 바로 여기에 있다. 습관과 전통이라는 인간 삶의 기반을 강조하는 오우크쇼트의 이러한 견해 또한 도덕교육에서의 습관 형성의 중요성을 지지하는 입장을 나타낸다고 말할 수 있다.

4. 훈육과 자유: 교사의 역할과 권위

앞 절에서는 도덕교육과 관련하여, 서양의 고대에서 연원하여 오늘날까지 계승되고 있는 두 가지 사상적 계보를 살펴보았다. 첫째는 플라톤과 칸트, 콜버그로 이어지는 계보로서, 이들 간에도 차이가 있기는 하지만, 도덕적 삶에 있어서 이성의 지위와 역할을 강조한다는 점, 그리고 자유 또는 자율을 도덕적 삶의 목적으로 삼고 있다는 공통점을 지닌다. 둘째는 아리스토텔레스, 매킨타이어와 오우크쇼트로 이어지는 계보로서, 여기서는 이성보다는 일상의 습관과 경험이 중시되고, 개인의 자유에 비하여

전통과 관습의 지위가 더 강조된다고 말할 수 있다.

이 두 계보는 도덕교육의 두 가지 방법적 원리를 각각 강조하고 있다고 말할 수 있다. 만약 도덕적 삶이 이성에 기초한 것이라면, 도덕교육은 응당 도덕적 행위 자체가 아니라 그것에 대한 이성적 인식과 판단 능력을 길러 주는 일이 될 것이다. 그리하여 이 원리를 따르는 도덕교육에서는 인간 행위에 대한 도덕적 관점에서의 분석과 해석, 그리고 행위의 규칙이나 원리에 대한 비판과 정당화 등이 중시되며, 이러한 이성적 능력에 기초하여, 타인의 지시나 권유가 아니라, 자기 자신의 해석과 판단에 비추어 행동해야 한다는 점이 강조될 것이다. 이와는 달리 둘째 계보를 따른다면, 도덕교육에서 중요한 것은 일상을 통하여 올바른 습관을 형성하고, 전통과 관습을 이루는 행위 규칙과 규범을 익히는 일이 될 것이다. 습관 형성은 어린 시절에만 중요할 뿐 청년이나 성인에게는 결코 해당되지 않다고 보아서는 곤란하다. 청년이나 성인들도 국가 또는 사회의 법과 전통, 관습을 지키면서 살아가야 하는 것이다.

철학적 분석에서와는 달리, 교육의 실제에 있어서 이 두 가지 방법적 원리는 얼마든지 양립 가능하며, 나아가 두 가지 모두 절실하게 요청된다고 말할 수 있다. 교육의 관점에서 보면, 실천을 통하여 행위 규칙을 익히는 일, 즉 습관의 형성도 필요하고, 그러한 행위 규칙의 의미나 근거를 스스로 파악하고 이해하는 일, 즉 이성적 능력도 필요한 것이다. 둘 중 어느 하나를 간과하더라도 도덕교육은 결코 성공할 수 없을 것이다. 이 점에서 이 두 가지 원리는 도덕교육의 두 축, 또는 도덕교육이라는 마차의 두 바퀴에 해당한다고 말할 수 있다. 교육은 인간의 성장단계에 적합한 방식으로 이루어져야 하며, 유아기나 어린이 시기는 원리나 규칙을 인식하거나 추론하는 이성적 능력이 발달하기 이전 단계라는 점을 받아들인다면, 현실의 도덕교육은 우선 습관의 형성에서부터 출발하여 점차로 이성적 사유의 발달로 옮겨 가는 방향으로 이루어진다고 말할 수 있다.

올바른 습관 형성을 위한 부모나 교사의 '훈육(discipline)'은 도덕교육은 물론이거니와 교육 자체의 기반을 형성하는 일이며, 그런 만큼 훈육이 제대로 이루어지지 않는다면, 교육은 결코 성공을 기대할 수 없게 된다. 'discipline'이라는 말과 마찬가지로, 우리말 '훈육(訓育)'도 일차적으로는 '행위의 규칙이나 규범을 지키도록 한다'는 뜻을 나타낸다. 여기에는 도덕적 규칙이나 규범은 물론이거니와, 이보다 넓은 의미에서의 생활 규칙이나 규범도 모두 포함될 수 있다. 가정이든 학교든 인간 공동체는 그것이 유지되는 데에 필요한 여러 가지 행위 규칙들을 가지고 있다. 학생들은 등하교 시간을 준수해야 하고, 학교의 여러 시설이나 기구를 사용하는 데에도 일정한 사용 규칙을 준수해야 한다. 예컨대, 구내 식당이나 상점을 이용하거나 과학실에서 실험 도구를 사용하는 데에도 일정하게 지켜야 할 규칙이 있다. 이런 규칙들이 지켜지지 않는다면, 교육은 물론이거니와 학교에서의 생활 자체가 유지될 수 없다. 훈육은 주로 권유나 훈계, 칭찬 등을 통하여 이러한 규칙을 익히도록 만드는 일이며, 그렇기에 도덕교육에 있어서 가장 우선적인 문제가 된다고 볼 수 있다.

이 훈육의 문제와 관련하여, 우리의 교육 현실과 밀접한 관련을 가지는 다음의 두 가지 점을 살펴볼 필요가 있다. 첫째는 부모나 교사에 의한 훈육이 아동의 자유와 모순되는가 하는 점이다. 이 문제는 생활지도를 위한 교사의 교권과 자유라는 학생의 인권은 서로 상충하는가 하는 문제와 관련되어 있다. 둘째는 훈육에 있어서 교사는 어떤 역할을 해야 하고 또 할 수 있는가 하는 문제다. 이것은 오늘날 교사가 정당하게 가져야 하는 권위가 있다면 그 권위는 어떤 것인가 하는 문제와 관련되어 있다. 물론 '권위(authority)'는 '권리'나 '의무'와는 구분되는 것이지만 현실에서는 상호 간 밀접한 관련을 가질 수밖에 없다.

첫째 문제와 관련하여, 우리는 칼 포퍼(K. Popper)가 언급한 '자유의 파라독스', 즉 '지나친 자유는 자유를 없앤다'는 주장에 주목할 필요가 있다. 인간의 공동체적 삶을 전제로 할 때, 특정한 개인의 자유를 무제한으로 허용하는 경우, 그것은 필경 타인의 자유를 침해하는 결과를 가져올 수 있다. 그런 만큼 개인의 자유는 결코 무제한으로 허용될 수 없으며, 공동체적 삶의 유지에 필요한 규칙의 한도 내에서 허용되어야 한다고 말할 수 있다. 개인은 우선 그 공동체적 삶의 규칙을 받아들여야 하며, 그런 다음에야 자유를 누릴 수 있게 되는 것이다. 그리하여 '지나친 자유는 자유를 없앤다'는 말은 '자유에는 구속이 필요하다'는 말로 고쳐 쓸 수 있다. 이때의 '구속'은 개인의 특정한 선택이나 행위를 강제로 금지하거나 막는 것이 아니라, 자신이 속한 공동체의 규칙에 개인 스스로가 복종하는 것을 뜻한다. 학생들은 학교생활에 필요한 여러 규칙들이 허용하는 한도 내에서 그들의 자유를 누릴 수 있다고 보아야 한다.

교사의 훈육은 바로 학교라는 공동체 생활에 필요한 규칙과 규범을 그 내용으로 하는 만큼, 그 훈육이 정당한 방법으로 시행된다면, 교사의 훈육과 아동의 자유 사이에는 하등의 모순이 성립하지 않는다. 도리어 정반대로 교사의 훈육은 아동의 자유를

위한 것이라고 볼 수 있다. 여기서 '정당한 방법으로 이루어진다면'이라는 단서는 매우 중요하다. 그 단서는 적어도 두 가지 조건을 함의한다. 첫째로, 말할 필요도 없지만, 교사는 아동을 비인간적인 방식으로 대해서는 안 될 것이다. 교사의 지도와 훈육은 아동의 인격을 존중하면서 이루어져야 하는 것이다. 둘째로 교사의 훈육은 그 자체가 중요한 교육이기에, 다른 어떤 이유가 아니라, 교육적 목적에 부합하도록 이루어져야 할 것이다. 말하자면, 교사의 훈육은 학생이 인간 삶에서 규칙이 지니는 중요성, 즉 '규칙을 지키면서 살아간다'는 것의 의미가 무엇인지를 깨닫도록 자극하고 유도하는 것이어야 할 것이다.

교사의 훈육이 제대로 시행되려면 교사는 그에 필요한 권위를 필요로 한다. 권위는 법적으로 보장되는 법률상 또는 직위상의 권한과는 구분될 필요가 있다. 이 후자는 그 자체로는 아무런 현실적 실행력을 지니지 못한다. 법률상의 규정이 '있으나 마나 한 것'이 되지 않고, 현실적 실행력을 지니려면, 그와 관련된 다수의 사람들이 그것을 신뢰하고 따라야 한다. 권위가 바로 그런 것이다. 교사의 권위는 법률상의 규정으로 만들어지는 것도 아니고, 교사가 스스로 자신의 법적 권한을 내세운다고 하여 생기는 것도 아니다. 교사의 권위는 교육에 참여하는 학부모나 학생, 나아가 다수의 사회 구성원들이 교육 전문가로서의 교사의 말과 행동을 신뢰하고 그것을 존중하는 경우에 생겨나는 것이다.

근래에 들어 우리의 교육현장에서는 '교권 추락'이나 '교권 보호'가 지속적인 문제로 제기되고 있다. 여기서 '교권'은 권위와 권리를 모두 포괄하는 용어라고 볼 수 있다. 1990년대 이후부터 현재에 이르기까지 우리 사회는 정치적 · 사회적 민주주의의 확장과 더불어 사회의 모든 영역에서 권위주의가 퇴보하는 변화를 겪어 왔고, 그에 따라 교육에서도 학부모의 참여와 아동의 자유와 인권 등이 더 많은 주목을 받고, 더 많이 강조되고 있다. 급속하게 전개된 이러한 변화의 와중에서, 학교나 교사는 이전에 지니고 있던 이른바 '전통적 권위'를 거의 상실하게 되었다. 이처럼 '권위 없는 사회'로의 변화는 민주주의의 확장을 뜻하는 것으로 볼 수 있고, 그리하여 '권위 없는 사회'에서는 '권위 없는 교육'이 타당하지 않은가 하는 생각을 할 수 있다.

그러나 '권위 없는 교육'이라는 것은 '교사 없는 교육'과 마찬가지로 성립될 수 없다고 보아야 한다. 동서양을 막론하고, 민주주의의 확장과 권위주의의 퇴보는 그동안 유지되었던 학교와 교사의 전통적 권위가 상실되는 결과를 가져왔다. 이처럼 '탈권위의 사회'에서 과연 교사는 어떤 권위를 가질 수 있고, 또 가져야 하는가? 이 질문에 대하여, 영국의 교육철학자인 피터스(R. S. Peters)는 교육 전문가로서의 교사의 경우 비록 '전통적 권위'는 상실하였으나, '합리적 권위'는 가질 수 있고 또 가져야 한다는 견해를 제시한 바 있다. 그에 따르면, 교육은 지적 영역에 속하는 활동이 전개되는 장이며, 그렇기에 학자들의 조직이나 모임에서 보듯이, 교육에서도 지적 탁월성에 기반한 권위가 필요하다. 물론 교사의 지적 탁월성은, 학자들이 아니라 학생들을 대상으로 하여 발휘되는 것으로서, 그들로 하여금 교사가 하는 지적 탐구의 의미와 가치를 의식하고 깨닫게 만드는 작용을 하는 것이어야 한다(Peters, 1966/2003: 341-387). 교사의 권위에 대한 피터스의 이런 주장은 교사가 하는 일을 '지식을 가르치는 일'로 보는 관점을 취한다고 볼 수 있다.

피터스의 이런 주장은 도덕교육에도 적용될 수 있을 것이다. 그러나 훈육의 주체로서의 교사에게도 이 주장이 성립될 수 있는가 하는 점에는 의문의 여지가 있다. 아닌 게 아니라, 훈육이 지니는 성격에 비추어 보거나, 특히 유아나 초등 저학년에서 이루어지는 훈육의 실제를 고려한다면, 이런 훈육이 합리성에 기반하여 시행된다고 보기는 어려운 것이다. 이 시기의 유아나 아이들에게는 합리적 이해보다는 교사에 대한 호감이나 애정 등과 같은 인격적 매력이 더 큰 영향력을 행사한다고 보는 것이 타당할 것이다. 물론 가르치는 사람으로서의 교사가 지니는 인격적 매력은 어느 단계의 교육에서나 학생들을 교육에 붙잡아 두는 데에 중요한 역할을 하는 것이 사실이다.

이렇게 보면, 교사가 그 권위를 세울 수 있는 방법은 두 가지가 된다. 첫째로 교사는 학생들에게 자신의 지적 탁월성을 잘 보여 주어서, 인간의 삶에서 그것이 지니는 의미와 가치를 학생들이 깨닫도록 해 주어야 한다. 예컨대, 과학을 가르치는 교사는 단편적인 지식을 일러 주는 것이 아니라, 과학이라는 방대한 인류의 지적 탐구가 지니는 경이로움을 느낄 수 있도록 해 주어야 하고, 인간의 삶에서 그러한 지적 탐구로서의 과학이 어떤 가치를 지닐 수 있는가를 깨닫도록 해 주어야 하는 것이다. 둘째로 교사는 한 사람의 인간으로서 학생들에게 모범이 될 만한 인간적 매력을 가지고 있어야 한다. 이 말은 교사가 완벽한 사람이어야 한다는 말이 아니라, 학생들이 보고 배울 만한 어떤 인격적 자질을 가지고 있어야 한다는 말이다. 그 자질은 비단 교사로서뿐만 아니라 한 개인으로서의 자기 자신에게 소중한 자산이 될 것이다.

토론 거리

1. 이 장에서 필자는 '지행의 괴리'에 대한 소크라테스의 견해를 소개하였다. 소크라테스에 의하면, '지행의 괴리'는 '선이 무엇인지 알고 있었지만 순간의 유혹에 빠져 행동하지 못한 경우'이며, 그런 경우 사실 그는 선이 무엇인지를 알지 못했다고 보아야 한다는 것이다. 지행의 괴리에 대한 이러한 소크라테스의 주장은 타당하다고 말할 수 있는가? '덕은 지식이다'라는 소크라테스의 주장에 대하여 제기될 수 있는 비판이 있다면 그것은 무엇인가?
2. 영국의 교육철학자 피터스는 「도덕교육의 파라독스」라는 글에서, "이성의 궁전에 들기 위해서는 먼저 습관의 정원을 지나야 한다"고 지적하고 있다. 이것이 파라독스인 것은 '습관을 따르는 것'과 '이성을 따르는 것'이 정반대의 성격을 가지기 때문이다. 이 파라독스가 드러내고자 하는 도덕교육의 '문제(또는 쟁점)'가 무엇인지 설명해 보자.
3. 오늘날 학교 교사들은 '교과교육'보다 '생활지도'가 더 어렵다고 토로한다. 이것은 학교생활에서의 도덕적 '훈육'—즉, 학교생활에 요구되는 각종 규칙을 지키도록 권유하고 설득하고 훈계하고 지시하는 일—이 어렵다는 사실을 보여 준다. 오늘날에는 교사 중심의 '타율적 훈육'이 아니라 학생 중심의 '자율적 훈육'(즉, 학생들이 스스로 훈육의 주체가 되어, 규칙을 만들고 그것을 따르게 하는 일까지 학생들이 주체가 되는 것)이 중시되고 있다. 교사의 개입이 없는 학생 스스로의 '자율적 훈육'이 과연 가능하다고 말할 수 있는가? '자율적 훈육'이 가능하려면, 어떤 조건이 필요하다고 말할 수 있는가?

더 읽어 볼 자료

Plato. *Protagoras*. 천병희 역(2019). **프로타고라스. 플라톤전집Ⅲ**. 경기: 숲.

▶ 다루는 내용도 중요하지만, 철학적 사유와 탐구가 어떤 것인가를 경험하는 데에 도움이 되는 고전 작품이다. 이 작품에서 소크라테스와 프로타고라스는 서로의 입장을 논박하는 가운데, 덕은 가르칠 수 있는 것인지, 덕을 지식(지혜)으로 볼 수 있는지 등에 관한 논쟁을 벌인다. 특히 지행의 괴리 문제인 '알면서도 유혹에 빠진 경우'에 대한 논박과 진정한 용기는 지혜라는 주장이 제시되는 부분(pp. 345-360)에 주목할 필요가 있다.

Kant, I. (1785). *Grundlegung zur Metaphysik der Sitten*. 백종현 역(2011). **윤리형이상학 정초**. 경기: 아카넷.

▶ 칸트의 이 책은 분량은 짧지만, 서양윤리학사에서 기념비적 저작으로 평가된다. 칸트 윤리학은 그의 제2비판서인『실천이성비판』에 전체적 면모가 나타나 있지만, 이 책에 대한 이해 없이는 그 비판서를 읽기 어렵다. 독자는 이 책에서 철학적 추론, 'X는 어떻게 가능한가?' 하는 질문을 제기하면서, '주어진 것'으로부터 그것의 '논리적 가정(전제)'이 무엇인가를 분석해 가는 철학적 추론이 어떤 것인가를 맛볼 수 있다.

Peters, R. S. (1966). *Ethic and education*. 이홍우, 조영태 역(2008). **윤리학과 교육**. 경기: 교육과학사.

▶ 저자인 피터스는 영국을 대표하는 교육철학자이고, 이 책은 그의 사상을 대표하는 저작 중의 하나이다. 이 책은 그의 교육관이 제시된 1부와 교육의 윤리학적 기초를 다루는 2부로 구성되어 있고, 이 2부가 도덕교육과 보다 직접적인 관련성을 지닌다고 말할 수 있다. 특히 자유와 평등, 인간 존중, 권위와 교육, 벌과 훈육 등의 문제와 관련한 철학적 문제들이 어떤 것이 있는가를 잘 소개하고 있다.

참고문헌

이홍우(1997). **지식의 구조와 교과(증보판)**. 경기: 교육과학사.

차미란(2003). **오우크쇼트의 교육이론(교육과정철학총서 09)**. 경기: 성경재.

Aristotle. *The nicomachean ethics*. 천병희 역(2022). **니코마코스 윤리학**. 경기: 숲.

Bennedict, R. (1946). *The chrysanthemum and the sword: Patterns of Japanese culture*. 김윤식, 오인석 역(2008). **국화와 칼: 일본문화의 틀**. 서울: 을유문화사.

Kant, I. (1785). *Grundlegung zur Metaphysuk der Sitten*. 백종현 역(2011). **윤리형이상학 정초**. 경기: 아카넷.

Kohlberg, L. (1981). *The philosophy of moral development*. 김민남, 김봉소, 진미숙 역(2004). **도덕발달의 철학**. 경기: 교육과학사.

MacIntyre, A. (1981). *Beyond virtue*. 이진우 역(1997). **덕의 상실**. 서울: 문예출판사.

Oakeshott, M. (1962). The tower of babel. *Rationalism in Politics and Other Essays* (pp. 465–487). Carmel, IN: Liberty Fund.

Peters, R. S. (1966). *Ethics and education*. 이홍우, 조영태 역(2003). **윤리학과 교육**. 경기: 교육과학사.

Plato. *Menon*. 천병희 역(2013). **파이드로스/메논**. 경기: 숲.

Plato. *Politeia*. 천병희 역(2013). 플라톤: 국가. 경기: 숲.

Plato. *Protagoras*. 천병희 역(2014). 고르기아스/프로타고라스. 경기: 숲.

Plato. *Symposion*. 천병희 역(2016). 향연. 경기: 숲.

제7장

시민성 교육의 의미와 다양한 양태

김주환

도입

현대 한국 사회에서는 민주시민교육에 대한 논의가 다양한 영역에서 이루어지고 있다. 이러한 사회적 현상은 우리 사회의 민주주의 발전과 성숙을 위한 시민들의 열망이 민주시민교육에 대한 활발한 참여로 이어졌음을 보여 준다는 측면에서 긍정적이다. 물론 이러한 민주시민교육의 특징이 민주시민교육에 대한 무한한 신뢰를 의미하지 않는다. 오히려 민주시민교육을 둘러싼 다양한 논의들은 민주시민교육의 무비판적인 수용이 지닌 위험성과 이에 따라 발생하는 여러 사회문제들의 심각성을 경고한다. 이 장에서는 현대 교육에서 주요한 목적으로 자리 잡은 민주시민교육의 다채로운 논의들을 검토하고, 시민성 개념에 내재한 특수성과 이에 따라 발생한 문제점을 비판적으로 분석한다. 그리고 이에 대한 대안으로 세계시민성교육과 다문화교육에 대한 여러 논의를 소개한다. 이를 통해 민주시민교육이 지닌 교육철학적 특징과 교육적 가치에 대해 조명해 보고자 한다.

1. 민주시민성 교육, 무엇이 문제인가?

민주주의는 인간 이성에 대한 신뢰를 전제로 인류가 창안한 정치이념이자 생활양식이다. 민주주의를 구성하는 "자유 · 평등 · 인간화라는 가치론적 이념은 현대 사회, 문화, 정치 발전의 가장 중요한 준거"(조상식, 2009: 209)로 작동한다. 그리고 교육은 근 · 현대 교육학의 성립 이후 민주주의를 효과적으로 존속시키는 사회적 기능으로 작동해 왔다. 교육과 민주주의를 분석하는 여러 논의들은 이러한 흐름에서 두 개념의 긴밀한 연관성에 초점을 맞춘다. 우리가 익숙하게 활용하는 민주사회, 민주시민, 민주시민성, 민주시민교육 등은 이와 같은 논의들에서 빈번하게 등장하는 용어들이다.

최근 한국 사회에서도 민주시민교육에 대한 논의가 매우 활발하다. 이 논의들은 비단 학계뿐만 아니라 다양한 교육실천 영역과 밀접하게 연계된 학교, 시민단체, 교육부, 시 · 도 교육청 등에서도 광범위하게 이루어지고 있다. 이와 같은 사회적 현상은 민주주의의 발전과 성숙을 추구하는 시민들의 열망이 민주시민교육에 대한 활발한 참여로 이어졌다는 점에서 긍정적이다. 민주주의의 질적 발전은 민주주의에 대한 그 사회의 이해가 반드시 선행되어야 한다는 점을 고려하면(최장집, 2010), 이 긍정적 현상은 민주시민교육과 연관된 다양한 관점에 대한 지속적인 논의의 필요성과 정당성을 강조하는 것이라고 볼 수 있다. 민주사회를 지속시키기 위해서는 민주주의를 구성하는 다양한 시민성에 대한 시민들의 넓은 이해와 이를 실천적 영역에 적용하기 위한 적극적인 참여가 반드시 필요하다. 그리고 이는 민주시민성에 대한 깊은 관심과 치열한 고민을 통해 확보될 수 있다. 민주시민교육은 이 치열한 고민의 결과로 탄생한 다양한 논의들의 종합이자, 상충하는 여러 담론들의 각축 과정에서 만들어진 사회적 역학관계(social dynamics)의 결과인 것이다.

하지만 이러한 민주시민교육의 흐름이 이것에 대한 낙관적 전망과 무한한 신뢰를 의미하지는 않는다. 예를 들어, 한국 사회의 맥락에서 시민성의 형성 과정이나 민주시민교육을 주목한 다양한 연구(김동춘, 2006, 2013; 김주환, 2022; Shin, 2006)는 시민성이 비단 보편성에만 기초하고 있지 않으며, 우리 사회에 현존하는 다양한 갈등을 촉발하고 있다는 점을 조명한다. 이러한 연구들은 한국에서 시민성을 형성하고 교육하

는 과정이 국가 내 구성원인 시민의 보편적 자유와 평등을 강조하는 방식으로 이루어진 것이 아니라, 특정 국가적 · 문화적 정체성에 부합하지 않는 다양한 구성원들을 '비시민(非市民)'으로 구별하고 배제하는 방식으로 이루어져 왔다는 점을 주목한다. 한국 사회에서 시민성의 형성을 위한 교육이 특정 정체성만을 강조하는 방식으로 작동하고 있다는 이러한 비판적 관점은 민주시민교육이 역설적으로 우리 사회에 현존하는 여러 집단 간의 불평등과 다양한 사회 · 문화적 갈등을 심화시키고 있다는 점을 드러낸다. 특히 이러한 갈등은 세계화 현상의 본격화 이후 우리 사회 곳곳에 자리 잡은 다양한 인종 · 민족 · 문화집단의 존재와 이에 따라 발생한 한국 사회의 다문화적 변화로 인해 더욱 첨예화되고 있다. 이를테면 외국인 노동자, 국제결혼, 한국계 중국인 등의 급속한 증가는 우리가 가진 '한국 사회'와 '한국 시민'에 대한 통념, 즉 동질적 인종 · 언어 · 문화 집단에 기반한 하나의 민족 국가라는 인식의 변화가 시급하다는 점을 나타낸다(강지영, 2022; 김한길, 소경희, 2018; 류방란, 2013). 또 이러한 현상은 구별과 배제에 기초한 시민성 및 민주시민교육에 대한 근본적인 변화가 필요하다는 신호일 뿐만 아니라, 민주시민교육의 무비판적 수용과 실천이 지닌 위험성에 대한 강력한 경고일 것이다. 따라서 우리는 시민성과 민주시민교육의 본질에 대해 끊임없이 질문하고, 이와 관련된 다양한 관점들과 여러 가지 실천 방안을 더 깊이 논의할 필요가 있다.

이 장에서는 현대 학교교육에서 주요 목적으로 자리 잡은 민주시민교육에 대해 논의한다. 특히 이 장은 민주시민교육과 이를 구성하는 핵심 요소인 시민성의 개념적 특징과 더불어 이와 관련된 다양한 관점을 살펴보고, 더 나아가 이와 같은 특징이 촉발하는 문제점을 철학적으로 분석한다. 그리고 이러한 문제점을 해결하기 위한 대안으로서 세계시민교육과 다문화교육을 검토한다. 이러한 논의를 통해 우리는 민주시민교육이 지닌 교육철학적 특징과 가치를 파악할 수 있을 뿐만 아니라, 지속 가능한 사회 형성에 필수적인 시민 양성을 위해 우리가 추구해야 할 민주시민교육의 구체적인 방향이 무엇인지 확인할 수 있을 것이다.

2. 민주시민교육

1) 시민성 개념에 내포한 다양한 관점

민주시민교육의 핵심 요소인 시민성을 정의하는 방식에 대해서는 매우 다양한 견해가 존재한다. 이러한 특징은 시민성이라는 용어가 다양한 의미를 내포한다는 점에서도 드러난다.[1] 그렇다면 우리가 민주시민교육을 위해 주로 활용하는 시민성 개념은 어떻게 정의될 수 있을 것인가? 관점의 차이가 있을 수 있겠지만, 대체로 시민성은 이에 대한 선구적인 이론을 제시한 영국 사회학자 마셜(T. H. Marshall)의 관점을 따른다. 마셜은 그의 저서 『시민권과 사회계급(Citizenship and Social Class)』(Marshall & Bottomore, 1950/1987)에서 시민성 개념이 내포하는 보편성을 해명하고, 이후 현대 교육의 맥락에서 시민성과 시민교육을 바라보는 다양한 관점들의 기초를 제공한다.

마셜은 시민성의 세 가지 요소(공민적 요소, 정치적 요소, 사회적 요소)를 제시한다. 먼저 공민적 요소(civil citizenship)는 개인의 자유에 필수적인 여러 권리들로 구성된다. 이는 개인의 인격적 자유, 언론 · 사상 · 종교의 자유, 재산 소유권을 보호받을 수 있는 권리, 모든 개인이 동등한 입장에서 정당하게 재판을 받을 수 있는 권리 등을 포함한다. 둘째, 정치적 요소(political citizenship)는 정치권력의 행사에 참여할 수 있는 여러 권리들로 구성된다. 이는 모든 개인이 유권자로서 정치적 권위가 부여된 여러 기관의 구성원을 선출할 수 있는 권리를 포함한다. 예를 들어, 대다수 현대 민주국가가 채택하는 선거제도의 근본원칙(보통 선거, 평등 선거, 직접 선거, 비밀 선거)은 정치적 요소에 포함된다. 셋째, 사회적 요소(social citizenship)는 현대 문명 사회에서 살아가는 개인이 영위할 수 있는 최소한의 경제적 복지와 사회 보장을 받을 권리(의료, 교육, 연금, 치안 등)를 포함한다. 마셜은 세 가지 요소와 이를 유지하기 위한 여러 제도들이 역사적 시기에 따라 각각 분화 · 발전하면서 현재 우리가 향유하는 시민성 개념에 이

1) 이는 영미권에서 주로 사용하는 citizenship이라는 용어에서도 나타나는 특징이다. Citizenship은 국가 및 특정 정치공동체 내에서의 사회적 지위(status), 권리(rights), 의무(duty)와 책임(responsibility), 소속감(membership) 등을 아우르는 의미를 내포한다.

르게 되었다고 설명한다.

교육학자들은 이와 같은 세 가지 요소를 확장하여 교육의 맥락에서 시민성의 특징을 제시한다. 특히 교육적 맥락에서는 민주시민교육의 관점에서 시민성의 다양한 특징을 규정한다. 이를테면, 민주시민교육을 "민주시민의 인성적 자질인 시민성(市民性, citizenship)을 육성하려는 교육"(조상식, 2009: 210)으로 정의하고, 민주시민교육에 내포한 다양한 관점들과 그 세부적인 특징을 일반론적 관점에서 분석한다. 이를 통해 민주시민교육을 위한 교육이론적 지평을 탐색하고 현재 상황에 가장 적합한 가치규범적 지향과 교육실천적 전략의 도출을 시도한다. 여기에서는 이러한 접근이 제시하는 시민교육의 다양한 관점들과 이에 내포한 시민성의 특징을 간략하게 소개하겠다(〈표 7-1〉 참조).[2)]

먼저, '국가에의 충성'이다. 이 관점은 각 국가가 지닌 집단 정체성을 내면화한 시민을 이상적인 시민으로 제시하며, 이러한 시민을 육성하기 위한 가치교육이나 역사교육을 시민교육의 핵심 목표로 상정한다.

이와 유사한 관점으로, '모범적인 행동' 관점이 존재한다. 여기서 어떠한 시민을 모

표 7-1 시민성에 대한 주요 관점들과 특징

주요 관점	이상적인 시민상	특징
국가에의 충성	집단 정체성(collective identity)을 내면화한 시민	집단 정체성 형성을 위한 가치교육이나 역사교육을 강조
모범적인 행동	책임감 있고 성실하고 예의 바른 행동을 하는 시민	사회윤리 차원에서 공공도덕을 강조
사회과학자 모델	사회과학자들의 탐구방법 및 개념을 활용하여 탐구력과 사고력을 지닌 시민	인간이 지닌 '합리성'을 강조
사회비판	사회문제에 대해 비판적으로 탐구하는 능력을 갖춘 시민	공정성 · 정의 · 소수자 배려 등과 같은 사회윤리적 가치를 강조
사회실천	사회 발전에 참여하는 헌신적인 태도와 행위 능력을 갖춘 시민	국가기구의 정치행위에 대한 감시와 비판에 중점을 둠

2) 이후 제시하는 설명은 조상식(2009). 민주시민교육의 교육 이론적 지평. **교육사상연구**, 23(1), 209-228의 내용을 간략히 정리한 것이다. 이에 대한 자세한 내용은 해당 논문을 참고하길 바란다.

범 시민으로 정의하는가는 각 사회가 추구하는 정치체제에 따라 다양한 방식으로 규정될 수 있으며, 이는 또한 시민교육의 주요 목표와 방향성을 구성한다. 이 두 가지 관점은 각 국가나 공동체가 지닌 집단 정체성이나 에토스(ethos)가 시민교육의 주된 목표와 방향성을 설정하는 데 큰 영향력을 끼친다는 공통점을 지닌다.

반면, '사회과학자 모델'은 합리성 이념을 적극적으로 수용하여 개개인이 지닌 이성의 능력과 가능성에 대한 신뢰를 강조한다. 따라서 이 관점은 탐구력과 사고력을 지닌 이성적인 시민 양성을 시민교육의 주된 목표로 제시한다. 이는 서구 과학주의와 합리주의의 긍정적인 성취를 강조한 접근이라고 할 수 있다.

'사회비판' 관점은 이와 같은 '사회과학자 모델'에서 더 나아가 우리 사회에 존재하는 다양한 사회문제를 비판적으로 접근할 수 있는 시민을 양성하는 데 초점을 둔다. 이러한 관점에 기초한 시민교육은 공정성 · 정의 · 소수자 배려 등과 같은 사회윤리적 가치를 강조하며, 다양한 사회문제에 대한 합리적 · 비판적 접근을 위해 필수적인 주요 역량, 즉 비판적 · 반성적 사고 능력, 문제 해결 능력 등의 함양을 강조한다.

마지막으로 '사회실천' 관점은 사회 발전에 참여하는 헌신적인 태도와 행위 능력을 갖춘 시민 양성을 위한 시민교육을 강조한다. 특히 이와 같은 능력을 가르치는 방법으로 사회체험 방법을 활용하며, 우리 사회에 존재하는 여러 정치 · 사회적 지도자가 이러한 사회 체험의 중요 역할모델로 사용된다. 이 관점에서 시민의 사회실천은 주로 각 국가기구의 정치행위에 대한 감시와 비판에 중점을 두며, 이를 통해 안정된 정치 · 사회적 체제의 구축을 추구한다.

2) 민주시민교육과 시민성의 이율배반

지금까지 살펴본 다양한 관점들은 여러 측면에서 서로 상이하지만, 민주시민교육의 핵심 요소인 시민성을 어느 사회에서나 적용할 수 있는 보편타당한 가치체계로 전제한다는 측면에서 공통점을 지닌다. 하지만 민주시민교육이 각 국가나 지역의 정치 · 역사 · 사회 · 문화적 맥락에 따라 다채롭게 변용된다는 점을 고려하면, 시민성 역시 각 지역의 독특한 맥락에 따라 형성되는 특수성을 필연적으로 포함한다. 그리고 이와 같은 특수성은 시민성이 표방하는 보편성과 별개로 우리 사회에 현존하는 다양한 사회 · 문화적 갈등을 촉발시키는 주요 원인으로 작동한다(Baliar, 2010/2014). 이

러한 사실은 민주시민교육이나 시민성을 보편적 가치체계로 상정하는 우리의 일반적 개념인식과 큰 차이가 있다. 그렇다면 민주시민교육과 시민성에서 '보편성'과 '특수성'이라는 논리적 대립이 발생하는 이유는 무엇일까? 또 이와 같은 논리적 대립이 어떻게 우리 사회의 여러 사회 · 문화적 갈등을 촉발시키는 것일까? 이러한 질문을 해명하기 위해 이 절은 프랑스 철학자 에티엔 발리바르(Étienne Balibar)가 제시한 논의를 간략히 살펴보고자 한다.

발리바르의 시민성에 대한 논의는 현대 민주주의와 시민성 사이의 독특한 관계에 주목한다(Balibar, 2001/2010, 2010/2014). 특히 그는 우리가 현재 향유하는 시민권, 시민성, 인권 등과 같은 보편적 개념들이 실상 특정한 국가 형성 과정에 기초하고 있다는 점을 강조한다. 즉, 우리가 으레 인식하는 시민성은 자연적으로 존재하는 것이 아니라 국가적 제도 형성 과정에서 인위적으로 구성된 '가상적' 개념이라는 것이다. 여기서 중요한 점은 이러한 형성 과정에 참여하는 해당 국가의 구성원들은 그들이 형성한 국가가 모든 인류와 공동체들을 아우르는 보편적 집단이라고 상상하지 않는다는 점이다. 다만 이들은 국가의 한정된 경계 내에서 각자 마음에 지닌 상호 교감의 이미지를 토대로 수평적 동료 의식(horizontal comradeship)을 끊임없이 상상하면서 특정한 형태의 국민 혹은 시민 이미지를 표상할 뿐이다. 그리고 이러한 이미지는 국가 공동체의 특정한 역사 · 정치 · 문화적 맥락들에 기초한다. 따라서 시민성에 대한 인식은 필연적으로 특정 국가의 공간적 · 문화적 경계 내에서 존재하는 제한적 이념형(ideal type) 형태로만 존재할 수밖에 없고, 이는 특정 주류 집단의 언어, 인종, 문화, 종교적 정체성만을 반영할 수밖에 없다는 것이다. 즉, 이와 같은 집단 정체성을 지니지 않는 '외부' 구성원은 비록 같은 영토 내에 존재하더라도 동등한 시민 주체가 아닌 '내부' 이방인이며, 보편적 가치를 표방하는 시민성은 역설적으로 이러한 주류 집단에 속하는 시민 주체만을 대상으로 작동한다.

발리바르가 제시하는 논의의 핵심은 시민성이 중립적이고 보편적인 가치체계에 기초하는 것이 아니라, 특정한 경계 내에서 특정 주류 집단들에 의해 형성된 역사적 · 문화적 · 이념적 산물이라는 점을 명확하게 드러냈다는 것이다. 즉, 시민성의 보편화 과정은 역설적으로 국가, 민족, 가족 등과 같은 특정한 집단들이 지닌 경계를 강화하기 위한 배제의 과정들과 함께 이루어졌다는 것이다. 그리고 이러한 과정을 통해 형성된 시민성은 '우리'가 설정한 경계에 속하지 않는 '타자'들을 구별 짓고 배제하는 데 주요한 역할을 하게 된다는 것이다(Balibar, 2001/2010, 2010/2014). 이러한 논의를 통해 발리바르는 우리 사회에서 일반적으로 통용되는 시민성이 실상 특정 주류 집단과 비주류 집단을 구분 짓는 공간적 · 문화적 경계 내에서만 제한된 형태로 존재할 수밖에 없음을 조명한다.

발리바르가 제시한 분석은 우리의 일반적 개념인식이 상정하는 시민성과 민주시민교육의 정치적 중립성과 보편성의 허상을 날카롭게 비판한다. 특히 그가 제시한 시민성 개념의 역설은 현대 국민국가 체계 내에서 존재하는 민주주의와 시민성 사이의 이율배반(二律背反)적 관계를 명료하게 드러낸다(김주환, 2022: 41). 이러한 이율배반적 특성은 시민성 개념에 내재한 보편적 가치를 지향하는 민주시민교육이 지닌 태생적 한계를 드러낸다는 측면에서 의미심장하다. 무엇보다 이와 같은 한계점은 우리 사회에 현존하는 사회적 갈등, 즉 타자에 대한 불신 · 차별 · 증오 등에서 비롯된 다양한 사회 · 문화 집단 간의 첨예한 갈등으로 이어진다는 점에서 그 문제점이 심각하다.

하지만 이러한 문제점이 민주시민교육에 대한 회의나 비관적 전망으로 이어지는 것은 지양해야 한다. 오히려 시민성의 이율배반적 특성을 비판하고 "대안적 이야기"(강지영, 2022: 39) 형성을 위한 교육적 실천에 대해 고민해야 할 것이다. 이를 위해 우리는 민주시민교육에 더욱 깊은 관심을 기울여야 한다. 우리가 의식적 혹은 무의식적으로 알고 가르치는 내용들에 대한 비판적 검토는 민주시민교육의 태생적 한계를 극복하기 위한 중요한 발걸음이다. 또한 이러한 비판적 접근은 다양한 이데올로기들의 공존이 가능하게 하는 다원적 민주주의 사회 형성에도 필수적이다. 따라서 민주시민교육에 대한 끊임없는 고민은 더 나은 교육을 구상하고 실천하기 위한 필요조건이자 교육자들이 우리 사회에서 반드시 이행해야 하는 윤리적 책무일 것이다.

그렇다면 민주시민교육이 지닌 한계를 극복하기 위한 대안은 무엇일까? 이를 위해 다음 절에서는 세계시민교육과 다문화교육에 대한 다양한 논의를 소개한다. 이를 통해 민주시민교육이 지닌 태생적 한계, 즉 구별과 배제의 관점을 넘어서기 위한 다양한 교육적 접근은 무엇인지 고민해 보고, 이러한 접근이 지닌 가치에 대해 조명해 보고자 한다.

3. 세계시민교육

이 절은 민주시민교육이 내포한 이율배반적 특성을 극복하기 위한 대안적 접근의 하나로 세계시민교육을 분석한다. 냉전의 종식과 더불어 과학기술 및 교통의 발달은 다양한 방식의 국제 교류를 형성하였고, 이는 이전과는 전혀 다른 새로운 국제 사회 등장으로 이어졌다. 이 절은 세계화의 흐름 속에서 등장한 세계시민교육과 이에 내포하는 세계시민성의 다양한 관점들을 교육의 맥락에서 살펴보고자 한다.

1) 세계화와 세계시민성

현대 사회의 인류는 매우 풍요로운 삶을 향유하고 있다. 그리고 이러한 풍요의 원동력에는 '세계화(globalization)'가 존재한다. 여러 국가 간의 정치 · 경제 · 문화적 교류는 산업의 급속한 발전을 촉진하였고, 모든 지역은 하나의 세계로 서로 연결되었으며, 지역 간의 상호의존성은 매우 심화되었다. 그리고 이러한 변화는 인류에게 전례없던 부(富)와 풍요를 선사하였다. 물론 이에 대한 반대급부로 인류는 매우 심각한 위기 또한 겪고 있다. 자연환경의 파괴로 인한 생태계 및 기후 변화, 환경오염, 지구 온난화 등과 더불어 기술 변화로 인해 발생한 지역 간 불평등의 심화는 인류 문명의 지속 가능성에 대한 회의로 이어졌다. 이에 따라 국제 사회는 인류의 지속 가능한 미래를 보장하는 데 필요한 근원적인 변화를 절실하게 요구하고 있다. 특히 이러한 요구는 우리에게 타자에 대한 인식의 변화와 더불어 "전 지구적 상호연관성"에 대한 자각을 촉구한다(강남순, 2022). 즉, 세계화는 우리에게 민족이나 국가와 같은 지리적 · 문화적 경계에 기초한 구별과 배제의 시민성을 뛰어넘는 새로운 시선을 강력하게 요구하고 있는 것이다. UNESCO가 최근 발간한 교육의 미래 보고서 역시 이러한 문제의식을 명확하게 드러낸다.

> 우리는 지속 불가능한 길을 계속 갈 것인가, 아니면 급격하게 경로를 바꿀 것인가 하는 실존적 선택에 직면해 있다. 지금의 경로를 고집하는 것은 부당한 불평등과 착취, 급증하는 여러 형태의 폭력, 사회적 결집력과 인간 자유의 침해, 계속되는 환경파괴, 그리

> 고 위험하고 파국적일 수 있는 생물다양성 손실을 받아들인다는 뜻이다. 이 길을 계속 간다면, 우리 사회의 기술적 전환과 디지털 전환에 수반되는 위험을 예측하거나 해결하지 못할 것이다. …… 교육, 즉 우리가 평생 동안 가르침과 배움을 수행하는 방식은 오랫동안 인간사회 전환의 기반이 되어 왔다. 교육은 우리가 함께 창조하고 세대 간 지식 전수의 순환을 조직하는 방식이다. …… 하지만 우리가 원하는 미래를 만들기 위해서는 교육 그 자체에도 변혁이 필요하다(UNESCO, 2021/2022: 7).

세계시민성은 이와 같은 전지구적 흐름에 발맞춰 등장하였으며 끊임없이 변화해 왔다. 그러므로 세계시민성에 대한 이해와 세계시민교육의 실천은 이를 구성하는 다양한 담론들의 깊은 이해가 필수적이다. 다음에서는 세계시민성에 관한 다양한 담론들을 간략히 살펴보고자 한다.

2) 세계시민성에 관한 다양한 담론

세계화 현상이 본격화되면서 등장한 세계시민성은 여러 방식으로 논의되어 왔으며 이는 시민성을 바라보는 다양한 관점들을 반영한다. 그러므로 세계시민성을 효과적으로 이해하기 위해서는 이를 구성하는 다양한 담론들과 그 배경에 놓인 인간관, 세계관, 가치론적 관점 등을 파악하는 것이 핵심이다. 이를 위해 이 절에서는 세계시민성과 연관된 여러 담론들을 종합적으로 분석하여 범주화한 가우델리(W. Gaudelli)의 이론틀을 활용한다([그림 7-1] 참조). 이 이론틀에 따르면, 세계시민성을 구성하는 담론은 크게 다섯 가지, 즉 국가주의(national), 신자유주의(neoliberal), 마르크스주의(marxist), 세계정의와 거버넌스(world justice & governance), 코스모폴리탄(cosmopolitan)이 존재한다. 각 담론은 세계시민성의 이상이 제도와 그 실현 과정에 어느 정도 구체적으로 구현되었는가에 따라 실재적(實在的, tangible)-추상적(imaginary) 축과 추구하는 시민성이 어느 정도 서로 협력적이거나 경쟁적인지에 따라 경쟁적(competitive)-협력적(cooperative) 축의 연속선상에 위치한다. 예를 들어, 마르크스주의는 그 성향이 다른 담론들에 비해 경쟁적이고 추상적인데, 이는 마르크스주의가 내포하는 계급투쟁(class struggle)이나 혁명(revolution)과 같은 이상들이 경쟁적이고 추상적인 특성을 띠기 때문이다. 이와 같은 이론틀을 토대로 세계시민성을

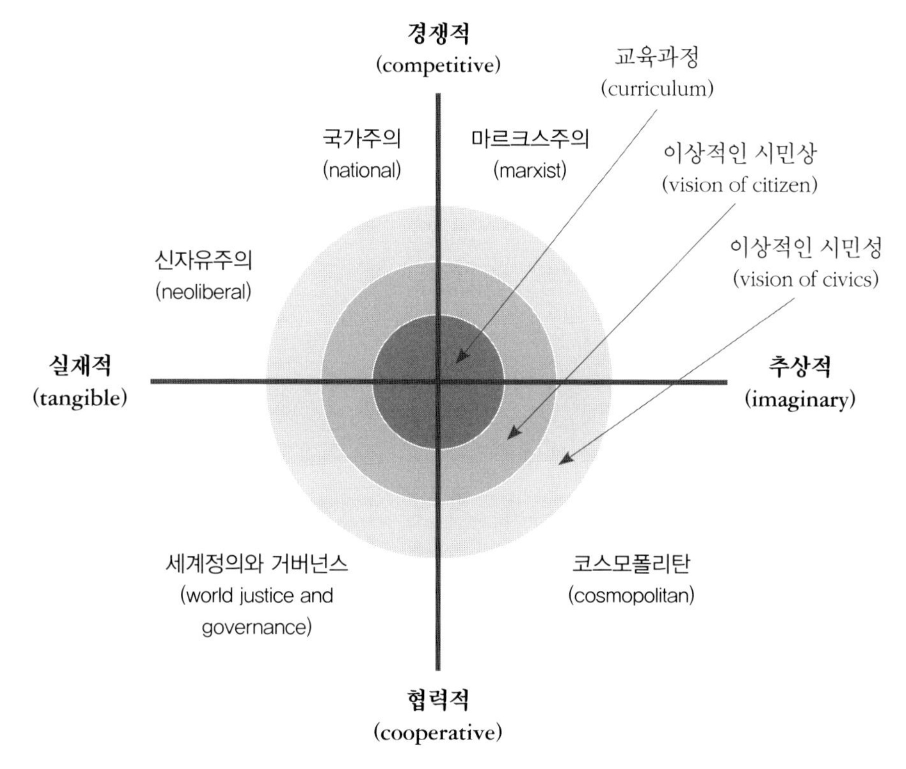

[그림 7-1] 세계시민성을 구성하는 다섯 가지 주요 담론

출처: Gaudelli (2009: 70).

구성하는 주요 담론들을 간략히 살펴보기로 한다.

가) 국가주의

국가주의(national)에 기초하는 세계시민성은 국민국가의 불가침 주권(inviolable sovereignity)과 국가 중심의 집단 정체성으로 구성된 시민성을 강조한다. 이 관점에서 보면, 세계는 지리적 · 역사적 · 문화적으로 나뉜 각 국가들이 서로 협력과 긴장관계를 끊임없이 지속하며 구성하는 각축장이며, 세계화는 이 세계 질서 내에 존재하는 국가 주체들의 불안정한 상호관계를 통해 형성된다. 따라서 국가주의는 끊임없이 변화하는 세계 질서에서 우위를 차지하기 위한 국가 경쟁력 확보를 강조한다. 이러한 맥락에서 시민성은 만인이 공유하는 보편적 가치에 기초하는 것이 아니라, 특정 국가의 지리적 · 문화적 경계 내에서 배타적으로 공유되는 국가 정체성(national identity)에 기반한다. 국가주의 담론에서 세계시민성은 각 국가의 집단 정체성을 전제로 타

국가나 국제 사회에 대한 이해를 추구하는 것을 목표로 하며, 이에 기초한 세계시민성 교육은 변화하는 세계 질서 속에서 국가의 이익을 위해 활동할 수 있는 경쟁력을 갖춘 시민 양성에 초점을 맞춘다.

나) 신자유주의

세계시민성 관점에서 볼 때, 신자유주의(neoliberal) 담론의 가장 중요한 특징은 이 관점이 상정하는 독특한 세계관이다. 냉전의 종식과 과학기술 및 교통의 발달로 형성된 세계화는 모든 '지역'을 하나의 '세계'로 서로 연결하였으며, 국민국가의 차원을 뛰어넘는 거대한 세계 질서를 형성시켰다. 신자유주의 관점은 이러한 흐름을 '세계'라는 거대한 시장(global market)의 형성이라고 상정하고, 각 국민국가는 이러한 시장 중심의 세계 질서 내에서 존재하며 기능한다고 파악한다. 이에 따라 신자유주의 담론은 세계 경제 질서의 유지와 발전에 모든 우선순위를 둔다. 자유시장에 대한 신뢰, 민영화, 자유방임주의 등과 같은 신자유주의의 대표적인 특징들은 이러한 우선순위에서 기인한다. 따라서 신자유주의는 시장 경제 중심으로 인간 주체와 생활세계를 끊임없이 재구성하고 변화시키는 시장 지향적 이데올로기(market-oriented ideology)이자 이와 연관된 다양한 사회적 역학관계의 통칭이라고 정의할 수 있다(Schmeichel et al., 2017). 이와 같은 담론에서 추구하는 시민상은 세계 경제 질서에서 두각을 나타낼 수 있는 경쟁력을 지닌 투자자 · 소비자 · 기업가 등이며, 세계시민교육은 이러한 역할을 할 수 있는 시민의 육성을 강조한다.

다) 마르크스주의

마르크스주의(marxist)는 신자유주의 담론이 상정하는 시장 경제 중심의 세계관을 강력하게 비판한다. 특히 이 담론은 시장 지향적 이데올로기를 중심으로 형성된 세계화가 지역 간의 불평등, 개발도상국의 노동 착취와 빈곤화, 경제 발전을 위해 이루어진 무분별한 자연환경의 파괴로 인한 생태계 및 기후 변화 등 현대 사회의 다양한 문제를 초래했다고 비판한다. 앞서 언급했듯, 이러한 마르크스주의는 그 성향이 다른 담론들에 비해 경쟁적이고 추상적인데, 이는 이 담론이 추구하는 계급투쟁이나 이를 위한 무산계급의 연대와 혁명 등과 같은 이상들이 매우 경쟁적이고 추상적이기 때문이다. 이 관점에 기초한 세계시민교육은 신자유주의적 세계화로 인해 발생하는 여

러 사회문제에 대해 비판적으로 사고하고 행동하며 이를 해결하기 위해 함께 연대할 수 있는 시민의 육성에 초점을 맞춘다.

라) 세계정의와 거버넌스

세계정의와 거버넌스(world justice & governance) 담론은 국제 사회의 협력을 통한 세계 평화와 정의 실현을 추구한다. 이 담론은 제2차 세계대전 이후 본격적으로 등장하였으며, 세계정의 실현을 위한 국제기구 설립과 국제 사법제도 구축에 큰 영향을 끼쳤다. 따라서 이 담론은 이러한 범세계적 시스템을 유지·활성화하기 위한 실천적 시민 활동을 강조한다. 이와 같은 특징은 이 담론이 지닌 실재적이며 협력적인 성향을 잘 드러낸다. 그러므로 세계정의와 거버넌스 담론에 기초한 세계시민성은 특정 국가 내에서만 공유되는 배타적 집단 정체성보다 인간의 보편적 권리와 가치 및 국제인권법에 기초한 세계 질서를 강조한다. 따라서 이 담론에 기초한 세계시민교육은 범세계적 시스템을 토대로 형성한 세계 질서와 보편적 가치를 이해·존중할 수 있는 시민의 육성에 방점을 둔다.

마) 코스모폴리탄

코스모폴리탄(cosmopolitan) 담론은 가치, 도덕성, 인도적 대우 등 다원적 민주주의 사회의 이상, '전 지구적 상호연관성'에 기초한 정체성, 그리고 이에 대한 개인적 책임을 중시한다. 세계화로 인한 지역 간 상호의존성의 심화는 개별 시민들에게 필연적으로 지역주민·국민·세계시민 등과 같은 다중시민성을 부여한다. 이러한 현상에 대해 신자유주의 담론은 이윤의 극대화를 추구하는 초국가적 시장 질서의 등장으로 설명하는 반면, 코스모폴리탄 담론은 전 지구적 문제 해결을 위해 필수적인 정치적·윤리적 근거로 설명한다. 따라서 이 담론은 국제 사회의 협력을 통한 세계 평화와 정의 실현을 추구한다는 점에서 세계정의와 거버넌스 담론과 유사하지만, 이와 같은 이상을 실현하기 위한 개별 행위 주체의 역할과 책임을 강조한다는 측면에서 차이가 있다. 이 맥락에서 강남순(2022: 46)은 코스모폴리탄의 세 가지 윤리적 의미를 다음과 같이 제시한다.

① 개별성의 윤리: 도덕적 관심의 가장 기본단위는 집단이 아닌 인간의 개별성

② 동등성의 윤리: 우리의 책임이 모든 개별인에게 동등하게 적용되어야 함

③ 보편성의 윤리: 도덕적 지위는 국가, 시민권, 성별, 계층, 인종, 성적 지향 등의 범주를 넘어 모든 이들에게 적용되어야 함

코스모폴리탄 담론에서 제시하는 시민윤리와 이상적인 시민상은 '전 지구적 상호연관성'을 위한 이상과 가치를 추구하며, 이를 성취하기 위한 끊임없는 대화와 협력을 강조한다는 점에서 협력적이고 추상적인 특징을 지닌다. 이에 따라 코스모폴리탄 담론에서 세계시민교육은 상호연관성에 기초한 '세계시민'의 정체성을 토대로 지역 간 정치 · 경제 · 문화적 불평등, 기후 변화, 환경오염, 지구 온난화 등과 같은 전 지구적 문제를 해결하기 위해 적극적으로 참여하는 시민의 육성을 강조한다.

이처럼 세계시민성을 구성하는 여러 담론들은 현대 사회에 필수적인 세계시민상을 다양한 방식으로 정의하며, 이는 세계시민교육의 구체적인 목표와 실천 방향을 구성한다. 하지만 여기서 중요한 점은 이렇듯 다양한 담론들이 교육의 실천적 영역에서 동등한 수준의 영향력을 갖지 않는다는 것이다. 특히 최근에는 세계화의 방향성이 신자유주의적 담론을 중심으로 진행되고 있으며, 이에 따른 생활세계의 재구조화가 세계시민교육의 실천 영역을 잠식하고 있다(Apple, 2012/2014; Biesta, 2014; Pashby et al., 2020). 국가 혹은 개인 간의 경쟁을 부추기는 신자유주의적 세계화와 이를 적극적으로 수용하는 세계시민교육의 형성은 오히려 기존 민주시민교육의 한계를 포함한 현대 사회의 다양한 문제들, 즉 생태계 및 기후 변화, 환경오염, 지구 온난화, 다양한 집단 간의 불평등 등을 심화시키고 있다. 이러한 현상은 역설적으로 UNESCO가 제시했던 인류의 지속 가능성에 대한 비관적 전망의 현실화인 셈이다.

현대 인류 사회의 비관적 전망을 극복하기 위한 세계시민교육의 실천은 이를 구성하는 다양한 담론들에 대한 폭넓은 이해와 더불어, 민주시민교육을 바라보는 시선의 근원적 변화 역시 필수적이다. 즉, 바람직한 세계시민교육은 구별, 배제, 경쟁에 중점을 둔 민주시민교육과는 다른 관점을 토대로 지속 가능한 사회의 형성을 위한 변화를 추구해야 한다. 그리고 이와 같은 지속 가능한 사회는 여러 집단들의 다채로운 정치 · 경제 · 문화 · 종교적 배경에서 비롯된 다양한 이데올로기들의 공존을 가능하게 하는 다원적 민주주의 사회일 것이다. 이러한 사회를 형성하기 위해서는 세계시민교

육이 제시하는 다양한 시민상과 지속 가능한 미래에 대한 교육자들의 치열한 고민이 반드시 필요할 것이다.

4. 다문화교육

세계화와 더불어 다문화 사회의 형성은 현대 한국 사회가 겪고 있는 또 다른 중요한 변화이다. 특히 이러한 사회적 변화는 동질적 민족 집단이라는 인식에 기반한 민주시민교육이 더 이상 지속될 수 없다는 한국 사회의 교육 현실을 보여 준다. 예를 들어, 한국의 최근 교육정책이나 교육과정을 검토한 여러 연구(김용한, 2020; 김한길, 소경희, 2018; 류영휘, 2022)는 동질적 인종 · 언어 · 문화적 정체성을 강조하는 교육정책이나 내용이 한국 사회에 존재하는 다양한 집단 간의 불평등을 정당화하고 있음을 밝히고 있다. 이는 현재 민주시민교육에 대한 근본적인 변화가 필요하다는 강력한 신호일 것이다.

이 절에서는 이러한 근본적인 변화를 위한 대안으로 다문화주의와 다문화교육을 살펴본다. 특히 다문화교육의 다양한 차원과 특징을 검토함으로써 다문화교육에 대한 이해의 폭을 넓히는 데 초점을 둔다. 이는 현대 한국 사회에 존재하는 다문화 현상을 파악하는 데 효과적일 뿐만 아니라 다문화와 연관된 여러 교육문제를 해결하는 데에도 필수적일 것이다.

1) 다문화 현상과 다문화주의

현재 한국 사회에는 많은 외국인이 살고 있다. 예를 들어, 외국인 노동자, 국제결혼, 한국계 중국인 등의 급속한 증가는 한국 사회가 점차 다문화사회로 전환되고 있는 현실을 보여 준다. 이와 같은 사회적 현상은 우리가 가진 '한국 사회'라는 통념, 즉 동질적 인종 · 언어 · 문화 등에 기반한 하나의 민족 국가라는 인식의 전환이 시급하다는 점을 나타낸다. 이와 같은 현실은 교육의 맥락에서도 예외가 아니다. 교육부 통계에 따르면, 2012년 46,954명이었던 초 · 중등 다문화 학생 수는 이후 급속도로 증가하여, 2022년에는 168,645명으로 집계되고 있다(교육부, 2022). 또한 다문화 학생 수

의 가파른 증가세는 앞으로도 지속될 것으로 예측된다. 한국 사회의 이와 같은 현실은 다문화 현상의 깊은 이해가 수반된 다문화교육의 필요성을 강조한다.

한편, 교육부는 다문화 현상에 대응하기 위해 2006년부터 '다문화가정자녀 교육지원 대책'을 수립하고 매년 다문화 학생 지원 계획을 제시하고 있다. 또한 이를 토대로 각 시 · 도 교육청에서는 지역적 특성을 반영한 다문화교육을 운영하고 있다. 하지만 이와 같은 다문화교육의 양적 팽창에도 불구하고, 현재 시행 중인 다문화교육에 대한 문제 제기 역시 끊이지 않는 실정이다. 특히 여러 연구들은 다문화교육의 여러 프로그램이 다문화 학생들의 한국 사회 적응에만 초점을 둔 동화교육이거나, 다양한 문화들 속에 있는 '다름'에 대한 성찰이 부족하다는 점을 끊임없이 비판하고 있다(강지영, 2022; 김한길, 소경희, 2018; 류방란, 2013). 이러한 분석은 다문화교육이 나아가야 할 방향성에 대한 고민과 더불어, 다문화 사회로 전환된 현대 한국 사회의 다양한 사회문제에 대한 고민을 함축한다.

다문화 현상을 적절하게 설명하고 대응하기 위한 노력은 다문화주의의 형성과 발전으로 이어졌다. 즉, 다문화주의는 인종 · 민족 · 종교 등의 차이로 인해 발생하는 현대 사회의 여러 가지 문제를 이해하고 대응하기 위해 제시된 여러 관점들을 포괄한다(Song, 2020). 그러므로 다문화주의를 접근하는 방식은 학자에 따라 매우 다양하다.[3] 여기서는 그중에서도 자유주의적 다문화주의와 비판적 다문화주의를 간략하게 검토한다.

자유주의적 다문화주의는 자유주의 이념을 바탕으로 다문화주의를 정당화하고자 한 시도다(Kymlicka, 1995/2010). 이는 모든 인간에게 보장된 개인의 자유와 권리를 전제한 상태에서 집단 간의 문화적 차이에 대한 논의를 전개한다. 이 관점은 개인의 평등한 자율성이 좋은 삶의 전제조건이며, 이러한 자율성은 문화적인 전제조건을 필요로 한다는 점을 강조한다. 즉, 자유는 우리가 살아가는 사회 · 문화적 맥락 속에서 행사되며, 개인은 자신에게 의미 있는 선택의 기회를 제공하는 문화가 형성된 사

3) 예를 들어, 다양한 집단들 간의 공존을 어떻게 이해하는가에 따라 대체로 보수주의적 다문화주의, 자유주의적 다문화주의, 좌파-자유주의적 다문화주의, 비판적 다문화주의로 구분하거나(May, 2009/2014), 상대주의적 다문화주의, 다원주의적 다문화주의, 동화주의적 다문화주의로 구분하기도 한다(Hill, 2007). 이 외에도 다양한 접근이 있지만, 큰 틀에서는 대체로 이와 같은 분류방식을 따른다.

회 속에서만 자신의 가치를 실현할 수 있는 좋은 삶을 살아갈 수 있다는 것이다(Song, 2020). 그러므로 다문화주의의 핵심 목표이자 특징은 우리 사회 내 다양한 집단들의 동등한 권리 혹은 기회균등을 보장하는 것이다.

반면, 비판적 다문화주의는 우리 사회 내 존재하는 구조적 불평등과 이를 끊임없이 재생산하는 권력관계를 비판하고 이러한 문제를 개선하는 방향에 대해 고민한다(May, 2009/2014). 특히 이 접근은 문화・정체성과 같은 개념들이 좋은 삶의 전제조건이라기보다는 오히려 현대 사회의 여러 문제를 초래하는 요인으로 작동한다는 점을 지적한다. 따라서 자유주의적 다문화주의가 강조하는 자율성의 문화적 전제조건이나 기회의 균등 정책 등과 같은 핵심 원리들은 오히려 주류 집단의 문화적 권위가 유지된 상태에서 여러 소수 집단의 문화적 차이를 인정하는 '시혜적 입장'으로 변질되는 경향이 있다고 비판한다. 더 나아가 이러한 시혜적 입장 속에서 '주류–비주류' 혹은 '다수–소수' 집단 간 불평등한 권력관계가 끊임없이 재생산되고 있다는 점에서 자유주의적 다문화주의가 지닌 한계는 분명하다는 점을 지적한다. 따라서 비판적 다문화주의는 다문화 현상을 정치・경제・문화・이념 등이 뒤얽혀서 형성된 집단 간 불평등 문제로 파악하고, 이와 연관된 다양한 개념들과 여러 사회적 현상들을 끊임없이 비판하고 재해석하는 것이 다문화와 관련된 사회・문화적 갈등을 해결하는 데 필수적이라고 분석한다. 이러한 관점은 자유주의적 다문화주의가 지닌 여러 문제점을 첨예하게 드러냈다는 점에서 유의미하지만, 다문화 현상과 연관된 모든 문제를 구조적 불평등 문제로 환원시킨다는 한계점 역시 존재한다.

2) 다문화교육의 다양한 차원과 특징

다문화교육은 다문화주의의 다양한 접근과 더불어 등장하고 발전해 왔다. 특히 초기 단계의 다문화교육은 1970년대에 벌어진 미국의 시민권리운동의 영향을 받았다. 이 시기 "다문화교육은 학교 개혁을 통한 인종, 민족, 사회적 지위, 언어에 따른 소수 집단 학생들의 교육 평등을 실현시키기 위한 접근"에서 출발하였다(Banks, 2009/2014: 7). 그리고 이는 모든 학생이 학교에서 동등한 교육기회를 얻어야 한다는 다문화교육의 핵심 원리를 형성하였다. 따라서 다문화교육의 주요 목적은 다양한 집단의 학생들에게 동등한 교육기회를 제공할 수 있도록 교육의 제도・과정・문화 등을 변화시키고, 이를 통해 사회 내 존재하는 다양한 집단 간의 불평등과 이에 파생된 여러 사회 문제를 해소하는 데 있다. 다문화교육을 접근하는 방식은 매우 다양하지만, 이와 같은 목표를 추구한다는 점을 함께 공유한다.

하지만 다문화교육의 주요 원리와 목표에 대한 합의와 별개로, 다문화교육의 범위와 경계에 관한 논의는 여전히 논쟁적이다(Banks, 2009/2014). 이는 다문화교육이 고려해야 하는 다양한 집단의 경계 설정이 쉽지 않다는 문제에서 비롯된다. 즉, 다문화교육의 범위에 대한 논쟁은 문화적 다양성이라는 용어가 설정하는 집단 경계의 기준이 모호하다는 데에서 비롯된다. 이와 같은 쟁점은 문화라는 용어가 지닌 복합적인 의미를 단적으로 드러낸다. 예를 들어, 문화집단들의 경계를 국가 내에 존재하는 여러 인종(다인종)이나 국가 혹은 민족(다민족)을 기준으로 설정할 수 있다(Kymlicka, 1995/2010). 반면, 이러한 기준을 넘나드는 문화적 소수자 집단들(여성, 성소수자, 장애인 등)을 다문화의 경계에 포함시키기도 한다(Song, 2020). 이와 같은 접근은 우리 사회 내에서 소수자 집단들이 독특한 문화를 지니며, 이를 전체 사회 내에서 존재하는 독립적 문화로 인식해야 한다는 관점에서 비롯한다. 그리고 이러한 관점은 문화적 소수자 집단들이 소수 인종이나 민족 집단과 마찬가지로 주류 사회로부터 억압받고 있으며 이를 해소하기 위한 투쟁을 지속해야 한다는 입장을 반영한다. 이렇

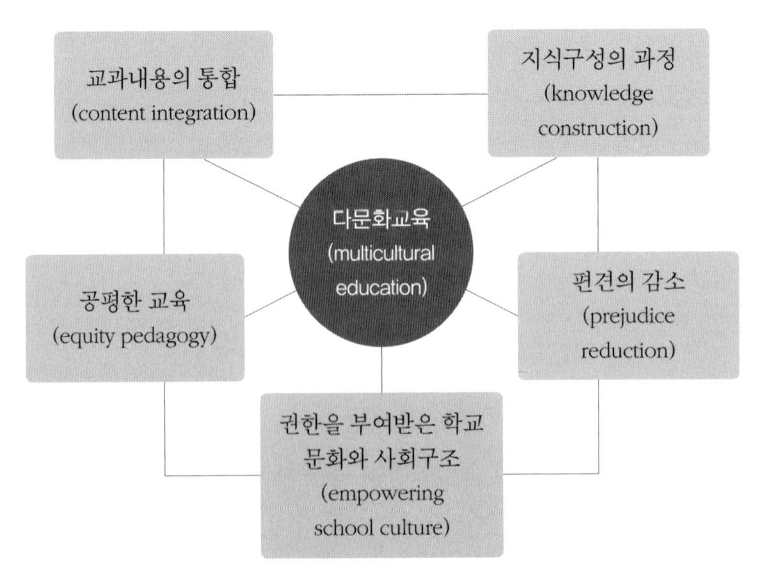

[그림 7-2] 다문화교육의 다섯 가지 차원

출처: Banks (2009/2014: 10).

듯 다문화 집단 경계의 모호성은 다문화교육 범위 설정의 어려움으로 이어진다. 다만, "다양한 문화집단이 각자의 정체성을 가지고 평화로운 상호작용을 한다"(Banks, 2009/2014: 24)라는 교육 목표하에, 뱅크스(Banks)는 다문화교육의 다섯 가지 차원을 다음과 같이 제시한다([그림 7-2] 참조). 상호 연관된 각 차원을 간략히 설명하면 다음과 같다.[4)]

먼저 **교과내용의 통합**은 교사들이 교과목의 개념, 목표, 내용 등을 설명할 때 어느 정도로 다양한 문화와 집단과 관련된 예시를 사용하는가를 의미하는 차원이다. 교과내용의 통합을 효과적으로 적용한다면, 여러 교과목에 다양한 문화집단들의 다채로운 관점과 내용을 논리적으로 자연스럽게 포함하는 것이 가능해진다.

지식구성의 과정은 교사들이 학생들에게 학문분야 내 존재하는 암시적인 문화적 가정(cultural assumption)이나 편견, 사고의 틀 등이 어떻게 해당 분야의 지식구성 과정에 영향을 주는지 탐구할 수 있도록 돕는 교육활동의 차원이다. 이는 지식 생산자나 연구자의 문화적 정체성이나 이념이 지식의 생성 과정과 분리될 수 없다는 현실을 고려하고, 이를 오히려 비판적으로 접근하는 것이라고 할 수 있다. 이를 통해 다문화교육은 교육과정이나 내용에 암시적으로 포함된 집단 간의 불평등한 권력 구조를 탐구하고, 이를 재구성하기 위해 노력한다.

공평한 교육은 교사들이 다양한 문화집단에 속한 학생들의 학업 성취도를 향상시킬 수 있도록 교육 방법과 접근을 수정하는 것을 의미하는 차원이다. 이는 다양한 인종 · 문화 · 민족 집단의 학습 특성에 적합한 교육내용이나 교수법을 적용하는 것이며, 이를 통해 주류 문화에 비해 상대적으로 소외된 여러 문화집단의 중요 요소들(다양한 집단의 역사 · 문화 지식이나 행동양식 등)을 고려한 교육을 수행하는 것이다.

편견의 감소는 학생들이 다양한 문화집단에 대해 민주적 태도를 가질 수 있게 돕기 위한 교육의 차원이다. 특히 이 차원은 학생들의 타문화집단에 대한 태도가 교육 방법과 내용에 의해 어떻게 변화될 수 있는지에 중점을 둔다. 따라서 다문화교육은 학생들에게 학교교육의 구성과 주류 집단의 태도나 신념이 다른 문화집단에 어떠한 영향을 주는지를 이해하도록 돕는 방식으로 작동한다. 이를 통해 다문화교육은 여러

4) 이후 설명은 뱅크스가 제시한 설명(Banks, 2009/2014: 10-12)을 다소 수정 · 보완한 것이다.

집단의 서로 다른 정치 · 경제 · 문화 · 종교적 배경과 다양한 이데올로기의 공존이 가능한 다원적 민주주의 사회의 형성을 추구한다.

마지막으로 **권한을 부여받은 학교문화**는 학교문화와 사회구조의 변혁과 개선을 통해 다양한 문화집단에 속한 학생들이 평등을 경험할 수 있도록 돕는 차원이다. 이는 학교 내 다양한 문화집단 간의 평화로운 상호작용을 추구하는 데 필요한 모든 활동, 즉 학교의 교육 목표 · 기준 · 관행에 반영된 문화적 편견 개선 활동 등을 포함한다. 이를 통해 다문화교육은 문화적 차이를 뛰어넘는 학교 구성원 간의 상호 존중 관계 형성을 추구한다.

이처럼 다문화교육의 다양한 차원은 다문화교육의 중요한 원리와 개념, 목표를 제시할 뿐만 아니라, 우리 사회에 존재하는 다양한 문화집단 간의 불평등한 권력 구조를 성찰하고 극복해 나가는 데 필요한 지침을 제공한다. 특히 한국 사회의 민주시민교육이 지닌 한계점, 즉 주류 문화의 지식 및 가치체계를 강조하는 구별과 배제의 논리를 극복하기 위해서는 다문화교육이 제시하는 다양한 차원을 고려하는 것이 필수적이다. 다시 말해, 동화주의적 교육이 주류사회에 속하지 못하는 집단을 사회적으로 배제하고 여러 문화집단 간의 경제 · 사회 · 문화적 불평등을 확대한다는 측면(Banks, 2016/2022)에서 다문화교육의 다양한 차원이 지닌 가능성에 대한 숙고는 우리에게 반드시 필요하다. 그리고 이는 여러 집단의 서로 다른 정치 · 경제 · 문화 · 종교적 배경과 다양한 이데올로기의 공존을 가능하게 하는 민주시민교육을 정립하기 위해 필수적일 것이다.

5. 나가며: 무엇이 지속 가능한 사회를 위한 민주시민교육인가?

지금까지 민주시민교육의 다양한 양태들과 이에 내포한 문제점을 살펴보고, 이를 극복하기 위한 대안으로 세계시민교육과 다문화교육에 대한 다양한 관점들을 검토해 보았다. 특히 이 글은 우리의 일반적 개념인식이 상정하는 민주시민교육과 시민성의 보편성과 중립성이 역설적으로 타자에 대한 불신 · 차별 · 증오로 이어지는 구별과 배제의 관점을 강화하며, 이것이 우리 사회에 존재하는 다양한 집단 간의 첨예한 갈등을 일으킨다는 점을 강조한다. 그리고 이를 해결하기 위한 대안적 접근으로

세계시민교육과 다문화교육의 다양한 논의에 대해 살펴보았다.

앞서 살펴보았듯이, UNESCO가 최근 발간한 교육의 미래 보고서에는 현재 우리 교육이 지닌 문제점을 명확하게 설명한다. 즉, 지금까지의 우리의 교육은 "부당한 불평등과 착취, 급증하는 여러 형태의 폭력, 사회적 결집력과 인간 자유의 침해, 계속되는 환경파괴, 그리고 위험하고 파국적일 수 있는 생물다양성 손실" 등과 같은 다양한 문제를 발생시켜 왔다(UNESCO, 2021/2022: 7). 이는 현재 민주시민교육의 태생적 한계, 즉 경쟁과 구별, 배제의 관점을 중심으로 하는 시민성 교육이 일으키는 다양한 사회문제와 일치한다. 따라서 민주시민교육의 태생적 한계에 대한 비판적 검토와 이를 극복하기 위한 대안적 교육실천의 방향성을 끊임없이 고민하는 것은 지속 가능한 미래 사회를 형성하기 위한 필요조건이다.

물론 이 글에서 살펴본 다양한 대안적 접근들, 즉 세계시민교육과 다문화교육을 구성하는 다양한 관점들은 현재 민주시민교육이 지닌 모든 문제를 해결할 수 있는 한 가지 확실한 '정답'이라고 보기는 어렵다. 그보다는 지금 우리가 의식적 혹은 무의식적으로 지닌 구별과 배제, 개별화된 경쟁의 관점을 어느 정도 완화하거나 대체할 수 있는 새로운 교육적 접근을 위한 여러 가지 가능성을 제시하고 있다고 할 수 있다. 그렇다면, 이러한 가능성 중에서 우리가 선택해야 하는 길은 무엇일까? 다시 말해, 어떠한 관점이 지속 가능한 우리 사회를 위한 민주시민교육인가?

이와 같은 질문의 대답으로 이 글은 특정한 대안적 접근을 강조하기보다, 과거와는 전혀 다른 방식으로 급격하게 변화하고 있는 우리 사회의 모습에 다시 한번 주목하고자 한다. 무엇보다 민주주의의 정립 이후 세계화로 인해 한국 사회에 자리 잡은 여러 인종 · 민족 · 문화 집단의 존재는 이전에는 없었던 다채로운 사회적 역동성을 형성하였다. 이는 우리 사회가 추구해야 하는 방향성이 서로 다른 배경의 개인과 집단이 평화롭게 공존하고 상호 협력할 수 있는 다원적 민주주의 사회임을 나타낸다(곽덕주, 2019). 이러한 사회를 구성하는 시민은 다양한 세계관과 가치관에 대해 개방적이고 포용적인 인식을 지니면서 우리 사회에 존재하는 여러 갈등과 맞닿아 있는 정치 · 경제 · 사회 · 문화의 중층적 구조와 이에 내재한 불평등을 개선하기 위해 적극적으로 노력하는 "정의지향적 시민(justice-oriented citizen)"일 것이다(Westheimer & Kahne, 2004). 물론 이러한 시민을 육성하기 위한 민주시민교육의 새로운 정립은 이 글에서 제시한 여러 대안적 접근의 검토와 더불어 우리 교육 전반의 다양한 변화가 이루어질 때 비로소 가능할 것이다. 즉, 민주시민교육과 관련된 다양한 영역의 철학적 · 법제도적 검토와 더불어, 국가 수준 교육과정의 변화, 학교를 포함한 여러 교육 현장의 변화를 위한 노력, 교육 실행의 주요 주체인 교사들의 인식 제고를 위한 교사교육 등이 유기적으로 상호 연관되어야 할 것이다. 그리고 이와 같은 교육적 변화를 이끌어 나가는 것은 교육자들이 우리 사회에서 반드시 이행해야 하는 윤리적 책무일 것이다.

토론 거리

1. 다양한 이데올로기의 공존을 가능하게 하는 다원적 민주 사회의 형성을 위해 민주시민교육이 추구해야 하는 시민상이 무엇이며, 이러한 시민상에 반드시 포함되어야 하는 요소가 무엇인지 토론해 보자.
2. 국가 간의 정치 · 경제 · 군사적 갈등이 날로 첨예화되고 있는 최근 세계 정세에서 세계시민성이 갖는 의미와 필요성이 무엇인지 토론해 보자.
3. 현대 인류 사회의 지속 가능한 미래를 위해 필요한 근원적인 변화가 무엇이며, 어떠한 세계시민교육이 이를 가능하게 할 수 있는지 고민해 보자.
4. 한국적 맥락에서 다문화교육이 고려해야 하는 다양한 집단의 경계와 범위를 어떻게 설정해야 하며, 이를 위해 반드시 고민해야 하는 사항이 무엇인지 토론해 보자.

더 읽어 볼 자료

Westheimer, J., & Kahne, J. (2004). What kind of citizen?: The politics of educating for democracy. *American Educational Research Journal, 41*(2), 237-269.

▶ 미국의 시민교육에서 주로 나타나는 이상적인 시민상과 교육 목표, 원리 및 실제에 대해 자세하게 분석한 문헌이다. 이 논문이 제시한 분석틀과 내용은 현대 시민교육의 다양한 실천 영역에서 폭넓게 활용되고 있다.

Gaudelli, W. (2009). Heurstics of global citizenship discourses towards curriculum enhancement. *Journal of Curriculum Theorizing, 25*(1), 68-85.

Pashby, K., da Costa, M., Stein, S., & Andreotti, V. (2020). A meta-review of typologies of global citizenship education. *Comparative Education, 56*(2), 144-164.

▶ 이 두 논문은 세계시민성과 세계시민교육을 여러 담론들을 자세하게 분석한 문헌들이다.

Banks, J. (2016). *An introduction to multicultural education* (6th. ed). 모경환, 임정수, 이경윤 역(2022). **다문화교육 입문**. 경기: 아카데미프레스.

▶ 다문화교육 분야의 대표적인 연구자인 뱅크스가 저술한 대표 저서다. 다문화교육의 개념 · 원리 · 이론 및 실제에 대한 기본적인 설명을 제시한 입문서다.

참고문헌

강남순(2022). **코즈모폴리터니즘이란 무엇인가: 함께 살아감의 철학, 세계시민주의**. 경기: 동녘.

강지영(2022). 비판인종이론(Critical Race Theory)이 한국의 교육과정 연구에 주는 시사점 탐색. **교육과정연구, 40**(2), 23-49.

곽덕주(2019). 민주 시민성의 조건으로서 성숙한 자기 관계: 타자 인정에의 욕구의 교육적 지위를 중심으로. **교육철학연구, 41**(3), 1-22.

교육부(2022). 2022년 교육기본통계 조사 결과 발표.

김동춘(2006). 한국의 분단국가 형성과 시민권: 한국전쟁, 초기 안보국가하에서 '국민 됨'과 시민권. **경제와 사회, 70**, 168-260.

김동춘(2013). 시민권과 시민성: 국가, 민족, 가족을 넘어서. **서강인문논총, 37**, 5-46.

김용한(2020). 지속되는 현상유지성(Status Quo)과 한국의 다문화교육: 2015 개정 교육과정 분석을 중심으로. **교육과정연구, 38**(4), 57-81.

김주환(2022). 시민교육의 한국적 특수성과 그 이율배반적 측면에 대한 검토: 시민성 개념을 중심으로. **교육철학연구, 44**(2), 31-51.

김한길, 소경희(2018). 한국의 다문화교육정책 문서에 나타난 다문화교육 성격의 변화 양상 분석. **다문화교육연구, 11**(2), 59-83.

류방란(2013). 다문화교육 정책과 교육 현실의 성찰. **다문화교육연구, 6**(4), 131-149.

류영휘(2022). 교육과정 속 타자화: 초등 교과서에 재현된 이주민에 대한 비판적 시각 분석. **교육과정연구, 40**(1), 131-155.

조상식(2009). 민주시민교육의 교육 이론적 지평. **교육사상연구, 23**(1), 209-228.

최장집(2010). **민주화 이후의 민주주의: 한국 민주주의의 보수적 기원과 위기**. 서울: 후마니타스.

Apple, M. (2012). *Can education change society?* 강희룡, 김선우, 박원순, 이현빈 역(2014). **교육은 사회를 바꿀수 있을까?** 서울: 살림터.

Balibar, É. (2001). *Nous, Citoyens d'Europe? Les frontieres, l'Etat, le people*. 진태원 역(2010). **우리, 유럽의 시민들? 세계화와 민주주의의 재발명**. 서울: 후마니타스.

Balibar, É. (2010). *La proposition de l'egaliberte*. Ingram, J. trans. (2014). *Equaliberty: Political essays*. Durham: Duke University Press

Banks, J. (2009). Multicultural education: Dimensions and paradigms. In J. Banks (Ed.), *The Routledge international companion to multicultural education* (pp. 9-32). 방명애, 김혜인 역(2014). 다문화교육의 차원과 패러다임. **다문화교육의 세계동향**(pp. 1-25.). 서울: 시그마프레스.

Banks, J. (2016). *An introduction to multicultural education* (6th ed). 모경환, 임정수, 이경윤 역(2022). **다문화교육 입문**. 경기: 아카데미프레스.

Biesta, G. (2014). Learning in public places: Civic learning for the twenty-first century. In G. Biesta, M. De Bie, & D. Wildemeersch (Eds.), *Civic learning, democratc citizenship and the public sphere* (pp. 1-11). London: Springer.

Gaudelli, W. (2009). Heurstics of global citizenship discourses towards curriculum enhancement. *Journal of Curriculum Theorizing, 25*(1), 68-85.

Hill, I. (2007). Multicultural and international education: Never the twain shall meet? *Review of Education, 53*(3), 245-264.

Kymlicka, W. (1995). *Multicultural citizenship*. 장동진, 황민혁, 송경호, 변영환 역(2010). **다문화주의 시민권**. 경기: 동명사.

Marshall, T. H., & Bottomore, T. (1987). *Citizenship and social class*. London: Pluto Press. (Original work published 1950)

May, S. (2009). Critical multiculturalism and education. In J. Banks (Ed.), *The Routledge international companion to multicultural education* (pp. 33-48). 방명애, 김혜인 역(2014). 비판적 다문화주의와 교육. **다문화교육의 세계동향**(pp. 26-40). 서울: 시그마프레스.

Pashby, K., da Costa, M., Stein, S., & Andreotti, V. (2020). A meta-review of typologies of global citizenship education. *Comparative Education, 56*(2), 144-164.

Schmeichel, M., Sharma, A., & Pittard, E. (2017). Contours of neoliberalism in US empirical educational research. *Curriculum Inquiry, 47*(2), 196-216.

Shin, G. (2006). *Ethnic nationalism in Korea: Genealogy, politics, and legacy*. Stanford, CA: Stanford University Press.

Song, S. (2020). Multiculturalism. In E. N. Zalta (Ed.), *The stanford encyclopedia of philosophy*. https://plato.stanford.edu/entries/multiculturalism (검색일: 2023. 2. 27.)

UNESCO (2021). *Reimagining our futures together: A new social contract for education*. 유네스코한국위원회 역(2022). **함께 그려보는 우리의 미래: 교육을 위한 새로운 사회계약**. 서울: 유네스코한국위원회.

Westheimer, J., & Kahne, J. (2004). What kind of citizen?: The politics of educating for democracy. *American Educational Research Journal, 41*(2), 237-269.

제8장

자기 탐구를 위한 미적 교육

최진

도입

취향에 대한 존중이 그 어느 때보다 개인의 삶에서 중요하게 다루어지는 오늘날, 때때로 우리는 모든 취향은 다 존중받을 만한 것인가, 혹은 취향에도 질적인 구분이 필요한 것은 아닐까 하는 질문을 던질 수 있다. 그런데 이 질문은 그 자체로 자아에 대한 성찰과 관련하여 중요한 교육적 질문일 수 있다. 우리가 어떤 대상과 마주하면서 내밀하게 무언가를 느끼고, 그 느낌과 감정에 대해 생각하는 바는 '나는 누구인가, 혹은 어떤 사람인가'에 대한 자기 탐구와 밀접한 관련을 가지기 때문이다. 교육적으로 흥미로운 지점은, 우리 자신에 대한 탐구가 어떤 매개체와의 진지한 만남을 통해 더 정교해지고 깊어질 수 있다는 것이며, 예술은 바로 이러한 만남을 위해 존재하는 인간의 활동 양식 중 하나라는 것이다. 이 장에서는 이러한 교육적 효과를 특별히 자기 탐구와 관련된 '미적 교육'이라고 이해하고, 이 교육의 특성을 탐색하며 일반 교과로의 확장 가능성을 살펴본다.

1. 현대 사회와 미적 교육

1) 미적 교육의 필요성과 세계적 동향

외형적인 아름다움을 구현하는 기술이 발달함에 따라, 오늘날 우리는 세련된 감각에 대한 취향과 자본주의적 욕망이 결탁된 시대에 살고 있다고 해도 과언이 아니다. 그래서 어떤 대상이 드러내 보이는 균형과 조화로움을 '아름다움'이라고 말할 수 있다면, 이 아름다움은 어느 때보다도 우리 가까이에 있다. 감각적인 포획이 더없이 중요해지다 보니, 외견상의 아름다움과 그것이 주는 만족감이 선택의 중요한 기준으로 작동한다. 이처럼 자극적인 화려함과 생생함이 주목받는 풍토에서 '감각'이라는 인간의 수용방식은 뜨거운 관심사로 등극할 수밖에 없다. 특히 이러한 관심사들이 현대인의 풍요로운 삶을 위한 요소들로 자리하면서, 우리는 무언가 보고 들으며 충족감을 느끼는 순간들에 삶의 소소한, 혹은 중요한 의미를 부여하기도 한다.

그러나 우리 마음 한구석에는 감각적 기쁨을 주는 외적인 세련됨과 매력이 과연 진정한 '아름다움'일까 하는 의구심이 남아 있다. 마치 외모가 아름다운 사람과 행실이 아름다운 사람 중 누가 더 아름다울까 하는 진부한 질문을 떠올리는 것처럼 말이다. 그러면서 세련된 감각을 새롭게 구현할 수 있는 첨단 기술시대를 살아가고 있지만, 여전히 내면의 아름다움이 아름다움의 '본질'에 더 가깝다고 생각하고 있는지도 모른다. 하지만 내면의 아름다움만이 진정한 아름다움이라고 답하는 것도 깔끔한 해법은 아닌 것 같다. 올바른 행동이나 덕이 있는 행실을 가리켜 아름답다고 할 때조차, 그러한 행위를 하고 있는 모습의 외양이 어떤 '감각적' 아름다움을 느끼게 하는 것인지, 혹은 주변의 유혹에도 불구하고 자신의 신념을 올곧게 지키는 '의지'가 숭고하게 느껴져 아름답다고 하는 것인지 명확히 구별하기 어렵기 때문이다.

그렇다면 아름다움과 도덕성은 온전히 별개의 영역일까? 이 질문은 인간의 삶에서 비교적 오랫동안 탐구되어 온 주제이다. 예컨대, '심미적(審美的)'이라는 표현을 생각해 보자. '미적'이라는 말 앞에 '살필 심(審)'이 접두어로 붙은 것을 보면, 우리는 미적 영역이 그저 감각적 아름다움과 관련되는 것이 아니라 무엇이 아름답고 추한지에 관한 '판단'을 동반해 왔다는 것을 짐작해 볼 수 있다. 즉, '심미적' 혹은 보통 '미적'이라

는 말이 가리키는 상황은 우선적으로 피상적인 감각 수준 이상의 어떤 생각이나 판단과 결부된다. 그런데 이 생각이나 판단이 아름다운 어떤 것을 추구하고 싶은 마음을 건드려 우리의 실천을 촉발한다면, 미적 영역은 결코 도덕적인 영역과 완전히 구분될 수 없을 것이다. 예컨대, 특정 행동을 하는 사람의 모습이 아름답다고 느껴져 그 모습을 따라 하고 싶다고 느낄 때처럼 말이다.

여기서 아름다움에 대한 판단과 도덕적 행위를 비롯한 실천과의 관련성을 논하는 까닭은, 이 문제가 생각보다 우리 삶에 중요한 교육적 과제일 수 있기 때문이다. 오늘날과 같이 삶의 조건이 복잡하고 혼란스러운 상황은 개인이 쉽게 답하기 어려운 가치판단의 문제를 자주 제기한다. 즉, '좋은' 삶을 추구하는 것은 '주어진' 도덕 법칙을 지키는 것만으로 충족되기 어려워 보인다. 오히려 나의 가치관에 따라 만족감을 느끼며 살아가는 것이 곧 좋은 삶으로 연결된다고 믿을 때 그편이 더 우리에게 현실적인 충족감을 줄 것이다. 그런데 각자의 가치관에 따라 판단하며 살아갈 뿐이라면, 그것이 어떻게 좋은 삶을 살고 싶은 지향과 연결될 수 있을까? 아마도 그 시작은 일상에서 겪는 일들을 단순히 수용하거나 회피하는 것이 아니라, 그러한 복잡함이 어디서 비롯되었는지 성찰해 보고, 특정한 선택을 하는 자신만의 이유와 의미를 구성하는 데서 비롯될 수 있을 것이다. 미적 교육은 바로 이 질문을 다룰 수 있다고 보인다. 이 장에서는 미적 교육이란 무엇이며, 그것의 어떤 특성이 도덕교육과 다른 방식으로 우리의 좋은 삶을 위한 교육에 기여하는지 살펴보면서, 미적 교육의 특성이 다른 교과에 확장될 수 있는 가능성을 살펴보고자 한다.

그렇다면 현재 미적 교육은 어떤 방식으로 이루어지고 있을까? 가장 전형적으로는 '예술교육'을 통해 나타난다. 이때 예술교육은 특정한 예술 장르에 대한 훈련이나 감상이라기보다는 모든 교과에 접근할 수 있는 '기초교과'에 가깝다. 여기서 기초교과란 학생들이 자신을 다양한 방식과 매체를 통해 '표현'함으로써 공동체 활동에 '참여'하고 다른 교과나 일상에서 배운 것들을 자신만의 방식으로 '창의적'으로 구성하는 데 도움이 되는 교과를 뜻한다. 다시 말해, 그림을 잘 그리거나 악기를 잘 연주하는 데 초점이 있는 것이 아니라 특정 매체를 통해 우리의 아이디어나 상상력이 가시화되는 과정을 목격하고 그것을 통해 나의 고유함을 경험하면서 다른 이들과 생각과 감정을 나누는 새로운 방식을 만들어 가는 것이다. 이러한 기초교과로서의 예술교육은 최근 유럽에서 정책적으로 장려되고 있다. 예컨대, 프랑스 교육부는 2015년부터 중학교 교육과정에 공통 기초과목을 강화하고 여기에 예술교과를 접목시켜 다른 교과와 통합할 수 있는 방안을 고안하고 있다. 그럼으로써 궁극적으로 '문화 역량'을 함양하고자 한다(이경언 외, 2016: 3). 이때 문화 역량은 단지 자신이 처한 문화를 습득하고 타문화를 이해하는 차원을 넘어, 오늘날의 자아가 처한 역동적인 상황을 대면할 수 있는 역량과 관련된다. 이를테면 지식과 정보가 쏟아지는 복잡한 현대 사회에서 구체적이고 특정한 맥락에 처해 있는 자신의 위치를 보다 넓고 깊은 맥락에서 가늠하는 능력, 그리하여 외부의 자극들을 자신의 삶을 이해하는 계기로 질서화하는 능력으로 이해될 수 있다.

우리나라의 2015 개정 교육과정에서도 '심미적 감성 역량'을 등장시킨 이래로 문화 역량을 강조하는 세계적 동향에 합류하고 있다. 구체적으로 우리 교육에서 심미적 감성 역량은 다양한 가치에 대한 개방적 태도, 반성적 성찰을 통한 공감적 이해, 문화적 소양과 감수성을 통한 삶의 의미와 사물들의 아름다움 및 가치 발견 등을 바탕으로 질 높은 삶과 행복을 누릴 수 있는 능력이라고 언급된다(교육부, 2016: 36). 결국 문화 역량을 위해 예술교육을 강조하는 이유는 민감한 감수성과 세상을 지각하는 섬세한 감각을 길러 주는 것과 관련된다고 할 수 있다. 그리하여 세계적으로 예술교육에 대한 국가적인 관심과 지원이 증가하고 있고 우리나라의 경우도 대부분의 학생들이 1인 1악기 활동을 할 수 있도록 지원할 뿐만 아니라, 민간 부문 및 문화예술단체에서 수행하는 예술교육사업과 학교 간의 협력 시도들 또한 눈에 띄게 증가하고 있다.

2) 예술의 교육적 힘을 제시하는 이론적 토대

이처럼 기초교육으로서의 예술교육은 특정한 학생을 위한 예술교육이 아닌 '모든' 학생을 위한 예술교육으로 자리매김하고 있다. 그렇다면, 모든 학생을 위한 예술교육의 이론적 토대는 어떻게 제시될 수 있을까? 대표적으로 참조되는 학자는 존 듀이(J. Dewey)다. 그는 예술이 일상과 분리되는 것을 문제 삼으면서, 삶의 생생한 '경험'을 회복하려면 반드시 미적 성질의 회복이 요청된다고 주장한다. 그가 강조하는 미적 성질이란 우리의 산만한 일상을 하나의 정서와 질성(quality)으로 통합하는 것과 밀접하다. 미적 성질은 산재한 경험의 조각들을 의미 있는 '하나의 경험'으로 묶는 의식작용에서 비롯되기 때문이다. 우리의 삶에는 언제나 갈등과 긴장이 있고, 혼란함

속에서 조화를 찾는 것이 반복된다. 일상의 경험 속에 내재해 있는 리듬을 발견하고 그때마다 의미를 생성해 낼 수 있을 때, 미적인 경험을 하게 된다. 그러나 대개 우리는 바쁜 일상에 떠밀려 감각지각들을 그냥 흘려보내거나 이미 다 아는 것을 보듯 건성으로 인식하면서 무미건조한 삶을 살아간다. 그 결과 미적인 경험이 지각하게 해주는 리듬은 눈치 채지 못한 채 사라지게 된다.

일상 경험과는 달리 예술작품은 산만한 요소들을 제거하고 우리 삶에 내재한 리듬을 추출하여 느끼기에 적합한 방식으로 고안된 의식적인 산물이다. 마치 고난과 극복이 반복되는 소설 속의 주인공들의 이야기를 읽을 때 우리의 감정적인 참여가 특정한 통찰이나 깨달음을 주는 것처럼 말이다. 경험의 끝에 우리는 주인공들과 함께 감정의 역동을 겪으면서 그들과 함께 성장하고 성숙한 듯한 느낌을 받는다. 이러한 경험은 지금까지 일어났던 일들과 앞으로 일어날 일들에 대한 관련성을 끊임없이 생각하는 사고의 과정을 동반한다. 그런 점에서 지적(intellectual) 과정이기도 하다. 이처럼 인간에게 의미 있는 지적 경험은 미적인 성질을 지닐 뿐만 아니라 어떤 정서를 느끼는 것과도 분리될 수 없다. 듀이는 이처럼 우리가 겪는 수동적인 경험과 능동적인 경험들의 관계를 연결할 수 있는 '지각(perception)'을 강조하면서, 삶의 생명력을 회복하는 데 중점을 둔다. 현대인에겐 생명력이 특별히 강조될 만하다. 왜냐하면 과도하게 많은 감각지각들이 우리를 덮쳐 와 수동적인 영역이 극대화되고 능동적인 영역이 파편화됨으로써, 더 이상 수동성과 능동성 사이의 관련이 적극적으로 정립될 수 없기 때문이다. 예컨대, 우리는 미디어를 통해 이전보다 훨씬 많은 서사와 영상들을 소비하며 살아가지만, 그 이야기와 이미지들을 우리 삶의 활기를 위해 내적으로 종합하는 능동적 에너지는 충분히 발휘하지 못하고 있다.

감각과 지각을 강조하는 철학적 접근은 특히 우리의 몸과 감정, 느낌 등을 소홀히 한 주지주의적 교육을 비판적으로 성찰하는 이론적 자원으로 활용된다. 온전한 삶이란 인지뿐만 아니라, 감각과 정서를 함께 돌보고, 그로부터 자신과 세계를 이해하게 될 때 가능하다는 것이다. 그러한 주장은 감각지각적인 '앎'이나 대상과의 '관계 맺음'이 보다 근원적인 인식 방식이자 존재 방식이라는 주장으로 이어진다. 이러한 주장을 펼친 대표적인 학자는 마르틴 하이데거(M. Heidegger)다. 그는 『예술작품의 근원(Der Ursprung des Kunstwerkes)』에서 사물의 진리를 파악하는 일이란 주체가 대상을 포획하는 대신에 사물이 자신의 질료를 통해 드러내 보이는 측면을 순간적으로 감각

할 때 가능하며, 그러한 감각도 결코 완전한 것이 아니라 잠정적이라고 주장한다. 하이데거는 이러한 앎의 방식을 시적(poetic) 방식으로 특징화한다. 시적인 앎의 방식은, 사물과 그것을 알고자 하는 주체가 위계적인 관계로 맺어지지 않을 때, 즉 주체가 사물을 자신의 목적을 위한 대상으로 몰아세우지 않을 때 가능해진다. 하이데거는 시적인 방식의 앎이 합리적 인식보다 더 근원적이라고 제시하면서, 궁극적으로 인간의 '인식'이 가지는 협소함을 인정할 것을 요청한다.

범주화되고 구획된 인식 대신에 지각과 감각을 통해 사물과 관계를 맺어야 한다는 논의는 한 걸음 더 나아가 우리의 존재 방식과 관련된 새로운 교육의 필요성을 제기한다. 이때의 존재 방식은 특정한 목적을 위해 수단의 단계로 존재하는 것이 아니다. 예컨대, 우리는 빗자루가 마당을 쓸기 위한 도구로 생겨나는 것처럼, 어떤 직업을 가지거나 특정한 일을 하기 위해 태어나 존재하는 것이 아니다. 인간으로서의 우리는 목적과 의미를 향해 열려 있지만, 다만 아직 규정되지 않은 상태, 즉 실존으로 특징화될 뿐이다. 실존의 존재 방식을 보여 주는 대표적인 상태가 바로 예술작품이다. 예술작품은 특정한 외형을 지닌 채 세상에 던져지지만, 무엇을 의미할지에 대해서는 항상 열려 있기 때문이다. 이 특정한 외형은 하나의 의미로 규정될 수 없다고 하더라도, 자신을 감각하고 지각할 누군가에 의해 존재 의미를 가질 가능성을 지니면서 존재하고 있다.

현상학자 모리스 메를로-퐁티(M. Merleau-Ponty)는 사물이 아닌 인간이, 앞에서 말한 작품처럼 '실존하는 방식'이란 무엇인가에 대해 논의한다. 그 실존의 상태는 곧 '표현적인 상태'이다. 여기서 표현이란 관습적인 말이 아니라, 새로운 자기만의 말을 하는 상태다. 메를로-퐁티의 주요한 관심 중 하나는 이러한 표현 행위가 '현상'하는 동안 우리가 우리를 둘러싼 다른 이들과 어떻게 연결되어 있느냐 하는 점이다. 그는 우리가 표현을 통해 말을 거는 타인과 그 표현을 하고 있는 우리 자신이 한 치의 양보도 없이 연결되어 있다고 말한다. 왜냐하면 우리의 표현 행위는 그 표현을 보고, 듣고, 이해할 타인의 '능력'을 전제로 하기 때문이다. 만일 우리가 말을 할 때 그 말을 듣는 이가 이해할 수 없다고 가정한다면, 우리는 침묵할 것이다. 그리하여 메를로-퐁티는 우리가 무언가 표현하고 알아볼 때 서로 '지각하는 것'과 '지각되는 것'이 명확히 구분할 수 없을 정도로 서로 엮이게 된다고 말한다. 즉, 서로 소통하고 이해한다는 것은 기본적으로 경계를 알 수 없는 지각을 토대로 한다는 것이다. 이러한 주장은 우선

적으로 합리적이고 독립적으로 인식하고 판단할 줄 아는 근대의 '개인'이라는 이상이 얼마나 허구일 수 있는지 생각하게 한다. 오히려 명료한 인식을 넘어 몸으로 연결되는 세계가 보다 근원적으로 우리를 형성하고 변화시켜 왔다는 것이다. 동시에 관습적이고 익숙해져 버린 '남'의 말이 아니라 살아 있고 생생한 방식으로 '나'의 표현을 하는 것이 우리 실존에 어떤 생기를 줄 수 있을 것이라고 말한다.

이처럼 예술이 가지는 교육적 힘은 관습화되고 익숙해진 감각에서 '벗어나는' 것과 밀접한 관련을 가진다. 그러한 벗어남의 방식은 그동안 감각하지 못했던 섬세한 지각을 경험하는 것에서 가능하기도 하고, 때로는 굳어진 인식 체계와 당연하다고 믿어 온 지각 방식을 뒤흔드는 데서 비롯되기도 한다. 그렇다면 뒤흔들린 혼돈의 상태가 교육적인 이유는 무엇일까? 그것은 이 혼돈이 우리가 그간 당연하다고 인식해 온 나를 둘러싼 환경들을, 어떠한 가능성들이 극히 '일부'로서 표출된 결과로 보도록 하기 때문이다. 이러한 관점은 특히 후기 구조주의 철학자 질 들뢰즈(G. Deleuze)에 의해 대표된다. 들뢰즈는 '존재'하는 모든 것은 발생하고 형성되며 소멸하는 '변화'의 차원에 있으며, 인간은 변화의 한 국면을 마치 그 변화가 정지된 것처럼 인식하는 것일 뿐이라고 제안한다. 예컨대, 우리는 종종 매일 아침 일어나 세수를 하고 출근하는 '똑같은 날'들이 '반복'된다고 말한다. 하지만 그 하루하루가 단 한 번이라도 똑같은 적이 있었을까?

들뢰즈는 이러한 반복에 '차이'가 있음을 지각하는 데 예술이 필요하다고 말한다. 그리하여 그는 궁극적으로 우리의 앎이나 견해의 대상이 되는 세계가 확고하고 결정된 상태가 아니라 끊임없이 변화하고 있으며, 우리는 반복되는 어떤 단면들을 마치 정지한 것인 양 잘라 내어 체계화할 뿐임을 자각해야 한다고 주장한다. 그렇다고 해서 들뢰즈가 인간이 세계를 질서화하는 행위 자체를 무의미하다고 보는 것은 아니다. 인생의 시작과 끝이 있음을 아는 인간이 스스로의 안정적인 삶을 위해 변화무쌍한 환경을 반복적인 것으로 인식하고 단순화시켜 질서화하는 것은 오히려 필수적인 일일지도 모른다. 그러나 인간의 특정한 앎이나 세계관이 유일하다고 믿고 그렇게 고착될 때 여러 위험이 발생할 수 있기 때문에, 어느 순간 기존 질서를 무너뜨릴 감각이 필요하며 그 혼돈은 새로운 질서를 만들 토대가 된다. 물론 새로운 질서는 언젠가 또 무너지기 위해 잠정적으로 마련되는 것일 뿐이다.

이때 새로운 질서의 필요성을 느끼기 위해, 즉 기존의 질서를 흔들기 위한 균열을 발생시키기 위해 어떤 '충격'이 필요하다. 들뢰즈는 이 충격을 우리의 몸을 '변형'시킬 만한 '감각'으로 특징화한다. 여기서 감각 혹은 지각은 듀이의 그것보다 훨씬 더 인간의 능동적 수행의 차원을 벗어나게 된다. 왜냐하면 이때 몸이 변형된다는 것은, 마치 늘 보기만 하던 우리의 눈이 듣는 것 같고 늘 듣던 우리의 귀가 보는 것처럼, 우리의 감각기관이 뒤섞이고 교란될 만큼의 '사건'으로 특징화되기 때문이다. 들뢰즈는 이 감각이 사유를 거치지 않고 직접적으로 우리 몸에 덮쳐 오는, 어쩌면 고통과 같은 충격이라고 주장한다. 그러나 이 충격은 이내 우리가 해석해 내야 할 일종의 '기호'가 된다.

지금까지 언급한 학자들 외에도 예술이 인간에게 미치는 힘을 모종의 교육적 의미로 이해하고 설명하고자 하는 이들은, 미적인 영역과 도덕적인 영역을 구분하지 않았던 고대 학자들의 논의부터 사유 방식의 미적 전회를 주장한 현대 철학자들의 논의까지 광범위하게 참조하고 있다. 감각을 통해 세계를 새롭게 느끼고 질서화하도록 돕는 미적 교육의 목적은, 창의성이나 상상력 혹은 자유로운 표현력의 함양이나 공감 및 치유의 기능과 관련되어 제시되기도 하며, 더 급진적으로는 주류 담론에 대한 저항이나 당연한 것들을 전복하는 시적(poetic) 인식 및 표현의 정치적 힘을 기르기 위한 것으로 나타나기도 한다.

이어지는 논의에서는, 예술의 교육적 힘을 우리 자신의 '감각'과 '지각'을 통한 내적 변화로 간주할 수 있다면 그 원리가 무엇일지 탐색해 보고자 한다. 그리고 그것을 왜 미적 교육으로 명명할 수 있는지 살펴볼 것이다. 이처럼 개인의 감각과 경험을 중시하는 경향성은 인지적인 앎을 강조하는 '지식' 중심의 교육을 넘어 개인의 체험과 구성, 그리고 실천을 추동하는 '이해'를 향한 교육적 패러다임으로의 전환과도 맞닿아 있다. 그리고 이 전환은 불확실한 미래 사회에 유연하게 대응하여 살아갈 수 있는 개인의 변형적 역량(transformative competency)의 함양을 겨냥한다. 여기에 미적 교육이 기여할 수 있다면, 그것은 우리가 살아가며 받아들이는 외적 자극들에 어떻게 반응하고 얼마나 다양하고 깊게 해석할 수 있느냐 하는 문제를 다룰 수 있기 때문일 것이다.

2. 미적 교육의 연원

이처럼 미적 교육은 우리가 감각하고 느낀 감정에 '대하여' 생각하는 방법을 배우

는 것과 밀접한 관련을 맺는다. 그러므로 '예술교육'의 목적과 방식이 어떠하든지 간에, 그것이 우리의 감각과 사유를 건드리고 재구성하는 것이라면, 그 과정은 '미적 교육'을 경유할 수밖에 없을 것이다. 일반적으로 예술교육의 목적은, 단지 어떤 대상을 아름답다고 느끼거나 향유하는 것, 혹은 작품을 만들거나 감상하는 것을 넘어, 우리 각자가 자신의 마음속에서 느끼고 있는 것에 대하여 성찰하며 자기 자신과 주변을 새롭게 이해하고 형성해 가는 것과 관련되기 때문이다. 이렇게 볼 때 미적 교육은 우리 각자가 무언가 느끼는 것으로부터 스스로와 '대화'할 수 있는 능력을 함양하는 것이라고 할 수 있다. 다음으로는 이처럼 우리 자신과 대화할 수 있는 능력을 함양하는 것을 왜 '미적' 교육이라는 말로 표현할 수 있는지 살펴보자.

1) '미적' 개념의 근대적 특성

미술관이나 박물관과 같은 공간이 다소 특별한 곳으로 우리 삶에 자리하게 된 것은 '미적인 것(the aesthetic)' 혹은 '감성적인 것'이라는 개념이 재조명된 역사와 관련이 깊다. Aesthetic이라는 용어는 고대 그리스에서 'aisthesis'라 사용되면서 '신체'와 관계된 감각적 지각을 뜻하던 데 반해, 근대의 사상가인 칸트에 이르러 '인식'과의 연관 속에서 논의되기 시작하였다. 즉, 아름다움을 느끼는 인간의 마음을 그저 감각이나 감정으로 보지 않고 다른 인식작용과 구분하여 독자적으로 이해하려는 접근이 생겨난 것이다. 이러한 변화는 이전과 다른 국면으로 접어든 '근대적' 세계관과 결부되어 이해될 필요가 있다. '미학'이 학문으로서 정립되고 새롭게 주목받은 시기가 바로 서구 사상사에서 근대의 세계관이 정립되던 시기이기 때문이다. 이러한 근대적 세계관의 특성은 칸트의 세 가지 판단 기획을 통해 엿볼 수 있다.

칸트는 '비판' 기획을 통해 인간 정신 능력의 가능성과 한계를 탐색하면서 인간과 세계가 관계 맺는 방식을 새롭게 규명하고자 애썼다. 이를 위한 저서들이 바로 『순수이성비판(Kritik der reinen Vernunft)』, 『실천이성비판(Kritik der praktischen Vernunft)』, 그리고 『판단력비판(Kritik der Urteilskraft)』이다. 이 저서들은 각각 인간의 '인지적', '실천적' 능력과 '심미적' 판단 능력에 관해 다루고 있다. 그런데 그보다 더 중요한 것은 이 능력들을 각기 분리하여 설명할 필요가 있다고 느꼈다는 데 있다. 왜냐하면 과거에는 진리(진), 좋음(선), 그리고 아름다움(미)이 신을 비롯한 궁극적 근원과 닿아 있는

'하나'의 통합적이고 궁극적인 원리로 이해되었기 때문이다. 그러나 신에 기대지 않고 인간 스스로 '진리'와 '좋음', 그리고 '아름다움'을 식별할 수 있으며, 이 세 가지 영역은 각기 서로 다른 고유의 논리와 발전 방식을 가진다고 보는 것 자체가 형이상학적인 '총체성'으로부터 결별하는 행위였다. 다시 말해, 이 궁극성과 총체성을 종결짓는 행위가 세 가지 영역과 능력을 분리하여 설명하려는 '근대적' 실천으로 나타난 것이다.

특히 세 번째 비판서인 『판단력비판』에 등장하는 아름다움을 판정하는 능력인 '미적 판단' 혹은 '취미 판단'에 대한 개념은 다른 어떤 개념보다 '근대적' 인간의 특성을 두드러지게 보여 준다. 왜냐하면 이전에 인간이 아름다움을 느끼는 것은 어떠한 '대상'이 아름다움을 느끼게 하는 특성을 가지고 있기 때문에 가능한 것이라고 보았다면, 칸트를 비롯한 근대 철학자들은 대상의 특성 때문이 아니라 그렇게 느낄 수 있는 인간의 고유한 인식 능력 때문이라고 보았기 때문이다. 즉, 근대 철학자들의 관심은 아름다움을 느끼고 판정하는 기관으로 간주된 인간의 '내면'에 있었다. 이 인간의 내면에 대한 강조를 통해 개인의 '고유성'이 부각된다. 왜냐하면 누군가에게는 아름답다고 느낄 수 있는 것이 또 다른 누군가에게는 그렇지 않은 것으로 느껴질 수 있기 때문이다. 혹은 최소한 그 아름다운 느낌이 동일하다고 말할 수 없게 된다. 그럼에도 불구하고, 칸트는 우리가 무엇인가를 아름답다고 느낄 때 그 느낌을 다른 누군가에게 강요할 수는 없지만 동의를 요청할 수는 있다고 주장한다.

그러나 칸트는 아름다움에 대한 동의를 요청할 수 있는 이유가 수학적 진리와 같이 언제나 영속적으로 존재하는 개념이나 법칙 때문이 아니라고 주장한다. 오히려 우리가 아름답다고 느끼는 상태를 촉발하는 어떤 대상은 이미 알고 있는 개념이나 도식으로 포착될 수 없는 고유하고 특수한 일회적 사건에서 비롯된다. 그래서 '모든 꽃이 아름답다'고 말하는 것이 아니라, '내가 오늘 본 그 꽃이 아름답다'고 말하게 된다. 이 일회적 사건, 즉 단칭 판단은 개인적으로만 접근 가능한 단순한 쾌락이 아니라, 개인 안에 불러일으켜진 감정에 대해 성찰(reflection)하는 과정을 필요로 한다. 즉, '미적'이라는 말은 대상의 아름다움을 뜻하는 것이 아니라 내 안에 불러일으켜진 감정을 다시 돌아보는 것, 다시 말해 나를 느끼는 것으로 특징화되는 것이다.

미적 판단의 이러한 특성을 칸트는 '반성적 판단(reflective judgment)'으로 규정한다. '반성적 판단'은 우리가 일반적으로 무언가를 인식하는 '규정적 판단(determining judgment)'과 다르다. 규정적 판단은 무언가 특정하고 구체적인 것을 지각할 때 그것

이 무엇인지 인식하기 위하여 이미 알고 있는 개념이나 원리에 포섭시킨다. 그러나 반성적 판단은 특수하고 구체적인 대상을 직면했을 때 그것을 포섭할 수 있는 개념이나 원리를 찾지 못하여, 각자의 주관에서 그것을 새롭게 이해하려는 노력을 수행하는 것이다. 반성적 판단은 특수자(the particular)를 포섭할 보편자를 탐색한다는 의미에서 '귀납추리'와 같은 것으로 간주될 수도 있다. 그러나 반성적 판단은 우리가 경험을 통해 확인할 수 '없는' 문제와 관련된 특수자에 관한 것이라는 점에서 귀납추리와 구별된다(하선규, 2004: 178). 예컨대, 역사적 사건의 '의미'나 어떤 외양에 대한 '인상'처럼 판단을 내리게 해 줄 '개념이 없는' 문제에 대해서는 우리의 마음속에 떠오른 감정 혹은 어떤 이미지에 기반을 둔 반성적 판단을 하게 된다는 것이다.

사실 칸트는 반성적 판단력을 통해 개인의 취향이나 고유성을 강조하는 것보다 우리의 감성이 인지적 능력 및 실천 능력과 완전히 구분되지 않을 가능성에 더 많은 관심을 가졌다. 왜냐하면 칸트의 궁극적 지향은 단순히 인간 정신 능력의 가능성과 한계를 따지는 것을 넘어, 더 이상 신에 의존하지 않는 인간이 어떻게 도덕적인 원리와 법칙을 '자율적'으로 따를 것인지를 탐색하는 데 있었던 것으로 보이기 때문이다. 미적 판단 능력은 바로 그러한 탐색의 중심에 있는 것이었다. 미적 판단에 의하면 도덕적 원리나 법칙을 추구하는 삶은 법칙의 강제성 때문이 아니라, 우리 자신이 그것을 아름답다고 여기기 때문에 자발적으로 가능해지기 때문이다. 이처럼 외적으로 부여된 도덕적 원리가 아닌, 각자의 내면에서 아름답다고 느끼는 것을 스스로 규정하고 따를 수 있는 인간이 근대의 이상적 인간상으로 상정된다. 바로 이 지점에서 미적 교육에 대한 근대의 아이디어가 시작되고 또 변용된다고 할 수 있다.

2) 미적 교육의 이상

칸트 이후, 미적 교육이라는 아이디어를 수면 위로 끌어올린 것은 바로 프레드리히 실러(Friedrich Schiler, 1759~1805)의 『인간의 미적 교육에 대한 서한(Letters Upon the Aesthetic Education of Man)』이었다. 실러는 칸트에게 많은 영향을 받았지만 독자적인 주장 또한 펼치고자 했다. 실러에게는 '미적 인간'이 칸트의 주장처럼 도덕적 인간이 되기 위한 매개 단계가 아니라, 오히려 더 인간다움을 통합적으로 보여 주는 최종적 이상에 해당한다는 것이다. 칸트에 대한 실러의 태도가 계승인지 변용인지에 관해서는 다소 논쟁이 있어 왔으나, 여기서 주목하고자 하는 부분은 그가 왜 미적 인간을 당시의 피폐해진 인간성을 회복하기 위한 대안으로 제시했느냐 하는 점이다. 이 지점은 미적 개인이 모이면 미적 공동체를 이룰 수 있다는 정치적 기획이기도 하지만, 미적 교육이 누구에게나 이루어져야 할 보편 교육이어야 한다는 교육적 기획이기에 주목할 필요가 있다.

실러가 미적 교육에 대해 관심을 가진 것은 근대 혁명기, 자유를 위해 피를 흘린 인간들의 삶이 그다지 자유롭지 않다는 것을 목격하는 데서 비롯된다. 혁명을 이룰 만큼 내면이 성숙하지 않은 인간들이 이룩한 사회는 가히 혼란스러웠다. 특히 실러가 보기에 이 혼란은 두 가지로 나타났는데, 교육받은 계층은 '형식'을 중시하여 인위적인 방식으로 도덕적인 삶을 사는 척하는 데서, 그리고 교육받지 않은 계층은 자연적인 충동에 근거하여 '감각'에만 몰두하는 삶을 사는 데서 각기 자유롭지 못한 삶을 살고 있었다.

이러한 양극단의 불일치를 해소하는 접근으로서 실러는 이성과 감성이 조화로운 인간상, 자연과 자유가 통합되어 있는 인간상을 제안한다. 이는 칸트가 말한 미적 판단의 상태, 즉 지성과 상상력이 유희하는 인식상태를 인간의 존재 방식으로 확장 혹은 변용한 것으로 이해할 수 있다. 칸트의 미적 판단 상태는 우리의 상상력이 개념이나 법칙에 종속되지 않으면서도 환상에 매몰되지 않는, 그리하여 자신의 감각과 감성에 의해 지성이 조화로운 상태를 상정한다. 실러는 바로 이러한 인식의 상태가 인간다움이 실현된 상태라고 주장한다. 인간에게는 자신의 주변을 질서 짓고 추상화하려는 형식 충동과 무언가를 물리적으로 느끼고자 하는 감각 충동이 모두 존재하는데, 이 두 가지가 조화를 이루는 유희 충동이 일어날 때 어떤 것에 종속되거나 지배되지 않는 자유로움을 느끼게 된다는 것이다. 이때 두 가지 충동은 무엇이 무엇보다 우위에 있는 것이 아니라 서로가 서로를 필요로 하는 상호의존적인 관계다. 이러한 자유로운 인식 혹은 존재 방식에 대한 관심은, 마치 이성에 감성이 복속되듯이 지배계층이 하위계층 위에 군림하는 관계가 아닌, 공동체 간의 조화로운 관계에 대한 정치적 지향으로 이어지기도 한다.

또 한 가지 흥미로운 점은, 실러는 이러한 이성과 감성의 조화를 '인격(person)'과 '상황(condition)'의 상호작용으로 해석하면서 구체적인 맥락에서 벗어난 추상적인 인격이 아닌 각각의 특수한 상황에 적절한 자아를 새롭게 창조할 수 있는 인간을 이상적 인간상으로 제시한다는 점이다(장주희, 2018). 그는 언제나 변화하는 상황과 시대

에 민감하게 반응하고 자신이 지금 처해 있는 상황이 어떤 것인지 섬세하게 지각하면서, 스스로 추구하는 바와 아름다운 것이 무엇인지 매순간 잊지 않고 특수한 조건에 맞게 구현할 수 있는 인간을 미적 인간으로 상정한다. 그러므로 미적 인간은 외부의 주어진 법칙을 성실히 따르는 이도 아니고, 욕망에 사로잡혀 감각에 포획되는 이도 아니다. 오히려 그때그때 어떻게 하는 것이 세계와 혹은 타인과 아름다운 관계를 맺는 것인지 고민하면서 매번 다른 통합의 양상을 빚어 낼 수 있는 사람이다.

이러한 통찰은 지금까지 이어지는 미적 교육에 대한 관심과 연구들에도 주요한 테마가 되고 있다. 어쩌면 현재의 미적 교육에 대한 연구들은 실러의 조화로운 인간상에 힘입어 미적 상태나 유희 충동을 두 가지 측면으로 해석하고 변주하는 데서 비롯된다고 할 수 있을 것이다. 그 한 가지 측면은 상상력과 지성이 조화를 이루는 자유로운 '인식 상태'이고, 다른 한 가지 측면은 속박도 방종도 아닌 자유로운 '존재 방식'이다. 그리하여 때로는 새로운 것을 만들어 내는 창의성에 대한 관심으로, 혹은 우리의 감각이나 지각을 예민하게 하여 타인 및 세계와 관계 맺게 하는 현상학적인 관심으로, 아니면 인간의 권력이 만들어 낸 체계 중 어디에도 예속되지 않는 정치적 관심으로 재구성되기도 한다.

그렇다면 다시 초기의 질문으로 돌아가 보자. 이러한 유희의 상태, 혹은 '미적' 판단의 상황이 어떻게 우리의 좋은 삶을 위한 기획과 연결될 수 있을까? 지금까지의 논의에 따르면, 미적 판단이나 유희 상태는 어떤 자유를 느끼게 하는데, 그것은 자기만의 방식으로 자기가 처한 구체적 상황을 성찰하고 조화를 회복하려는 상황과 깊이 관련된다. 이러한 상황을 자신이 느끼는 것에 대해 스스로 묻고 답하려는 '자기소통'이라고 할 수 있다면, 좋은 삶을 위한 기획과 미적 판단의 관련성은 '미적 자기소통'과 관련될 수밖에 없을 것이다.

3. 미적 교육의 구성요소

1) 미적 자기소통

자기소통은 일기를 쓸 때든 기도를 할 때든 다양한 방식으로 이루어질 수 있다. 하

지만 '미적' 자기소통은 특정한 '감각적' 대상으로부터 불러일으켜진다는 점에서 여타의 자기소통과 구별된다. 이때 감각적 대상이라고 일컬어지는 것은 어떤 목적을 위해 사용되는 도구도 아니고, 몇 가지 구성요소들로 환원되어 설명될 수 있는 것도 아니다. 오히려 어떻게 이해해야 할지 명확한 답이 정해져 있지 않은 사물이다. 그렇다면 대체 그러한 대상들은 왜 존재하는 것이며, 우리는 그 대상을 어떻게 다루어야 할까? 이렇게 우리로 하여금 그 존재 이유를 궁금하게 하고 어떻게 이해해야 할지 질문을 던지는 것이 바로 그 특정한 대상들이 존재하는 목적, 이른바 예술의 존재 목적이라고 할 수 있을 것이다.

그 대상들은 우리에게 어떻게 말을 건넬까? 일차적으로 그것들은 '질료'로 다가오면서 그것에 대해 느끼거나 생각하는 '과정'을 겪게 한다. 예컨대, 음악의 특정한 음색의 전개와 리듬, 혹은 시각 예술의 조형적 요소를 떠올려 보자. 청각이든 시각이든 작품은 우리에게 감각되는 질료로 다가오며, 우리는 그 질료가 제시하는 인상이나 메시지가 무엇일지에 대해 그 당시든, 아니면 그 이후든 느끼고 생각해 보는 과정을 겪게 된다. 이야기나 서사를 통해 말을 건네 오는 문학이나 영화 등도 마찬가지다. 서사 작품이 전하려는 메시지는 등장인물의 말과 행동, 장면들이 설정하고 있는 배경과 곳곳에 숨겨진 장치들을 나름대로 종합하여 통합하려 할 때 비로소 머릿속 떠오르게 된다. 이처럼 작품을 통한 자기소통은 감각적 요소들을 느끼고 그것에 대해 각 개인이 이해해 보는 경험을 동반한다.

색과 형태, 질감으로 이루어진 회화작품도 마찬가지다. 예컨대, 반 고흐의 〈별이 빛나는 밤〉과 같은 작품을 생각해 보자. 비교적 잘 알려진 이 작품 앞에 섰을 때, 우선 우리는 스스로에게 대체 어떤 이유로 이 그림이 유명해진 것일까 하는 질문을 던진다. 그리고 찬찬히 그림을 보면서 형상과 색, 질감 그리고 이 모든 것이 짜여 있는 전체적인 구조를 왔다 갔다 하며 살펴본다. 생생한 노란색이 동그란 원의 모양으로 퍼지는 모습은 별빛이 밝은 밤하늘의 리듬을 전해 주는 것 같고, 다양한 밝기의 푸른 빛이 잘게 끊어진 터치들로 가득 찬 밤하늘 아래 가지런히 모여 있는 집들과 교회로 이루어진 마을은 그 리드미컬한 빛의 역동을 아는지 모르는지 고요한 일상 속에 잠겨 있는 것 같다. 그리고 마녀의 성처럼 생긴 사이프러스 잎은 그림의 선면에 우뚝 서서 이 모든 자연과 마을의 비밀을 오랫동안 알고 있다는 듯이 신비롭게 피어오르는 것 같다. 그런데 문득 이렇게 상상하고 느끼는 나의 방식대로 다른 사람들도 느낄 것인

가 하는 질문이 생겨난다. 물론 똑같이 느끼는 것은 불가능하다는 것을 알고 있다. 각자에게 소환되는 기억과 연상되는 장면은 자기만이 아는 주관의 영역 속에 있기 때문이다. 하지만 그 구체적인 인상과 느낌이 다를 뿐, 이 그림이 주는 질감과 색감의 분위기가 유사한 톤의 감정과 정서를 간직하도록 할 것 같기도 하다.

이러한 일련의 자문자답은 그림이 나에게 건네는 말에 응답하는 나만의 대화형식이다. 나는 그림을 보고 돌아서며, 어떤 밤 풍경을 바라보고 생각에 잠겼던 작가의 시선에 대해 생각해 볼 수 있다. 그가 세계를 보는 방식이 어떠했기에 이런 색감을 고르고 이렇게 강하고도 부드러운 힘으로 터치를 했을까. 우울증에 걸려 자신의 귀를 자른 미치광이라고 알려진 작가는 그저 우울한 사람일 것이라 생각했는데, 막상 그림에서 마주하는 밝고 생생한 색감을 보니 알려진 것과 달리 경쾌하거나 순수한 사람은 아니었을까. 물론 이러한 짐작을 통해, 진실을 알아내려는 탐정과 같이 객관적 사실을 추궁하려는 것은 아니다. 그러나 적어도 아무 근거가 없는 짐작 또한 아니다. 내가 그 사람이 표현한 어떤 물리적 대상을 보고 거기에 담긴 정신적이고 정서적인 느낌을 되살려 본 것이기 때문이다. 어쨌든 특정 작품들은 내가 아닌 누군가가 주목한 이 세계의 장소는 어느 지점이었는지, 그것은 어떻게 그에게 감각되었고 또 표현될 수 있었는지 상상하게끔 나를 초대한다. 이 내밀한 방식의 초대는 나에게만 주어진 것이 아니라 이 작품을 마주하는 다른 이들에게도 주어진다. 이처럼 작품이라는 이름으로 존재하는 독특한 대상은 작가가 포착한 시간과 공간으로 우리를 개별적으로 초대한다. 나아가 이러한 초대를 위해 만들어진 대상과의 만남을 한 걸음 떨어져 생각해 보며, 어떤 의미에서는 다소 무용한 경험을 일부러 창안하고 공유하는 인간이라는 존재가 특별하다는 생각도 해 본다.

이러한 자기소통의 경험을 교육적 가치로 해석하고 명료화하는 데 관심이 있는 이들은 저마다의 관심을 녹여 내어 미적 교육이나 예술교육의 가치를 주장하곤 한다. 예를 들어, 인문학을 강조하는 것으로 잘 알려진 미국의 철학자 마사 누스바움(Martha Nussbaum)의 관심은 특별히 민주시민교육에 있는데, 그녀가 민주시민의 가장 중요한 자질 중 하나라고 생각하는 것은 '서사적 상상력'이다. 서사적 상상력이란 문학작품을 읽으며 작가가 제시하는 사건과 등장인물의 처지, 감정 등을 우리 안에 떠올리면서 둔감하고 무딘 상상력을 생생한 상황이나 사고 속에 노출시켜 예리하게 하고, 그러면서 나와 다른 타인들을 민감하게 이해하는 능력이라고 할 수 있다. 누스바움은 작가의 섬세한 지각이 우리 사회에 존재하지만 '보이지 않는' 사람이나 그들이 느끼는 간과하기 쉬운 감정을 조명하고, 그것을 각자가 구체적으로 느끼게끔 돕기 때문에 세계시민을 위한 교육에 예술교육이 효과적일 수 있다고 주장한다.

미국의 교육철학자 맥신 그린(Maxine Greene)도 우리의 감각을 예민하게 해야 한다는 점에서는 누스바움과 유사하다. 대신, 보다 실존적인 경향성을 보이는데, 그녀는 일상을 살아가는 감각이 마취 상태에 있지 않게끔 끊임없이 깨어 있을 것을 강조하면서 우리 자신이 세계와 연결되는 것은 스스로가 열어 보이는 틈과 그 틈을 통한 자유로운 해석에 의해 가능하다고 주장한다. 이 해석하는 행위를 자기와의 대화라고 할 수 있다면, 바로 이 틈을 내는 데 예술작품이 기여할 수 있을 것이다. 그린은 우리에게 '주어진' 억압과 당연해진 일상, 문화, 체제 등은 '원래' 그러한 것이 아니며, 이를 깨닫기 위해서는 익숙하지 않은 방식으로 일상적인 것들을 새롭게 볼 필요가 있는데 거기에 예술가의 감각과 언어를 따라가 보는 것이 도움이 된다고 말한다. 이처럼 자기소통을 해방적 관점으로 전유하여 사회 맥락에 적용하는 데 관심이 있는 학자들은 예술이 우리 사회의 보이지 않던 것을 각 개인의 내면에 불러내어 지각할 수 있도록 하기 때문에, 소수 및 취약계층의 목소리를 들리게도 하고 또 나의 목소리를 표현하는 용기를 주기도 한다고 주장한다. 즉, 자기소통은 주관에서 일어나는 일이지만, 그 주관을 경유하여 세계와 새롭게 만나는 계기를 제공하는 것이다.

2) 미적 경험

미적 자기소통에서 이루어진 대화는 일종의 '경험'이다. 그 까닭은 그냥 흘러가는 사고와 달리 무언가 '겪어 내는' 것으로 인식될 수 있기 때문이다. 여기서 우리로 하여금 무언가 겪게 하는 것은 한번에 쉽게 파악할 수 없는 질료로서의 '외양(appearance)'이다. 우리는 이 질료들을 감각한 뒤 그 감각을 어떤 형식으로 구성해 가면서 '이해'하고자 애쓴다. 이처럼 미적 자기소통은 무언가를 '이해'하려는 경험이라고 할 수 있다. 그런데 이 이해는 질료를 감각하고 그 감각들을 의식 속에서 통합하기 위해 상상력을 발휘하게 한다. 이러한 경험의 정식화에 대하여 미적 교육 담론에서는 많은 학자들이 앞서 언급한 듀이를 참조하곤 한다. 그리하여 여기서 듀이의 미적 경험의 특성은 미적 자기소통과 관련하여 다시 소환될 필요가 있다. 그는 유기체로서의 인간이 환

경과의 상호작용에서 외부의 어떤 대상을 만나며 부조화된 감정을 느끼고, 이 부조화를 극복할 때를 '하나의 경험'으로 회상할 수 있다면 이 '하나의 경험'에 해당하는 것이 바로 '미적 경험'일 수 있다고 말한다(Dewey, 1934/2016). 나아가 특정한 경험을 관통하는 어떠한 질적인 성질이나 감정이 있고, 이러한 감정을 간직한 채 하나의 경험을 회고할 수 있다면 우리는 이 경험의 이전보다 어떤 면에서는 '질적인 성장'을 한 것이라고 볼 수 있다. 이처럼 듀이로부터 미적 경험은 예술에 국한된 경험뿐만 아니라 보다 폭넓은 경험 전반에 적용될 수 있었고, 동시에 '교육적' 의의를 가지는 것으로 논의되기 시작하였다.

미적 경험은 외부의 대상으로부터 촉발되기는 하지만 그 대상으로부터 직접적으로 느껴지는 것이라기보다는 일상의 산만한 자극과 지각, 그리고 이때 드나드는 감정들 중 일부를 '주관'의 의도에 따라 모종의 경험체로 묶어서 나름대로의 의미를 부여하는 내적인 '반성' 과정으로 구조화된다. 이 말은 미적 경험이 선험적으로 어떠한 구조를 가지고 있다는 의미가 아니다. 오히려 하나의 경험이라는 구조화가 이루어진다면, 그 과정을 미적 경험이라고 지시하는 것이 보다 적절할 것이다. 구조화는 한 사람에게라도 매번 각기 다르게 나타날 수 있는 복잡하고 고유한 과정이기 때문이다. 그럼에도 불구하고, 다른 이해의 경험과는 달리 '미적 이해'라는 경험을 특징짓는 공통적인 형식이 있다고 보이는데, 여기서는 이러한 경험의 형식을 이해하기 위해 '언어'에 빗대어 생각해 보고자 한다. 미적 이해는 외양에 대한 감각을 중심으로 우리의 이해를 촉발하는데, 하나의 기호로서의 언어 또한 우리에게 그 기호의 외양을 보고 의미를 떠올리게 하는 동일한 구조를 가지기 때문이다.

언어란 기본적으로 타인과 소통하기 위한 도구이자 세계에 대한 우리의 이해를 함축하고 전달하기 위한 매체다. 인간으로서 우리는 언어를 사용하는 세계 속에 태어나 어릴 적부터 부지불식간에 언어를 배우고 활용하며 살아간다. 그러나 언어 그 자체에 대해 생각해 보는 경우는 흔치 않다. 그저 특정 사물을 지시하거나 설명하기 위해 붙여진 이름들이 마치 그 사물에 '원래' 붙여진 것처럼 사용할 뿐이다. 이러한 언어 사용 방식은 우리가 무언가를 '이해'하는 방식과도 밀접한 관련을 가진다. 우리가 지금 눈앞에 어떤 책상을 보고 있다고 하자. 이 책상을 책상으로 인식할 수 있는 이유는 '책상'이라는 개념을 알고 있기 때문이다. 그런데 왜 책상을 책상으로 인식하는가? 평평한 상판을 네 개의 다리로 지탱하고 있고, 사람들이 주로 책을 읽거나 무언가를 쓸 때 앉아서 사용할 수 있는 공통점을 가지고 있기 때문이다. 그래서 내 앞의 책상은 그러한 공통점에 의거하여 책상이 된다. 이러한 인식을 할 때, 책상이 가진 감각적이고 질료적인 형태는 제대로 경험되지 않는다. 다시 말해, 우리는 일반적으로 구체적인 감각 경험과 무관하게 우리 주변의 것들을 그것을 설명하는 '언어'로서 이해하곤 한다.

그렇다면 이것을 왜 문제 삼으려 하는 것일까? 사실 무언가를 직접 감각하는 경험 없이 사태를 이해하는 것은 복잡한 사회에서 수많은 정보를 접하며 살아가는 사람들에게 필수적인 일이다. 낱낱의 경험과 지식을 구조화하고 범주화하는 추상적인 사고 능력은 생각의 질서를 만들거나 체계를 구축하는 데 유용한 인간의 능력이기 때문이다. 그러나 이러한 방식으로 세계를 이해하는 데에만 익숙해진다면, 사태를 직접 마주하고 자신의 방식대로 이해하고자 할 때 요청되는 감각이 무뎌지게 될 것이다. 어떤 상황이 촉발하는 자신의 감정이 무엇인지에 대해 생각해 보려고 하기보다 재빨리 범주화하고 인식하는 마음의 습관은 애매하거나 모호한 것을 참지 못하고 우리 삶의 많은 부분을 경계 짓고 구획 짓게 한다. 이처럼 주변의 사건들을 설명하거나 평가하는 언술을 자신의 인식 범주에 해당하는 경계 내에서만 받아들인다면, 구체적인 사태나 사물, 혹은 사람을 다소 제한적인 방식으로 이해하게 될 것이다. 문제는 우리가 이러한 제한된 시선으로 세계를 보고 있다는 것을 인지하지 못하는 데서 대부분 발생한다. 언제나 특수한 사회문화적 맥락에 속해 있는 인간은 불가피하게 특정한 방식으로 세상을 바라볼 수밖에 없지만, 이 시선이 '특정한 것'임을 망각하는 것은 한편으로는 건조하고 무기력한 삶을 살아가는 자기 자신에게 아무런 문제를 느끼지 못하는 것으로, 다른 한편으로는 편견과 아집으로 인해 타인과 소통하지 못하고 세계와 대면하지 못하는 것으로 이어질 수 있기 때문이다.

내가 무언가를 느끼고 이해하는 방식 자체를 돌아볼 수 있게끔 하는 감각적 경험을 위해 존재하는 것이 바로 예술과 관련한 경험일 수 있다. 왜냐하면 예술작품을 만날 때 작품을 구성하고 있는 질료적인 대상들은 우리에게 무언가를 감각하게 하는 동시에 그것을 이해하고자 시도하는 계기를 마련하기 때문이다. 여기서 이해하고자 '시도'하는 계기라고 표현한 까닭은 그 이해가 어디가 시작이고 끝인지 알 수 없는 형태로 지속되기 때문이다. 이러한 이해의 불완전성은 그 대상이 의미를 명시적으로 드러내고 있지 않다는 점과 내적으로 연결된다. 즉, 작품을 이해한다는 것은 감각적인 질료들을 포착하고 그 질료들이 구성되어 있는 짜임새를 파악하는 다소 적극적인 참여를

통해 의미가 무엇일지 짐작하는 것 정도일지 모른다. 이처럼 '이해'라는 행위 자체가 우리 자신의 의식 속에 문제적인 것이 되면서, 질료에 대한 감각적 경험으로부터 이어지는 이해란 일상적인 이해와는 다른 특수한 '사건'이 된다. 즉, 미적 경험은 질료적 매체를 감각하는 경험과 상상력을 통해 그것을 기존에 자신이 이해하던 이미지나 기억, 혹은 생각과 통합하여 새롭게 이해해 보려는 사건으로 구조화되는 것이다.

그렇다면 이 '사건'과 '언어'는 어떤 관련성을 가질까? 결론적으로 말하자면, 예술작품은 언어의 자의성을 인식하게 하는 사건으로서의 역할을 한다. 우선 사건은 특정한 단어를 보고 그 단어에서 바로 연상되는 이미지나 인상을 가질 수 있는 일반적인 언어와 달리, 독특한 '언어'를 마주하면서 발생할 수 있다. 그 독특한 언어는 질료적 대상들로 이루어진 '외연'을 가지고 어떤 '의미'를 가지고 있을 것이라는 암시를 뿜어 내며 존재한다. 그리하여 우리는 그 의미를 해독하기 위해 다가설 수밖에 없는데, 이러한 맥락에서 볼 때 작품은 해독해야 할 하나의 '기호'로서 존재한다. 일반적으로 '기호'는 '기표(signifier)'와 '기의(signified)'로 이루어진다. 우리가 사용하는 일반적인 언어 역시 문자로서의 외연(signifier)과 의미(signified)를 지니는 기호이지만, 이 외연과 의미가 딱 달라붙어 있어서 해독할 필요 없이 기호 통째로 사용하곤 한다. 이러한 이유로 외연과 의미의 결합이 원래 주어진 것이 아니라 만들어졌다는 사실, 즉 언어가 자의성을 가진다는 사실은 쉽게 간과된다. 이와 달리, 예술작품은 언제나 해독되어야 할 기호로 존재하면서 언어의 자의성 그 자체를 존재 방식으로 구현한다. 기호를 해독하기 위해 우리는 외연을 감각하기 시작하고 여러 감각을 통합해 보는 일종의 '경험'을 한다. 즉, 기호로서의 예술작품에 경험이 피상적으로 덧붙여지는 것이 아니라, 기호로서의 작품에 깃든 고유한 질료와 짜임새를 이해하려는 시도로 인해 경험이 생겨난다. 이처럼 사건은 언어의 관습적인 사용 이전에 언어 자체의 발생적 차원을 이해하도록 돕고, 누구나 해독할 수 있다는 것을 넘어 새로운 언어 또한 만들 수 있다는 점을 인식하게 하는 것이다.

4. 미적 교육의 확장 가능성과 의의

이렇게 볼 때 미적 교육이 예술교육을 넘어 다른 교과에 기여할 수 있는 방식은 '언어'를 감각적으로 이해하는 태도에서 비롯될 수 있을 것이다. 실제로 이러한 태도는 현재 교육실천에서 긴급하게 요청되고 있다. 오늘날 우리의 수업상황은 주로 무기력하고 수동적인 모습으로 자주 묘사되기 때문이다. 초등학교부터 대학교까지 이어지는 일반적인 수업상황에서 학생들의 모습은 '함구증(mutism)'을 앓고 있다고 표현되기도 한다. 그러나 학교 바깥에서, 혹은 수업상황 이후에도 학생들이 여전히 함구하고 있는 것은 아니다. 즉, 학생들을 침묵하게 만드는 것은 바로 교실 안의 상황이라고 할 수 있다. 그렇다면 교실 안의 어떠한 상황이 학생들을 침묵하게 만드는 것일까? 많은 이유가 있겠지만 여기서는 '교과'가 우리가 주관적으로 다가설 수 있고 해석할 수 있는, 혹은 해석하고 싶은 '언어'로서 다루어지지 않는 이유를 꼽고자 한다. 학생들에게 교과는 대부분 문제를 풀기 위해 외우는 기표의 더미로 다루어지며, 그러므로 교과에 제시된 언어와 관련하여 말하고, 쓰고, 읽고, 표현하면서 지향할 수 있는 학생들의 '세계'가 없는 것이다(배지현, 2015).

물론 학생들의 흥미와 관심사를 중심으로 수업을 구성해야 한다고 말하려는 것은 아니다. 이것만을 따른다면 학생의 기존 세계가 반복될 뿐일 텐데, 교육은 학생들이 이미 거주하는 세계를 반복하여 제시하는 것이 아니라 오히려 새로운 차원의 세계를 열어 거주할 기회를 제공하는 데 그 본질적인 역할이 있을 것이다. 그렇다면 여기서 말할 수 있는 수업의 생생함과 활기는 어떤 종류의 것이며, 그것은 어떻게 회복될 수 있을까? 앞서 등장했던 동시대 교육철학자 그린은 이와 관련하여 생각해 볼 수 있는 흥미로운 주장을 제기한다. 그녀가 보기에, 교실에서 수동적이고 의욕적이지 않은 학생들은 수업에 동기나 관심이 없기 때문이 아니라, '자유(freedom)'가 없기 때문이다(Greene, 1998: 124). 그렇다면, 여기서 자유는 무엇일까? 학생들이 스스로 공부하고 싶은 것을 관심사에 따라 선택하고 수업 시간에 원하는 것을 할 수 있는 자유를 말할까? 예상컨대 그린은 이러한 자유는 자신이 말하려는 것에서 벗어나 있다고 말할 것이다. 그녀는 오히려, 이 자유가 '사유의 자유', 혹은 사유의 공간을 마련하는 것이라고 말할 것이다.

그린은 학생들에게 사유의 공간이 부재한 것은, 그들이 모든 것이 결정되어 있다고 믿는 데서 비롯된다고 말한다. 즉, 학생들이 수업 시간에 수동적인 이유는 비단 그들의 흥미나 관심사와 유리된 주제를 다루고 있기 때문이 아니라, 학교생활을 비롯한 자신의 삶이 조건 지어져 현재와 미래를 자신의 의도대로 살아가지 못할 것이라고 믿

는 전반적인 삶의 태도와 관련된다는 것이다. 자기 삶의 많은 부분이 결정되어 있다고 믿는다면, 세상을 알아 가며 마주하는 데에 어떠한 열정도, 그리고 이끌림도 느끼지 못하기에 기본적으로 무언가 '탐구'하고 싶은 욕망을 가질 수 없게 된다. 그리하여 그린은 이러한 상황에서 아이들이 자유를 느끼게끔 도와주기 위해서는, 그들의 욕망대로 행동할 수 있는 권한을 주는 것이 아니라 '자기 자신을 찾는' 방식으로 생각하는 방법을 가르쳐 주어야 한다고 말한다.

이 방법은 여기서 다루었던 미적 이해나 미적 자기소통, 그리고 미적 경험이 지니는 특성들로 설명될 수 있다. 왜냐하면 그린은 어떤 언어를 이해하는 일은 상상력을 통해 그 언어가 지시하는 대상을 자신의 주관 안에서 생생한 것으로 그려 보면서 일종의 '경험'을 하는 것이라고 말하기 때문이다. 그러나 앞서 살펴본 것처럼 작품을 대하는 기회, 즉 미적 기호를 이해하는 때가 아니면 일상적인 언어를 '경험'의 방식으로 만나기란 쉬운 일이 아니다. 이에 반해 그린은 작품을 구성한 작가들이 열어 보이는 감각의 틈과 질성이 우리에게 모종의 충격으로 경험되면서 각자에게 특정한 이해를 요청할 것이고, 이 이해가 우리의 일상을 새롭게 보게 할 뿐만 아니라 우리의 지각력을 섬세하게 연마시킨다고 주장한다. 이러한 견해는 예술작품을 감상하거나 창작하는 활동이 예술 교과가 아닌 다른 교과에도 어떤 시사점을 줄 수 있는지 말해 준다. 미적 이해의 방식을 반복적으로 연습하다 보면, 다른 교과를 이루는 언어들 또한 각자의 감각적 경험이 촉발될 수 있는 방식으로 느낄 수 있다는 것이다.

이러한 의미에서 교사가 자신의 언어를 학생들이 미적으로 느끼게끔 사용하는 것은 매우 중요하다. 물론 이때 교사의 언어는 예술작품의 언어가 아닌 다른 교과나 교사의 경험을 전하는 데도 적용될 수 있다. 다시 말해, 미적 교육에 적합한 형식을 제공하는 예술작품뿐만 아니라, 다른 교과에도 미적 교육의 원리가 적용될 수 있는 한 가지 방법은 교사의 언어 사용에서 비롯될 수 있다. 예컨대, 어떤 국사 교사가 일제 강점기에 대한 수업을 한다고 해 보자. 교사는 일반적으로 우리나라의 지정학적 여건과 당시의 제국주의적 분위기, 그리고 우리 민족이 겪었던 수난을 시기별로 제시하면서 객관적인 정보와 역사적 의의를 전달할 수 있다. 이때, 수업의 언어들은 대부분 형식적이고 추상적으로 이해될 것이다. 그러나 그 교사는 자신의 할머니가 해 주신 이야기를 풀어 놓을 수도 있다. 이 이야기는 교사의 할머니가 실제로 일제 강점기에 겪은 일로, 당시 할머니의 아버지가 한국에 거주하던 일본 사람의 집에 물을 나르던

일화이다. 일본 사람들은 한국에 살며 높은 언덕에 좋은 경치를 보려고 집을 짓곤 했는데, 수도관도 없던 시절 할머니의 아버지는 무거운 물을 가득 지고 언덕을 올라가서 굶어 죽지 않을 만큼의 적은 삯을 받고 노예처럼 살았었다. 이 이야기를 생생하게 풀어내는 순간, 학생들은 주권을 빼앗긴다는 것이 어떤 것인지 각자의 감각적 경험으로 느낄 수 있다. 이러한 감각적 경험은 역사적 사건을 나열한 언어들을 객관적이고 추상적인 것이 아니라, 구체적인 삶들이 담긴 현실의 기록으로 이해할 수 있도록 도울 것이다. 그리하여 내가 살아가는 이 현실이 그 역사로부터 어떻게 연결되어 있는지 상상해 볼 수 있을 것이다.

교사의 경험이나 이야기를 제시하는 방식이 아니더라도 교수-학습 상황에서 교과 언어가 생생하게 살아나는 상황은 교사의 기획에 의해 다양하게 발생할 수 있다. 이 기획은 교사의 몸짓과 제스처 자체가 해독해야 할 '기호'로서, 혹은 교사의 특수한 그 존재 방식 자체가 학생들로 하여금 해석해 내고 싶은 언어로서 존재하는 것을 포함할 수 있다. 이를 위해 교사는 각 교과의 언어가 가진 형식과 그 형식을 자신의 감각 경험을 통해 느껴 보고 이해한 경험을 간직하고, 그 경험의 질성을 학생들이 느끼도록 하기 위해 어떻게 터치해야 할지 고민해야 할 것이다. 예컨대, 수학적 언어가 세계를 어떻게 패턴화하고 설명하는지, 과학적 언어가 사물과 관련한 우리의 경험을 어떻게 질서화하는지 등에 관해 교사 개인이 느꼈던 미적 경험을 떠올리며 학생들이 무엇을 경험하길 바라는지 예상하면서 참여형 수업을 계획할 수 있을 것이다. 학생들은 이런 경험을 통해 각 교과의 언어를 흥미롭게 느낄 수 있을 것이고, 궁극적으로 추상적이고 거대해 보이는 학문의 체계 역시 원래 '주어진' 것이 아니라 무언가 생생하게 경험한 비를 패턴화하고 공고히 한 사람들의 축적된 언어라고 이해할 수 있을 것이다.

지금까지 우리는 미적 교육은 미적 자기소통을 통해 이루어지며 이러한 소통은 미적 언어를 이해하려는 경험으로부터 비롯될 수 있음을 살펴보았다. 그리고 오늘날 교실상황에서 학생들이 교과의 언어를 미적으로 만나야 하는 까닭을 사유의 자유와 관련해 생각해 보며, 각자의 감각 경험을 통해 교과의 언어를 만날 수 있도록 하기 위해 교사가 어떤 점에 유념해야 하는지 시론적 수준에서나마 탐색해 보았다. 나아가 각자 경험한 것을 교실 안에서 함께 표현하고 나눌 수 있다면, 교실은 이미 아는 것을 반복하거나 정답을 말해야 하는 곳이 아니라 예견되지 않은 어떤 것을 탐구하는 순간을 공유하는 곳이라는 느낌을 줄 수 있을 것이다.

이처럼 미적 교육은 자신에게 떠오른 감각이나 감정에 대해 성찰하는 주관의 영역을 겨냥하지만, 그 성찰의 계기가 바깥에서 오고 또 밖을 향해 표현하며 스스로의 사유와 해석을 조율해 간다는 점에서 타자 및 세계와 연결된 교육을 지향한다. 여기에 서두에 제기했던 질문, 즉 자신의 취향과 만족을 추구하는 삶이 어떻게 좋은 삶을 살아가는 것과 관련될 수 있느냐에 대해 우리는 소극적인 답변만을 할 수 있을지 모른다. 각 개인의 내적 대화가 필연적으로 옳은 실천을 추동한다고 말할 수는 없기 때문이다. 그러나 이 시대에 우리가 기대할 수 있는 각 개인의 좋은 삶이란 끊임없는 내적 대화를 통해 독단에 빠지지 않는 깨어 있는 상태로부터 비롯될 수밖에 없지 않을까, 그리하여 그러한 혼돈의 내적 대화를 기꺼이 받아들일 수 있는 상태로부터 가능하지 않을까 생각해 본다.

토론 거리

1. 수많은 감각적 자극이 우리를 압도하는 오늘날, 이 장에서 말하는 우리에게 새로운 통찰을 줄 수 있는 '감각'은 구체적으로 어떤 특성이나 조건을 가지는지 이야기해 보자.
2. 아름답고 추한 것을 판단한다는 미적 판단(취미판단)이 대상의 아름다움과 관련되기보다 우리 내면의 감정에 대한 성찰과 관련된다는 것은 무슨 뜻인지 생각해 보자. 그리고 이러한 것이 왜 근대인의 세계관과 연결되는지 생각해 보자.
3. '미적 이해'와 일반적인 '이해'의 차이점을 생각해 보고, 우리가 일반적으로 이해하는 행위 자체를 성찰하게 하는 데에 왜 '미적 이해'가 기여할 수 있는지 이야기해 보자.
4. 우리가 일상적으로 사용하는 언어가 자의성을 가진다는 의미가 무엇인지 언어의 '기표'와 '기의'의 구조를 통해 생각해 보고, 미적 언어의 '기표'와 '기의'의 관계는 어떠한지 생각해 보자. 나아가 우리 주변을 설명하는 언어들이 어떻게 생겨났을지 함께 이야기해 보자.

더 읽어 볼 자료

Bertram, G. (2005). *Kunst: Eine philosophische Einführung*. 박정훈 역(2017). **철학이 본 예술**. 서울: 세창출판사.

▶ 예술의 가치가 무엇인지를 심도 있게 다루는 책으로, 현대적인 의미에서 예술이라는 개념이 성립하기 위한 까다로운 조건과 예술이 인간에게 야기하는 질문 및 기능이 밀접하게 연결되어 있음을 흥미롭게 제안한다. 칸트, 헤겔, 하이데거, 아도르노 등의 예술철학을 다루지만 단순히 역사적 흐름이나 병렬적 나열이 아닌 특정한 질문을 중심으로 논의를 전개해 나간다.

전미숙, 곽덕주, 최우정, 정연심, 남인우(2017). **미적 체험과 예술교육**. 서울: 커뮤니케이션북스.

▶ 예술교육이 현장에서 어떻게 이루어지고 있는지, 그 사례들의 의미와 가치, 교육적 요소들이 무엇인지에 관하여 학교 교사와 예술교육가, 이론 연구가에 이르기까지 다양한 시선을 접할 수 있다. 특히 장르적인 한계에 국한되지 않고 여러 나라에서 모든 사람을 위한 보편적 예술교육으로서 행하는 사례가 무엇인지 생각해 볼 수 있게 한다.

Kieran, M. (2005). *Revealing art: Why art matters*. 이해완 역(2010). **예술과 그 가치**. 서울: 북코리아.

▶ 예술의 가치를 인문학적인 접근을 통해 풀어낸 글이다. 기본적으로 분석철학적 전통에서 글을 쓰는 작가 덕분에 많은 선지식을 가정하지 않고도 예술작품을 이해한다는 것이 왜 우리에게 의미 있는지 잘 따라가며 이해할 수 있다. 예컨대, 예술과 외설의 기준을 생각해 볼 수 있는 작품 등을 예시로 들고 있어서 작품을 볼 수 있는 안목과 방식을 덩달아 배울 수 있다.

Dreyfus, H, L., & Kelly, S. D. (2011). *All things shining*. 김동규 역(2013). **모든 것은 빛난다**. 경기: 사월의책.

▶ 앞서 논의했던 차가운 '인식'이 아니라 애정을 담은 '지각'을 통해 우리 일상을 바라본다면 어떤 방식으로 구체화될 수 있을지, 그리고 그러한 행위가 현대인에게 어떠한 의미를 줄 수 있는지에 대해 쉽게 쓰인 글이다.

참고문헌

곽덕주 외(2018). **학교예술교육 활성화 방안 연구**. 한국교육과정평가원 연구보고서.

곽덕주, 최진(2018). 맥신 그린의 '미적 체험 예술교육 접근'의 인문교육적 가치. **교육철학연구, 40**(2), 1-26.

교육부(2016). 초·중등학교 교육과정 총론 해설: 중학교.

김상섭(2011). 쉴러의 미적 경험의 도덕교육적 함의. **교육철학연구, 33**(1), 29-55.

배지현(2015). 메를로-퐁티의 표현론에 기반한 '표현적 교육과정'의 실존미학적 성격 탐색. **교육과정 연구, 33**(2), 21-44.

이경언, 김정효(2016). 프랑스와 아일랜드의 학교 예술교육 정책 분석. 한국교육과정 평가원 이슈페이퍼.

장주희(2019). 이성-감성의 상호의존에 비추어 본 인간과 교육의 역동성. **교육철학연구, 40**(4), 121-142.

조상식(2004). 칸트 미학 이론의 교육학적 수용. **철학사상, 19**, 165-195.

최진(2019). '자기형성적 표현'으로서의 예술 언어: 자기존중을 위한 교육에의 함의. 서울대학교 대학원 박사학위논문.

하선규(2004). 의미 있는 형식의 상호주관적 지평. **칸트연구, 14**, 169-202.

Arendt, H. (1989). *Lectures on Kant's political philosophy*. 김선욱 역(2002). **한나 아렌트, 칸트 정치철학 강의**. 경기: 푸른숲.

Bertram, G. (2005). *Kunst: Eine philosophische Einführung*. 박정훈 역(2017). **철학이 본 예술**. 서울: 세창출판사.

Deleuze, G., & Guattari, F. (1991). *Qu'est-ce que la philosophie?* 이정임, 윤정임 역(1999). **철학이란 무엇인가**. 서울: 현대미학사.

Dewey, J. (1934). *Art as experience*. 박철홍 역(2016). **경험으로서의 예술**. 경기: 나남.

Greene, M. (1988). Chapter 5. Education, art, and mastery: Toward the spheres of freedom. *The dialectic of freedom*. New York & London: Teachers College Press.

Kant, I. (1974). *Kritik der Urteilskraft*. 백종현 역(2009). **판단력 비판**. 경기: 아카넷.

McDonnell, J. (2017). Political and aesthetic equality in the work of Jacques Rancière: Applying his writing to debates in education and the arts. *Journal of Philosophy of Education, 51*(2), 387-400.

Merleau-Ponty, M. (1960). *Le langage indirect et les voix du silence*. 김화자 역(2005). **간접적인 언어와 침묵의 목소리**. 서울: 책세상.

Schiller, J. C. F. (1795). *On the aesthetic education of man*. Wilkinson, E. M., & Willoughby L. A. Eds. & trans. (1967). Oxford: Clarendon Press.

Taylor, C. (1989). *Sources of the self*. 권기돈, 하주영 역(2015). **자아의 원천들**. 서울: 새물결.

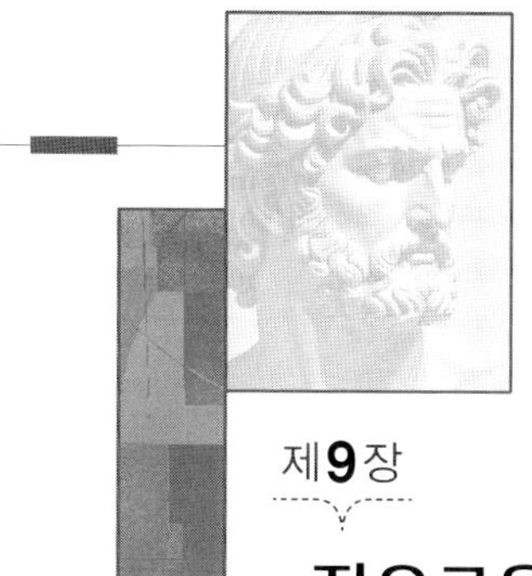

제9장

자유교육과 직업교육, 양립 가능한가?

유재봉

도입

학교교육이 자유교육(liberal education)의 정신을 실지로 잘 구현해 왔는지에 대해서는 의문의 여지가 있지만, 동서양 할 것 없이 적어도 표면상 자유교육을 지향해 왔다는 점은 비교적 분명하다. 학교가 자유교육의 이상을 추구해야 한다는 생각은 고대 그리스로부터 지금까지 당연한 것으로 받아들여져 왔으나, 1970년대에 시장주의 논리가 학교교육에 도입되면서, 기존 학교교육의 성격에 대한 비판적 논의가 시작되었다. 그 대표적인 것이 직업교육의 주장, 즉 학교는 장차의 직업이나 일의 준비 등 인간의 삶과 직접적으로 관련된 지식이나 기술을 가르쳐야 한다는 주장이다.

학교에서 직업준비 교육을 해야 한다는 사회적 요구를 어떻게 보아야 하는가? 학교가 직업훈련을 하는 것에 대해 학교를 취업준비 기관으로 전락시키거나 더 나아가 학교를 말살하려는 기도로 보아 배척해야 하는가, 아니면 학교도 사회의 일부이기 때문에 사회의 직업적 요구를 적극적으로 반영해야 한다고 보아 환영해야 하는가? 이 장에서는 이러한 문제의식을 염두에 두고, 자유교육과 직업교육은 양립 불가능한 것인지의 문제를 철학적으로 검토하고자 한다. 이러한 목적을 위해, 학교교육의 전형으로 받아들여져 온 자유교육의 정신이 무엇인지를 탐색하고, 이에 대한 비판적 입장을 견지하고 있는 직업교육의 논리를 제시하고, 자유교육과 직업교육의 간극을 메꾸기 위한 몇 가지의 시도를 검토하며, 학교에서 직업교육의 요구를 반영하기 위한 방안을 논의한다.

1. 학교교육의 전형으로서의 자유교육 이념

교육의 전형은 학교교육이고, 학교교육의 이상이 자유교육이라는 관념은 오랫동안 의심 없이 받아들여져 왔다. 자유교육이 무엇이며, 누구로부터 시작되었는지에 관해서는 학자마다 상이한 견해가 존재한다. 예컨대, 뮤어(Muir, 1998)는 철학적 전통과 교육적 전통은 구분되어야 한다는 전제 아래, 자유교육이 아리스토텔레스보다는 이소크라테스에서 시작되었다고 주장한다. 그럼에도 불구하고 자유교육은 그 정신과 원리를 가장 잘 제시하고 있는 아리스토텔레스에서 비롯되었다는 것이 정설로 받아들여져 왔다. 아리스토텔레스는 인간의 삶을 일과 여가, 전쟁과 평화로 구분하며, 인간의 행위를 유용한 것과 고상한 것으로 구분하였다. 아리스토텔레스가 보기에, 이것들 중 교육이 추구해야 할 것은 여가, 평화, 고상한 것이다. 즉, 노동의 목적은 여가이고, 전쟁의 목적은 평화이며, 유용한 것의 목적은 고상한 것이다(Politics, VII, 1333a 30-36). 교육의 궁극적 목적은 "여가를 올바르게 누리도록 준비시키는 것, 다시 말하여, 일상의 실제적 문제를 다소간 해결하고 난 뒤에 영혼이 신의 모습을 보고 거기서 최상의 행복을 맛볼 수 있도록 보장하는 데 있다"(Boyd, 1952/2008: 77). 아리스토텔레스에 따르면, 인간에게 있어서 최상의 행복은 여가(σχολή)를 올바르게 누리는 것이며, 그것은 다름 아닌 이론적 활동 또는 관조적 활동(θεωρία)을 추구하는 것이다. 이성이 중심이 되는 이론적 혹은 관조적 활동이야말로 인간이 추구할 수 있는 최고의 활동이면서 그 자체가 목적인 자족적인 활동으로서, 인간을 신적인 경지로 이끌어 올리는 자유인에게 적합한 활동이다(*The Nicomachean Ethics*, X, 1177a-1179a). 그러므로 아리스토텔레스가 말하는 자유교육의 정신은 진정한 의미의 여가를 누리는 것, 즉 관조 또는 이론적 활동을 추구하는 것이다. 자유인을 기르는 데 적합한 자유교과와 그렇지 않은 비자유교과도 바로 이 여가정신의 유무에 따라 구분되는 것이다.

이러한 아리스토텔레스의 자유교육의 정신은 중세의 아퀴나스(T. Aquinas), 근대의 뉴먼(J. H. Newman) 등을 거치면서 강조되어 오다가, 1960년대 이후 영국의 피터스(R. S. Peters)와 허스트(P. H. Hirst)에 의해 치밀한 교육이론의 모습을 갖추게 되었다. 피터스의 자유교육론과 허스트의 자유교육론을 동일시할 수 있는지에 관해서는 논란의 여지가 있지만, 대부분의 학자들은 그들의 자유교육론이 교육을 합리적 마음의 계발로 본다는 점, 지식의 형식을 추구하는 것이 곧 마음의 계발이라고 본다는 점에서 근본적으로 다르지 않은 것으로 간주한다(Dearden, 1986). 이러한 피터스와 허스트의 자유교육론은 서양교육의 영향을 받은 대부분의 나라에서 '교육에 관한 표준적인 견해(a standard view of education)'로 받아들여져 왔다(O'Hear, 1981: 4).

피터스와 허스트의 자유교육론의 핵심 주장은 무엇인가? 이 질문에 대답하기 위해서는 먼저 피터스의 자유교육과 허스트의 자유교육이 무엇인지를 각각 검토할 필요가 있다. 피터스의 자유교육은 특별한 종류의 교육을 지칭하는 것이라기보다는 일상적으로 이해하고 있는 교육의 개념적 기준, 즉 규범적 기준, 인지적 기준, 과정적 기준을 실현하는 데 방해나 제약이 없는 상태를 의미한다. 교육의 개념적 기준을 실현하는 데 장애 내지 제약이 되는 요소는 세 가지이다. 첫 번째 제약 요소는 교육의 규범적 기준과 관련되는 것으로, 교육의 내재적 가치 실현을 방해하는 행위, 즉 상품을 생산한다거나 취업을 하는 것 등 '외재적 목적(extrinsic ends)'을 추구하는 행위다. 그러므로 (자유)교육은 교육 개념 속에 붙박혀 있는 내재적 가치를 추구해야 하며, 직업 준비나 공리주의적인 수단적 목적을 추구하는 것으로부터 자유로운 교육이어야 한다. 두 번째 제약 요소는 교육의 인지적 기준과 관련되는 것으로, 교육의 내재적 가치의 구체적인 내용인 지식과 이해 그리고 인지적 안목을 형성하는 데 방해가 되는 행위, 즉 지나치게 제한된 기술과 사고방식을 기르는 데 목적을 두는 '훈련(training)'이다. 그러므로 (자유)교육은 전체 신념체계의 변화와 다양한 학문의 이해를 강조하며, 특정 사고방식을 기르거나 전문적인 훈련에서 자유로워야 한다. 세 번째 제약 요소는 교육의 과정적 기준과 관련된 것으로서, 내재적 가치의 방법적인 원리인 도덕적으로 온당한 방식으로 전달하는 것을 방해하는 행위, 즉 '조건화', '세뇌' 등이다. 그러므로 (자유)교육은 사람들의 신념을 편협하게 가두어 놓으려는 독단적인 전달 방식으로부터 자유로워야 한다(Peters, 1966: 43-45; 1977: 3-20).

피터스의 자유교육은 특별한 종류의 교육을 하자는 주장이 아니라 교육의 개념 기

준을 충족시켜야 한다는 주장이며, 따라서 교육의 내재적 목적 혹은 올바른 의미의 교육을 추구해야 한다는 일종의 탄원으로 볼 수 있다. 그리하여 그는 자유교육을 교육의 개념적 기준을 충족시키는 데에 장애가 없는 것이라고 규정함으로써 자유교육을 소극적으로 규정하고 있다. 피터스가 주장하는 자유교육의 핵심은 교육이 외재적 가치가 아닌 '내재적 가치'를 실현하는 활동이어야 한다는 데에 있으며, 여기서 내재적 가치를 실현하는 활동이라는 것은 지식을 추구함으로써 합리적인 마음을 계발하는 교육을 뜻한다.

자유교육은 '직업교육이 아니며', '전문가를 기르는 교육이 아니며' 등과 같이 소극적인 방식으로 그 의미를 규정하는 피터스와는 달리, 허스트는 자유교육을 '지식 그 자체'에 의해 내용과 범위가 규정되는 교육이라는 식으로 말함으로써 자유교육을 적극적으로 규정한다(Hirst, 1965: 125). 더 나아가 허스트는 '지식의 형식(forms of knowledge)'을 중핵으로 하는 자유교육을 제시한다. 그에 의하면, 자유교육은 인간의 마음 혹은 지성을 자유롭게 하기 위해 합리적 마음을 계발시키는 일이고, 합리적 마음의 발달은 지식의 획득과 논리적으로 관련되어 있다. 그러므로 학교 수준에서의 자유교육은 학생을 지식의 형식에 입문시키는 일로 구체화된다(Hirst, 1965: 123-124).

자유교육이 학생을 지식의 형식에 입문시킴으로써 합리적 마음을 계발하는 일이라는 점에 비추어 보면, 허스트가 합리적 마음의 발달을 위한 여러 지식의 형식들을 체계적으로 분류하고 정당화하는 노력을 기울인 것은 어쩌면 당연한 일이다. 지식의 형식은 다소 독특한 방식으로 구조화되고, 조직되고, 의미를 가지게 되며, 우리의 경험을 알게 되는 형식이다(Hirst, 1965: 124). 지식의 형식은 각 지식의 형식에서 사용하고 있는 여러 핵심 개념들, 고유한 논리적 구조, 그리고 독특한 진리검증 방식을 가지고 있다(Hirst, 1965: 129, 1974: 85ff). 이러한 세 가지 기준에 비추어 지식의 형식이 구분된다는 것은 분명하다. 그러나 지식의 형식이 몇 가지로 구분되며 그 내용이 무엇인지의 문제에 관해서는 허스트 자신도 몇 차례에 걸쳐 조금씩 수정한 바 있지만(Hirst & Peters, 1970; Hirst, 1974), 대체로 지식의 형식은 일곱 가지, 즉 수학, 물리학, 인문학, 역사, 종교, 문학과 순수예술, 철학으로 구분된다. 요컨대, 허스트의 자유교육은 인간의 경험 전체의 이해를 가능하게 하는 여러 가지 '지식의 형식'에 입문시킴으로써 합리적 마음을 계발하는 일이다.

이상에서 살펴보았듯이, 피터스와 허스트에 있어서 자유교육이란 인간의 마음 혹

은 지성을 자유롭게 하는 교육이다. 인간의 마음 혹은 지성을 자유롭게 하기 위해서는 합리적 마음을 계발하여야 하며, 합리적 마음의 계발은 다양한 지식의 형식에 입문함으로써 가능하다. 지식의 형식은 각 지식의 형식에 부합하는 여러 명제적 지식 또는 이론적 지식으로 구성되어 있다. 따라서 자유교육은 지식과 이해의 추구가 중심이 되는 교육이며, 이것이 바로 교육이 추구해야 할 내재적 목적이다.

학교는 오랫동안 인간의 마음을 무지, 편견, 억측으로부터 해방시키기 위해 합리성을 가르는 일에 관심을 기울여 왔다. 이 점에서 학교는 자유교육의 이념 혹은 정신을 추구해 왔다고 할 수 있다. 학교에서의 자유교육 이념은 실제적 지식이나 방법적 지식보다는 이론적 지식이나 명제적 지식을 강조하는 방식으로 나타났다. 아닌 게 아니라, 학교는 전통적으로 '퓨즈 갈아 끼우기', '당구 치기'와 같은 실제적 지식이나 방법적 지식보다는 '빛은 직진한다', '지구는 둥글다'와 같은 명제적 지식이나 이론적 지식을 중시해 왔다. 결국 피터스와 허스트의 자유교육은 내재적 가치 추구라는 미명하에 학교에서 지식의 전달과 같은 교육의 인지적 · 이론적 측면을 지나치게 강조한 반면, 직업준비와 같은 우리의 삶에 필요한 실제적 가치들을 '외재적 가치' 혹은 '수단적 가치'라는 이름으로 도외시하거나 소홀히 취급해 왔다. 왜 학교는 실제적 지식과 방법적 지식보다 이론적 지식과 명제적 지식을 추구해야 하는가? 직업준비에 필요한 실제적 지식은 이론적 지식보다 덜 가치가 있으며, 그래서 학교교육에서 간과되어도 좋은가?

2. 직업교육의 도전

1) 학교에서의 직업준비는 나쁜 적인가?

학교교육에서 실제적 지식이나 방법적 지식을 간과해도 좋은지, 그리고 개인의 삶과 직접적으로 관련된 직업준비 교육을 고려해야 하는지의 여부를 논의하기 위한 좋은 출발점은 '나쁜 적'에 관한 논의다(Cooper, 1986). 일상에서나 학문적 논의에 있어서 적(適)은 당사자의 입장에서는 힘들고 고통스럽지만 언제나 나쁜 것만은 아니다. 적들 중에는 서로 간에 상처를 입히고 해롭게만 하는 적이 있는가 하면, 상대 적에 맞설 수 있는 역량을 키우도록 자극함으로써 자신의 성장을 돕는 적도 있다. 전자가 '나쁜 적(bad enemy)'이라고 한다면, 후자는 '좋은 적(good enemy)'이다. 가령, 1960년대의 '진보주의', 1970년대의 '지식사회학' 등은 자유교육의 입장을 취하고 있는 교육철학자들에게 좋은 적들이었다. 진보주의나 지식사회학은 자유교육과 상반되고 자유교육에 대해 비판적인 입장을 견지하고 있다는 점에서 '자유교육의 적'이라고 할 수 있다. 그러나 자유교육을 옹호하는 철학자들에게 진보주의나 지식사회학은, 그들의 주장과 비판에 대해 논쟁을 하거나 비판을 방어하는 동안에, 자유교육의 논리를 보다 치밀하게 갖추도록 하였다는 점에서 '좋은 적'이라고 할 수 있다.

그러면 장차 학생이 가지게 될 직업에 필요한 지식과 기술을 가르치는 것은 학교교육의 나쁜 적인가? 쿠퍼(Cooper)는 직업주의를 나쁜 적으로 취급하며 다음과 같이 비판한다.

> (1960년대나 1970년대와는 달리) 오늘날에는 철학의 좋은 적이 없다. 확실히 하나의 적이 있기는 하다. 그것은 다름이 아닌 정부의 교육정책에 뚜렷이 나타나 있는 무분별한 기술적 직업주의이다. 철학적으로 말해서, 정책은 나쁜 적이다. 그 이유는 정책이란 것이 아이디어를 자극하는 일과는 무관하며, 심지어 교육이 추구하려는 것을 혼동하게 만들기 때문이다(Cooper, 1986: 5).

쿠퍼에 의하면, 정부의 교육정책에 흔히 나타나는, 학생들에게 한낱 직업에 필요한 기술을 가르치는 직업주의는 학교교육의 나쁜 적이다. 직업에 필요한 지식이나 기술을 가르치는 것이 학교교육의 나쁜 적인지의 문제를 검토하는 것은 학교에서 직업준비를 하는 교육의 정당성을 묻는 질문이지만, 이 질문에 대답하기 위해서는 다음 몇 가지 개념들을 명료화할 필요가 있다.

첫째, 직업훈련과 직업교육의 개념적 구분의 문제이다. 직업훈련은 직업에 필요한 기술을 반복하여 습득시키는 것을 의미한다. 쿠퍼가 비판한 교육정책에 자주 등장하는 '무분별한 기술직업주의(mindless technological vocationalism)'는 직업훈련에 해당하는 전형적인 예가 된다. 직업훈련의 측면에서 학교교육이 중점을 두어야 할 것은 학생들이 미래의 직업에 필요한 기술을 숙달하도록 가르치는 일이다. 그러나 이러한 의미의 직업훈련은 인간의 마음을 계발하거나 지성을 해방시키는 것과 무관하다. 피터스(Peters, 1966)나 오우크쇼트(Oakeshott, 1972)가 보기에, 직업훈련은 학교가 추구

하는 자유교육의 장애 요소다. 그들에 의하면, 학교교육은 현재의 필요나 요구를 만족시키는 직업기술을 가르치는 것에서의 해방을 의미한다. 그러나 학교에서 직업을 준비시키거나 직업과 관련된 것을 교육하는 것이 전혀 불가능한 것은 아니다. 오늘날의 직업에서는 과거와 달리 단순히 특정 기술을 반복적으로 숙달하도록 하는 것을 요청하는 경우보다는 복잡하고 고차적인 사고를 요청하는 경우가 많다. 그러므로 학교에서 미래의 직업을 준비한다는 것은 직업세계뿐만 아니라 사회 전체의 변화에 대한 이해가 요청되며, 초복합 사회의 직업은 단순 지식이나 기술을 넘어서 폭넓고 창의적인 사고와 문제 해결력이 요구된다. 이러한 총체적인 사고 능력을 길러 주는 것은 직업과 관련된 것이라고 하여 교육에서 제외해야 할 이유가 없다. 그러므로 직업을 폭넓은 의미로 사용할 때, 학교교육은 직업교육을 포함할 수밖에 없다. 오히려 학교교육은 현실과 무관하게 격리되어 이론적 지식과 사고만을 중시하기보다는 실제 삶과 사회적 현실에 바탕을 둔 실천적 지식과 실천적 지혜를 중시해야 한다.

둘째, 학교교육이 직업준비 등의 사회적 요구를 '반영해야 한다'는 것과 사회적 요구에 '종속되어야 한다'는 것은 구분될 필요가 있다. 1970년대 이후 서구를 비롯한 많은 나라의 학교교육에서 직업준비 교육에 관한 정책적 관심이 고조되기 시작한 것은 신자유주의의 등장 때문이다. 신자유주의는 경제적 관점을 중시하는 사상으로서, 시장원리에 따라 소비자가 요구하거나 소비자에게 적합한 상품을 만들어 내고 상호 경쟁을 통해 생산성을 높이는 데 목표를 둔다. 신자유주의자들의 영향을 받은 교육정책자들은 경제적 성장이 더딘 이유가 학교가 직업현장에서 요구되는 기술교육을 하지 않기 때문인 것으로 보았다. 신자유주의의 영향에 따라 교육에서도 경제적 관점을 수용하게 되고, 학교는 이러한 사회적 요구를 반영해야 한다는 생각으로 이어졌다. 이러한 생각은 1976년에 러스킨 대학에서 행한 영국 칼라한(James Callaghan) 수상의 연설에서 볼 수 있으며, 그 내용은 다음 네 가지 주장으로 요약할 수 있다. 학교 졸업자들에게 ① 산업현장에서 필요로 하는 기본 기술의 획득, ② 산업과 사회의 경제적 필요에 대한 보다 긍정적인 태도의 조장, ③ 기술적 사회를 위한 방법적인 지식의 구비, ④ 미래를 위한 개인적 자질들의 개발 등을 갖추도록 해야 한다. 이러한 주장은 교육과 경제적 성취 간에 밀접한 관련이 있다는 것을 전제하고 있다. 그러나 경제적 성취는 교육과 논리적으로 혹은 필연적으로 관련된 것이라기보다는 사실적으로 혹은 우연적으로 관련된 것이라고 보아야 한다. 이 말은 교육과 경제 간의 관계가

어떤 경우에는 비교적 명백하지만, 전혀 그렇지 않은 경우도 있다는 뜻이다. 이 점에서 교육을 경제적 · 사회적 요구로 환원시켜 학교는 사회가 요구하는 것을 무조건 따라야 한다거나 반영해야 한다고 주장하는 것은 학교교육을 왜곡시킬 위험이 있다. 학교가 사회의 일부이기 때문에 학교에서 사회의 요구를 무시할 수는 없지만, 그렇다고 하여 학교교육이 사회의 요구에 휘둘리거나 종속된다면 교육의 내재적 가치는 손상될 수밖에 없다. 그러므로 학교에서의 직업준비를 위한 교육은 앞에서 설명한 직업교육과 직업훈련의 구분, 그리고 사회의 요구를 반영하는 것과 사회요구에 종속되는 것의 구분을 고려하여 조심스럽게 논의될 필요가 있다.

2) 직업교육의 논리

학교에서 사회의 요구를 반영하여 직업준비를 위한 교육을 할 수밖에 없다면, 그 구체적인 이유는 무엇인가? 학교에서 직업준비를 위한 교육을 해야 한다고 주장하는 이유는 소극적 측면과 적극적 측면으로 나뉜다.

먼저, 학교에서 직업교육을 해야 하는 소극적 이유는 학교에서 자유교육의 이념을 추구한 결과에 대한 불만족과 관련이 있다. 이에 대해 프링(Pring, 1993: 57-60)은 다음 네 가지의 이유를 제시한다. 첫째, 학교에서 자유교육을 지향한 결과, 영국에서 약 30%의 학생들이 한 과목 이상 실패하는 등 상당수의 학생이 교육에서 소외되는 결과를 초래하였다. 이 점은 우리나라도 예외가 아니어서, 상당수의 학생이 수학을 포기하는 현상이 발생하는 등 학교수업을 따라가지 못하거나 흥미를 잃고 있다. 이 점에서 현행 학교교육은 '소수를 위한 자유교육의 이상'에 그치고 있는 형편이다. 둘째, 자유교육은 교육의 내재적 가치를 추구하기 때문에 교육의 외재적 가치에 해당하는 직업교육과 전문교육은 간과될 수밖에 없다. 그 결과 학생들은 장차 종사해야 할 직업세계를 잘 준비하거나 그것에 잘 적응하는 일에 어려움을 겪고 있다. 셋째, 자유교육은 경제적 유용성이나 사회적 필요와 다소간 동떨어져 있음으로 인해 학교에서 추구하는 학문적 관심과 교육에서 추구해야 할 사회적 가치 사이의 단절을 초래할 수 있다. 넷째, 자유교육은 각 개인이 지식의 추구를 통해 무지, 억측, 편견으로부터 자유롭게 되는 데에만 관심을 가짐으로 인해 공적으로 부여받은 활동에 대한 방향성을 결여할 수 있다.

이상에서 논의한 학교에서 직업교육을 해야 한다는 주장의 소극적 이유는 학교에서 자유교육의 이념을 지향해 온 결과, 기업이나 사회의 요구를 충족시키지 못한다는 점을 드러내 준다. 그러나 학교에서 행해지고 있는 자유교육이 만족스럽지 못하다는 것이 곧 직업교육을 해야 하는 논리를 정당화한다는 뜻은 아니다. 그러면 학교에서 왜 직업교육에 관심을 가져야 하고, 학생들에게 직업세계를 준비시키도록 교육해야 하는가? 학교에서 직업교육을 해야 할 적극적 이유는 무엇인가?

학교에서 직업교육을 해야 한다고 주장하는 사람들이 제시하는 적극적 이유는 거시 경제적 관점, 사회복지, 개인적 유익이라는 세 가지의 상호 관련된 전제에 바탕을 두고 있다(Jonathan, 1994). 첫째, 거시 경제적 관점에서 볼 때, 학교에서의 직업교육은 한 국가의 경제적 토대를 튼튼히 할 수 있다. '직업이 없다'는 것은 종종 '기술이 없다'는 뜻으로 사용되고, 이 말은 거꾸로 학교를 졸업할 때 '기술을 가지고 있는 학생'이라면 '직업을 가질 수 있다'는 것을 의미하기도 한다(Jonathan, 1994: 6700). 거시 경제적 관점에서 보면, 학교가 노동시장이나 실제 생활에 필요한 지식이나 기술을 가르치는 일에 전념할 필요는 없지만, 거시적 차원에서 국가의 경제를 안정시키기 위해 학생들이 직업을 가질 수 있는 지식이나 기술을 가르치는 일을 포함해야 한다. 둘째, 학교에서의 직업교육은 사회 전체의 복지에 기여할 수 있다. 사회복지의 전제는 교육이 개인적인 좋은 삶뿐만 아니라 사회적 부의 창출을 극대화하거나 사회 전체의 복지에 이바지하는 데 관심을 가져야 하며, 직업교육도 이러한 관점에서 이해되어야 한다. 셋째, 학교에서의 직업교육은 개인적 유익을 가져다줄 수 있다. 여기서 말하는 개인적 유익은 주로 경제적인 관점에서의 이익을 의미한다. 즉, 학교에서의 직업교육은 모든 학생에게 장래에 유용하고 적합해야 하며, 또한 '경제적 유익'을 제공해야 한다(Jonathan, 1994: 6703). 그러나 직업이 주는 개인적 유익을 경제적 관점에서만 보기보다는 보다 넓은 '개인의 웰빙'의 관점에서 보는 것이 바람직한 것 같다. 만일 학교에서의 직업교육을 오로지 경제적 관점에서 보게 되면, 교육이 외재적 · 수단적 목적을 추구하는 것이므로 이것은 정당화되기 어렵다. 그러나 학교에서 직업교육을 해야 하는 이유를 개인의 웰빙 관점에서 보면, 직업교육은 학교교육이 추구하는 것과 반드시 모순되거나 대립되는 것이 아니다(White, 2011/2014). 그러므로 개인의 웰빙 증진을 위해서도 학교는 직업과 관련된 교육을 할 수밖에 없다.

학교에서 직업교육을 포함해야 한다는 주장은 그것이 교육의 본질적 가치이거나 내재적 가치라는 관점에 근거해 있는 것이 아니라 개인적 유익이나 사회적 유익의 관점에 근거해 있다. 앞에서 언급했듯이, 학교에서 직업교육을 하는 것이 개인적 유익을 가져다줄 뿐만 아니라 국가의 거시 경제나 사회전체의 복지에 기여하게 된다면, 직업교육에 참여하는 학생들은 장차 사회생활을 하면서 직면하게 되는 현실적인 필요성과 구체적인 동기를 가질 수 있게 된다. '소수를 위한 자유교육의 이상', '다수를 위한 직업교육의 대안'(Pring, 1995: 186)이라는 슬로건은 바로 학교가 자유교육보다 직업교육에 중점을 두어야 한다는 주장을 함축하고 있다.

지금까지의 논의에 비추어 보면, 직업교육이 학교교육의 핵심이 되어야 한다고 주장하기는 어렵지만, 직업준비가 적어도 학교교육의 일부가 되어야 한다는 점은 분명하다. 쿠퍼는 '나쁜 적' 논제를 통해 학교가 직업교육이 아닌 자유교육을 추구해야 한다는 점을 주장한 셈이다. 쿠퍼가 나쁜 적으로 간주한 것은 '무분별한 기술직업주의(mindless technological vocationalism)'와 같이 지나치게 좁은 의미의 직업훈련이지 넓은 의미의 '직업교육'이라고 보기는 어렵다. 이 점에서 쿠퍼의 '나쁜 적' 논의는 직업교육을 정당하게 비판한 것이라기보다는 자신의 교육관이 합리주의적 자유교육의 전통에 서 있다는 점을 보여 준 것으로 볼 수 있다. 자유교육과 직업교육 또는 전문교육을 날카롭게 대비시키면서, 자유교육의 관점에서 직업교육과 전문교육을 비판했던 피터스도 후기에 와서 자신의 입장을 상당 부분 완화하였다. 그는 이전에 자신이 지식 그 자체의 목적을 위한 교육과 직업적 목적을 위한 교육을 지나치게 날카롭게 구분하였다는 점을 인정하였다(Peters, 1977). 더 나아가 화이트헤드(Whitehead, 1950: 77)는 자유교육과 직업교육을 분리하는 것을 '플라톤적 문화의 해악적 요소'로 보았다. 화이트헤드가 보기에, 기술교육(technical education)과 자유교육을 대립되는 것으로 보는 것은 잘못된 것이다. 자유적이지 못한 기술교육은 부적절하며, 기술적이지 않는 자유교육이란 존재하지 않기 때문이다. 말하자면, 모든 교육은 기예(技藝)와 지성(知性)이라는 두 가지 이상을 겸비하여 추구할 수밖에 없는 것이다(Whitehead, 1950: 74).

이상의 화이트, 후기 피터스, 화이트헤드 등의 견해에 비추어 볼 때, 교육과 직업교육이 별도로 존재하는 것이라기보다는, 직업준비를 위한 교육은 전체 교육의 일부라고 보는 것이 타당할 것이다. 교육을 개인의 웰빙 관점에서 보거나 자유교육과 직업교육이 분리되거나 대립되는 것이라고 보는 관점이 아니라면, 학교에서는 직업과 관련된 교육을 고려할 수밖에 없다. 특히 오늘날처럼 직업교육의 강한 도전이 지속된다면,

직업과 관련된 내용은 사회적 실제의 일부로서 학교의 교육과정과 관련하여 심각하게 논의될 필요가 있다. 그러나 이 말은 교육이 사회적 필요의 변화나 노동시장의 구조를 무조건 따라가야 한다거나, 또는 극단적인 직업주의자처럼 학교교육의 핵심이 취업준비를 잘하는 데 있고 학교에서 직업훈련이 필수교과가 되어야 한다는 것을 주장하는 것이 아니다. 그렇지만 직업교육의 요구가 중요한 사회적 실제로 부각되고 있다면, 교육철학자들이 이러한 현상을 어떻게 보아야 하는지에 관하여, 그리고 자유교육과 직업교육의 간극을 좁히는 것에 관하여 이론적인 논의를 하는 것은 자연스러운 일이다.

3. 자유교육과 직업교육의 간극 메우기

자유교육을 추구해 온 학교교육에 대해 사회에서의 직업준비 요구가 점차 강해짐에 따라 자유교육과 직업교육의 간극을 줄이려는 시도와 학교에서 다양한 방식으로 직업준비를 반영하려는 움직임이 있는 것은 자연스러운 일이다. 여기서는 자유교육과 직업교육의 간극을 줄이려는 시도를 프링(Pring, 1993, 1994, 1995)과 셰플러(Scheffler, 1995b)의 견해를 중심으로 탐색한다(유재봉, 2000).

듀이는 자유교육과 직업교육의 간극을 줄이려는 시도에 관한 논의의 좋은 출발점을 제공해 준다. 그는 이 문제에 깊은 관심을 가진 최초의 철학자로서, 양자 사이에 긴장과 갈등이 존재하고 있음을 간파하였다. 그에 의하면, 철학의 여러 이론들 사이에 일어나는 갈등은 결국 교육에 있어서 직업이 차지하는 올바른 위치와 기능 문제로 귀착된다(Dewey, 1916/2007: 443). 아닌 게 아니라, 듀이 철학의 기본 입장은 흔히 '용광로 철학(melting pot philosophy)'이라고 불리듯이, 몸과 마음, 아는 것과 행하는 것, 이론과 실제, 여가와 노동 등의 어떤 것의 이원론도 거부하며, 따라서 자유교육과 직업교육의 분리도 거부한다.

그러면 자유교육과 직업교육의 이원론을 어떻게 극복할 수 있는가? 듀이는 직업과 관련된 일련의 용어들을 넓게 규정함으로써 이 문제를 해결하려 했다. 예컨대, '직업(vocation)'은 사람에게 명백히 의미 있는 방향으로 삶의 활동을 이끌어 가는 목적이 있는 일체의 활동으로서, 단순히 물건을 만들어 내는 기계적인 노동이나 돈벌이가 되는 일에 종사하는 것이 아니다. 듀이가 보기에, (직업)교육이라는 것은 산업이나 직업

분야에서 일할 사람들에게 단순히 기술적인 준비를 시키는 것이라기보다는 사회의 여러 가지 형식의 작업 활동이 요구하는 지적 · 도덕적 내용, 즉 기술적 능력, 특수한 과학적 능력, 효과적인 시민의식을 발달시키는 일을 가르치는 것을 포함한다(Dewey, 1916/2007: 443-444). 이렇게 본다면, 어쩌면 '직업의 의미가 가장 잘 드러나는 교육은 통제의 능력과 민주주의적 자유가 가장 잘 드러나는 교육'으로 볼 수 있다(Scheffler, 1995a: 37).

그러나 자유교육과 직업교육의 이원론을 거부하거나 양자 사이를 관련지으려는 듀이의 시도는 그가 생각한 만큼 그다지 성공적인 것 같지는 않다. 그 이유는 그가 직업과 직업교육을 넓은 의미로 새롭게 규정하는 것 외에, 자유교육과 직업교육을 통합하려는 어떤 구체적인 시도도 하지 않았기 때문이다. 그리고 듀이는 자유교육과 직업교육의 구분을 거부하고, '직업교육'이란 말을 너무 포괄적으로 사용함으로써 자유(교양)교육과 직업교육 사이에 아무런 차이가 존재하지 않는 것처럼 취급하게 되는 문제가 발생한다. 이러한 듀이의 의미론적 문제점은 개념 구분 면에서나 실제 상황에서 '무엇이 교육이고 무엇이 교육이 아닌지'를 모호하게 만든다. 그럼에도 불구하고, 직업교육은 두 가지 근본적인 문제, 즉 지력이 인간 활동과 동떨어져 있을 때 잘 행사되는가, 아니면 그 활동 안에서 잘 행사되는가의 문제, 그리고 교육이 개인적인 상황 아래서 잘 보장되는가, 아니면 사회적 조건 아래에서 잘 보장되는가의 문제를 하나의 구체적인 문제로 집약시켜 준다(Dewey, 1916/2007: 460).

1) 자유교육의 직업화: 프링의 견해

자유교육과 직업교육의 간극 메우기를 시도한 대표적인 교육철학자로는 프링과 셰플러를 들 수 있다. 그러므로 이에 대한 두 학자의 견해를 차례대로 살펴보자. 먼저, 프링은 자유교육과 직업교육의 간극을 줄이려는 시도로서 그와 관련된 용어들을 새롭게 규정하였다는 점에서는 듀이와 비슷하다. 그러나 프링이 새롭게 규정하고자 하는 개념의 대상과 정의 방식은 듀이와 다르다. 듀이가 직업과 직업교육의 개념을 재규정함으로써 자유교육과 직업교육의 간극을 메우려고 하였다면, 프링은 자유와 자유교육의 개념을 재규정함으로써 둘 간의 간극을 좁히려고 했다. 또한 듀이가 자유교육과 직업교육 간의 구분을 인정하지 않는 데 비해, 프링은 두 개념이 다르다는 것을

명백히 인식하고 있다. 말하자면, 프링은 직업교육이 상당히 신축성이 있는 용어로써, 교육의 많은 부분을 포괄할 수 있다는 점을 인정하고 있지만, 동시에 자유교육과 직업교육 사이에는 많은 중요한 차이들이 존재하는 것으로 본다(Pring, 1993: 60).

자유교육과 직업교육의 간극 메우기에 관한 프링의 기본 입장은 학교교육이 자유교육에 토대를 두고 있으면서 동시에 어떻게 하면 직업적 요구를 만족시킬 수 있는지에 관심이 있다. 이 점에서 프링의 견해를 '자유교육의 직업화(vocationalising liberal education)'라고 부를 수 있다. 여기서 말하는 '직업화'는 좁은 의미의 직업훈련, 즉 당장 직업에 필요한 지식이나 기술을 익히거나 제한된 사고방식을 가르치는 것이 아니다. 이 점을 염두에 두고, 자유교육과 직업교육을 조화시키려는 프링의 논리를 제시하면 대강 다음과 같다. ① 자유교육과 직업교육은 근본적인 면에서 다르다. ② 학교교육의 중심은 자유교육이어야 하지만, 직업교육과 같은 사회적 요구도 고려하거나 반영해야 한다. ③ 그 방법은 자유교육을 직업에 부합하도록 하는 것이다. 이러한 관점에서 보면 자유교육을 직업(교육)화하는 것은 불가피한 일이다. 다음의 인용문은 이 점을 보여 준다.

> 자유교육의 직업화는 상당히 다양한 비판들, 즉 수많은 사람이 자유주의 이상으로부터 제외되고, 교육이 실제 직업세계와 단절되며, 다음 세대의 사회적·도덕적 통합의 실패와 공공기관에 있어서 공적 책임성의 부족 등의 문제에 직면한다. 그러나 이러한 비판들에 대한 대응방식인 교육의 '직업교육화'는 언어적으로 교사와 학생 사이의 교호작용으로 기술되고 평가되는 만큼, 실지로 교육과정 계획에서 중요시되는 것은 아니다 (Pring, 1993: 64).

이 인용문에서 보듯이, 프링의 '자유교육의 직업화'에는 그의 이중적 고민이 들어 있다. 하나는 사회의 요구인 (자유)교육 내에서 직업적 요구를 반영해야 한다는 것이고, 다른 하나는 교육에서 추구해야 할 목적과 가치, 획득되는 지식의 구조와 내용, 길러야 할 덕과 성향이 상이한 자유교육과 직업교육을 어떤 식으로든지 통합해야 한다는 것이다. 프링도 인정하듯이, 상이한 성격의 두 교육을 통합한다는 것은 결코 쉬운 일이 아니다. 그가 보기에, 지식 그 자체의 목적을 추구하는 자유교육과 달리, 직업교육의 목적은 미래의 삶에 요구되는 역량을 개발하는 데 있으며, 지식의 형식으로 대표되는 이론적 지식을 추구하는 자유교육과 달리, 직업교육의 내용은 직업세계에 요구되는 지식, 기술, 태도 등을 획득하는 데 초점이 주어져 있다. 내재적 정당화를 추구하는 자유교육과는 달리, 직업교육은 외재적 혹은 실제적 정당화 방식을 취한다(Pring, 1993: 66-76, 1994: 16-18, 1995: 186-188). 프링은 자유교육과 직업교육이 여러 가지 측면에서 상이하다는 것을 인식하고 있으면서도 양자 사이의 간극을 줄이려는 시도를 하고 있다.

그러면 프링은 어떤 방식으로 '자유교육의 직업화'를 시도하고 있는가? 그것은 자유와 자유교육의 개념을 재검토하는 방식이다. 우리는 자유교육과 직업교육을 흔히 상호 대립적인 것으로 보는 경향이 있으나, 프링에 의하면, 양자는 양립할 수 있으며 서로 상치되지 않는다. 그는 자유교육과 직업교육을 분리하는 이원론의 문제를 '자유(liberal)'라는 말을 재해석함으로써 극복하려고 한다. 프링에 따르면, '자유'라는 말은 자유교육에서 전형적으로 강조하는 합리성의 추구뿐만 아니라 인간의 전반적인 능력, 가령 생각, 감정, 행위, 기술 등을 포함하는 보다 광범위한 뜻을 가진 것으로 해석되어야 한다. 자유라는 말을 이렇게 해석하게 되면 그의 '자유교육의 직업화' 아이디어는 결국 (자유)교육은 직업적 요구와 같은 새로운 상황과 도전에 비추어 보다 폭넓게 재해석되어야 한다는 주장으로 이어진다. 그러나 자유교육의 관점에서 볼 때, 자유교육과 직업교육의 간극을 메우려는 프링의 방안은 여전히 (자유)교육의 개념을 모호하게 만드는 것으로 비판받을 소지가 있으며, 자유교육과 직업교육이 통합되어야 한다는 실제적 요구를 수용하려다가 정작 그가 인정한 자유교육과 직업교육 간의 개념적 구분을 부정하는 결과를 초래할 수 있다.

2) 직업교육의 자유화: 셰플러의 견해

프링과 마찬가지로, 셰플러도 자유교육과 직업교육의 간극을 좁히려는 시도를 하였지만, 그 접근 방법은 정반대다. 프링이 직업교육의 도전에 직면해서 자유교육의 '직업화'를 시도하고 있다면, 셰플러는 거꾸로 직업교육의 '자유화(liberalising)'를 주장하고 있다. 즉, 프링이 교육에서 직업교육의 요구를 받아들여 자유교육의 개념을 확대해석하고 있는 데 비해, 셰플러는 직업세계마저도 (자유)교육의 장이 되어야 한다고 주장하고 있다. 이 점에서 셰플러의 견해를 '직업교육의 자유화(liberalising

vocational education)'라고 부를 수 있다.

셰플러에 따르면, 우리가 교육이라고 부를 수 있는 모든 활동은 지적 능력이나 성향의 발달과 같은 모종의 준거를 만족시켜야 한다. 교육에서 추구하는 이러한 지적 능력과 성향은 직업세계에서 요구되는 것이기도 하다. 이 점에서 직업교육은 일반적 의미의 교육과 구분되는 '일종의' 교육(a kind of education)이거나 특정 직업준비에 목적을 두는 '특수한' 교육(a particular education)으로 볼 수 없다. 이 점에 비추어 보면, '직업교육'이란 말은 교육의 동어반복이거나 군더더기(sheer redundancy)에 불과하다고 말할 수 있다(Scheffler, 1995b: 45). 직업교육이라는 말이 가지고 있는 동어반복을 피할 수 있는 방안에는 두 가지가 있다. 하나는 직업이라는 말을 '특정 직업'처럼 좁은 의미로 규정함으로써, '교육'과 '직업'을 분리하는 방식이고, 다른 하나는 교육의 개념을 직업준비와 관련하여 해석하는 방식, 즉 교육의 의미를 직업세계에서 요구하는 것이면서 동시에 자유교육에서 강조되는 다양한 상황에 대처할 수 있는 지적 능력이나 성향을 기르는 일로 보는 방식이다. 셰플러는 후자의 입장을 견지하고 있는 것으로 보인다. 그가 보기에, 교육은 정직이나 신뢰와 같은 인격적 특성, 그리고 다양한 직업세계의 요구에 대처할 수 있는 지적 능력과 기술을 길러 주는 일이고, 이러한 인격적 특성이나 지적 능력과 기술 등은 직업세계에서 요구되는 것이기도 하다.

셰플러는 교육이 직업적 요구를 충족시켜야 하지만, 그것이 노동시장에서 요구하는 특정 직업을 위한 기술이나 기교를 가르치기보다는 여러 가지 문제 상황에서 각 개인이 스스로 지식을 조직하여 문제를 해결하고 비판적인 판단력을 행사할 수 있는 능력을 길러 주어야 한다고 본다(Scheffler, 1995b: 54). 그리고 그는 교육이 직업세계에서 요구되는 다양한 실제적 문제들을 해결하는 능력을 길러 주어야 한다는 점을 훨씬 넘어서, 직업의 현장 전체가 (자유)교육의 장이 되거나 그 기회를 제공해 주어야 한다고 주장하고 있다.

그러나 직업교육을 자유화함으로써 자유교육과 직업교육 사이의 간극을 좁히려는 셰플러의 시도는 적어도 두 가지 점에서 지나치게 이상적이다. 첫째, 교육의 개념을 확대 해석하려는 그의 의도를 수용한다고 하더라도, 직업현장의 자유(교육)화는 사실상 거의 불가능하다고 보아야 한다. 둘째, 설혹 직업교육을 자유(교육)화하는 것이 가능하다고 하더라도, 실제 직업세계의 요구를 만족시키기에는 여전히 거리가 있다.

이상에서 살펴보았듯이, 자유교육과 직업교육의 간극을 메우려는 프링과 셰플러

의 노력은 자유교육이나 직업교육과 같은 주요 개념들을 재해석하거나 넓게 해석하는 것에 의존하고 있다는 점에서 공통적이다. 그러나 프링이 자유교육의 개념을 엄밀하고 좁게 규정하기보다는 직업적 요소를 포함하는 넓은 의미로 규정함으로써 간극을 좁히려고 하였다면, 세플러는 오늘날 직업에서 요구되는 능력이 문제 해결력과 같은 고차적인 사고 능력과 도덕적 성향이며, 이러한 것은 교육이 기르고자 하는 것과 다르지 않다는 점을 보여 줌으로써 자유교육과 직업교육 사이의 간극을 좁히려고 하였다. 프링이 '자유교육의 직업화', 즉 자유교육을 직업의 요구를 충족시킬 수 있도록 그 의미를 확장하는 접근 방식을 취하고 있다면, 세플러는 '직업교육의 자유화', 즉 직업교육이 자유교육의 구체적인 장이 되도록 함으로써 양자의 간극을 좁히려는 접근방식을 취하고 있다.

그러나 자유교육과 직업교육의 간극을 좁히려는 시도는 자유교육을 주장하거나 직업교육을 주장하는 편에서 보면 여전히 만족스럽지 못할 것이다. 직업주의의 관점에서 보면, 이러한 시도는 직업적 요구를 만족시키기에는 턱없이 부족하다고 생각할 것이고, 따라서 직업교육 옹호론자들은 아마 노동시장에 보다 적극적으로 대처할 수 있는 교육을 요청할 것이다. 이와는 달리, 자유교육의 관점에서 보면, 자유교육과 직업교육의 간극을 메우려는 시도는 자유교육과 직업훈련 간의 관계와 교육의 개념을 불분명하게 만들 수 있다. 심지어 극단적인 자유교육 옹호론자들은 자유교육과 직업교육을 절충하거나 통합하는 노력을 교육 혹은 학교를 말살하기 위한 시도로 간주하기도 한다. 오우크쇼트(1972)는 '춤추는 학교의 특성'이라는 비판적인 비유를 통해, 교육은 결코 사업 혹은 장사가 될 수 없고, 학교는 사업장 혹은 시장이 되어서는 안 된다고 주장하였다. 그가 보기에, 교육이 해야 할 유일한 일이 있다면, 그것은 학생들을 인류의 문화유산 속으로 입문시키는 일이며, 이 점에서 학교는 '사업장' 혹은 '시장(market places)'보다는 차라리 '수도원(monasteries)'에 가까운 것이어야 한다. 그런데 사업장 혹은 시장에서의 교육이 교육의 내재적 목적과 교육의 자율성을 상실할 염려가 있는 반면에, 수도원에서의 교육은 사회적 실제와 동떨어져 무기력하거나 언어적 수준에 머물 가능성이 농후하다.

자유교육과 직업교육의 간극을 줄이려는 시도들은 이론적으로나 실제적으로나 여러 가지 문제점을 지니고 있음에도 불구하고, 적어도 두 가지 점에서 교육의 이론과 실제에 새로운 도전을 줄 수 있다. 하나는 직업준비와 같은 사회적 요구에 직면하여,

교육과 관련된 개념들을 재검토하게 하고, 오로지 개념적 수준에서만 교육을 보려고 하는 관점으로부터 변화를 요청한다는 점이다. 다른 하나는 교육은 사회와 교육의 실제에서 요구되는 다양한 도전과 과제를 간과하지 말아야 한다는 점이다. 만일 이러한 생각이 틀리지 않다면, 우리는 교육과 학교교육의 성격을 새롭게 규정하고 검토할 필요가 있을 것이다.

4. 학교에서의 인문교육과 직업교육의 통합

지금까지 학교교육의 전형으로서의 자유교육과 그에 대한 직업교육의 도전, 그리고 자유교육과 직업교육의 간극을 메우려는 시도들을 검토하였다. 학교에서 직업교육을 하는 것이 불가피하다는 점을 인정하더라도, 학교에서 직업교육의 위상을 어떻게 볼 것이며, 직업교육을 위해 구체적으로 무엇을 어떻게 해야 하는지에 관한 문제는 여전히 어려운 과제에 속한다. 다음에서는 학교에서 직업교육을 어떻게 할 수 있는지를 학교의 차원과 교육과정의 차원으로 나누어 논의한다.

첫째, 학교에서 인문교육과 직업교육을 어떻게 조화할 것인가? 유럽의 주요 국가들에서는 오랫동안 인문교육과 직업교육의 복선제 학제를 취해 왔다. 복선제에서는 대학진학을 목적으로 하는 인문계 학교와 취업을 목적으로 하는 직업학교가 엄격히 분리되어 있었고, 따라서 두 학교 간의 이동이 원칙상 불가능하였다. 그러다가 20세기 후반 민주화와 산업화가 가속화되면서 인문계 학교와 직업계 학교를 분리하는 것에 대한 비판이 지속적으로 대두되었다. 인문교육과 직업교육을 분리하거나 인문교육의 우월성을 주장하는 것이 오늘날의 현실에는 맞지 않는다거나 민주주의의 원리에 배치되는 것으로 여겨진다. 영국에서는 어떤 중등학교를 진학하느냐에 따라 그들의 인생이 결정된다. 이와 관련하여 중등학교에 진학하는 11세라는 너무 이른 시기에 학생으로 하여금 자신의 장래를 결정하도록 하는 것이 과연 바람직한 것인가 하는 의문이 제기되면서, 중등학교를 인문교육과 직업교육으로 이원화하는 것에 대해 비판의 여론이 형성되었다. 다른 한편, 산업계에서는 급격히 발전하는 산업의 인력수요를 충당하지 못함에 따라 직업현장에서 일할 인력양성을 지속적으로 요청하였다. 이러한 비판에 직면하여, 영국의 블레어(Blair) 정부는 인문교육과 대학진학을 위주로

공부하는 전통적 인문계 학교인 그래머스쿨(grammar school)의 대부분을 인문교육과 직업교육을 병행하는 종합학교(comprehensive school)로 전환하였다.

종합학교 제도가 성공적인지에 관해서는 찬반양론이 팽팽하다. 종합학교 제도를 찬성하는 진영에서는 11세라는 나이는 학생의 자율성을 온전히 발휘하기에는 아직 미성숙하며, 더구나 그 나이에 자신의 평생 진로를 결정하게 하는 것은 가혹하다고 비판한다. 이들은 종합학교에서 인문교육과 직업교육을 동시에 제공함으로써 학생들은 중등학교를 다니는 동안 자신의 진로를 진지하게 탐색할 수 있는 기회를 가질 수 있다는 점을 들어 종합학교 정책이 '교육적인' 정책이라고 주장한다. 종합학교 제도를 반대하는 진영에서는 그래머 스쿨을 종합학교로 전환한 이후 학생들의 학력수준이 전반적으로 하향평준화되고 있다는 점을 들어 종합학교 정책을 '비효과적인' 교육정책으로 규정하고, 따라서 다시 그래머 스쿨을 부활시켜야 한다고 주장한다.

미국이나 영국처럼 우리나라에도 다양한 종류의 학교가 존재하지만, 그것은 크게 인문교육과 대학진학을 목적으로 하는 일반고와 직업교육과 취업을 목적으로 하는 전문계고로 나눌 수 있다. 한국에서 인문교육과 직업교육의 프로그램을 함께 제공하는 종합고등학교는 가능한가? 현재 우리나라에서 종합고등학교는, 학령인구가 적어 일반고와 전문계고를 동시에 둘 수 없는 농어촌을 제외하고는, 거의 없는 실정이다. 우리나라의 경우 약 80%의 고등학생이 대학에 진학하는 상황이어서 대부분의 중학생들은 대학에 진학하기 위한 자율형 공립/사립 고등학교를 포함한 일반고에 진학하거나 성적이 우수한 학생들은 외국어/국제 고등학교, 과학/영재 고등학교 등 특수목적 고등학교의 진학을 선호한다. 이러한 상황에서는 학생들이 인문교육과 직업교육 프로그램을 동시에 제공받으면서 지신의 진로를 탐색할 수 있는 종합고등학교는 현실적으로 시기상조인 것으로 보인다. 만일 대학진학률이 현저히 낮아지거나 학교에서 진로교육이 제대로 이루어지지 않는다면, 그때 종합고등학교 문제는 다시 논의될 수 있을 것이다.

둘째, 교육과정 차원에서 인문교육과 직업교육의 간극을 줄일 수 있는 방법은 무엇인가? 그 방법은 다양하지만, 가장 현실적인 방법 중의 하나는 교육과정을 유연화하는 방식일 것이다. 영국의 초·중등학교는 4단계의 학령 군(群)으로 나뉘어 있으며, 중등학교(11~16세)는 주요단계 3(Key Stage 3: 11~14세)과 주요단계 4(Key Stage 4: 14~16세)에 해당한다. 주요단계 3에 비해, 중등학교 후기에 해당하는 주요단계 4에

서는 상대적으로 교육과정을 훨씬 유연화하여 직업과 관련된 교과를 많이 개설함으로써 학생들에게 진로를 탐색할 기회를 제공해 주고 있으며, 대학진학을 하지 않는 중등학생들에게는 취업과 관련된 교과공부로 자격을 취득할 수 있도록 하고 있다. 16세 이후(Post-16)에는 대학준비학교(sixthform college)와 계속교육기관(further education)에서 학생들이 좀 더 전문적인 인문교육과 직업교육을 받을 수 있는 기회를 제공하고 있다. 이 교육기관들은 각각 인문교육과 대학진학을 위한 자격인 A레벨 시험(GCE-A)과, 직업교육과 취업을 위한 일반국가직업기술자격(General National Vocational Qualification: GNVQ)을 제공하고 있을 뿐만 아니라, 적어도 제도적으로는 인문교육과 직업교육을 차별하지 않도록 인문교육 자격과 직업교육 자격의 기준을 일치시켜 놓고 있다.

우리나라의 경우 종합고등학교 제도를 직접 도입하기보다는 학교에서 인문교육과 직업교육 교육과정을 유연화하는 편이 훨씬 현실적이다. 대학에 진학하기 위해 일반고에 진학한 상당수의 학생들은 여러 가지 이유로 중간에 학업을 포기하고 있다. 그렇다고 이러한 학생들을 방치하거나 억지로 진학공부를 시키는 것은 좋은 방법이 아니다. 그 한 가지 방안은 일반 고등학교에서 학생들이 인문교육과 더불어 직업관련 교과를 선택하여 교육받을 수 있게 하는 방법이다. 가령 고등학교 1학년 학생에게는 필수 교과를 이수하게 하고, 2~3학년 학생에게는 진로와 적성에 따른 맞춤형 교육과정을 제공하는 것이다. 이러한 교육과정 유연화는 고교학점제의 취지와 다른 것이 아니다. 그러나 고교학점제를 정착하기 위해서도 여러 가지 산적한 선결과제를 해결해야 하는 상황이어서, 인문교육과 직업교육의 교육과정을 유연화하는 것은 아직 요원한 일인 듯하다. 이렇듯, 우리나라의 현 학교 상황에서 직업교육의 요구를 반영하는 일은 결코 쉬운 것이 아니지만, 그에 관한 논의는 다양한 측면에서 지속적으로 진행해 갈 필요가 있다.

이상에서 자유교육과 직업교육 간의 대립과 통합 가능성을 둘러싼 다양한 논의를 살펴보았다. 이러한 논의가 주는 시사점은 다음 몇 가지이다. 첫째, 오랫동안 학교교육의 전형으로 받아들여 온 자유교육이나 오늘날 산업사회에서 요구하고 있는 직업교육이나 할 것 없이, 그것이 학교교육의 독점적 혹은 배타적 지위를 주장하는 것은 정당화되기 어렵다. 과거와 달리, 미래 사회는 자유교육의 정신과 직업교육의 요구가 더욱 긴밀히 관련되어 있다. 둘째, 이와 반대로 학교에서 자유교육과 직업교육을 성급하고 어섣프게 결합시키려는 시도도 경계해야 한다. 인문교과와 직업교과가 무분별하게 도입되면, 학교교육의 성격이 불분명하게 되어 학교의 존재 이유를 상실하게 될지도 모르기 때문이다. 셋째, 학교는 학교의 본질에 충실하면서 동시에 복잡하고 예측 불가능한 사회의 현실과 조건을 고려하여 다양한 측면에서 균형 있는 교육이 요청된다. 이 점은 평생교육의 관점에서 중요하며, 이 책 제13장에서 언급하고 있는 주체지향적 학습과 기능지향적 학습의 조화와 같은 맥락이라고 할 수 있다. OECD Education 2030 프로젝트도 비록 온전한 모델이라고 볼 수 없지만, 이를 위한 하나의 시도라고 볼 수 있다.

결론적으로, 인문계 학교는 눈앞에 있는 입학시험보다는 자유교육 정신을 길러야 하며, 여기서 자유교육 정신은 협소한 의미가 아닌 미래 사회에 충분히 대처할 만한 폭넓은 사유 능력으로 이해될 필요가 있다. 전문계 학교는 단순히 취업을 위한 기술을 익히는 수준을 넘어서 미래 사회의 직업에 요구되는 문제 해결력을 포함하는 포괄적인 역량을 기를 필요가 있다. 이렇게 함으로써 자유교육의 정신과 직업교육의 요구 간의 간극을 좁혀 가거나 통합하는 것이 가능할 것이다.

토론 거리

1. '학교교육의 본질은 변하지 않으며, 학교교육의 근본적인 문제는 자유교육의 정신을 제대로 구현하지 않은 것에 있다. 따라서 학교교육이 해야 할 일은 직업교육을 할 것이 아니라 자유교육의 정신을 제대로 실현하는 데 있다.' 이 주장의 정당성에 대해 검토해 보자.
2. 쿠퍼(Cooper)의 '직업교육은 교육철학의 나쁜 적이다'라는 주장은 정당한가? 이 주장에 들어 있는 논리적 가정은 무엇이고, 그것은 오늘날에도 여전히 견지될 수 있는지에 대해 논의해 보자.
3. 자유교육과 직업교육을 통합하는 이론적 모델 중 가장 설득력 있는 것은 무엇이며, 그 이유는 무엇인가?
4. 영국의 중등학교에서 많은 인문계 학교인 그래머스쿨(grammar schools)을 종합학교(comprehensive schools)로 바꾼 것처럼, 우리나라에서 그러한 시도가 가능할 것인지, 그리고 그러한 시도가 성공적이기 위해서 어떤 과제가 선행되어야 하는지에 대해 논의해 보자.

더 읽어 볼 자료

Dewey, J. (1916). *Democracy and education*. Glencoe, IL: Free Press.

▶ 이 책은 자유교육과 직업교육의 간극을 메우려는 시도의 출발점이 되는 저작이다. 듀이는 교육에 관한 다양한 이원론을 비판하는 관점에 서 있으며, 이 주제와 관련하여서는 특히 '23장 교육의 직업적 측면'에 잘 나타나 있다.

Howard, V. A., & Scheffler, I. (1995). *Work, education and leadership: Essays in the philosophy of education*. Lausanne: Peter Lang Inc.

▶ 이 책은 직업교육에 관한 듀이의 아이디어를 계승하면서 현대 사회 상황에 비추어 직업교육을 재해석하고 있다.

Pring, R. (1995). *Closing the gap: Liberal education and vocational preparation*. London: Hodder Education.

▶ 이 책은 자유교육과 직업교육에 관하여 가장 심도 있는 논의를 하고 있다. 듀이와 달리, 프링은 이 책에서 자유교육과 직업교육의 논리가 상이하다는 점을 인정하면서도 실천적인 관점에서는 양자가 통합되어야 한다는 점을 역설하고 있다.

참고문헌

유재봉(2000). 직업교육과 자유교육의 통합: 철학적 검토. **교육과정평가연구**, 3(1), 33-45.

Bailey, C. (1984). *Beyond the present and the particular: A theory of liberal education*. London: Routledge.

Boyd, W. (1952). *The history of education*. 이홍우, 박재문, 유한구 역(2008). **서양교육사**. 경기: 교육과학사.

Cooper, D. E. (1986). Introduction. In D. E. Cooper (Ed.), *Education, values and mind: Essays for R. S. Peters*. London: Routledge & Kegan Paul.

Dearden, R. F. (1986). Education, training, and the preparation of teachers. In D. E. Cooper (Ed.), *Education, values and mind: Essays for R. S. Peters*. London: Routledge & Kegan Paul.

Dewey, J. (1916). *Democracy and education*. 이홍우 역(2007). **민주주의와 교육**. 경기: 교육

과학사.

Hirst, P. H. (1965). Liberal education and the nature of knowledge. In R. D. Archambault (Ed.), *Philosophical analysis and education*. London: Routledge & Kegan Paul.

Hirst, P. H. (1974). *Knowledge and curriculum*. London: Routledge & Kegan Paul.

Hirst, P. H., & Peters, R. S. (1970). *The logic of education*. London: Routledge & Kegan Paul.

Jonathan, R. M. (1994). Vocationalism: Theoretical assumptions and critique. In T. Husen & T. N. Postlethwaite (Eds.), *The international encyclopedia of education (Vol. 2)*. Oxford: Pergamon Press.

Muir, J. R. (1998). The history of educational ideas and the credibility of philosophy of education. *Educational Philosophy and Theory, 30*(1), 7-26.

O'Hear, A. O. (1981). *Education, society and human nature*. London: Routledge & Kegan Paul.

Oakeshott, M. (1972). Education: the engagement and its frustration. In R. F. Deraden et al. (Eds.), *Education and the development of reason*. London: Routledge & Kegan Paul.

Peters, R. S. (1966). *Ethics and education*. London: George Allen & Unwin.

Peters, R. S. (1977). Ambiguities in liberal education and the problems of its content. In K. A. Strike & E. Kegan (Eds.), *Ethics and educational policy*. London: Routledge & Kegan Paul.

Pring, R. A. (1993). Liberal education and vocational preparation. In R. Barrow & P. White (Eds.), *Beyond liberal education: Essays in honour of P. H. Hirst*. London: Routledge & Kegan Paul.

Pring, R. A. (1994). Liberal and vocational education: A conflict of value. In J. Haldane (Ed.), *Education, values and the state*. The Victor Cook Memorial Lectures. Centre for Philosophy and Public Affairs. University of St Andrews.

Pring, R. A. (1995). *Closing the gap: Liberal education and vocational preparation*. London: Hodder & Stoughton.

Scheffler, I. (1995a). John Dewey on work and education. In V. A. Howard & I. Scheffler (Eds.), *Work, education and leadership: Essays in the philosophy of education*. New York: Peter Publishing Inc.

Scheffler, I. (1995b). Reflections on vocational education. In V. A. Howard & I. Scheffler (Eds.), *Work, education and leadership: Essays in the philosophy of education*. New

York: Peter Publishing Inc.

White, J. P. (2011). *Exploring well-being in schools: A guide to making children's lives more fulfilling*. 이지헌, 김희봉 역(2014). **잘삶의 탐색**. 경기: 교육과학사.

Whitehead, A. N. (1950). *The aims of education and other essays* (2nd ed.). London: William & Norgate Ltd.

제3부

현대 사회의 새로운 교육쟁점들

제10장 … 현대 페미니즘과 교육철학

제11장 … 자연과 인간: 지속 가능한 삶을 위한 교육

제12장 … 디지털 환경과 교육의 과제: 기계와 같이 살기의 문제

제13장 … '평생학습' 시대, 무엇을 위한 학습인가?

교육학, 그 중에서도 교육철학은 교육과 관련된 전통적인 가치와 이론을 검토하는 작업뿐만 아니라, 오늘날에 새롭게 부각되는 교육문제와 현상에 대한 논의도 적극적으로 펼치게 된다. 교육철학탐구에서는 항존적이고 보편적인 이념과 가치에 대해 분석하고 정당화하는 경향이 강한 것이 사실이다. 이것은 철학적 탐구가 사례들의 추세나 일반적인 견해를 요약하고 대변하기보다는 생각과 제도의 옳음과 권리를 따지고 해명하려고 들기 때문이다. 그럼에도 불구하고 철학적 탐구는 단순히 앎을 위한 앎을 추구하는 것이 아니라, 지금 여기라는 우리의 삶의 현장에 대한 보다 엄밀한 숙고를 지향하고 요청한다. 그런 점에서 전통적인 사상과 이론에 대한 분석과 검토도 현재의 교육문제를 보다 잘 이해하고 수행하기 위한 방책으로 진행된다고 해도 과언이 아니다.

현재 우리의 교육문제에 대한 논의는 교육철학이 개발하고 제안하는 형태라기보다는 교육철학이 보다 넓은 의미에서 교육문제로 지각하고 그에 대한 나름의 성찰과 해법을 모색하는 형태를 띠게 된다. 오늘날 우리의 교육에는 다문화사회, 고도화된 산업사회, 고령사회, 환경문제, 기술과 과학에 의한 비인간화 문제, 성소수자를 포함하여 소수자와 소외계층에 대한 문제, 양성평등을 넘어 고유한 성적 정체성을 동등하게 인정하는 문제 등 수많은 현대 사회의 이슈와 관심사 및 우려가 함께 어우러지고 있다. 이와 같이 다양성과 상이성이 점증되며 새로운 해법과 새로운 관점과 이해가 요청되는 상황에서 교육철학이 시도할 수 있고 실제로 탐구하는 주제와 범위는 매우 넓고 다채롭다. 제3부에서는 그러한 흐름들 중의 일부 주제를 소개하고자 한다. 구체적으로 말해, 제10장에서는 페미니즘이라는 이슈를 적극적으로 이해하고 수용할 때 학교의 모습과 역할에 대한 탐색을 소개하고, 제11장에서는 지속 가능성이라는 새로운 슬로건과 가치에 비춰볼 때 인간과 자연 또는 자연 속의 인간을 논의하며, 제12장에서는 기술문명의 고도화에 따른 비인간화 및 새로운 인간화의 가능성과 문제를 점검한다. 제13장에서는 오늘날 크게 유행하는 평생교육의 정신과 의미를 평생학습이라는 개념을 중심으로 살펴보고자 한다.

새로운 주제에 대한 탐색은 단순히 기존의 교육철학적 탐구방법을 그 새로운 주제에 적용하는 것으로 그치지 않는다. 흔히 말하듯이 '새 술은 새 부대에'라는 슬로건은 또한 교육철학의 관심사와 탐구방법에도 해당된다. 새로운 현상과 이슈를 접하면서 부분적으로 기존의 연구에서 획득된 방법을 활용하기도 하지만, 새로운 현상과 주제는 새로운 관점과 새로운 논의 방식을 요구하기 때문에 교육철학하기 자체의 재검검과 극복도 함께 시도된다. 이런 점에서 제3부의 논의는 전통적인 의미의 철학적 방법을 단순히 현재적인 이슈와 문제에 적용하는 것을 넘어, 철학하기 자체의 모색과 변형 가능성을 실험하는 것이기도 하다. 새로운 문제가 새로운 철학을 요청하게 되지만, 새로운 철학은 새로운 문제를 창조하기도 한다. 이런 점에 주목해서 살펴본다면, 제3부의 논의는 현재적인 의미의 철학하기에 대한 좋은 사례가 될 수 있을 것이다.

제10장

현대 페미니즘과 교육철학

윤선인

도입

페미니즘은 남성과 동등한 여성의 권리를 옹호하기 위하여 등장한 정치적 운동이자 사상이다. 역사상 페미니즘은 여성 참정권 운동을 위시하여 성해방 운동을 거치며 여성의 권익 신장을 위한 정치적 실천과 담론을 주도하였다. 오늘날 페미니즘은 사회적 불평등에 관한 다양한 탐구를 통해 가부장제 이데올로기에 저항하는 여성의 정치적 해방 운동을 지속하고 있다. 그러나 페미니즘은 단순히 여성에게만 국한되는 담론이기보다는 남성중심적인 세계관에 대한 대안적 세계관과 새로운 인식을 모색한다. 이 장에서는 페미니즘의 역사를 간략히 소개하고, 오늘날 제기되는 페미니즘에 대한 반격 현상을 분석한 뒤 페미니즘의 지향점에 대하여 논의한다. 이후 페미니즘의 이론과 실천의 차원에서 교육론을 확인한 뒤 교육철학으로서 페미니즘을 논의하는 것의 의미를 검토한다.

1. 교육실천으로서 페미니즘의 위상

1) 우리나라의 성평등 현주소

남녀칠세부동석이라며 여성과 남성을 엄격히 분리하고 구분하던 시절을 지나 오늘날 우리나라의 성평등 수준은 상당히 개선된 편이다. 2021년 여성가족부에서 실시한 양성평등실태조사에 따르면 우리나라의 성격차 지수(Gender Gap Index: GGI)는 전체 156개국 중 102위로 전년 대비 6계단 상승하였다(여성가족부, 2022). 성격차 지수는 경제 참여 기회, 교육적 성취, 건강과 생존, 정치적 권한 등에서 나타나는 성별에 따른 차이를 수치화한 것으로, 이번 조사에 따르면 해당 지수는 건강기대수명 외 전 지표에서 순위와 점수가 모두 향상되었다. 교육직업훈련분야에서 주목할 부분은 고등교육기관 진학률이 전년 대비 남녀 모두 상승하였다는 점으로, 특히 여성이 남성보다 높은 완전성평등 수준을 보였다. 이러한 추세에 힘입어 우리나라의 성평등 인식 수준은 2016년 조사 대비 상당히 개선된 것으로 평가받는다. 특히 '가족의 생계는 주로 남성이 책임져야 한다', '남성이 여성 밑에서 일하는 것은 불편하다' 등의 전통적 성역할 고정관념이 완화되었고, 직장 내 성차별 관행도 감소한 것으로 조사되었다. 조사 대상 중 연령대가 낮아질수록 성평등 인식이 특히 강한 것으로 나타나는 등 우리나라의 성평등 인식 수준은 점차 개선되는 추세인 것으로 보인다.

그러나 우리나라에서 성불평등 문제가 완전히 해소된 것은 아니다. 양성평등실태조사에 따르면, 우리나라 국민 대다수는 성별과 무관하게 여성의 경력단절, 고용상 성차별, 남성의 낮은 돌봄 참여, 다양화되는 여성 폭력에 대한 두려움 등을 해결해야 할 성불평등 문제로 지목하였다. 특히 주목할 점은 높아진 성평등 인식 수준 대비 현실의 성불평등에서 발생하는 격차이다. 예를 들어, 여성에게 자녀 돌봄의 일차적 책임이 있다는 인식은 감소했지만, 현실은 여성의 돌봄 부담이 여전히 과중한 것으로 나타났다. 한편 온라인 성범죄, 성적 대상화, 성별 혐오문제가 심화하면서 전 연령대에서 이에 대한 문제의식이 높아지고 있지만 현실은 여성들에게 더욱 불리하게 돌아간다. 일례로 아이돌 가수들은 'girls can do anything' 문구가 적힌 티셔츠를 착용하거나 『82년생 김지영』을 읽었다는 이유로 온라인상에서 무차별 공격을 받기도 하

고 이에 대한 해명을 요구받기도 한다. 혹은 여성이 화장을 하지 않았다는 이유만으로도 골수 페미니즘이라는 비난의 대상이 되기도 한다(이나영 외, 2020: 84). 성평등에 대한 인식 수준의 개선과는 별개로 일상에 산재한 성불평등을 확인하게 되는 대목이다. 요컨대, 성평등 인식과 일상의 성불평등 간의 간극 그리고 성평등에 대한 사회적 혐오 현상이 오늘 대한민국의 성평등 현주소이다.

2) 국가수준 교육과정에서 성평등

여전히 존재하는 성평등 문제에도 불구하고 학교교육의 성평등 교육 비중은 계속해서 축소되는 경향이 있다. 주지하다시피 학교는 국가가 공인하는 교육의 장으로서 국가가 공인하는 방식으로 국가가 공인하는 내용을 계획하여 다음 세대에 전수한다(이나영 외, 2020: 81). 이러한 내용을 구체적으로 문서화한 공식적 교육과정으로서 국가수준 교육과정은 국가가 공인하는 교육의 내용을 담고 있다. 그런데 2022년 9월 발표된 2022 개정 교육과정 시안에 포함되었던 성평등, 젠더, 성소수자 관련 교육내용이 동년 12월 확정 · 발표에서는 삭제되어 논란이 되었다. 2022 개정 교육과정 시안에 담긴 성평등 관련 내용은 국제적인 교육 추세를 따른 편이라고 할 수 있다. 유네스코와 유엔의 지속 가능한 개발목표에서는 포괄적 성교육(Comprehensive Sexual Education) 개념을 제시하며 성평등, 성적 지향, 성별 정체성, 재생산권, HIV/AIDS 등에 관하여 연령별 교육과정을 권장하고 있기 때문이다(박한희, 2022. 9. 26.). 이에 부합하여 2022년 개정 교육과정 시안에 담긴 고등학교 보건 과목은 다양한 성 개념과 섹슈얼리티 담론, 성 · 재생산 건강과 권리에 대한 지식과 이해를 다루고, 도덕 과목은 평가의 방향에 '특정 집단의 권리가 침해되지 않고, 이들에 대한 차별적 시각이 생기지 않도록 유의한다'고 제시하였다. 중학교 도덕, 보건 과목도 성평등 실현 방안을 추론하고 성에 대한 편견 극복, 평등 · 존중 · 차별 · 고정관념과 제도 등에 대한 이해를 강조하였다. 그 외 사회 과목은 사회적 소수자 차별, 성 불평등, 다양성에 대한 인식 등을 담았다.

그런데 문제는 시안에 대한 국민의견 중 상당수가 성평등 관련 내용에 거부감을 표한 것이다. 보다 구체적으로는 성평등을 '양성'평등으로 수정할 것, 인권 관련 지도 시 동성애와 임신 중지에 대해 언급하지 말 것, 사회적 소수자 사례에서 성소수자를 삭

제할 것이 요구되었다. 성평등 혹은 다양한 성에 대한 교육이 청소년기 가치관 형성에 혼란을 줄 수 있다는 일각의 우려에 따른다. 성평등 관련 주제에 대한 사회적 거부감이 엄연히 존재한다는 사실과 별개로 국가수준 교육과정에서 이를 삭제함으로써 사회적 · 교육적 논의 가능성마저 차단한 것은 아쉬운 대목이다.

한편 국가수준 교육과정에서 성평등 문제가 최초로 명기된 교육과정은 2007 개정 교육과정이다. 당시 기존 16개 범교과학습을 35개로 확대하면서 국가수준 교육과정에서 성평등 교육이 추가되었다. 참고로 범교과학습 주제란 국가 · 사회적으로 중요하게 요구되는 학습 내용으로, 교과와 창의적 체험활동 등 학교 교육활동 전반에 걸쳐 다루도록 권장된 교육 주제를 의미한다. 따라서 성평등 문제가 범교과학습 주제에 포함되었다는 것은 교육과정사적으로 볼 때 성평등 문제가 교육내용으로서 국가가 공인할 만한 가치가 있는 주제로 인정되었다는 것을 의미한다. 범교과학습 주제가 38개까지 확대된 2009 개정 교육과정까지만 해도 성평등 교육은 범교과학습 주제 중 하나로 명시되었다. 그런데 2015 개정 교육과정에서 범교과학습을 10개로 축소하면서 성평등 교육은 공식적 교육과정의 범교과 영역에서 배제되었다. 뿐만 아니라 교과 학습에서도 성평등이 직접 거론된 부분은 오직 중학교 3학년 도덕과와 실과에서 한 개의 성취기준뿐이다. 이에 따라 성평등 관련 교육은 교과 외 활동에서 전적으로 학교장 재량에 따라 운영될 수밖에 없게 되었다. 특히 성교육은 15시수 이상 의무교육으로 명시되었지만 이마저도 현장에서는 충분히 보장되지 못한 현실이다.

그러나 무엇보다도 현실에서 성평등 교육을 하는 것 자체가 녹록치 않다. 일선 현장에서 성평등 교육은 정치적 올바름 수준의 양성평등 발언에 그치거나, 이론 교육 수준에 머물게 된다. 일상에서 아이들에게 노출된 여성혐오 문화와 성차별 문제에 대해 좀 더 비판적으로 논의하는 것 자체가 교사와 학생 모두에게 부담이 된다. 사안에 따라 구성원에게 단순한 논쟁 이상의 반격을 받을 수도 있다. 2022 개정 교육과정 시안에 대한 국민의견의 대다수가 성평등 주제에 불편감을 드러낸 것이 단적인 예다. 페미니즘 운동에서는 이러한 사회적 혐오현상에 대하여 페미니즘에 대한 반격 혹은 백래시 현상이라고 규정한다.

이 장에서는 페미니즘의 형성사를 조망하며 페미니즘의 연구 동향을 확인하고 교육론을 보면서 페미니즘 교육론의 특수성으로서 개방성에 주목하고자 한다. 궁극적으로 성평등에 대한 논의는 인간 이해에 대한 질문과 상통한다. 이는 기존의 남성중

심적 인간 이해의 사고틀을 벗어나 새롭게 인간에 대하여 사유하는 방식에 대한 탐색과 관련된다. 즉, 페미니즘의 특수성은 사유의 확장과 관련된다. 논의를 전개하기에 앞서 페미니즘 역사를 고찰하고 어떤 방식에서 페미니즘 백래시가 발생했는지 확인하도록 한다. 페미니즘 운동사의 한 축으로 자리한 페미니즘 교육론의 의의와 한계를 바탕으로 페미니즘 사유의 교육철학적 의의를 개방성의 측면에서 검토하도록 한다.

2. 페미니즘의 물결

페미니즘은 역사적 변곡점에 따라 물결이라 불리는 세 차례 변화를 거듭하였다. 페미니즘의 변천사는 특정한 시기와 장소에서 발생한 어떤 사건이나 운동이 시간차를 두고 서로 다른 지역과 시간대를 살아가는 사람들에게 영향을 미치기도 한다는 점에서 물결이라 일컫는다(이나영 외, 2020: 27). 이 절에서는 페미니즘의 세 물결을 토대로 페미니즘의 역사를 살펴본다.

1) 제1물결

제1물결 페미니즘은 19세기부터 20세기 중반에 전개된 여성의 권리 신장 운동에 해당한다. 페미니즘 초기의 여성 운동은 계몽주의 사상을 토대로 하는 자유주의 페미니즘과 여성 억압이 자본주의 경제 체제에서 기인한다고 보는 사회주의 페미니즘으로 구별할 수 있다.

우선 자유주의 페미니즘은 17~18세기 서구 유럽에서 확산된 계몽주의 철학과 관련을 맺는다. 계몽주의 사상은 인간의 평등성과 자유를 기반으로 인간의 존엄성을 강조한다. 그러나 이때 여성은 계몽주의 사상에서 논의되는 '인간'의 범주에 속하는 것으로 적극적으로 인식되지 못하였다. 예를 들어, 여성은 인간임이 분명하지만, 여성의 법적 · 시민적 권리가 남성과 동등한 수준에서 고려되지 않았다. 시민으로서 기본적 권리가 되는 선거권, 정치집회 및 참여의 자유나 재산권 등에 대한 권리가 여성에게는 법률적으로 보장되지 않은 것이다. 특히 여성에게 교육받을 권리가 보장되지 않았기 때문에 이 당시 여성의 문맹률은 상당히 높았다. 따라서 자유주의 페미니즘

은 여성의 재산권 및 교육의 기회를 주장하는 운동을 전개한다.

마리 울스톤크래프트(Mary Wollstonecraft, 1759~1797)는 서양교육사에서 최초로 여성의 시각에서 여성교육론을 주장한 인물로 평가받는다(강상희, 2006: 100). 그는 『여성권리의 옹호(A Vindication of the Rights of Women)』(1972)에서 여성이 종속적 지위에서 벗어나 인간다운 삶을 영위하기 위한 필수 조건으로서 교육의 필요성을 역설한다. 특히 여성이 남성보다 지적으로 열등한 존재로 간주되는 당대의 인식은 여성의 교육받을 기회가 제한적이었기 때문이라고 지적한다. 일례로 울스톤크래프트는 루소(Jean-Jacques Rousseau, 1712~1778)의 『에밀(Emile, ou De l'education)』(1762)에서 에밀의 반려자로 등장하는 소피의 성격이 인위적이고 부자연스럽다고 지적하며, 루소가 에밀을 위하여 구상한 자연에 따르는 교육을 여성에게도 확대해야 한다고 주장한다(강상희, 2006: 102). 여성이 이성적 존재로서 존중받기 위해서는 여성도 남성과 동일하게 교육받을 기회가 주어져야 한다는 주장이다. 나아가 남성에게 고려되는 이성과 미덕의 기준을 여성에게도 적용하여 여성을 인류의 일부로 간주할 것을 제안하며 여성과 남성이 같은 인간으로서 동등한 권리를 가져야 한다고 역설한다. 이는 곧 참정권을 위시하여, 여성의 교육권과 직업을 가질 권리 등 자유와 평등에 기초한 계몽주의 사상을 여성에게도 적극 적용하는 것이다(유현옥, 2004: 23).

이처럼 자유주의 페미니즘에서 주목한 여성 억압의 근본적인 해결책은 법적 · 교육적 기회를 부여하여 여성을 계몽하는 것이다. 즉, 자유주의 페미니즘은 남성과 여성이 동등하게 자유를 누리고 동등한 권리를 행사할 수 있도록 사회 제도의 개선을 우선 과제로 삼았다. 이는 곧 결혼과 이혼에 적용되는 법률상의 성차별에 문제를 제기하고, 여성의 정치 참여권이 제한되었던 당시 상황을 문제 삼은 것이다. 그 결과 자유주의 페미니즘은 19세기 여성교육과 직업 기회의 획득을 가로막는 사회적 장벽을 낮추고 20세기에 이르러 여성의 참정권 획득에 이르는 법적 권리를 쟁취하는 일에 기여하였다. 그러나 자유주의 페미니즘은 여성의 문제를 기존 사회 질서 내에서 발견하며 법적 · 제도적 권리를 주장하는 데 그치며, 사회에 내재한 불평등의 구조 자체에 대한 문제의식에 도달하지 못한 점이 한계로 지적된다(유현옥, 2004: 31).

제1물결에서 사회주의 페미니즘은 여성문제의 해결방안을 사회의 총체적인 변혁에서 확인한다. 사회주의 페미니즘은 자유주의 페미니즘과 같이 여성문제를 참정권이나 교육기회의 확보, 법률적 차원의 개선으로 극복하려는 시도가 근본적인 억압 상

태를 해소하지 못한다고 보았다. 이는 오히려 여성을 기존의 제도에 편입시킴으로써 기존 제도의 근본적인 문제점을 제대로 파악하지 못하게 만든다는 것이다. 사회주의 페미니즘은 마르크스와 함께 활동한 엥겔스(Friedrich Engels, 1820~1895)가 주축이 되어 구상되었다. 엥겔스는 여성해방의 궁극적 해결방안은 사회주의 혁명에 있다고 주장하며 여성 억압의 문제를 경제적인 문제와 관련짓는다. 엥겔스는 『가족, 사유재산, 국가의 기원(The Origin of the Family, Private Property and the State)』(1884)에서 마르크스가 논의한 생산관계와 가족제도의 변화를 토대로 그에 따른 여성지위가 열악해지는 과정을 분석한다. 경제적 착취구조와 계급형성 과정에서 여성이 억압받게 된 것을 여성문제의 구조적 문제로 진단한 엥겔스는 그 해결책으로서 계급혁명을 통한 생산구조의 사회화를 제시한다. 엥겔스는 여성이 남성에 경제적으로 의존할 수밖에 없는 경제적 착취구조를 문제로 진단하며, 여성이 직업을 선택하고 결혼과 이혼의 사안을 자유의사에 따라 결정할 수 있는 사회를 미래 사회주의 사회로 제시한다.

사회경제적 측면에서 여성문제를 진단한 사회주의 페미니즘은 여성이 계급투쟁에 동참하는 것을 해결방안으로 보았다. 구체적으로는 여성을 저임금 노동력으로 착취하는 성별 분업구조를 타파하고, 여성의 사회참여에 제약이 되는 가사노동과 육아를 사회화하는 등의 방안이다. 이처럼 사회주의 페미니즘은 여성과 남성이 임금노동에 참여하여 계급투쟁을 함으로써 계급철폐 및 사유재산제 폐지 혁명에 동참할 것을 강조한다. 독일의 사회주의자 베벨(August Bebel)은 이러한 엥겔스의 주장을 독일 사회민주당에서 실천하게 된다. 베벨은 노동하는 여성의 해방투쟁 자체가 프롤레타리아 투쟁의 일환이며 여성해방을 계급해방의 단면으로 간주한다. 즉, 여성이 계급투쟁에 동참하여 계급해방을 이루면 여성해방도 자연스럽게 이루어질 것으로 보았다. 그러나 사회주의 페미니즘은 여성문제를 사유재산에 의한 계급갈등에서 발생하는 부차적 문제로 취급함으로써 여성 억압이라는 특수한 사회문제를 계급투쟁 문제로 희석하여 논지를 흐리게 만들었다는 점이 한계로 지적된다.

2) 제2물결

제2물결 페미니즘은 1960년대 좌익과 진보그룹을 중심으로 전개된 여성운동이다. 특히 1968년은 페미니즘 운동의 전기를 마련한 해이다. 당시 서구 유럽에서는 인권,

반전, 반문화, 좌파운동 등 각종 사회운동과 더불어 페미니즘 운동이 전개된다. 급진적 페미니즘 운동으로 칭해지는 제2물결은 여성해방에 대한 자유주의와 사회주의 페미니즘 관점에 대해 비판적이었다. 특히 제2물결 페미니즘은 68혁명 당시 사회운동을 주도하던 진보적 그룹 내에서조차도 만연했던 남성과 여성의 역할상의 불평등을 비판하였다. 성불평등에 대한 사회구조적 문제의식을 바탕으로 제2물결 페미니즘은 성별, 성적 지위, 성역할 등 가부장제에 기초한 남성 지배를 타파해야 한다고 주장한다. 이러한 제2물결의 급진성을 대변하는 대표적인 저서로서 케이트 밀렛(Kate Millett, 1934~2017)의 『성의 정치학(Sexual Politics)』(1970), 슐라미스 파이어스톤(Shulamith Firestone, 1945~2012)의 『성의 변증법(The Dialectic of Sex)』(1970) 등이 있다.

제2물결 페미니즘은 제1물결의 성과로서 여성이 참정권과 교육기회를 획득했음에도 불구하고 사회 내 성불평등이 만연하다는 문제의식에서 출발한다. 특히 제1물결을 주도했던 자유주의 페미니즘의 경우 성평등을 주장하며 여성의 사회적 참여를 강조하였는데 두 차례의 세계대전을 치르며 여성의 사회적 참여가 증가하였고, 참정권의 획득을 통하여 정치적 목표가 달성된 이후 소강상태에 접어든 시기였다. 한편 1970년대 들어 다시 등장한 사회주의 페미니즘의 경우 남성들이 소수자의 권리를 옹호하면서도 성불평등 문제를 경시하는 현상을 문제 삼는다. 남녀에 따른 분업이 계급 적대감을 유발시킨 원형이라는 것이다. 이들은 사회주의 해방이 여성해방으로 직결되는 것은 아니라고 보며, 가부장제와 성별분업의 폐지가 동시에 이루어질 때 여성문제가 해결될 것이라고 보았다. 그럼에도 불구하고 이 문제에 대한 명확한 대안을 제시하지 못했다는 한계가 존재한다.

제2물결 페미니즘은 사회적 인식의 틀을 이루는 남성중심의 가부장적 이데올로기를 근본적 문제로 진단한다. 이들은 자유주의 페미니즘이 강조한 기회균등을 위한 법 제도의 개선이나 정치적 · 사회적 · 경제적 성불평등을 개인적 노력으로 극복하는 데에는 한계가 있다는 점을 자각하게 된 것이다. 이처럼 제2물결의 급진성은 성불평등의 문제를 참정권과 같은 정치적 불평등이나 경제구조의 불평등과 같은 특정한 사안보다는 남성중심의 가부장적 사회구조에서 비롯되는 남성중심의 지배체제 전체에 도전하는 데에 있다. 이러한 상황에서 제2물결은 제1물결에 비하여 다양한 범주의 여성을 포괄하는 의제를 담았다(김보명, 2018: 21). 제2물결에서 주제화된 문제는 전통종교, 성폭력, 여성의 성적 대상화, 복지체계에서 불평등한 처우, 레즈비언에 대한

차별, 소수자와 빈곤 여성에게 강요된 불임시술과 낙태죄 폐지, 가사노동, 미스아메리카 대회 등 다양한 사회적 주제를 아우른다(이나영 외, 2020: 41).

급진적 페미니즘은 당시 다수의 여성이 안고 있던 문제를 개인의 문제가 아닌 사회적 문제로 주제화한다. 이들은 여성의 문제를 개인적 문제로 치부하여 사회적으로 공론화하는 것을 꺼리는 당시 사회의 문제를 지적한다. 급진적 페미니즘이 제시한 "개인적인 것이 정치적인 것이다"라는 슬로건은 당시 개인적인 문제로서 사회적인 언급이 금기시되었던 폭력, 피임, 강간, 낙태 등 여성과 관련된 많은 문제를 정치적 의제로 포착하려는 당시 페미니즘의 도전을 대변한다. 일례로 1971년에는 프랑스의 저명한 여성들 343명이 자신의 낙태경험을 고백하는 서명운동을 전개한 '343인 선언(Manifesto of the 343)'이 있다. 이는 당시 프랑스에서 낙태가 불법이었으나 매년 1백만 명이 낙태를 하고 있었던 사회의 단면을 드러낸 사건으로 기록된다. 당시 저명한 철학자였던 시몬 드 보부아르(Simone de Beauvoir, 1908~1986)도 이 운동에 동참함으로써 급진적 페미니즘 운동의 참여를 알렸다.

한편, 급진적 페미니즘은 성불평등의 근본적 원인으로 남성중심의 가부장제를 지목한다. 가부장제 속에서 여성은 '식민화된 원주민', '백인에 억압받는 흑인'과 같이 지배-종속의 관계로 파악된다. 특히 여성의 생물학적 조건인 출산과 양육의 문제가 가부장제하에서 여성 억압의 근본적인 원인이 된 것으로 본다. 이를 바탕으로 남성에 의한 여성예속의 체계는 사회적 · 제도적 장치에 의해 유지되고, 이데올로기적으로 공고히 되면서, 세대를 거듭하여 사회화된다는 것이다. 이러한 사회화의 결과, 여성은 스스로 남성에 비하여 심리적으로 열등하다고 내면화하게 된다는 주장이다. 이에 반하여 남성에 종속되지 않은 독립적인 여성의 주체성을 강조하는 급진적 페미니즘은 여성이 자신의 몸을 통제하는 주체가 되어야 한다고 주장한다. 이러한 문제의식에서 급진적 페미니즘은 임신, 출산, 성과 관련된 여성의 주체성에 주목하며, 피임과 낙태 및 여성의 성을 억압해 온 사회문화적 전통에 저항한다.

급진적 페미니즘의 성과는 여성을 대상으로 한 성폭력을 사회적 문제로 부각시키고 여성의 성 통제권을 강조하며 기존 사회에서 당연시 해 온 가치체계에 도전한 것이다. 대안으로서 급진적 페미니즘은 여성의 문화와 지식의 독특성을 강조하며, 나아가 이러한 여성성이 남성적 문화와 가치보다 바람직한 면을 강조하기에 이른다. 급진적 페미니즘의 주제는 인공태반과 같은 과학기술을 활용하여 남성과 여성의 생

물학적 차이의 극복을 주장하는 운동, 가부장제를 지속시키는 생물학적 가족 구성 문화를 타파하고 남성으로부터의 분리를 주장하는 운동, 레즈비언 운동 등 남성중심문화에 대한 전방위적인 문제의식을 포함한다. 그러나 급진적 페미니즘은 모든 현상의 문제를 남녀 간의 종속 관계로 단순화시킴으로써 경제적 · 사회적 요인 및 문화 · 역사적 특수성을 간과한 점이 한계로 지적된다. 이후 신자유주의 개혁이나 소비주의적 실천, 대중과 유리된 학문적 논쟁으로 축소되면서 급진적 사회변혁의 성과를 이루는 데 일정 부분 실패한 것으로 평가받는다(김보명, 2018: 20). 또한 자유주의 페미니즘과 비교하여 볼 때 급진적 페미니즘은 성불평등을 초래하는 다양한 주제를 포괄하였으나 자유주의 페미니즘만큼의 실질적이고 구체적인 변화를 쟁취하지 못했다는 비판을 받는다.

3) 제3물결

1990년대 미국을 중심으로 확산된 제3물결 페미니즘은 이전 세대의 운동을 이어받아 성불평등에 대한 문제의식을 공유한다. 다만 이전 세대보다 주제가 더욱 다각화됨과 동시에 새로운 사회운동 차원에서 환경 및 생명존중운동으로 문제의식을 확장한다. 이렇듯 제3물결 페미니즘은 다양한 사회문제와 결합하면서 정치적 상황의 변화를 실질적으로 도모하는 운동성을 지니게 된다. 그러나 한편으로는 페미니즘의 운동을 이론으로서 체계화하고자 하는 시도가 이어진다. 이 시기는 기존의 학문과 사고의 틀을 변화하려는 시도로써 1960년대 이후 미국의 대학을 중심으로 등장한 여성학(Women's studics)이 대중에게 주목받게 되는 시기이기도 하다. 여성학은 기존 학문과 지식을 페미니즘의 관점에서 비판적으로 검토한다. 특히 기존의 학문과 지식에 내포된 계급, 인종, 성에 대해 차별적이고, 기득권을 유지하려는 남성중심성을 비판한다. 이렇듯 제3물결 페미니즘은 사회운동과 학문분야 모두에서 여성 차별적인 사회 상황을 개혁하고 여성과 남성 모두가 존중받는 사회를 형성하는 것을 목표로 한다.

또한 제3물결 페미니즘은 통일된 구조보다는 다양성을 특징으로 한다. 1980년대 이후 페미니즘 운동은 후기구조주의, 후기식민주의 등 문화, 예술 및 철학에 영향을 미치는 이론과의 교류를 통하여 다양성과 차이, 탈정체성의 정치학으로의 발전을 모색한다. 그 결과 제3물결 페미니즘은 다양한 학문을 수용하고 연결하면서 성차별적

문제의식을 확인하고 검증하며 비판한다. 이 과정에서 여성의 역할과 여성성에 대한 사회적 의미를 규정하는 방식을 결정한 사회적 · 역사적 조건에 대한 재평가가 필요하다고 강조한다. 그동안 객관적이고 공적인 의미체계를 남성중심의 의미체계라고 규정하며 비판한 페미니즘의 대안으로서 주관적이고 사적인 의미체계(small narrative)가 주목받았다.

한편 제3물결 페미니즘은 여성 억압과 차별의 원인을 설명하는 방식에 따라 여성의 범주를 다각도로 검토한다. 제3물결의 문제의식은 서구의 백인 중산층 이성애자 중심의 정치 · 경제 체제는 물론 이들이 지배하는 학문 및 생활세계 전반에 대한 비판과 관련된다. 1990년대 미국에서 페미니즘의 이슈 중 하나는 인종차별주의였다. 당시 페미니즘 내부의 백인 중심성을 비판하며 등장한 흑인 페미니스트 벨 훅스(bell hooks, 1952~2021)가 대표적 학자다. 글로리아 왓킨스(Gloria Jean Watkins)이라는 본명을 대신하여 자신의 증조모의 이름을 필명으로 사용한 훅스가 이름의 철자를 대문자보다는 소문자로 표기한 점은 주목할 만하다. 우선 필명을 통하여 저자 자신보다는 작품 자체가 주목받길 바란다는 훅스의 주장은 특히 여성의 보편성에 대한 관심보다는 '개인적인 것이 정치적인 것' 이상으로 '심리적인 것이 정치적인 것'이라며 개별 여성의 생애와 경험을 중시하였다. 이처럼 훅스는 여성 개인을 형성하는 것은 심리적 트라우마를 비롯한 개인적 경험이라고 강조한다. 대표 저서로서 『모두를 위한 페미니즘(Feminism is for Everybody)』(2000)은 페미니즘 운동을 '모든 종류의 지배 형태를 종식시키는 투쟁'이라 규정하며 페미니즘 운동이 성차별 극복에만 편중할 때 사회 변혁이 일어나지 않는다고 비판한다. 특히 '여성은 어떤 남성과 동등한 권리를 가지기 원하는가?'라는 질문을 통해 벨 훅스는 백인 남성과 동등한 권리를 추구하는 여성운동의 한계를 지적하며 흑인 여성의 차별화된 경험을 포착하고자 한다. 이처럼 여성 간의 차이가 고려된 페미니즘 이론의 필요성을 제시한 벨 훅스는 가부장제 비판과 더불어 이를 둘러싼 제국주의, 자본주의, 백인 우월주의 비판, 그리고 페미니즘 내 위계와 권위도 비판한다.

제2물결 페미니즘에서 주제화한 급진성을 이어받으면서 동시에 운동의 주체가 되는 여성의 다양성을 포착하는 제3물결은 포스트 페미니즘의 시기와 겹친다. 혹자는 제3물결 자체가 포스트 페미니즘이라고 주장하지만 제2물결의 문제의식을 이어받는 정통성의 측면에서 포스트 페미니즘과 제3물결은 구별될 수 있다(이나영 외, 2020).

포스트 페미니즘은 페미니즘의 목표를 탈정치화하고 페미니즘의 집단 운동에 반대한다는 점에서 안티 페미니즘이다. 제3물결은 제2물결의 급진성이라는 페미니즘의 전통을 계승하면서 동시에 새로운 시대적 욕구를 반영하여, 규범에 얽매이지 않는 개인의 다양성과 차이를 강조한다. '현대의 정치 문화와 소비자 시민이란 정체성'을 지닌 여성의 문제를 고찰하는 페미니즘으로서 제3물결 페미니즘은 기존 페미니즘의 확장이다(Anderson, 2014/2019: 25). 반면 포스트 페미니즘은 과거의 페미니즘과 단절하거나 페미니즘의 종식을 강조한다는 점에서 제3물결과 구별된다. 포스트 페미니즘의 특징에 대해서는 다음 절에서 논의하도록 한다.

제3물결 페미니즘은 성차별의 문제의식을 확장하여 다양한 사회적 문제에 주목한다. 예를 들어, 남성중심적 사고가 환경 및 생명의 황폐화와 밀접히 관련되어 있다는 페미니즘 문제의식으로 환경친화적인 여성적 힘을 이용하여 황폐화를 막아야 한다는 생태주의적 주장을 제기한다. 제2물결의 문제의식은 남녀 간의 종속관계 극복을 위한 투쟁에 기초하지만 제3물결은 탈중심성, 해체성, 반권위성을 지향하는 포스트모더니즘과 생태주의를 포용하며 이분법적 대결구도의 논의보다는 인간과 자연의 조화를 추구하고 모든 인간이 존중받는 공동체적 삶을 구상한다. 이처럼 최근의 페미니즘 운동은 환경과 생명에 관한 관심을 통해 여성과 남성, 인간과 자연, 계급 및 인종, 문화 간의 억압구조를 파악하여 극복하고자 하는 환경 및 인간의 해방을 목표로 삼는 대안적 문화운동으로 진화하고 있다.

지금까지 살펴본 페미니즘의 변천사는 다음과 같이 요약될 수 있다. 제1물결 페미니즘은 19세기부터 20세기 중반 전개된 운동으로 법적 · 제도적 측면에서 남성과 동등한 평등에 기초한 여성의 개인적 권리를 추구하였다. 1960년대부터 1980년대까지 진행된 제2물결 페미니즘은 성적 차이에 따른 차별 및 억압에 대항하며 가부장적 이데올로기 차원의 구조적 성불평등을 파악한다. 마지막으로 제3물결 페미니즘은 21세기 진행되는 여성해방운동으로 남성과 여성이 함께 대안적 문화를 형성하기 위한 가능성을 모색하고 있다. 이 과정에서 페미니즘은 계몽주의, 사회주의, 후기구조주의, 생태주의 등에 이르는 당대의 사상과 자유롭게 호흡하며 사회 불평등의 현상을 문제 삼았다. 이는 우리가 특별히 의식하지 않고 수시로 호흡하는 공기와 같이 당연하게 여겨지는 사회적 제도와 체계에 문제를 제기하는 도전이라고 할 수 있다. 이 점에서 페미니즘의 도전은 사회 내 생활세계와 제도의 견고한 경계를 두드리고 확장하는 시

도로 해석될 수 있다. 다음 절에서는 제3물결과 혼동을 일으키는 포스트페미니즘의 문제를 좀 더 깊이 다룸으로써 오늘의 페미니즘의 지향점에 대해 논의하도록 한다.

3. 페미니즘 종말 선언: 포스트 페미니즘의 역풍과 경합

역사상 페미니즘 운동은 차별과 착취에 반대하는 진보적인 운동의 성격을 보이며 사회정의 운동으로서 문제의식과 관심을 확장하는 추세를 보였다. 그러나 오늘의 페미니즘은 다시금 도전받고 있다. 이에 대해 메리 혹스워스(Mary Hawkesworth, 2004)는 '다양한 형태의 페미니즘 이론과 실천들이 급증하며 반향을 불러일으키는 이때, 왜 죽지도 않은 페미니즘을 장사 지내려 하는 것일까?'라며 반문한다.

1) 포스트 페미니즘의 여성혐오

포스트 페미니즘은 1980년대 영국과 미국의 보수 정당의 집권 속에서 신자유주의 체제의 도입과 더불어 당시 페미니즘 운동에 발생한 변화와 관련된다. 1980년대 이후 페미니즘은 두 가지 극단적 평가를 받게 된다. 하나는 페미니즘이 전통적 가치를 훼손하는 문제 집단이라는 비판으로서 폐기되어야 한다는 주장이고, 다른 하나는 여성해방이 이루어졌으니 페미니즘 운동을 종식하고 그 이후를 논의해야 한다는 것이다. 전자가 명백한 안티 페미니즘, 즉 반(反)페미니즘 정서라면, 후자는 페미니즘 이후를 도모한다는 점에서 포스트 페미니즘, 후기 페미니즘이라 칭할 수 있다.[1] 이름은 두 가지이나 결론은 한 가지다. 페미니즘은 시대착오적이며 종식되어야 한다는 것이다. 전통적 가치로 회귀하고자 했던 1980년대 당시 서구의 신보수주의 흐름 속에서 제2물결의 급진성은 비판받으며, 페미니즘 자체에 대한 불편한 정서가 조성되었다. 다른 한편에서는 대중문화에서 여성의 성을 끊임없이 소비하며 페미니즘을 왜곡하여 상품화하는 현상이 발생한다. 제2물결 페미니즘에서 강조한 여성의 성적 결정권

1) 이 책에서는 페미니즘 이론에서 널리 쓰이는 표현법을 따라 안티 페미니즘, 포스트 페미니즘으로 표기한다.

은 대중문화에서 성적으로 당당한 여성으로 표상되는데, 이는 역으로 여성의 몸과 성을 볼거리로 제공하는 빌미를 제공하는 것이다. 여성의 성적 결정권이라는 페미니즘 운동의 표어를 자본주의 시장에서 소모하는 방식이 포스트 페미니즘의 문법이다.

오늘날 포스트 페미니즘은 페미니즘 운동을 통하여 교육, 문화, 직업 등 사회적으로 중요한 영역에서 양성 평등이 달성되었으니 더 이상 페미니즘 운동이 필요하지 않다고 주장한다. 페미니즘 운동은 과업을 모두 달성하였고 그 운동의 특성은 20세기의 이데올로기적 골동품이 되어 그 자체로 낡았다는 것이다. 성차별 문제를 해소하기 위한 법제화가 이루어졌고 여성에 대한 사회적 제약도 상당히 해소되어 여성도 군복무, 대학진학, 그리고 사회적 진출을 상당부분 이루었다. 이렇게 사회규범을 변화시켜 남녀평등을 달성하였는데 아직도 여성이 억압받고 있다는 주장의 근거가 빈약하다는 비판이다. 여전히 페미니즘이 필요하다는 주장은 여성이 남성보다 우위를 점하기 위한 전략이거나 여성이 남성보다 우월하다고 믿는 것이 명백하다는 공격을 받는다. 페미니스트 사망 증후군(False Feminist Death Syndrome)이라고 일컬어지는 이 현상과 관련하여 크리스틴 앤더슨(Christine Anderson)은 버락 오바마(Barack Obama)의 미 대통령 당선이 미국의 포스트 인종차별시대의 선언을 의미하느냐고 일갈한다(Anderson, 2014/2019: 10). 페미니즘의 승리를 공헌하며 종식을 선언하는 포스트 페미니즘은 그 자체로 자기 이름의 부정이라는 점에서 안티 페미니즘일 뿐이다.

페미니즘 운동에 활용된 논리와 개념은 역으로 여성을 공격하는 도구가 되어 페미니즘을 반격한다. 페미니즘 운동의 '지나친' 성과로 남성이 성차별의 희생자가 되었다는 주장도 제기된다. 페미니즘에서 천착하는 사회 내 여성혐오 현상에 대한 분석은 오히려 페미니즘의 남성혐오라고 반격 받는다. '소년과의 전쟁, 남성의 종말'이라는 표현은 여성의 권익신장의 결과, 오늘날 남성이 오히려 역차별을 받게 되었다는 위기의식의 발로다. 이는 페미니즘이 여학생의 교육기회에 대한 문제를 다루는 과정에서 남학생의 교육적 필요를 경시하였고 그 결과 학교에서 남학생이 여학생보다 뒤처지게 되었다는 불만을 담고 있다. 나아가 사회와 학교가 여성화되고 반남성적이 되면서 오히려 남학생들이 교육적으로 적응하기 어려운 상황에 몰렸다는 비판도 있다.

이처럼 포스트 페미니즘이 기존의 페미니즘을 공격하는 주제는 다양하다. 그중 가장 문제가 되는 것은 페미니즘 내부를 분열시키는 편견이다. 실제로 페미니즘이 여성에게 권하는 삶은 아이 없는 삶, 남성도 없이 만성 피로와 외로움만 느끼는 삶이라

는 것이다(Anderson, 2014/2019: 103). 이러한 편견의 여파로 페미니즘의 주장에는 동의하지만 페미니즘이 사회에서 부정적으로 여겨진다는 것을 알기 때문에 자신을 페미니스트로 인정하기를 주저하는 여성들이 증가하는 추세다(Anderson, 2014/2019: 107; Gay, 2014/2016: 360). 일례로 '원조 페미니즘 정신'과 구별되는 '무개념 페미니즘'을 상정하거나 '모든 여성'과 구별되는 '일부 여성'을 상정하여 '특정 페미니즘'은 비난받을 만하다고 비판하며 페미니즘을 내적으로 구별하려는 시도가 있다. 즉, 평등을 지향하는 자유주의 페미니즘은 위협적이지 않고 정상적이고 합리적인 이미지로 그려지는 반면, 비호감 페미니즘은 극단적이고 강압적이며 연극적이고 과장된 이미지로 소비된다. 이러한 발상은 짐짓 신중하고 중립적인 견해로 보이지만 앤더슨은 이를 가리켜 세련된 방식의 여성혐오라고 비판한다(Anderson, 2014/2019: 13).

앤더슨은 페미니즘의 종식을 강요하는 현상에 내포된 여성혐오 현상이 보다 미묘하고 교활해졌다고 진단한다. 여성에 대한 혐오를 의미하는 '미소지니(misogyny)'는 반여성적인 편견을 뜻하는 문학비평 용어에서 출발하여 페미니즘의 사회학적 용어로 확산되었다. 그리스어로 싫어하다를 의미하는 'misein'과 여성을 의미하는 'gyne'의 합성어인 미소지니는 성차별, 여성 비하와 부정, 여성을 대상으로 한 폭력, 남성우월주의 사상, 여성의 성적 대상화 등 다양한 방식으로 나타난다. 미소지니는 고대 신화 및 종교 그리고 철학 및 문학에서도 발견된다. 이처럼 단순히 '여성을 싫어한다'는 언어적으로 직접적인 표현 이상으로 미소지니의 역사와 범위는 깊고 방대하다. 뿌리 깊은 여성혐오의 방식에 대한 고찰 없이 제도적 · 법제적 차원에서 여성의 권리를 보장해 주는 수준으로는 도달하기 어려운 성평등 문제의 깊이가 가늠되는 대목이다.

이처럼 여성에게 주어진 평등은 명목상의 평등일 뿐, 평등이란 이름하에 지속되는 남성 지배이데올로기의 구조 아래서 여성들에게 주어진 선택지는 많지 않다. 문제는 여성혐오 현상이 미묘한 편견에 둘러싸여 진면모를 쉽게 드러내지 않는다는 점이다. 이렇듯 미묘한 편견은 편견 자체를 인지하지 못하게 만든다는 점에서 더욱 문제가 있다. 따라서 아무런 악의 없이도 무의식적인 편견이 드러날 수 있다. 이 경우 잘못을 범한 사람은 자기 행동의 문제를 인지하지 못한다. 그런데 편견이 너무도 미묘해서 편견의 대상이 되는 당사자조차도 자신이 편견으로 인해 받은 부당한 피해를 인지하지 못할 수 있다. 나아가 이렇게 미묘한 편견은 긍정적인 고정관념으로 포장되어 마치 칭찬으로 해석될 수도 있다. 예를 들어, '라틴계 남자는 가정적이다' 혹은 '여자는

사람을 잘 돌본다'와 같은 일반적인 고정관념은 긍정적으로 해석되거나 칭찬으로 받아들여질 수 있다. 그러나 이러한 고정관념은 개별적인 차이를 인정하지 않거나 부정적으로 해석하게 되는 문제를 안고 있다. 이렇게 미묘한 편견으로 인해 더욱 깊숙이 감추어진 여성혐오 현상에도 불구하고, 오늘날 페미니즘은 표면적으로는 그 목표를 달성했기 때문에 종식을 선언해야 한다고 강요받는다.

2) 신자유주의의 젠더 정치학과 페미니즘의 위기

페미니즘의 종식을 선언하는 것은 페미니즘의 성공을 전제하는 것이기에 표면적으로는 상당히 매력적인 제안이지만, 그 이면은 의심스럽다. 포스트 페미니즘이 주도하는 페미니즘 종식 선언과 맞물려 오늘날 성차별은 진화하고 있다(Douglas, 2010/2016). 성평등은 실현되었기 때문에 성적 고정관념을 유희적으로 부활시키는 것은 무해하다는 주장이나, 온라인상에서 회자되는 이러한 유희를 진지하게 받아들이며 여성혐오라고 지적하면 더 큰 반격을 받는 시대이다. 재력과 사회적 지위를 획득한 여성도 똑똑하면서 섹시하고 아름다움을 겸비해야 매력적인 것으로 묘사되는 미디어가 활개를 친다. '원하면 무엇이든 될 수 있고', '자유분방하게 무엇이든 웃어넘길 수 있는', '시원시원한' 여성이 표방되지만, 여전히 그 안에 성차별주의는 고수되고 있다(황정미, 2016: 455).

이러한 현상은 1990년대 이후 전세계적으로 확산된 신자유주의의 영향과 관련된다. 그것은 여성의 성주체성 혹은 성적 자기결정권을 압도하는 소비지상주의의 영향이다. 신자유주의에서 지향하는 소비지상주의와 개인주의는 집단이 모여 사회변혁의 힘을 발휘하는 사회운동을 냉소적으로 보게 만들었다. 여성의 자존감을 높이고 자기 선택권을 강화하며 사회변화를 위한 자신의 영향력을 행사할 수 있게 되는 것을 의미하는 여성의 역량강화(empowerment)나 선택, 여성 주체성 논의는 개인주의 담론으로 변질되었다. 이 과정에서 포스트 페미니즘은 제2물결 페미니즘의 성과를 취하여 현재적 맥락에서 전용한다(김보명, 2018: 19). 제2물결이 상상한 여성의 성적 해방과 자유는 성평등의 사회 질서 구성을 위한 자유가 아닌, 기성제도와 문화 내에서 여성이 누릴 수 있는 선택과 성취의 문제로 축소된다. 그에 따라 성평등을 위한 집단적 저항 운동보다는 고립되고 개별화된 소비적 실천으로 그 자유가 제한된다.

대중문화와 미디어는 선택, 여성의 역량강화와 같은 페미니즘 용어를 다루지만 그 방식은 페미니즘에 반한다. 미디어 속 여성은 개인주의적이고 소비주의적이며 과도하게 성애화(hypersexualization)되고 있다. 일례로 영화 〈브리짓 존스의 일기(Bridget Jones's Diary)〉(2002)나 미국 드라마 〈섹스 앤 더 시티(Sex and the City)〉(1998~2004) 시리즈에서 묘사된 여성의 역량강화는 성적 자유와 경제적 독립에 초점을 맞춘다(Anderson, 2014/2019). 이는 대중이 쉽게 받아들일 만한 여성해방의 요소를 포스트 페미니즘이 어떻게 활용하는지 확인할 수 있는 대목이다. 이처럼 포스트 페미니즘은 아름다움과 화장품에 집착하고 노골적으로 소비주의를 지향하며 여성성을 과도하게 강조하는 방식으로, 페미니즘이 문제 삼을 만한 요소는 무시하면서 동시에 페미니즘에서 강조하는 여성의 역량강화라는 의미를 소비한다. 이들 매체에서 전달하고자 하는 여성의 이미지는 이전보다 더 사회적으로 독립적이면서 동시에 여성의 개인적 삶은 이성애 가족을 중심으로 구성되어야 한다고 설득하는 것 같다. 이 과정에서 여성의 역량강화는 여성의 성적 대상화로 대체된다. 여성해방은 성적 해방으로 환원되어 자기 자신을 성적으로 대상화하는 것을 '선택'한 것으로 착각하게 된다.

포스트 페미니즘의 메시지는 성적 대상이 되는 것이 이제는 여성이 획득할 수 있는 권력의 근원이라는 것이다. 성적으로 매력적으로 보이는 것이 여성에게만 허락된 권력이지만, 이는 정치·경제·문화적으로 뿌리내린 기성의 권력을 위협하지는 않는 권력으로 길들여진 권력일 뿐이다. 더 큰 문제는 페미니즘 종식을 선언하며 여성의 집단 연대가 더 이상 불필요한 것으로 보이게 한다는 점이다. 그러나 모든 여성이 백인 중간계급 이상이면서 이성애 여성인 것처럼 묘사되는 포스트 페미니즘이 투사하는 여성상은 다분히 여성소외적이다. 이러한 여성상은 마치 모든 여성이 쇼핑을 충분히 즐길 수 있을 만큼의 경제적 독립과 동시에 남편과 가족이 있으며, 차별을 경험하지 않는 것처럼 묘사된다.

이 과정에서 지배 집단의 특권과 구조적 불평등에 대한 논의가 제기될 여지가 희박하다. 앤더슨(Anderson, 2014/2019)은 포스트 페미니즘 현상이 여성의 부당한 차별의 경험을 개별화한다고 지적한다. 여성도 남성과 동일하게 무한한 가능성이 있으며 그 결과는 능력주의 시스템을 따른다고 말한다. 그 결과 개인의 성공과 실패는 개인의 책임이라는 신자유주의 문법을 수용한다. 이러한 논리는 여성이 스스로 자기결정권이 있다고 착각하게 만들며, 그에 따른 성공과 실패도 개별적 능력에 귀인하는 것으로 국한지어 생각하게 만든다. 결과적으로 개인의 평등과 자유에 따라 젠더 불평등에서 비롯된 전통적인 성역할도 여성 스스로 자발적으로 선택했다고 믿게 만든다.

한편, 신자유주의 기조하에 여성은 자기 주체성을 추구하기 위해 기본적으로 소비 능력을 갖추어야 한다. 일종의 소비자 시민권이 장려되면서 여성의 역량강화나 개인의 책임과 같이, 인종이나 성적 차별과 무관해 보이는 용어를 무기로 사회적 약자는 배제된다. 개인주의 시대에 구조적인 문제가 명백한 인종 간 불평등조차 개인적 문제로 치부하게 된다. 이렇게 구매력으로 측정되는 여성의 역량강화로 인해서 다양한 여성 간에 문제의식이나 주제를 공유하며 연대할 여지가 사라지게 된다. 이는 공공 부문의 민영화나 외주화가 포스트 페미니즘과 관계되는 부분이다.

정의에 관한 주제로 악셀 호네트(Axel Honneth)와 논쟁을 펼친 정치철학자 낸시 프레이저(Nancy Fraser)는 사회주의 페미니즘 계열의 페미니스트로 그는 페미니즘을 '민주주의를 향한 반자본주의적 투쟁'이라고 규정한다. 그는 특히 신자유주의가 주도한 정체성의 정치는 한 사회 내에서 이해되는 정의의 문제를 분배보다는 인정의 차원에서 이해하도록 전환시켰다고 비판한다. 이 과정에서 형성된 젠더 정치학은 '흑인', '여성'이라는 정체성이 정치적 이미지로 소비되는 현실을 보여 준다. 이러한 젠더 정치학은 기성사회의 정치적 구도를 전복시키는 힘이 되기보다는 오히려 이를 공고히 만드는 자원으로 활용되어 버린다(김보명, 2018: 13). 이 과정에서 페미니즘의 분배 투쟁, 즉 권리의 분배 투쟁은 약화하였다고 분석했다. 프레이저는 사회 불평등을 해소하기 위해서는 분배와 인정이 공통되게 중요하지만, 오늘날 정체성의 정치 속에서 분배 정의에 대한 이해가 약화된 반면 정체성에 대한 인정의 투쟁은 지나치게 부각되었다고 비판한다(Fraser, 2009, 2013/2017). 그 결과 계급 불평등, 성차별, 인종차별 같은 사회구조적 불평등에 대한 문제의식이 희석된 것이다. 한편, 여성의 주체성과 정체성을 강조하는 페미니즘 논의는 결과적으로 신자유주의 체제의 정체성 정치와 공모하게 된다. 이러한 문제점을 지적한 프레이저는 오늘의 페미니즘 과제로서 경제적 분배와 문화적 인정, 그리고 정치적 대표를 포함하는 정의론을 제시한다. 이러한 프레이저의 논의는 오늘의 페미니즘 운동이 더 이상 여성의 권익 신장 수준의 과제에 국한되지 않고 사회 전반의 정의실현과 관련된 문제로 확장되고 있음을 반증한다. 이는 곧 세 번의 물결과 반복되는 반격 속에서도 오늘날 페미니즘을 주목해야 하는 이유이기도 하다.

4. 페미니즘 교육론

페미니즘 교육론은 페미니즘 사상과 실천을 교육철학 및 방법에 접목시킨 다양한 교육실천이자 이론이다. 사회구조적 성불평등을 재생산하는 기존의 교육을 비판하면서 동시에 사회변혁의 도구로서 교육의 가능성을 토대로 페미니즘 교육론이 등장하게 되었다. 전자는 '여성의 억압 상황에 교육이 어떻게 기여하는가?', 후자는 '여성이 주체가 되기 위해서는 어떤 교육이 필요한가?'라는 질문으로 정식화된다. 최근에는 양자의 논의를 통합하여 여성을 주체화하는 교육적 방법으로서 페미니스트 페다고지(feminist pedagogy)가 강조되고 있다. 즉, 페미니스트 페다고지는 교육법을 강조하는 페다고지(pedagogy)라는 용어를 통하여 페미니즘 운동의 교육실천이나 방법 등 교육현장의 내용을 중점적으로 고찰한다. 이 절에서는 페미니즘 교육론의 문제의식으로서 젠더에 대한 논의를 소개하고 페미니스트 페다고지의 교육목적과 방법을 소개한 뒤, 페미니즘 교육론의 기획과 한계를 논의한다.

1) 문제의식: 젠더

페미니즘 교육론은 모든 인간의 존엄성과 개성이 존중되는 이상적 사회를 건설하기 위하여 교육을 강조한다. 그러나 페미니즘 교육론은 남녀평등이라는 이상사회 실현을 위한 방법으로서 교육을 강조하지만, 내용 면에서는 기존의 교육에 비판적이다. 특히 전통적 교육학에서 추구되는 인간상은 지배적인 사회문화가 남성적 특성이라고 규정해 온 특성의 인간상이라는 점에서 페미니즘 교육론에서 비판받는다. 이렇듯 페미니즘 교육론은 페미니즘 관점을 토대로 교육에서 드러나지 않은 성불평등과 젠더 문제를 논의하고 성평등 교육을 실천하는 것을 의미한다(심성보, 2021: 113).

페미니즘 교육론은 기존의 교육론에서 사회적 관행으로서 엄격하게 구분하는 공적 영역과 사적 영역 관념을 문제 삼는다. 이러한 구분이 가정에서의 여성 억압을 사적으로 치부하게 만들었고, 여성의 가사와 육아를 사적인 차원의 일로 쉽게 처리하였기 때문이다. 또한 교육은 이러한 일을 사적 영역에 속하는 개인적 일로 취급하면서 교육의 공적 영역에 해당하는 부분의 발달에 천착한 측면이 있다. 이렇게 공적 영역에서 추구되는 합리적 판단 능력을 지닌 자율성이라는 전통적 교육론의 교육목표는 여성적인 특성을 충분히 반영하지 못한다. 자율성을 추구하지만 여성의 경험에는 이러한 능력을 획득할 기회가 제대로 주어지지 못하였고 그런 상태에서 자율성이 없다는 식으로 여성성이 폄훼되었기 때문이다. 또한 교육에서 합리적 인간을 추구하면서 여성소외가 자연스럽게 이루어지는 불이익이 발생하기도 한다.

페미니즘 교육론은 이러한 문제점을 좀 더 선명하게 그려 내기 위하여 기존의 개념을 재규정하고 확장하여 사용한다. 일례로 젠더(gender)는 페미니즘의 문제의식을 담아내는 일종의 개념적 틀로서 기능한다. 젠더는 일차적으로 생물학적 성을 지칭하는 섹스(sex)와 구별되는 사회적 성을 의미한다. 젠더는 사용되는 맥락에 따라 의미의 폭이 상당히 넓은 편인데 생물학적 성별의 상태, 성별에 기반한 사회 구성원에게 기대되는 성역할, 성정체성 등이 내포된다. 이러한 젠더 개념을 토대로 페미니즘 교육론은 지금까지 페미니즘에서 분석해 온 여성 억압의 현상과 구조를 사회구조적 불평등과 이데올로기와 관련된 것으로 보고 특히 교육에서 지속되고 있는 차별 구조를 분석한다. 교육은 특히 이러한 차별구조에서 여성의 종속적인 상태를 당연한 것으로 사회화하는 기능을 담당해 왔다는 비판이다.

페미니즘 교육론은 젠더 편향적인 교육과정과 교실 내 역학을 비판하고 동등한 교육기회, 젠더중립적 교과내용, 정책 등을 만들어야 한다고 주장한다. 예를 들어, 수학, 과학, 스포츠 체육이 남학생 편향적이라고 보고 여학생의 참여를 강조하거나 교과서를 젠더 중립적 교재로 제작하는 노력을 기울였다(배유경, 2013). 구체적으로는 교과서의 삽화에 등장하는 남학생과 여학생 이미지의 노출 빈도의 차이나 성 고정관념이 투영된 이미지 등이 젠더 편향적이라고 할 수 있다.

나아가 여성의 본질이나 정체성 규명에 대한 논의는 차이를 강조하는 후기구조주의 철학의 흐름 속에서 페미니즘 교육론에 반영된다. 예를 들어, 벨 훅스는 젠더, 인종, 계급이 교차하면서 발생하는 개인의 고유한 정체성과 차이를 대화와 참여적 학습을 통하여 인식하고 그 의미를 발견해 나가는 과정을 강조한다(hooks, 1984/2010, 1994/2008). 이렇듯 광범위한 논의가 동시다발적으로 소개되고 공론화되면서 페미니즘 교육론의 정체성의 경계와 범위를 확장해 왔다.

오늘날 페미니즘 교육론의 쟁점은 젠더 특수성에 대한 이해라고 할 수 있다. 페미니즘 교육론의 관심은 생물학적 성으로서 여성 집단(female sex)은 물론 사회문화적

의미에서의 여성성(female gender)의 특성을 모두 포함한다. 이때 여성성에는 가치가 반영되는데 여성적 윤리를 비롯하여 남성과는 다른 여성의 경험을 토대로 구성되는 여성적 지식이라는 개념이 등장한다. 특히 자율적이고 경쟁적인 남성성에 대비되는 관계적 자아나 돌봄의 윤리로 대변되는 여성성이 페미니즘 교육론에 반영되었다. 이처럼 페미니즘 교육론의 인간상은 여성적 특성이 반영된 새로운 인간상으로 확장된다. 기존의 인간상은 기본적으로 남성적 특성에 편향된 측면이 있기 때문에 여성적 특성이 포용된 인간상의 구상이 필요하다는 것이다.

문제는 페미니즘 교육론에서 강조하는 여성적 가치에 대한 논의가 오히려 여성성에 대한 구체적인 상을 암시하게 된다는 점이다. 예를 들어, 성차별 문화를 극복하기 위한 교육적 관심이 필요하지만, 동시에 21세기는 '섬세하고 감성적이며 유연한 특성'이 특히 요구되는 시대이기 때문에 여성성의 계발이 요구되기에, 여성적 특성의 신장이 필요하다는 주장이다. 페미니즘의 정신분석학적 접근은 여성성과 남성성이라는 이분법적 접근을 탈피해야 한다고 주장하지만 신화 속에 남아 있는 여성성과 남성성의 흔적을 분석하며 그 대안으로서 신화적으로 여성성이라고 규정되어 억압되었던 여성의 힘을 되찾아야 한다고 강조한다(유현옥, 2004: 137; 윤보라 외, 2015: 83).

그러나 이러한 시도는 여성성과 모성을 재생산하면서 공적 세계에서 여성의 위치를 오히려 위축시키는 결과를 초래한다(Walkerdine, 1986). 여성성이라는 것이, 예를 들어 감성적, 유연함, 섬세함이라면 그것은 남성 이데올로기의 여성 억압문화에서 파생된 특수성일 것이다. 앞서 논의한 바 있듯 '여성은 감성적이고, 유연하며, 섬세하다'는 인식도 미묘한 편견이다. 이러한 여성성이 역사적으로 남성 주류 문화에서 억압되거나 무시되었지만 실상은 상당히 가치 있는 것이라고 상찬되더라도 이는 곧 남성 이데올로기 문화의 산물이자 사회적 관습과 교육의 결과물이다. 감성적이고 유연하며 섬세한 여자아이를 칭찬하는 기성 문화가 그런 특질을 내면화한 대다수의 성인 여성을 만든다. 이 '여성적 가치'를 21세기에 요구되는 가치로서 신장시켜야 한다면, 논리적으로는 그 가치를 만들어 낸 토대로서 기존의 남성 이데올로기 문화도 여전히 전제되어야 한다.

젠더 특수성은 여성성과 남성성이라는 이분법을 극복해야 한다고 강조하지만 페미니즘 교육론의 대안에서도 발견되듯 여성성이라고 규정되는 특성들은 다시 또 쉽게 받아들인다. 이는 마치 외출하기 위해 치장하면서 지금까지 청소하여 폐기한 누

더기를 다시 걸치는 격이다. 이렇게 여성성으로서 모성이나 배려를 부각시키고, 여성을 윤리적 주체라고 특정할 경우 미래 세대에 대한 사회적 책무가 여성에게 전가되고 그에 따른 애증과 혐오까지 여성의 몫이 되어 버린다(윤보라 외, 2015: 85). 이 점에서 페미니즘 교육론에서 거론되는 여성성에 대한 상찬은 일종의 양날의 검이다. 다시 말하면, 페미니즘 교육론에서 여성성에 대한 논의는 사안에 따라 모순적이고 논쟁적이다.

페미니즘 교육론은 젠더를 기본 개념으로 삼아 성불평등의 문제의식을 제기하며 대안을 제시한다. 특히 페미니즘 교육론이 주목하는 것은 '성적 차이를 이해하고, 성적 불평등을 낳는 사회구조, 제도, 문화 등을 비판적으로 성찰하여 평등과 민주주의에 대한 학습과 실천'이다(엄혜진, 2018: 8). 이 과정에서 등장하는 젠더 특수성의 논리적 모순성은 젠더 자체의 개념을 유연하게 확장함으로써 해소되는 추세다.

페미니즘 교육론의 전략과 모형은 보다 근원적으로 다양성을 추구하고 기성 교육의 문제점을 파악하는 방법에 더욱 관심을 기울이고 있음을 확인할 수 있다. 페미니즘 교육론에서 주목하는 젠더는 생물학적인 성적 차이를 지칭하는 섹스(sex)의 개념과 구별되는 사회구성적 의미를 내포하며, 여성 인권을 지칭하는 정체성의 범주이자 동시에 육체, 행위, 사회관계 속에서 형성되는 담론에 따라 변모하는 주체화의 과정을 지칭하는 개념이 되고 있다. 즉, 페미니즘 교육론에서 젠더는 규범적이거나 명목상의 범주이기보다는 비판적이고 자기성찰적인 범주로 확장하고 있다(Brown, 2008: 24; 엄혜진 2018: 8). 달리 말하면, 여성성에 대한 이해도 기존의 이분법적 관점에서 구획된 규범적 의미보다는 한 사회 내의 일원으로서 여성의 주체화 과정을 담고 있다고 볼 수 있다. 이와 관련하여 젠더 개념의 확장성은 페미니즘 이론이 운동으로서의 규제적 · 규범적 성격보다는 지적 · 제도적으로 급진적이면서 유연한 성격을 보이는 양가적 특징을 대변한다.

2) 페미니스트 페다고지

주지하다시피 페미니즘 교육론은 교육을 성평등이라는 사회변혁을 위한 도구로 삼는다. 여성 억압이 단순히 특정 제도에 국한된 것이 아니라 가부장제 이데올로기에서 비롯되는 근본적이고 보편적인 차원에서 이루어진다고 본 제2물결 페미니즘의

성과는 교육적 차원으로 확장되었다. 즉, 페미니즘 교육론은 여성에 대한 교육기회의 평등 이상의 논의가 필요하다는 문제의식에서 비롯되었다. 제1물결의 성과로서 역사적으로 교육대상에서 배제되었던 여성들에게 제도권 교육이 보장되었지만 교육제도 및 실천에 내재된 성차별적 문제 상황은 지속되었다는 비판의식이다. 이 과정에서 페미니즘 교육론은 교육을 사회변화와 인간 해방을 위한 수단으로 이해하는 비판적 페다고지의 논의를 수용한다.

비판적 페다고지(critical pedagogy)는 교육을 자유의 실천이자 인간 해방의 수단으로 본 파울로 프레이리(Paulo Preire, 1921~1997)의 논의에 기초한 교육론이다. 비판적 페다고지는 현 교육과정을 통하여 사회평등이 실현될 수 있다는 발상에 회의적이다. 또한 학습자는 현 교육체제에서 위계적 자본주의 경제체제를 잠재적으로 체화한다고 주장한다. 그리고 지배계급의 권력 유지를 위하여 교육은 학생에게 각 계급에 맞는 교육과정을 선별적으로 제공한다고 보았다. 이처럼 비판적 교육학은 현 교육체제가 지배계급에 유리하게 구성되었다고 보고 비판한다.

그러나 비판적 페다고지는 교육을 통한 사회변혁이 가능하다고 본다. 즉, 비판적 페다고지는 교육을 통하여 모든 억압받는 자의 해방과 인간화를 목표로 한다. 노동자 계급을 위시한 억압받는 자들이 현 체제에 문제의식을 가지고 기존의 지배구조에 도전하고 변화시킬 수 있다고 본 것이다. 이를 위하여 비판적 페다고지는 교사와 학생의 관계는 수평적 관계를 강조한다. 기존의 교육과정이 배움과 지식의 위계성에 기초한 지식 전달이 이루어지는 수직적 관계라면, 비판적 페다고지는 교사와 학생이 참여적 주체로서 동등하게 학습의 과정에 참여한다는 점에서 수평적 관계여야 한다는 것이다. 이처럼 의식화의 과정으로서 개인의 삶과 경험을 중시하는 비판적 페다고지는 교사와 학생을 참여적 주체로서 동등하게 이해한다(배유경, 2013: 6-7). 교수법 또한 일방향의 강의식 전달이 아닌 대화 중심의 구성적 학습을 강조한다. 나아가 문제 상황의 의식화와 더불어 변혁을 위한 실천을 강조한다.

한편 비판적 페다고지는 '성'에 따른 차별이 고려되지 못했다는 한계를 지닌다. 비판적 페다고지는 젠더 이외의 사회적 특징이 여성의 정체성 형성에 영향을 미친다는 점을 이론적으로 설명하고 있지만 계급적 관점에 기초한 비판적 페다고지의 특성상 여성의 특수성이 간과되고 성중립적 혹은 성차별적 언어를 담고 있다는 한계가 있다(hooks, 1984/2010; 엄혜진, 2018). 때문에 페미니즘 페다고지는 비판적 교육이론을 수용하되 '계급'적 차별을 '성'의 차원에서 재고찰한다. 페미니즘 페다고지는 젠더를 다각도로 조망한 뒤 여성을 주체화하는 교수법을 보다 구체적으로 탐색한다.

페미니스트 페다고지는 연구 및 실천 주제를 네 가지 영역으로 나눈다(Tisdell, 1998; 정민승, 2013: 291). 첫째, 페미니스트 페다고지는 지식이 구성되는 방식에 주목한다. 전통적인 방식의 객관적 지식관에서 탈피하여 지식은 변화하며 상황과 맥락에 따라 구성되어 간다는 구성주의적 지식관을 지향한다. 이에 따라 여성으로서의 경험과 사고의 결과물은 교육 내 합법적 지식으로서 통용될 수 있어야 한다고 주장한다. 즉, 지식은 객관적으로 외부에서 주어지는 것이 아닌, '여성의 주관적 경험'에서 발생할 수 있다는 입장을 취한다. 둘째, 행위 주체로서 여성의 목소리를 개발하는 일이다. 목소리(voice)란 일종의 행위 주체로서 힘을 행사하는 것이다. 한 집단 내에서 누군가 '목소리를 잃었다'는 것은 곧 이해관계와 힘을 상실했다는 것을 의미한다. 페미니스트 페다고지에서는 여성의 목소리를 찾고 개발하며 세력화하는 과정을 주목한다. 단, 여성의 존재는 한 사회 안에서 다층위적 경험으로 구성되기 때문에 여성이라는 일관된 통념보다는 다양한 경험으로 구성되는 여성 존재를 다면적으로 성찰한다. 셋째, 교사와 학생의 수평적 관계를 지향한다. 지식의 위계와 더불어 교사-학생의 위계 관계는 강압적이고 여성적인 경험을 차단한다. 또한 학습자가 정규 교육과정 및 잠재적 교육과정에 내재된 성불평등 이념을 자연스럽게 체득하는 과정에서 여성의 주관적 경험은 배제된다. 한편 페미니스트 페다고지는 교사와 학생의 수평적 관계를 통하여 상호 지지와 교류를 바탕으로 지식의 구성이 이루어질 수 있다고 본다. 마지막으로 페미니스트 페다고지는 '차이'를 강조한다. 구성원의 차이를 인정하고 존중하는 태도를 갖추는 것으로 다원주의적 입장을 견지한다.

페미니스트 페다고지는 기존 교육 방식의 근본 문제를 비판하고 여성을 주체화하는 방법을 적극 모색한다. 우선 성차별적인 학교 교육과정에 내재된 성불평등을 인지하고 적극 수정하는 것이다. 또한 전통적 교육과정에 배제된 여성의 경험과 사고를 교육과정에 포함하고 여성의 경험과 사고에 관련된 지식을 합법적인 실체로 간주하는 것이다. 이 과정에서 여성은 스스로 경험과 지식을 정의 내리고 스스로 발전 가능성을 발견하게 된다. 그 결과 여성은 다양한 선택을 탐색하고 실천하면서(유현옥, 정민승, 2018), 자기 삶을 능동적으로 형성하는 자존감과 성찰 능력을 키우게 된다는 주장이다. 페미니스트 페다고지는 이러한 교육경험을 통하여 학교교육에서 여성의

존재와 목소리가 주체적인 위치로 자리매김하는 것을 목표로 삼는다.

이를 위하여 교사와 학생의 관계가 새롭게 정립되어야 한다. 학습의 과정은 학생과 교사의 상호 지지와 인정에 기반한다. 학습은 교사와 학생의 상호지지의 관계 속에서 쌍방향의 형태로 구성된다. 즉, 가르치는 교사와 배우는 학생 그리고 교사와 학생 사이에 있는 지식은 서로 개별적인 존재가 아니라 서로 연관되고 관계 맺어지는 것을 중시한다. 이는 곧 기존의 수직적 학습경험과 구별되는, 관계성과 지지에 기반한 수평적 학습경험으로의 변화를 의미한다. 이 과정에서 성불평등한 교육을 변화시키는 주역으로서 교사의 각성과 의식화가 강조된다. 페미니스트 페다고지는 이러한 교사–학생의 교육적 경험을 통하여 여성이 자기 힘을 기를 수 있게 된다고 본다. 이렇듯 교사와 학생 모두 '양자 간의 역량강화'를 통하여 여성이 겪는 억압을 스스로 해방할 수 있다고 본 것이다. 역량강화는 페미니즘 담론에서 여성적 힘을 기르는 일과 관련된다. 그것은 구체적으로 여성이 자기 경험과 지식을 구성하는 과정에서 지배적 이데올로기의 영향력에서 탈피하는 것이다. 궁극적으로 이러한 여성 역량강화를 통하여 가부장적 사회에서 평등사회로 변화될 수 있다고 보았다(Weiler, 1988).

3) 교육적 의의

페미니즘 교육론의 기획은 성불평등을 재생산하는 교육에 대한 반제도적 입장을 취하면서 동시에 성평등을 위한 사회변혁의 도구로서 교육에 대한 제도적 입장을 취한다는 점에서 이중의 기획이다(엄혜진, 2018: 3). 특히 기존의 교육제도는 성중립적인 입장을 보이기 때문에 성불평등의 양상이 표면적으로 관찰되지 않는다. 그러나 이는 남성중심적 가치체계가 기본이 되는 사회에서 교육 또한 남성의 가치관과 남성의 영역을 가치중립의 언어로 강조하고 있기 때문이다. 전통적인 교육론에서 보이는 성중립적 입장은 오히려 가부장제의 전통적 성역할의 차이를 당연한 전제조건으로 삼고 있음을 반증한다.

제인 마틴(Jane Roland Martin, 1985/2002)은 플라톤의 교육론과 루소의 교육론을 예시로 들어 교육에서 성중립적 입장의 의미를 논한다. 플라톤은 여성과 관련된 가치나 임무를 그의 교육론에 고려하지 않는다. 애초부터 여성의 존재는 그의 공화국에서 시민으로서 자격이 없기 때문이다. 플라톤의 공화국에도 여성이 존재하지만 이들 여성은 특수한 경우로 양육, 출산, 돌봄, 살림과 같은 전통적인 여성의 역할이나 의무에서 면제된 존재다. 이처럼 여성이 공화국에서 인정받기 위해서는 남성과 동일한 일을 맡아야만 한다. 한편 루소의 교육론에서는 소녀교육이 고려된다. 자유와 선성을 따라 시민으로 성장시키는 소년교육과 달리 소녀교육은 순결, 온순함, 봉사 정신을 함양하는 교육으로 대비된다. 이처럼 여성에게도 남성과 동일한 교육기회는 주어졌지만 기존의 교육에 내포된 성중립적 입장의 근저에는 남성중심의 가치가 전제되어 있다.

페미니즘 교육론은 이렇듯 성불평등을 재생산하는 기존의 교육을 극복해야 한다고 주장한다. 일례로 마틴(1985/2002)은 균형 잡힌 삶을 위한 교육을 제시한다. 마틴은 기본적으로 남학생이 더 두각을 나타낸다고 알려져 있는 수학, 과학과목에서 여학생도 활발하게 참여하길 기대하지만, 이와 동시에 교육과정에서 다소 주목받지 못했던 정의적 영역으로서 돌봄, 열정, 관계 등에 대해 남학생이 학습할 수 있어야 한다고 주장한다. 특히 여성의 전통적인 과업에 공적 가치를 부여하여, 단순히 '능력이 가장 뛰어난' 여성들이 전통적 과업에서 해방되어야 한다는 주장을 넘어서야 한다고 주장한다. 물론 이 주장이 모든 여성이 가정을 돌보는 역할을 수행해야 한다고 주장하는 것은 아니다. 그러나 그는 전통적으로 남성의 과업이라고 이해된 영역에 여성이 참여하게 되는 것만이 능사는 아니라고 보았다. 이 경우 전통적으로 여성의 과업으로 이해된 영역은 가치 절하되거나 등한히되어, 사회적인 차원에서는 출산, 육아, 돌봄의 공백이 초래된다. 이에 마틴은 이러한 전통적인 과업의 중요성을 모두가 깨닫고 교육의 공적인 영역에서 남학생, 여학생 모두 숙련되어야 한다고 주장한다.

요컨대 페미니즘 교육론은 전통적 교육에 내포된 성차별적 담론의 재생산을 근절하고 개인의 발달과 해방으로서 교육을 지향한다. 페미니즘 교육론은 페미니즘 관점 내의 차이에 따라 구체적 문제의식과 처방이 상이하다. 특히 막연하게 여성의 권리 신장이나 차별에 호소하기보다는 체계적인 교육을 통하여 사회변혁을 목표로 한다는 점에서 교육학적 의의가 있다. 그 방법으로서 페미니스트 페다고지에서는 학습자와 교사의 상호작용에 기반한 평등 교육을 강조하며 성평등 요소들의 실현을 통하여 사회의 변화를 도모한다고 본다. 나아가 페미니즘 교육론은 남성 지배이데올로기와 성차별적 사회구조의 피해자는 여성뿐만 아니라 사회적 약자의 위치에 있는 모든 집단은 물론 남성도 포함된다는 점에서 남성 지배이데올로기와 성차별적 사회구조 및 힘의 논리에 지배되는 문화에 대한 비판의식 함양을 위한 교육적 노력의 중요성을 일

관되게 강조한다(유현옥, 2004: 145). 나아가 페미니즘 교육론은 여성 학습자뿐 아니라 억압받는 모든 소수 집단의 교육자와 학습자, 그리고 남성 교육자와 남성 학습자도 적극 포용하는 방향으로 교육 주체의 대상을 확대하고 있다. 특히 학교교육의 논의는 페미니즘이 남녀 간의 지배–종속 관계의 극복을 위한 투쟁에 기초하며, 인간 존중 및 공동체적 삶, 인간과 자연의 조화를 지향하는 문화 형성에 대한 관심으로 확장하고 있다. 페미니즘 교육론에서도 포스트모더니즘, 생태주의 등과 결합하며 다양성의 존중 및 새로운 문화를 지속적으로 생산하는 사회형성의 출발점을 타자 담론에 대한 존중에서 찾는 페미니즘의 기본 특성을 확인한다. 또한 성차별 문제에 국한하지 않고 사회불평등의 문제로 확장되어 나가는 개방성을 확인할 수 있다.

5. 페미니즘 교육철학

페미니즘은 그 스스로 여성의 부정의한 현실을 탐구하는 지적 도구를 제공했다고 할 수 있다(이나영 외, 2020: 26). 계속해서 이러한 시도가 가능하기 위해서는 사유의 경계를 계속해서 밀어붙이는 철학적 시도가 계속해서 뒷받침되어야 할 것이다. 관련하여 맥신 그린(Maxine Greene, 1917~2014)과 모웨나 그리피스(Morwenna Griffiths)의 페미니즘 논의를 주목할 만하다. 이들이 강조하는 페미니즘 철학은 '상황과 맥락을 고려한 철학하기'다(Greene & Griffiths, 2003/2009: 57). 이들은 철학하는 행위에서 필연적으로 발생하는 실제적인 경험과 주체성의 영향력을 주목하며, 특히 여성이 체감하게 되는 현실 상황이 철학 행위에 미치는 영향에서 페미니즘 교육철학의 가능성을 확인한다. 그것은 페미니즘이 주류 남성의 인식론에서 배제되고 부인되는 과정에 대한 체험에서 비롯되는 정체성의 탐색, 자기표현의 과정으로 실현된다(심성보, 2021: 121). 그린과 그리피스는 이러한 관점으로 교육철학의 지류로서 페미니즘을 소개하는 맥락에서 이들은 서신의 방식으로 페미니즘을 실천한다. 흥미로운 것은 페미니즘을 그 자체로 규정하기보다는 페미니즘을 실천해 보이는 방식을 취한다는 점이다. 이들은 페미니즘과 크게 상관없을 것 같은 개념어에 대하여 여성 교육철학자의 생각과 삶을 관련하여 진술하고 상호 교류한다.

그린과 그리피스의 서신 교환은 일종의 페미니즘 교육철학의 실천이라 할 수 있다. 서신에는 페미니즘의 교육적 논의와 관련하여 세계를 탐구하는 사유의 과정이 담겨 있다. 이 서신을 읽는 행위는 마치 페미니즘 자체가 정밀하게 확립된 이론이기보다는 세계를 보는 하나의 관점 혹은 행동 방식으로서, 글을 읽는 독자는 (나아가 사회의 구성원 모두) 사안을 직접 겪어 낼 필요가 있다는 식으로 이해된다. 즉, 페미니즘은 하나의 단일한 신념체계이기보다는 실제와 관련된 문제로서 경험적이고 실존적인 접근을 요한다. 그린과 그리피스는 페미니즘을 다음과 같이 정리한다. "일상적인 철학에 여성의 독특한 관점을 찾아 부가하여 정리할 수는 없는 일이다. 즉, 어떤 페미니즘의 관점을 취하는 것은 모든 일상적인 철학을 변화시키지만 어떤 유일한 결과로 귀결될 수는 없다"(Green & Griffiths, 2003/2009: 55). 그린과 그리피스가 페미니즘을 교육철학에 선보이는 방식은 연구자가 처한 상황, 개인적 목소리, 관점, 입장, 위치, 사회적 관계를 고려하여 교육적 문제를 논하는 것 자체가 페미니즘으로 교육철학을 실천하는 것이다.

이러한 페미니즘의 사유 방식은 기존의 언어를 부수고 새롭게 만드는 일에 가깝다. 관련하여 거다 러너(Gerda Hedwig Lerner, 1920~2013)는 남성 언어와 여성 언어를 구별한다. 남성은 인류의 지적 전통을 아버지로부터 물려받으며 세계를 조망하기에 언어를 새로 만들 필요가 없지만 여성은 세계를 조망할 언어의 부재로 인해 고통받는다는 것이다(윤보라 외, 2015: 91). 그린과 그리피스는 언어 부재의 지점에서 더 나아가, 앞으로 페미니즘의 과제는 남성의 언어라고 불리던 것을 계속해서 찾아내는 일이라고 말한다. 관련하여 이들은 한나 아렌트의 진주조개잡이(pearl diver) 비유를 언급한다(Arendt, 1968/2010). 아렌트는 발터 벤야민(Walter Benjamin)의 사유 방식을 검토하며, 벤야민이 세계를 대하는 태도나 사유하는 방식이 '그의 생애 속에서 일어난 전통의 파산과 권위의 상실이 회복 불가능하다는 것을 알고 과거를 다루는 새로운 방법을 찾아내야 한다고 결론'지은 것 같아 보였는데(Arendt, 2010: 281) 그 모습이 마치 진주조개잡이와 같다고 비유한 것이다. 마찬가지로 페미니즘 또한 남성 언어로만 다루어진 세계를 다루는 새로운 방법을 지속적으로 발견하는 과정에 있다고 할 수 있다.

이 점에서 페미니즘의 실천은 진주조개잡이에 비유된다(Green & Griffiths, 2003/2009). 그것은 진주와 같이 낡은 세계에 결정화(crystalized)된 것을 새로운 환경에 활용하는 것과 같이 낡은 세계를 새로운 눈으로 보는 것이다. 낡은 세계는 특정한 시대

에 때로는 위험하게 결정화되는데, 아렌트는 자신의 시대가 반유대주의, 인종주의, 제국주의가 전체주의라는 정치적 실재로 결정화되었다고 보았다. 전체주의를 극복하기 위해서는 전통의 껍데기를 헤집고 들어가 해체와 파괴를 하고 빛의 세계로 드러내는 복원과 구원의 작업이 필요한 것이다(홍원표, 2011). 아렌트 논의에 대한 교육학적 해석으로서 교육은 학생들이 스스로 진주조개잡이가 되도록 도와야 한다고 해석되기도 하는데(Gordon, 2001: 50) 이러한 시도는 페미니즘 교육철학으로서 재검토되어야 할 것이다. 이 점에서 페미니즘 교육철학은 '새로운 사유의 치명적인 타격으로 그들을 해석하는 과정에서 그들의 맥락을 해체시킴으로써만 구원되고 현재로 비약할 수 있다'는 아렌트의 진주조개잡이 비유에 공명한다(Arendt, 1968/2010: 292; 박은주, 2018). 즉, 페미니즘 교육철학은 교육에서 결정화된 남성의 언어를 발견하고 치명적인 타격과 같은 날카로운 성찰을 통하여 이를 교육적으로 새롭게 읽고 쓰는 일 자체를 수반한다.

마지막으로 그린과 그리피스의 페미니즘 교육철학 논의는 교육실천에서 요청되는 교육자의 태도를 상기시킨다. 이들은 "사회적 행동에 기여하는 목소리는 반드시 합리적인 방식으로 말할 필요는 없다"고 선언한다. 합리적인 방식일 필요가 없다고 하여 제멋대로 해도 된다는 것이 아니다. 그린과 그리피스는 합리성을 뛰어넘는 상상력의 힘을 강조하는 것이다. 즉, 기존의 것에 안주하지 않는 상상력으로 타인의 상상력을 자극하고, 상호소통에 참여하면서 더불어 사는 자기 존재를 발견하며 공적 공간을 새롭게 창출해 나갈 수 있다고 본 것이다(Greene & Griffiths, 2003/2009: 80). 이 점에서 페미니즘 교육철학은 교육에 결정화된 견고한 사유의 경계를 두드려 당대의 교육적 문제를 발견하고 교육적 의미를 발굴해 내게 만드는 사유의 자극제가 되었으며, 여기에서 교육적 의의를 발견할 수 있다. 페미니즘 교육철학은 교육실천으로서 사회변혁의 수단에 국한되기보다는 변혁을 위한 개방적 토대가 될 것으로 기대된다.

1. 페미니즘 운동에 대한 반격으로서 희화화되는 온라인 내 여성혐오 현상의 조롱과 반격에 대해 사례를 들어 논의해 보자. 이러한 페미니즘에 대한 공격에 대하여 포스트 페미니즘과 관련해 이 현상의 원인을 확인해 보고 극복 방안에 대하여 논의해 보자.
2. 페미니즘의 변천사를 토대로 각 시대의 특징과 의의를 정리하여 설명해 보자. 이를 토대로 본인이 생각하는 페미니즘을 소개하고 특히 관심이 가는 시대를 특정하여 이유를 들어 설명해 보자.
3. '새로운 언어를 창조하는 것이 아니라 기존의 언어를 새롭게 보이게 만드는 시도'로서 한나 아렌트의 진주조개잡이 비유를 바탕으로 페미니즘 논의의 모순성과 의의, 그리고 교육적 가능성에 대해서 논하여 보자.

더 읽어 볼 자료

유현옥, 정민승(2018) **여성교육론**. 서울: 한국방송통신대학교출판문화원.

▶ 교육에 관한 페미니즘 입문서로서 페미니즘의 역사와 교육론을 조망한 책이다. 이 책은 페미니즘 교육론의 기본 담론을 정체성, 젠더, 학습자의 차원에서 고찰하면서, 우리 사회 내 성차별적 관행의 문제를 파악하고 성평등한 사회를 이루기 위한 교육적 과제를 실천의 차원에서 논의한다. 각 장 말미에는 여성과 관련된 다양한 주제를 다룬 도서와 영화가 소개되어 있어 페미니즘에 대한 시선을 풍부하게 살펴보는 데 유용하다.

Fraser, N. (2013). *Fortunes of feminism*. 임옥희 역(2017). **전진하는 페미니즘: 여성주의 상상력, 반란과 반전의 역사**. 경기: 돌베개.

▶ 낸시 프레이저는 미국의 제2물결 페미니즘을 대표하는 학자다. 그는 프랑크푸르트학파의 비판이론에 기초하여 사회적 페미니즘의 관점에서 분배, 인정, 대표를 중심으로 하는 삼차원적 정의이론을 정립하였다. 특히 페미니즘의 해방적 추진력이 약화된 계기를 신자유주의의 등장과 관련지어 설명하며 기존 페미니즘의 한계와 극복 방향을 논구한다. 이 책은 페미니즘 입문서로서는 다소 전문적인 서적이지만, 오늘날 우리 사회의 안티 페미니즘의 역풍 속에서 페미니즘에 대한 이해를 정의의 관점에서 정립하는 데 유용한 서적이다.

Noddings, N. (1992). *The challenge to care in schools.* 추병완, 박병춘, 황인표 역(2002). **배려교육론.** 서울: 다른우리.

▶ 넬 나딩스는 미국의 대표적인 페미니즘 교육철학자다. 그는 그동안 사적인 덕목으로 치부된 배려(care)를 인간 보편의 도덕적 개념으로 확장하여 설명한다. 그는 특히 배려 윤리를 도덕교육과 정치학의 이론적 토대로 확장하는 데 기여하였다. 이 책에서 나딩스는 여성적 가치를 탐색하고, 페미니즘의 관점에서 기존 교육의 문제를 진단한다. 이 책은 모든 학생이 자기 능력과 개성을 발달시키면서 배려할 수 있는 도덕적 인간으로 성장하는 것을 목표로 하는 배려교육을 소개한다.

참고문헌

강상희(2006). 울스턴크래프트(M. Wollstonecraft)의 여성 교육론 연구. **교육철학**, 36, 99-115.

김보명(2018). 미국 제2물결 페미니즘에 대한 역사적 평가들에 대한 소고. **서양사론**, 138, 11-37.

김재인, 곽삼근, 조경원, 유현옥, 송현주, 심미옥, 곽윤숙, 오재림, 박성정, 이해주, 나임윤경, 임선희, 민무숙, 정해숙(2009). **여성교육개론.** 경기: 교육과학사.

박은주(2018). 한나 아렌트의 '행위'개념을 통한 가르침의 의미 재탐색. 서울대학교 대학원 박사학위논문.

배유경(2013). 여성학의 제도화, 정체성, 그리고 페미니스트 페다고지 연구. 서울대 여성연구소 워킹페이퍼.

심성보(2021) 여성주의 교육이론의 발전 과정과 최근의 연구 동향. (사)부산여성사회교육원 편. **여성주의 교육, 시공을 묻다**(pp. 109-134). 서울: 신정.

엄혜진(2018). 페미니즘 교육은 (불)가능한가? **한국여성학**, 34(3), 1-37.

여성가족부(2022). **2022년 국가성평등보고서.** 여성가족부.

유현옥(2004). **페미니즘 교육사상.** 서울: 학지사.

유현옥, 정민승(2018). **여성교육론.** 서울: 한국방송통신대학교출판문화원.

윤보라, 임옥희, 정희진, 시우, 루인, 나라(2015). **여성 혐오가 어쨌다구? 벌거벗은 말들의 세계.** 서울: 현실문화.

이나영, 최윤정, 안재희, 한채윤, 김소라, 김수아(2020). **모두를 위한 성 평등 공부: 성 평등 교육에 관한 여덟 가지 질문.** 경기: 프로젝트P.

임정연(2012). 나딩스의 배려교육론 연구. 성균관대학교 대학원 박사학위논문.

정민승(2013). **성인학습의 이해.** 서울: 에피스테메.

홍원표(2011). 발터 벤야민과 한나 아렌트의 유산: 진주조개잡이 어부들의 '정치적' 이야기.

21세기정치학회보, 21(3), 1-24.

황정미(2016). '불편한' 페미니즘, '나쁜' 페미니즘, 그리고 우리 안의 페미니즘-페미니즘 대중서 읽기. 페미니즘연구, 16(2), 449-458.

Anderson, C. (2014). *Modern misogyny: Anti-feminism in a post-feminist era*. 김청아, 이덕균 역(2019). 여성혐오의 시대: 페미니즘은 끝났다는 모함에 관하여. 서울: 나름북스.

Arendt, H. (1968). *Men in dark times*. 홍원표 역(2010). 어두운 시대의 사람들. 경기: 한길사.

Brown, W. (2008). The impossibility of women's Studies. In J. Scott (Ed.), *Women's studies on the edge*. Durham & London: Duke University Press.

Douglas, S. (2010). *Enlightened sexism: The seductive message that feminism's work is done*. 이은경 역(2016). 배드걸 굿걸. 경기: 글항아리.

Fraser, N. (2009). Feminism, capitalism and the cunning of the history. *New Left Review, 56*, 97-117.

Fraser, N. (2013). *Fortunes of feminism*. 임옥희 역(2017). 전진하는 페미니즘: 여성주의 상상력, 반란과 반전의 역사. 경기: 돌베개.

Gay, R. (2014). *Bad feminist*. 노지양 역(2016). 나쁜 페미니스트: 불편하고 두려워서 페미니스트라고 말하지 못하는 당신에게. 서울: 사이행성.

Gordon, M. (2001). *Hannah Arendt and education: Renewing our common world*. New York: Routledge.

Greene, M., & Griffiths, M. (2003). Chapter 2. Feminism, philosophy and education. *The blackwell guide to the philosophy of education*. 강선보, 고미숙, 권명옥, 김성봉, 김희선, 심승환, 정윤경, 정훈, 조우진 역(2009). 제2장 페미니즘, 철학 그리고 교육. 현대 교육철학의 다양한 흐름. 경기: 학지사.

Harding, S. (1991). *Whose science? Whose knowledge? Thinking from women's lives*. 조주현 역(2009). 누구의 과학이며 누구의 지식인가: 여성들의 삶에서 생각하기. 서울: 나남.

Hawkesworth, M. (2004). The semiotics of premature burial: Feminism in a post-feminist age. *Signs: Journal of Women in Culture and Society, 29*, 961-985.

hooks, b. (1984). *Feminist theory: From margin to center*. 윤은직 역(2010). 페미니즘: 주변에서 중심으로. 서울: 모티브북.

hooks, b. (1994). *Teaching to transgress: Education as the practice of freedom*. 윤은진 역(2008). 경계 넘기를 가르치기. 서울: 모티브북.

Martin, J. R. (1985). *Reclaiming a conversation: The ideal of the educated woman*. 유현옥 역(2002). 교육적 인간상과 여성: 이상적인 여성상 정립을 위한 탐색. 서울: 학지사.

Noddings, N. (1992). *The challenge to care in schools.* 추병완, 박병춘, 황인표 역(2002). **배려교육론.** 서울: 다른우리.

Tisdell, E. J. (1998). Poststructural feminist pedagogies: The possibilities and limitations of feminist emancipatory adult learning theory and practice. *Adult Education Quarterly, 48,* 139-156.

Walkerdine, V. (1986). Proegressive pedagoy and politcal struggle. *Screen, 27*(5), 54-60.

Weiler, K. (1988). *Women teaching for change: Gender, class and power.* South Hadley, MA: Bergin & Garvey.

웹자료

김민제(2022. 12. 22.). '성평등' 없는 2022 교육과정 확정 발표… "개정 아닌 개악". 한겨레. (검색일: 2023. 2. 1.) https://www.hani.co.kr/arti/society/schooling/1072773.html

박한희(2022. 9. 26.). 2022 교육과정, 성평등으로 나아가라. 경향신문. (검색일: 2023. 2. 1.) https://m.khan.co.kr/opinion/column/article/202209260300065#c2b

여성가족부(2022). 2021 양성평등실태조사 보도자료. (검색일: 2023. 2. 1.) http://www.mogef.go.kr/nw/rpd/nw_rpd_s001d.do?mid=news405&bbtSn=708519

오세진(2022. 11. 9.). '성평등' '성소수자' 뺀 교육과정 개정안… 어떻게 가르치려고? 한겨레. (검색일: 2023. 2. 1.) https://www.hani.co.kr/arti/society/society_general/1066543.html

제11장

자연과 인간: 지속 가능한 삶을 위한 교육

서용석

도입

"인간은 어떻게 자연과 함께 살아갈 것인가?" 이 문제는 오늘날 교육철학적 성찰을 요청하는 긴급한 주제 가운데 하나로 부각되고 있다. 이것은 환경 또는 생태의 위기가 단지 인간의 생존을 위협하는 차원을 넘어, "인간이 자연에 대하여 어떤 관계를 맺으며 살아가는 것이 바람직한가?"라는 교육학의 근본적인 물음을 제기하고 있기 때문이다. 우리 사회에서 '교육의 생태적 전환'을 요구하는 목소리가 점차 커지고 있지만, 이러한 근본적인 물음을 근본적인 방식으로 취급하지 않고서는 교육의 새로운 방향을 의미 있게 탐색하기 어렵다. 이 장에서는 자연은 무엇이고, 인간은 자연과 어떤 관계를 맺어야 할 것인지, 그리고 그러한 관계 맺음을 위한 교육은 어떻게 이루어질 수 있는지를 살펴보고자 한다.

1. 현대 사회와 교육의 생태적 전환

1) 생태적 전환과 교육

최근 들어 기후변화와 환경재난에 대한 인류의 위기의식이 더욱 고조되고 있다. 인간이 현재와 같은 생산 및 소비방식과 자연개발 태도를 고수하는 한, 지구상에서 인류의 삶이 더 이상 지속 가능하지 않을 수 있다는 우려가 무겁게 받아들여지고 있다. 인류가 처하게 될 어두운 미래에 대한 전망은 이미 오래전부터 보고된 바 있다. 1962년 미국의 해양생물학자 카슨(R. Carson)은 식량증산을 위한 살충제와 제초제의 무분별한 살포가 가져다줄 재앙을 경고하면서 '침묵의 봄'이라는 암울한 전망을 내놓았다. 봄이 왔으나 꽃은 피지 않고 새도 울지 않는 미래의 어느 봄날에 대한 카슨의 섬뜩한 예고는 환경학자들뿐만 아니라 대중들에게도 큰 충격을 주었다. 1972년에는 로마클럽의 보고서가 발간되어, 인구증가, 급속한 공업화, 식량부족, 환경오염, 자원고갈 등의 문제가 계속되면 세계 경제는 100년 이내에 '성장의 한계'에 부딪혀 결국 멈출 수밖에 없다는 비관적 예측을 내놓기도 했다. 이러한 전망들은 전 세계적으로 환경운동이 시작되는 중요한 계기가 되었다. UN을 비롯한 여러 국제기구들은 환경문제에 공동으로 대처하기 위한 전략회의를 잇달아 개최하였으며, 마침내 2016년에는 온실가스를 줄이려는 최초의 기후합의안으로서 국제법의 효력을 갖는 '파리기후변화협정(Paris Climate Agreement)'이 채택되었다. 또한 수많은 민간연구단체와 시민운동가들이 각국 정부나 국제기구에 못지않은 환경운동의 주도세력으로 성장하게 되었다.

그러나 최근, 특히 '코로나19 팬데믹'을 기점으로 하여 지속 가능성에 대한 인류의 위기의식은 '환경문제'나 '환경운동'이라는 용어로 적절히 담아낼 수 없을 정도로 심각하다. '환경'이라는 것이 단순히 '인간을 둘러싼 물리적 자연' 정도의 의미라면, '환경문제'는 '몇 가지 효과적인 대응책이 요구되는 이상(異常)상황'으로 치부될 수 있을 것이다. 실지로 환경문제가 그렇게 인식된 적이 있었고, 환경을 잘 관리하고 통제하기만 하면 모든 어려움은 극복될 것이라는 낙관적 전망도 있었다. 그러나 점차 사람들은 인간의 사회적 · 정치적 생활양식을 변화시키지 않고서는 인류가 직면한 위기를 극복할 수 없다고 생각하기에 이르렀다. 그리고 이제 '환경주의'가 아니라 '생태주

의'를 말하기 시작했다. 생태주의는 "수많은 생물들과 무생물들이 유기적 관계로 이루어진 복잡계로서의 생태계 속에서 인간이 어떻게 자연과 함께 살아갈 것인가?"라는 물음에 주목한다. 그리하여 오늘날 인류가 유례없는 위기에 처한 것이 분명하다면, 생태주의는 그것을 인간의 삶의 양식에 있어서 근본적인 변화가 필요하다는 절박한 신호로 받아들인다.

"인간이 어떻게 자연과 함께 살아갈 것인가?"라는 문제는 인간이 자연과 맺고 있는, 또는 맺어야 하는 관계의 성격을 묻는 문제다. 그리고 이 문제는, 궁극적으로 자연에 대한 인간의 사고와 태도의 문제로 귀결된다는 점에서, 본질적으로 교육의 문제다. 물론 기후변화와 환경오염의 문제는 지금까지도 학교에서 과학이나 사회와 같은 '환경 관련' 교과에서 다루어져 왔다. 그러나 "인간이 자연과 어떤 관계를 맺고 살아가야 하는가?"라는 물음은 단순한 환경 · 기술적 차원을 넘어 "인간으로서 추구해야 하는 올바른 삶이 무엇인가?"를 묻는다. 그리고 이 점에서 그 물음은 일부 교과에 한정될 수 없는 교육의 핵심 문제로 이해되어야 한다.

이러한 맥락에서 볼 때, 우리나라 2022 개정 교육과정에서 눈에 띄는 변화 가운데 하나는 '생태전환교육', '생태 감수성'과 같은 용어가 개정의 중점으로 국가교육과정의 전면에 등장하고 있다는 사실이다. 이 같은 변화는 21세기 교육과정의 국제적 담론을 주도하는 OECD의 제안을 신속하게 반영하고자 한 정책적 조치로 평가된다. OECD는 급속하게 변화하는 오늘날의 세계에서 인류가 직면한 여러 도전들 가운데 기후변화와 자원고갈의 위기를 첫째로 꼽고 있다(OECD, 2018). 우리나라의 국가교육과정은 보다 적극적으로, '생태 감수성과 책임감', '인간 이외의 다른 종에 대한 보호의식', '미래 세대의 권리로서의 환경권 존중', '생태전환을 위한 사회체계의 변화 제안 및 실천' 등을 내용으로 하는 생태전환교육을 모든 교과와 연계하여 실시할 필요가 있음을 강조하고 있다(교육부, 2021). 이것은 미래 교육의 중요한 기조 변화를 보여준다는 점에서 주목할 만하다.

2022 개정 교육과정은 생태전환교육을 "기후변화와 환경재난 등에 대응하고 환경과 인간의 공존을 추구하며, 지속 가능한 삶을 위한 모든 분야와 수준에서의 생태적 전환을 위한 교육"으로 규정한다(교육부, 2021: 14). 이 간략한 개념규정 속에 등장하는 '생태적 전환'이라는 용어가 무엇을 의미하는가는 앞으로 더 깊이 논의되어야 할 것이다. 때로 이 용어는, 재생 가능한 자원에 기반을 둔 경제를 이룩함으로써 현재의

생산방식과 생활양식을 보다 생태적으로 바꾸는 것으로 이해된다(이필렬, 2003). 또한 이 용어는 인간의 자원이용의 관점을 넘어서, 과거의 개발 패러다임 아래 자행되어 왔던 아동노동에 대한 착취, 여성에 대한 억압, 인종주의 등 반생태적인 사회체제 전체의 개혁을 가리키는 개념으로 해석된다(정용주, 2015). 생태적 전환을 통해 극복되어야 하는 '반생태적인' 요소들은 이처럼 다양할 수 있을 것이고, 이 점은 '모든 분야와 수준'에서 생태적 전환을 위한 교육이 필요하다는 앞의 규정에서도 확인된다. 그렇다면 생태적 전환은 결국 모든 분야와 수준에서 사회적 삶을 영위해 가는 인간을 길러 내는 일로서의 '교육의' 전환으로 이해될 수 있다. 즉, 생태적 전환은 지금까지 반생태적 인간을 길러 냈던 교육에 대한 반성임과 동시에 앞으로 교육의 방향을 전환하고자 하는 문제의식을 나타낸다.

2) 근대 세계의 출현과 삶의 양식의 변화

생태주의적 시각에서 반성의 대상이 되는 과거의 교육은 언제부터 시작되었다고 보아야 할 것인가? 관점에 따라 차이가 있겠지만, 반생태적인 교육은 대체로 '근대'에서 기원한 것으로 간주된다. 교육은 내용과 방법 모두에 있어서 인간의 의식 및 인식과 밀접하게 관련되어 있는 만큼, 근대교육의 반생태성을 논의하기 위해서는 근대 인식론의 특징에 주목할 필요가 있다. 근대 인식론은 철학사적으로 합리론과 경험론으로 특징지어진다. 여기서는 인간 활동의 두 가지 양상 간의 대비를 통해 근대성의 출현을 그려 내고 있는 오우크쇼트(M. Oakeshott)의 논의를 통해 근대 인식론을 간략히 살펴보고자 한다.[1)]

오우크쇼트는 「일과 놀이(Work and Play)」(1960)라는 글에서 '필요(needs)'와 '욕구(wants)'라는 용어를 통해 인간과 다른 존재자들 간의 공통점과 차이점을 설명한다. 인간은 운동하고 변화하고 성장하며 쇠퇴하는 존재라는 점에서, 다른 존재자들과 다름없는 자연의 일부다. 사자나 장미덩굴과 마찬가지로 인간은 배고픔이나 추위로부터 벗어나 자신의 생존을 유지해야 하는 '필요'를 가진 존재다. 그러나 필요를 충족시

1) 이하의 논의는 필자의 논문, 「교육의 생태적 전환을 위한 시론: 하이데거 존재론의 관점」(2023)에 기반을 두고 작성된 것임을 밝혀둔다.

키는 과정에서 점차 인간은 이 세계에서 우연히 주어져 있는 것을 단순히 받아들이는 상태에서 벗어나 직접적으로 주어져 있지 않은 것을 찾아 나서고, 새로운 것을 만들며, 여러 목적에 맞게 변형하고 활용하는 단계로 나아가게 된다. 그 과정에서 인간의 '필요'는 '욕구'로 대체된다. '필요'는 생명체로서의 최소한의 생존과 관련되어 있는 한정된 것인 반면, '욕구'는 고정된 여건을 갖추는 것이 아니라는 점에서 끝없이 확장되는 것이다. 인간은 필요를 넘어 욕구를 가진 존재라는 점에서, 다른 피조물들과 구분된다.

욕구의 이 같은 성격으로 인하여 인간은 세계를 점점 더 욕구 충족을 위해 자유롭게 활용될 수 있는 자원으로 간주하게 되었다. 그리고 마침내 세계는 인간에게 종속되고 정복되며 착취되어야 할 대상으로 여겨지게 되었다. '일(work)'은 자연세계에 대한 착취적 태도로 무장한 채 자신의 욕구를 충족하려는 인간의 활동을 가리킨다. 하나의 욕구가 충족되는 순간 그것은 또 다른 욕구의 추구로 이어지게 되고, 인간은 멈출 수 없는 욕망의 존재로 변화된다. 오우크쇼트는 '일'이 인간의 삶에서 지배적인 경향으로 자리 잡게 된 시기를 가리켜 '근대 세계(the modern world)'로 부른다. 그리고 그러한 삶의 양식이 뚜렷한 형태로 출현한 시기를 대략 16세기로 본다. 물론 16세기 이전이라고 해서 인간의 욕구 충족적인 활동이 없었던 것은 아니다. 그러나 그 이전에는 적어도 땔감으로 사용되어서는 안 되는 신성한 나무가 있었고, 도살되어서는 안 되는 신성한 동물이 있었다. 즉, 근대 세계 이전에는 욕구 충족의 열망이 인간적인 삶의 양식 전체를 압도할 정도는 아니었다. 그러던 것이 근대에 이르게 되면서, 자연세계의 자원을 개발하는 데 있어서 나태하거나 무능한 것은 죄를 짓는 일이며 바보 같은 것으로 여겨지게 되었다. 오우크쇼트는 두 가지 신념이 근대 세계를 떠받치고 있다고 말한다. 하나는 인간의 욕구 충족을 위해 자연세계를 강제적으로 동원하는 것이 우리가 마땅히 가져야 하는 태도라는 도덕적 신념이며, 다른 하나는 인간의 목적을 위해 자연세계를 착취하는 이 과업이 틀림없이 성공을 거둘 수 있을 것이라는 거대한 낙관주의다.

데카르트(Descartes)와 베이컨(Bacon)으로 각각 대표되는 합리론과 경험론에는 근대 세계의 이 두 가지 신념이 배경으로 자리하고 있다. 데카르트의 『방법서설(Discours de la methode)』은 이성을 잘 인도하고 학문에 있어 진리를 탐구하기 위한 사유방법에 관한 책으로 유명하다. 데카르트는 세계가 신에 의하여 창조되었다는 사실을 받아들이

면서도 창조 이후 신은 세계로부터 초월해 있다고 본다. 그는 신에 의해 창조된 세계를 자유의지를 가진 정신과 그렇지 않은 물질로 나누어 파악한다. 그럼으로써 데카르트는 자연을 오로지 인과율에 지배되는 기계적 세계로 간주하게 된다. 데카르트의 인식론은 자연에 대한 일체의 신비주의적 규정을 거부하면서 자연을 수량화될 수 있는 물질적 객체로 대상화함으로써 근대의 과학적 탐구를 촉발하게 된다. 한편, 경험론자로 잘 알려진 베이컨은 '자연의 해석과 인간의 자연 지배에 관한 잠언'이라는 부제가 달린 그의 『신논리학(Novum Organum)』에서 바로 인간이 자연의 사용자이자 해석자라고 강조한다. "자연에는 정해진 법칙에 따라 개별적으로 활동하는 개체 이외에는 아무것도 존재하지 않는다"(Bacon, 1620/2016: 142). 이러한 선언에서 우리는 베이컨이 데카르트와 공유하는 근대정신을 엿볼 수 있다.

데카르트와 베이컨은 모두 세계에 대한 확실한 지식을 위해서는 먼저 우리의 마음이 이성의 권위 이외에는 다른 어떤 것에도 의존하지 않아야 한다고 생각하면서, 확실한 지식을 얻기 위한 탐구방법을 정립하고자 하였다. 그 결과 연역적 추론이라는 방법과 경험적 귀납이라는 방법을 제시하게 된다. 연역과 귀납이 나타내는 사고의 차이에도 불구하고, 데카르트와 베이컨이 제시한 방법은 공통적으로 "세계에 대한 확실한 지식은 오직 엄밀한 탐구의 규칙이나 기법을 기계적으로 적용함으로써 얻어질 수 있다"는 전제에 기초해 있다. 이제 체계화된 연구기법, 해석의 기술, 명문화된 방법적 규칙만이 세계에 대한 지적 탐구의 유일한 통로가 된다. 오우크쇼트는 이러한 믿음을 가리켜 '근대적 합리주의'라고 부르면서, 그것이 르네상스 이후 유럽을 특징짓는 가장 두드러진 지적 풍토라고 말한다(Oakeshott, 1962: 5).

인간 활동이 철저히 합리주의를 따라 이루어지게 될 때, 방법과 기술과 규칙의 체계로 포착될 수 없는 인간 활동의 요소들은 극도로 축소되거나 무시될 수밖에 없다. 기술이나 규칙은 그것을 따름으로써 달성하고자 하는 목적을 염두에 두고 정립된 것이다. 따라서 목적달성과 관련이 없는 것으로 생각되는 것은 관심의 대상에서 제외된다. 그 결과 근대의 합리주의 아래에서 인간의 활동은 수단–목적 관계에 입각하여 전개된다. 지식추구 활동조차도 진리탐구라는 오랜 전통에서 벗어나 자연을 인간의 욕구 충족을 위한 자원으로 활용하는 도구적 활동으로 변화된다. "아는 것이 힘이다"라는 베이컨의 유명한 경구는 지식추구 활동의 변질된 성격을 압축적으로 표현하고 있다. 근대 세계에서 지식추구 활동은 자연을 착취하고 지배하려는 '일'의 정신과 결

합된다. 그리고 지식추구 활동과 결합되어 있던 '일'의 정신은 곧 교육 속으로 스며들게 된다. 그리하여 근대 이후로 가르치고 배운다는 것은 으레 유용한 지식과 기술을 획득하는 일로 여겨지게 되었다. 그 결과 근대교육은 점차 반생태적인 경향을 띠게 되었다.

교육의 생태적 전환은 근대 세계에 팽배한 일의 정신과 착취적 태도로부터 인간 활동을 해방시키고자 하는 총체적인 노력이다. 다음에서는 교육을 생태적 방향으로 전환하기 위한 교육철학적 사유를 고찰하기에 앞서, 먼저 현대 생태주의 담론을 살펴보고자 한다. 현대 생태주의 담론을 통해서 우리는 생태주의가 극복하고자 하는 반생태적 요소들에는 구체적으로 어떤 것들이 있으며, 그것들을 극복한 생태적 삶의 모습은 어떻게 그려지고 있는지를 확인할 수 있을 것이다.

2. 현대 생태주의 담론과 윤리

생태주의적 사고는 동서양의 여러 사상적 전통에서 확인된다. 최근에는 서양의 기독교와 동양의 유교, 불교, 도교, 그리고 우리나라의 동학사상에 이르기까지 생태주의적 사고의 흔적을 찾으려는 연구(노상우, 2015; 한면희, 2009; Chryssavgis & Foltz, 2013)가 활발하다. 그러나 시점을 '현대'로 좁혀 보면, 현대 생태주의 담론이 본격적으로 등장한 것은 1970년대다. 현대 생태주의 담론에는 여러 갈래가 있지만, 여기서는 심층생태주의, 사회생태주의, 생태여성주의를 대표적인 사상가를 중심으로 간략하게 살펴보고자 한다.

1) 심층생태주의와 자아

심층생태주의(deep ecology)는 노르웨이의 생태철학자 네스(A. Naess)에 의하여 대표되는 담론이다. 네스가 내놓은 「표층적 생태운동과 심층적이고 장기적인 생태운동(The Shallow and the Deep, Long-range Ecology Movements)」(1973)이라는 짧은 글은 현대 생태주의 담론의 물꼬를 튼 이정표적인 글로 평가된다. 네스는 환경문제에 대한 기존의 개량주의적 접근을 '표층적'이라고 규정하면서, 그것과의 대비 속에서 자신의 관점을 '심층'생태주의라고 칭한다. 그러면서 그는 심층생태주의를 일곱 개의 기본 원리로 압축하고 있다.

네스는 환경 또는 생태 문제에 있어서 존재론이 윤리학에 앞선다고 말한다(Naess, 1987: 40). 인간이 환경을 위해서 어떤 행동을 해야 하는가는 자연이 어떤 상태로 존재하는가에 관한 고찰에 의존한다는 것이다. 네스가 주창하는 생태존재론의 근본 가정은 "인간과 자연을 '환경 속의 인간(the man-in-environment)'이 아니라, '관계적 · 총체적 장(the relational, total-field)'이라는 이미지로 파악해야 한다"는 첫째 원리에 잘 나타나 있다. '환경 속의 인간'이라는 이미지는 인간이 자연환경으로부터 분리된 존재라는 이원론적 세계관을 전제하고 있다. 그러나 네스에 따르면, 생물권은 복잡한 그물망을 이루며 이 안에서 유기체들은 서로 내적 연관을 맺고 있다. 내적 연관을 맺고 있는 유기체들의 본질을 구성하는 것은 바로 그 연관이다. 그러므로 그 연관을 떠나게 되면 유기체들은 더 이상 종전과 같은 유기체일 수 없다.

심층생태주의를 구성하는 나머지 원리들은 이 존재론적 근본 가정을 자연과 인간의 사회적 삶에 구체적으로 적용한 것이라고 할 수 있다. 그 가운데 주요한 몇 가지를 소개하면 다음과 같다. 두 번째 원리인 '생물권 평등주의'는 "모든 생명체는 생존하고 번성할 평등한 권리를 가진다"는 것이다. 네스는 배타적으로 인간에게만 생존과 번성의 권리를 인정하는 것을 가리켜 '인간중심주의'라고 비판한다. 그리고 인간이 다른 생명체와 내적 관계를 맺고 있다는 점에서, 자연에 대해 인간이 주인-노예적 태도를 취하는 것은 결국 인간의 자기 소외를 초래할 뿐이라고 지적한다. 세 번째 '다양성과 공생의 원리'는 '너 아니면 나'라는 양자택일의 논리가 아니라 '[내가] 살고 [너도] 살게 하라!(live and let live!)'는 준칙에 따라 생명체 그리고 인간의 사회와 문화의 다양성이 보호되고 증진되어야 한다는 것이다. 나아가 단지 다양성만 보장되는 것에 그친다면 여전히 위계에 따른 착취의 문제가 발생할 수 있기 때문에 네스는 '반계급주의 원리'를 덧붙인다.

네스는 이러한 기본 원리들로 말미암아 심층생태주의가 그저 생태학에 머물지 않고 '생태철학(ecosophy)'의 성격을 갖게 된다고 말한다. 즉, 생물과 환경의 관계를 과학적으로 연구하는 자연과학의 한 분야인 생태학과 달리, 생태철학은 생태학적 조화와 균형에 관한 철학으로서 가치와 행위에 대한 판단을 포함하는 규범적 성격의 지혜라는 것이다. 그리고 그는 생태철학에 함의된 윤리적 규범을 '자아'라는 개념으로 요

약하고 있다. "우리는 어떤 존재가 되어야 하는가?"라는 물음에 대해 네스는 '생태적 자아(ecological self)'를 대답으로 내놓는다. "생태적 자아는 한 사람이 자기 자신과 동일시하는 대상 바로 그것이다"(Naess, 1987: 35)라는 그의 정의에서 알 수 있듯이, 네스가 말하는 생태적 자아는 '동일시'라는 개념을 통해서 파악될 수 있다.

생태적 자아 개념을 제시할 때 네스의 문제의식은 지금까지 우리가 우리의 자아를 구성하는 요소 또는 관계를 지나치게 좁게 한정해 왔다는 데 있다. 현재 내가 사회 및 다른 사람들과 맺고 있는 관계는 물론 나를 구성하는 중요한 요소이지만, 나의 자아는 존재하는 모든 생명체 속에서 나 자신을 볼 수 있는 상태로까지 확장되어야 한다는 것이다. 다른 생명체 속에서 나를 발견하는 동일시는 감정이입이 수반되는 강렬한 정서적 상태다. 네스는 동일시의 한 사례로 자신의 40년 전 경험을 회고한다. 어느 날 현미경을 통해 두 가지 다른 화학약품 액이 섞이는 장면을 관찰하려고 하는 순간 벼룩 한 마리가 갑자기 산성 화학물질 안으로 뛰어들었다. 네스는 어찌할 바를 모르고 그저 서서히 죽어 가는 벼룩을 지켜볼 수밖에 없었는데, 그 상황 속에서 자연스럽게 자신에게 깊은 연민과 공감의 감정이 생겨났다고 말한다.

죽어 가는 한 마리 벼룩 속에서 자신을 볼 수 있었다는 네스의 경험은 아마도 지극히 고양된 생태의식을 가진 사람에게나 가능한 예외적인 것으로 생각될 수 있다. 그러나 네스의 생각은 다르다. 그는 또 다른 사례를 들려준다. 노르웨이 북극지방에 살던 원주민인 사미족들이 자신들의 터전을 이루던 강이 수력 자원 개발을 위한 목적으로 파헤쳐지자 그 앞에서 시위를 벌인 일이 있었다. 그들은 불법 시위의 혐의로 법정에 서게 되었는데, 그중 한 명이 그 강은 '자신의 일부'라고 항변하였다. 네스는 시위자의 이 즉각적이고 강력한 항변은 강과 자기 자신을 동일시함으로써 비롯되는 것이라고 말한다. 그리고 이 같은 동일시의 경험은 보통의 사람들에게도 찾아보기 어려운 것이 아니라고 본다. 자신과 동일시하게 되는 대상이 점차 자연 전체로 확장되어 갈수록 생태적 자아는 다른 모든 존재의 안녕을 위한 길이 곧 자신의 자아를 실현하는 길이 된다는 것을 깨닫게 된다. 네스는 이러한 이해와 자각이야말로 오늘날의 생태위기를 극복할 수 있는 근본적 해법이 된다고 믿는다.

2) 사회생태주의와 자유

사회생태주의(social ecology)는 북친(M. Bookchin)에 의하여 창시된 생태주의 담론이다. 20세기 초반 뉴욕의 가난한 러시아 이민자 집안에서 태어난 북친은 어렸을 때부터 공장 노동자로 살아가면서 노동운동에 참여하기 시작하였다. 그리고 그는 급변하는 세계정세 속에서 사회체제 변혁운동에 관심을 갖게 되었다. 당시 미국은 대공황(1929~1939)의 경제위기에 처해 있었으며, 서구에서는 스페인의 좌파 인민전선 정부와 우파 반란군 사이의 내전(1936~1939) 과정에서 태동한 무정부주의가 큰 영향을 발휘하고 있었다. 북친이 생태 문제를 순전한 자연의 문제가 아니라 사회적 관점에서 바라보게 된 데에는 이 같은 배경이 중요하게 작용하였다.

북친이 생태주의 앞에 '사회적'이라는 용어를 덧붙인 것은, 몸과 마음의 경우와 마찬가지로, 사회와 자연도 결코 분리시켜 생각할 수 없다는 점을 강조하기 위한 것이다(Bookchin, 1986: 16). 사회와 자연을 분리시켜 생각할 수 없다는 말은 크게 두 가지 의미를 내포한다. 하나는 생태 문제의 근본적 원인에 대한 진단과 관련된 것이며, 다른 하나는 사회생태주의가 실현하고자 하는 윤리적 이상에 관한 것이다. 사회생태주의의 가장 근본적인 메시지는 "우리가 직면한 생태 문제는 사회적 문제로부터 비롯된다"(Bookchin, 1996: 35)는 명제로 요약된다. 이것은 북친이, 인간과 자연 사이의 갈등으로서의 생태 문제를 인간과 인간 사이의 갈등문제의 연장으로 파악하기 때문이다. 인간과 인간의 갈등문제로서 북친은 '인간에 의한 인간 지배'에 주목하고 있다. 그는 인간사회에 나타나는 모든 형태의 지배 문제를 해결하지 못하면 생태위기의 근본 원인을 제거할 수 없다고 본다(Bookchin, 1980: 43).

북친에 따르면, 초기 인간사회의 사회적 관계는 평등했다. 물론 사람들 사이에 성별과 연령 차이와 같은 생물학적인 구분은 존재하였다. 그러나 그것이 곧장 위계구조나 계급구조로 이어지지는 않았으며, 오히려 상호보완적인 관계 속에서 전체 사회를 안정되게 유지하는 데 기여하였다. 그러던 것이 시간이 지남에 따라 생물학적 차이가 사회제도로 굳어졌다. 그리고 사회제도 속에서 장로정치, 가부장제처럼 명령과 복종을 특징으로 하는 위계구조와 계급구조가 출현하게 되었다(강수택, 2021: 20). 이러한 위계구조와 계급관계는 점차 인간사회로 깊이 스며들었고, 종국에는 인간이 자연을 지배해야겠다는 생각을 낳게 되었다(Bookchin, 2006: 20).

생태위기의 근본 원인에 대한 진단을 기초로, 북친은 일체의 지배관계가 사라진 사회, 즉 '생태사회(ecological society)'를 대안으로 제시하게 된다. 북친은 자연을 변증법적으로 발전하는 자유의 영역으로 간주하는 '변증법적 자연주의(dialectical naturalism)'를 개진한 바 있다. 그의 생태사회는 변증법적 자연주의의 발전과정에서 가장 진화된 형태의 사회를 가리킨다. 변증법은 사물의 변화와 운동을 '정(正)-반(反)-합(合)'의 과정으로 파악하는 관점이다. 변증법적 관점에서 보게 되면, 모든 사물은 '자신이면서 동시에 자신이 아닐 수 있다'는 모순을 자신 안에 갖고 있는 역동적인 존재로 파악된다. 이러한 내적 모순이 갈등을 겪으면서 질적인 변화를 통해 새롭게 통일된 '합'의 형태로 나타난다. 북친은 헤겔의 변증법에 영향을 받았음을 인정하면서도 자신의 변증법을 '자연주의'로 규정하고자 한다(Bookchin, 1996: 20). 그는 자신이 말하는 자연의 변증법이 헤겔의 절대정신이나 플라톤의 이데아, 또는 스콜라주의의 신에 이르는 과정과는 아무런 관련이 없다는 것을 강조한다(Bookchin, 1996: 20). 즉, 자연은 다양성과 창조성을 바탕으로 그 자신의 충만함을 계속적으로 확장해 나갈 뿐이며, 그러한 발전의 과정은 결코 관념적 또는 초자연적 의미로 이해되어서는 안 된다는 것이다.

사람들 사이에 위계구조와 대립구조가 만연하게 된 결과, 인간사회와 자연은 갈등관계로 맺어지게 되었다. 그러한 갈등관계가 변증법적으로 지양되어 사회와 자연이 합일된 상태를 가리켜 북친은 '자유 자연(free nature)'이라고 부른다. 자유 자연을 본질로 하는 생태사회는 자유를 향하는 진화 과정에 자연과 인간이 상보성이라는 윤리적 관계를 맺으며 함께 참여하는 이상적 사회이다. 북친은 생태사회라는 이상을 구체화할 수 있는 실천 원리로 '코뮌주의(communalism)'를 제안한다(Bookchin, 2006: 97-110). '코뮌(commune)'은 우리말의 '마을'로 이해될 수 있는 것으로서, 사람들이 협업과 자치를 근간으로 하여 생활하는 소규모 사회를 의미한다. 코뮌주의에서 국가중심의 지배구조는 민주적 자치제로 대체되며, 자본주의 시장경제의 위계구조 역시 공동체의 자치경제 속에서 해체된다. 경제적 생산 활동은 사적 이해관계가 아니라, 타인 및 공동체의 이익을 위한 도덕적 책임의식에 입각하여 이루어진다.

북친은 인간이란 자연의 법증법적 진화 과정에 적극적으로 참여할 책임을 가지고 있을 뿐만 아니라 또한 그러한 능력을 가지고 있음을 역설한다. 인간에게는 윤리적 감각, 그리고 다른 생물체에 비할 수 없는 뛰어난 개념적 사고와 탁월한 의사소통 능력이 있다. '자유 자연'은 인간이 그러한 능력을 최대한 발휘하여 자연 진화에 참여할 때 실현된다. 북친의 사회생태주의는 초기 단계에서 환경개량주의에 맞서 심층생태주의와 공동 진영을 구축하였다. 그러나 1980년대에 들어 북친은 심층생태주의를 향하여 거센 비판을 쏟아내게 된다. 이것은 생태 문제에 있어서 인간의 역할에 관한 견해 차이 때문이다. 북친은 심층생태주의가 생태위기의 극복이라는 문제에 있어서 인간의 위치를 그릇되게 파악하고 있다고 비판한다. 심층생태주의가 내세우는 생물권 평등주의는 인간과 다른 생명체의 차이를 정당하게 존중하지 못한 채 오히려 인간혐오주의로 이어졌고, '생태적 자아실현'이라는 이상은 생태 문제를 인간의 이성이 아닌 직관과 영성의 문제로 간주함으로써 신비주의를 초래했다는 것이다.

3) 생태여성주의와 해방

생태여성주의(ecofeminism)는, 그 용어에서도 알 수 있듯이, 여성주의(feminism)에 바탕을 둔 생태주의 담론이다. 1970년대 초반부터 여성해방운동은 여성에 대한 전통적인 지배와 억압에서 벗어난 대안적인 사회를 모색해 왔다. 그 과정에서 평화운동, 환경운동 등 다양한 사회운동과 결합하면서 생태여성주의가 등장하게 된다. '생태여성주의'라는 용어는 프랑스 작가 드본느(F. d'Eaubonne)의 책 『페미니즘인가 죽음인가(Le féminisme ou la mort)』(1974)에서 처음으로 사용된 것으로 알려져 있다. 급진적인 페미니스트였던 드본느는 인구의 도시집중, 환경오염, 폭력 등 오늘날 전 지구적 문제들의 근본 원인이 남성중심적 사회에 있다고 본다. 그리고 그는 억압받고 있는 자로서의 여성에게서 자연과 사회를 구하는 생태적인 혁명을 수행해 낼 새로운 인간주의를 발견하게 된다(문순홍, 2006: 371-372).

드본느로부터 촉발된 생태여성주의 논의는 1970년대 말부터 본격화되면서 여러 갈래로 분화되어 나간다. 생태여성주의의 여러 담론들을 분류하는 절대적인 기준이 있는 것은 아니지만, 여성과 자연의 동일시 문제는 생태여성주의를 내적으로 분류하는 중요한 척도가 된다. 생태여성주의는 여성 억압과 자연 억압이 긴밀히 연결되어 있으며, 여성해방이 곧 자연 해방이라는 문제의식을 근본적으로 공유하고 있다. '어머니 자연(mother nature)' 또는 '어머니 대지(mother earth)'라는 표현에서 볼 수 있듯이, 전통적으로 여성과 자연은 생명의 출산, 돌봄, 포용과 같은 속성을 공유하는 것으로 생각되어 왔다. 그러나 여성과 자연의 동일시를 생물학적인 토대에 근거한 본질주의적인 것으로 볼 것인지, 아니면 사회문화적으로 구성되고 강화된 의식으로 볼 것인지에 따라 생태여성주의는 본질주의적 관점과 사회적 관점으로 대별된다(이상헌, 2011: 92).

본질주의적 관점에서 볼 때, 오늘날의 생태위기는 돌봄, 양육, 직관적 능력, 영성과 같은 여성적 덕목들이 지배, 정복, 이성, 합리성과 같은 남성적 덕목들에 비하여 열등한 것으로 간주되었기 때문에 초래된 것으로 평가된다. 여성적 덕목들은 대체로 인간과 자연의 합일 또는 조화를 추구한다. 그러나 남성적 덕목들은 자연과 인간을 이분법적으로 분리하고, 나아가 자연을 인간에 의해 지배되어야 하는 대상으로 여기도록 만든다. 따라서 생태위기를 극복하는 근본적인 해법은 여성과 자연 간의 본질적인 연관성을 존중하고 복원하는 것이다. 본질주의적 생태여성주의는, 생태위기의 문제를 '인간'중심주의가 아니라 '남성'중심주의에서 찾고 있다는 점에서 심층생태주의와 차이가 있지만, 자연과의 일치 또는 영적 조화를 모색한다는 점에서 심층생태주의와 유사한 측면을 가진다.

반면에 사회적 생태여성주의는 여성과 자연의 동일시 현상을 사회문화적으로 구성된 인식의 결과라고 해석한다. 이 입장에서는 남성적 덕목 대신에 단순히 여성적 덕목을 앞세우는 것으로는 문제가 해결되지 않는다고 본다. 그런 식의 접근은 여성에 대한 남성 지배의 위계구조를 단순히 역전시키는 것에 불과하다는 것이다. 물론 자연과 인간 사이의 착취적 관계가 여성과 남성 간의 착취 · 억압적 관계와 밀접하게 관련된다는 인식은 여전히 유효하다. 그러나 중요한 것은 위계적 이분법을 이루는 두 항 사이의 관계를 뒤집는 것이 아니라, 위계적 이분법 자체를 극복하는 것이다. 그리하여 협력, 상호 보살핌, 사랑 등이 자연의 생명력을 유지하도록 하는 힘이 된다는 것을 받아들이면서도, 그것을 이원적으로 분리된 협소한 의미의 여성성에 국한하는 것이 아니라 새로운 인간성을 위한 생태 윤리로 연결하는 일이 요구된다.

이러한 맥락에서, 미스(M. Mies)와 시바(V. Shiva)는 『에코페미니즘(Ecofeminism)』이라는 공저에서 자연과 인간, 여성과 남성, 지역적인 것과 전 지구적인 것, 개발도상국(the South)과 선진국(the North) 등 착취적 관계를 나타내는 다양한 이분법적 구도들을 점검한다. 그 결과 그들은 그러한 이분법적 구도들 속에 '자본주의 가부장제'가 근원적으로 작동하고 있음을 발견하게 된다(Mies & Shiva, 1993/2000: 49). 자연에 의한 제약에서 벗어나 자연 지배를 꿈꾸던 유럽 백인 남성들의 계몽주의적 해방논리는 거대 자본의 힘과 결탁하여, 차이를 위계로, 다양성을 분열과 위협의 요소로 간주하는 적대적 생존법칙과 이해관계를 낳았다는 것이다. 이 관점은 생태 문제를 근본적으로 지배와 위계질서라는 사회체제와 연관 짓는다는 점에서, 북친의 사회생태주의의 문제의식을 수용한다고 볼 수 있다.

왜곡된 계몽주의적 해방논리에서 벗어날 수 있는 비전으로 미스와 시바는 그들의 용어로 '자급적 관점(subsistence perspective)'이라고 부르는 것을 제안한다(Mies & Shiva, 1993/2000: 478-515). 그들은 subsistence라는 영어 단어가 '가만히 서 있기, 멈추기, 고집하기, 저항하기, 물러서 있기, 뒤처진 채 남아 있기' 등을 의미하는 라틴어 단어 subsistere에서 유래하였다는 점에 주목한다. 그리하여 그들은 '자급(subsistence)'이 '환경이나 타민족에 대한 착취에 의지해서 살지 않는 것'을 뜻한다고 말한다. 자급적 관점은 우리 각자와 다른 사람들 사이에, 우리 민족과 다른 민족 사이에, 그리고 인간 종과 자연의 다른 종들 사이에 새로운 균형을 모색하는 대안적 삶의 방식을 의미하게 된다. 그러한 삶의 방식은 거대 자본에 의하여 지배되는 세계화되고 획일화된 경제체제에서 벗어나 내가 속한 가구, 마을, 지역 안에서 상호 협동을 통하여 자연의 생명력을 가꾸고 보존하는 것으로 그려진다.

3. 사고와 자연

1) '대상화하는 사고'와 '대상화하지 않는 사고'

현대 생태주의 담론에 관한 이상의 고찰을 통하여 우리는 생태적으로 전환되어야 하는 반생태적 요소들이 무엇인지 확인할 수 있었다. 반생태적 요소들은 자연과의 관계에서는 인간중심주의의 착취로, 인간사회와 관련해서는 남성중심주의의 억압과 지배의 양상으로 나타난다. 물론 생태주의의 여러 담론들이 기초하고 있는 철학적 가정과 세계관이 다른 만큼, 이상의 고찰이 교육의 생태적 전환을 위한 통일된 방향을 제시한다고 보기는 어려울 것이다. 그럼에도 불구하고 반생태적 요소들은 모두 자연과 인간을 '대상화'하려고 한다는 점에서 공통점을 가진다고 할 수 있다. 인간과

자연의 가치를 정당하게 존중하지 못하고 지배와 통제가 가능한 인적 · 물적 자원으로 간주하는 것은, 모든 것을 다른 것들로 대치될 수 있는 한낱 물건처럼 생각하는 것이다. 그렇다면 교육을 생태적으로 전환하기 위한 노력의 핵심은 세계를 '대상화'하는 사고의 성격을 올바로 파악하고, 그에 대한 대안적 사고를 탐색하는 일이라고 할 수 있다.

이 주제와 관련해서 단연 주목의 대상이 되는 사상가는 하이데거(M. Heidegger)다. 그는 근대 이후의 세계를 '대상화하는 사고의 강력한 힘이 모든 것을 압도하는 시대'로 파악하고, 자연과 타인에 대한 올바른 관계 맺음의 가능성을 모색한다. 하이데거는 자연과학으로 대표되는 학문과 테크놀로지가 고도로 발달한 오늘날의 시대를 역설적으로 '세계의 밤'에 비유하면서, 오늘날 우리는 '빈곤의 시대'에 살고 있다고 말한다(Heidegger, 1971: 91). 하이데거가 그러한 진단을 내리는 이유는 바로 근대에 들어 인간이 "세계에 대하여 그리고 세계 안에서의 자신의 위치에 대하여 완전히 새로운 관계"(Heidegger, 1959/1966: 50)를 맺게 되었다고 보기 때문이다. 자연과학과 테크놀로지의 안내를 따라 인류의 미래를 설계해야 한다고 믿는 사람들은 근대의 새로운 관계 맺음을 위대한 성취라고 생각할 것이다. 그러나 하이데거는 결코 그러한 낙관주의 편에 서지 않는다. 그에게 있어 근대가 가져다준 '완전히 새로운 관계'는 사물이 스스로의 모습을 온전히 드러내도록 돕는 인간 고유의 능력이 상실되었다는 것을 의미할 뿐이다.

> 경험이라는 단어를 가장 넓은 의미로 이해할 때, 사물에 대한 우리의 일상적인 경험은 사물을 대상화하지 않으며, 그것을 내 앞에 위치한 무엇으로 만들지 않는다. 예를 들어, 우리가 정원에 앉아 꽃을 피운 장미를 보며 기쁨을 느낄 때, 우리는 그 장미를 하나의 대상으로 지각하지 않으며, 나와 마주 서 있는 어떤 것, 즉 주제적으로[주체인 나에 의해] 표상되는 어떤 것으로 만들지 않는다. 무언의 말 속에서 우리가 장미의 생생한 붉은 빛에 사로잡혀 사색에 잠길 때, 이 붉은 빛깔은 대상도 아니고 사물도 아니다. 도대체 그것은 피어 있는 장미와 같이 나와 마주 서 있는 무엇이 아니다. 장미는 정원에 서서 바람에 앞뒤로 흔들린다. 그러나 장미의 붉은 빛깔은 정원에 서 있지 않으며, 바람에 의하여 앞뒤로 흔들릴 수도 없다. 그럼에도 불구하고, 우리는 그것에 이름을 붙임으로써 그것을 생각하고 말한다. 따라서 결코 대상화하거나 내 앞에 세우지 않는 사고와 말하기가 있다(Heidegger, 1976: 26-27).

이 인용문에는 '대상화하는 사고'와 '대상화하지 않는 사고'가 대비를 이루고 있다. 아마도 그 두 종류의 사고는 옆으로 나란히 위치한 병렬적인 것으로 생각될 수 있을 것이다. 그러나 하이데거에 의하면, 두 사고는 위아래로 위치하며 종적 위계를 이룬다. 대상화하는 사고는 대상화하지 않는 사고 위에서만 가능하다. 그러므로 대상화하는 사고는 그 자체로 '추상'에 해당한다. 이 점을 이해하기 위해서는 인간의 존재방식에 대한 하이데거의 설명을 좀 더 구체적으로 살펴볼 필요가 있다(서용석, 2016: 113-114).

하이데거에 따르면, 인간의 마음은 무엇인가를 보거나 상상하거나 욕구하는 것과 같은 다양한 '행위'들을 끊임없이 수행한다. 마음이 수행하는 모든 행위들은 언제나 그것이 관계하는 대상을 가진다. 지각과 상상과 욕구는 반드시 무엇에 '관한' 지각이며 상상이고 욕구다. 인간의 마음이 언제나 무엇을 향한다는 이 말은 대수로울 것 없는 상식이라고 생각될지 모르지만, 이것은 자칫 잘못된 방향으로 해석될 소지가 있다. 마음이 무엇을 향하기 위해서는 먼저 마음이 그 자체의 영역 안에 존재하다가 대상과 관계하려는 순간에 바깥으로 나오게 된다는 식의 생각이 바로 그것이다. 이런 해석에 따르면, 인간의 마음과 세계는 사실상 분리되어 있는 두 개의 실체와 같으며, 인간의 인식과 경험은 분리된 두 실체 사이에서 일어나는 인과작용으로 설명된다. 하이데거에 의하면, 근대 인식론에서 거의 예외 없이 등장하는 '주체-대상'이라는 개념 쌍은 바로 그러한 사고방식을 반영한다. 근대 인식론은 대체로 주체와 마주 서 있는 대상에 의해 촉발된 감각자료에 마음작용이 가해진다는 식으로 인간의 지각 행위를 설명한다.

그러나 '무엇을 향함'이라는 구조 속에서 논리적 관련을 맺고 있던 두 항을 각각 주체와 대상으로 분리시키는 것은 명백한 오류다. 예컨대, 내 앞에 놓여 있는 컵을 컵으로 지각하는 일은 마음과 세계에 관한 근대 인식론의 가정에 입각해서는 결코 설명될 수 없다. 물론 정상적인 시각을 소유한 사람의 눈이라면 컵으로부터 반사되어 나오는 빛깔과 모양 등의 시각자료를 받아들일 것이다. 그러나 이러한 시각자료를 아무리 종합한다고 하더라도 결코 실생활에서 사용되는 도구로서의 컵을 지각해 낼 수는 없다. 컵을 컵으로 지각하기 위해서는 그것이 도구로 사용되는 인간의 사회적 삶 안으로 들어와 있어야 하기 때문이다. 요컨대, 인간의 마음이 조금도 무엇에 관계하지 않고 철저히 그 내면의 영역에 고립된 채로 사고하면서 존재할 수 있다는 생각은 논

리적으로 받아들여질 수 없다. 그럼에도 불구하고, 만약 세계와 떨어져 홀로 사고하는 주체를 인식의 근원으로 설정하려고 한다면, 그때의 인식은 주체가 대상으로부터 받아들인 표상을 기초로 구성된 순전히 개념적인 것이 될 수밖에 없을 것이다. 주체는 세계로부터 거리를 두고 있는 만큼 철저히 관찰자로서의 지위에 머물게 되며, 관찰자로서의 주체가 세계에 대해 생산해 내는 사고는 총체적인 것이 아니라 철두철미 인지적인 성격의 것이 된다.

하이데거가 개념적 수준의 인식을 부정하는 것은 결코 아니다. 다만 그는 개념적 수준의 인식이 가능하기 위해서 반드시 요청되는 존재론적 토대를 회복하고자 한다. 데카르트에게 자아는 사고하기 때문에 존재할 수 있는 것으로 생각되었다. 그러나 하이데거는 그 순서를 뒤바꾸어 '내가 존재한다'는 사실이 먼저 주장되어야 하며, 마음의 관찰자적 인지 작용은 그러한 사실을 기반으로 가능하다고 말한다(Heidegger, 1927/1962: 254). 물론 여기서 '내가 존재한다'는 것은 주체-대상의 이원론적 도식으로 이해되어서는 안 된다. 인간은 언제나 이러저러한 사물들과 관계하며 존재할 수밖에 없으며, 따라서 세계에 직접 몸담고 참여하고 있는 '행위자'로 존재한다. 그리하여 하이데거에게 있어서 인간의 존재 방식은 전통적으로 인식론적 주체를 가리키는데 동원되었던 '마음'이나 '의식'이라는 용어보다는 '세계-내-존재(In-der-Welt-sein, being-in-the-world)'라는 새로운 용어로 규정된다. 여기서 부득이 단어를 연결하기 위한 줄표(-)가 사용되기는 하였지만, 그것은 세계 안에 인간이 위치한다는 공간적인 이미지로 받아들여져서는 안 된다.

세계-내-존재로서의 인간은, 다른 사물들과 관계하기 위해서, 해당 사물에 알맞은 관계 맺음의 방식에 들어서지 않으면 안 된다. 예컨대, 물을 마시기 위한 도구인 컵이나 못을 박기 위한 도구인 망치는 그것을 그런 용도로 사용하는 인간의 행위 방식을 통해서만 컵과 망치로 이해될 수 있다. 이때 인간의 행위 방식 속에서 우리가 만나게 되는 것은 개념에 의하여 추상된 대상이 아니라, 구체적이고 고유한 사물이다. 보편자로서 개념은 사물을 그 개념 아래에 포섭되는 사례로 간주한다. 그리고 개념에 의해 포섭된 사물은 그것의 구체적 요소들이 사상(捨象)된 채 순전한 '대상(Gegenstand, object)'으로서 우리 앞에 마주 선다. 반면, '사물(Ding, thing)'은 개념에 의해 온전히 포섭될 수 없는 것이다. 사물은 인간에게 그것을 향한 '내맡김(Gelassenheit, releasement)'이라는 초연한 태도를 요구한다. 하이데거가 말하는 '대상화하지 않는 사고'는 사물

과 인간 간의 이러한 관계 맺음의 양상을 가리킨다. 이와 같은 '대상화하지 않는 사고'는 '대상화하는 사고'에 존재론적으로 우선한다. 그러나 근대 이후 '대상화하는 사고'는 자신의 존재론적 기반에서 이탈한 채, 오직 개념과 명제와 규칙의 체계에 의지하여 사물들을 일반화된 '대상'이라는 틀 속으로 몰아세우고 있다.

2) 자연의 근원적 의미

하이데거는 자연과학적 사고만이 대상화하는 사고에 해당된다고 말한다. 그러나 자연과학의 눈부신 성취는 점차 자연과학적 사고를 사고의 유일한 표준으로 받아들이도록 만들었다. 인문학과 사회과학도 자연과학의 방법을 따라 방법론적 규칙을 마련함으로써 학문적 정체성을 확보하려고 애쓰게 되었고, 테크놀로지의 발달은 우리의 일상생활조차 인과율의 규칙에 철저히 지배되도록 만들었다. 그 결과 오늘날 세계 전체는 대상화하는 사고로 내몰리게 되었고, 우리는 어둡고 빈곤한 시대에 처하게 되었다. 우리의 시대가 어둡고 빈곤한 것은 대상화하는 사고에 의해 사물의 고유한 광채가 박탈당하였기 때문이다. 그런데도 인간은 자신을 둘러싼 모든 것을 일반화된 설명의 체계로 틀 지우는 일에 더욱 열의를 올리고 있다. 그 과정에서 인간은 많은 것들을 계량과 예측의 통제 가능성 아래 둘 수 있게 되었고, 이것들은 언제라도 욕망을 충족하는 데 동원될 수 있는 상비자원이 되었다. 강물은 수력에너지로, 산은 석탄에너지로, 심지어 인간조차 인적 자원으로 간주되었으며, 에너지와 자원이 축적되어 갈수록 인간은 어둠을 밝음으로, 빈곤을 풍요로 착각하게 되었다.

하이데거는 어둠과 빈곤을 초래한 이 사고를 가리켜, 사물을 '닦달하며 쥐어짜냄(Herausfordern, challenging-forth)'으로써 그것에 들어 있는 에너지를 바깥으로 꺼내놓도록 만든다고 말한다. 그리고 그는 대상화하지 않는 사고에서 인간과 사물이 교섭하는 방식을 '경청하고 응답하는 이끌어 냄(Her-vor-bringen, bringing-forth)'으로 특징짓는다(Heidegger, 1977: 10-17). 각각의 사고에서 인간은 세계 안에서 자신의 위치를 매우 상이하게 파악하게 된다. 사물을 닦달하며 그것의 에너지를 쥐어짜내려 할 때 인간은 존재하는 모든 것을 지배하고 그것의 효용가치를 결정하는 절대적 위치에 서게 된다. 반면에 경청하고 응답하는 사고에서 인간은 사물이 자신의 모습을 드러내는 일에 조심스럽게 참여하는 역할을 부여받게 된다. 경청하고 응답하는 존재로서

의 인간은 사물이 스스로의 모습을 현시하는 '빈터(Lichtung, clearing)'가 된다.

경청하고 응답하는 사고는 우리로 하여금 '사물' 본래의 성격을 경험하도록 만든다. 내맡김의 초연한 태도 속에서 사물의 목소리에 온전히 귀 기울일 때, 우리는 자신의 모습을 스스로 드러내려는 사물의 고유한 움직임을 감지하게 된다. 바로 이 지점에서 하이데거의 철학은 자연의 근원적 의미를 그 자체의 고유한 움직임과 리듬 속에서 자기 자신을 드러내는 것, 즉 '스스로 생겨남(self-rising)'으로 제시하고 있다(Bonnett, 2004). 자연에 대한 하이데거의 이 같은 근원적 의미규정은 한자어 '자연(自然)'의 충실한 우리말 풀이와도 매우 가깝다.

하이데거는 빈곤의 시대 속에서도 이 시대를 새로운 방향으로 전환시킬 수 있는 '구원의 힘'이 존재한다고 믿는다. 그는 자연의 근원적 의미에 따라 조율된 삶을 살아가는 장면들을 그려 낸다. 길가에 피어 있는 꽃의 경우, 개화 자체는 인간의 행위와 무관하겠지만, 꽃이 그 자체의 리듬에 따라 피어나도록 놓아두는 일은 자연을 보살피는 인간의 행위라고 할 수 있다. 일상생활에서 무엇인가를 사용하는 경우에도, 하이데거는 '필요해서 사용(gebrauchen, use)'하는 행위와 '활용(benutzen, utilize)', '소모(abnutzen, use up)', '착취(ausnutzen, exploit)'의 행위를 엄밀하게 구분한다. 활용하거나 소모하거나 착취하는 것은, 무엇인가를 쓰고 없애는 일로서, 필요해서 사용하는 행위의 타락한 형태다(Heidegger, 1952/1968: 187).

우리가 사물의 고유한 내적 움직임을 느끼는 일에 주의를 집중할 때, 사물은 교환의 법칙이 적용되는 대체 가능한 자원이 아니라, 고유한 가치를 가진 성스러운 것으로 다가온다. '사물(Ding)'에 해당하는 고대 독일어 'dinc'가 '소집' 또는 '모음'을 의미한다는 점을 상기시키면서, 하이데거는 포도주를 담는 단지가 하나의 사물로서 무엇을 그 안에 모으고 있는가를 사색한다(Heidegger, 1971: 165-182). 단지는 포도주를 담는 그릇으로, 단지의 바닥과 옆면이 포도주를 새지 않도록 잡아 둔다. 그러나 포도주는 빈 단지 안으로 흘러들어 채워지는 것이며, 이렇게 보면 단지의 텅 빔이 잡아 두는 일을 하고 있다. 돌림판 위에서 단지를 만들 때 도공이 하는 일 역시 점토를 빚는 일이 아니라, 잡을 수 없는 텅 빔을 빚어 내는 일이다. 텅 빔은 그 안에 들이부어지는 포도주를 받아들이면서 동시에 간직하는 방식으로 담아낸다. 단지로부터 마실 것을 누군가에게 부어 주는 일은 선사하는 일이다. 선사된 마실 것 속에는 샘이 머물고 있다. 샘에는 암석이, 암석에는 하늘의 비와 이슬을 받는 대지의 짙은 잠이 머문다. 단지로부터 마실 것을 선사하는 일에는 이렇게 하늘과 대지가 머문다. 단지로부터 선사된 마실 것은 죽을 자, 인간을 위한 것이다. 마실 것의 선사는 때로는 축성을 위해 이루어진다. 이때 선사는 불사의 신들을 위한 헌주다. 부음의 선사에는 대지와 하늘, 신적인 것들과 죽을 자들, 이 넷의 하나로 포개짐이 머문다. 단지는 대상이 아닌 사물로서, 이 넷을 그 안으로 모아들인다.

4. 교육내용의 성격

1) 교육내용으로서의 과학

근대문명에 대한 하이데거의 비판과 극복을 위한 사색은 현대 생태주의 담론에 많은 영향을 미쳤다고 평가받는다. 특히 사물과의 올바른 관계 맺음을 위한 '내맡김'은 심층생태주의자들로부터 즉각적인 환영을 받았으며, 심층생태주의 정신을 대표하는 표어가 되기도 하였다. 그러나 생물권 평등주의를 근본 신념으로 삼는 심층생태주의 입장에서는 하이데거의 철학이 오직 인간에게만 인정한 특별한 지위, 즉 사물이 현시되는 빈터로서, 사물의 고유한 모습이 드러나도록 돕는 일은 좀처럼 받아들이기 어려운 것으로 생각되었다(Zimmerman, 2019: 218).

한편 하이데거의 철학이 근대 과학문명을 강도 높게 비판하며 심층생태주의에 의하여 적극 수용되었다는 사실을 두고 사회생태주의는 하이데거의 철학을 가리켜 편협한 '반인간주의'라고 평가절하한다(Bookchin, 1995/2002: 19). 하이데거의 철학에서 인정되는 인간의 특별한 지위는 다른 생명체들의 생존하고 번성할 권리를 박탈하기 위한 것이 아니라, 오히려 그것을 지키고 보살피기 위한 것이다. 이런 점에서 심층생태주의의 오해는 어렵지 않게 해소될 수 있다. 그러나 사회생태주의가 제기하는 비판의 경우는 사정이 간단치 않다. 만약 반인간주의가 기계파괴 운동(Luddism)과 같은 극단적 반과학주의나 신비주의를 의미하는 것이라면, 반인간주의적 철학으로부터 교육의 생태적 전환을 위한 건전한 시사를 이끌어 내는 일은 쉽지 않을 것이기 때문이다. 그리하여 우리는 이제 자연의 근원적 의미에 충실한 생태적 삶을 살도록 하기 위한 교육이 구체적으로 어떤 것인가에 대해 생각해 볼 필요가 있다.

먼저 언급할 필요가 있는 것은, 자연과학의 대상화하는 사고가 이 시대의 빈곤을 초래한 근본 원인으로 거론되었다고 해서, 생태적 삶을 위한 교육이 자연과학적 지식(또는 넓은 의미에서의 학문적 지식)을 더 이상 교육내용으로 삼지 말아야 한다는 식의 단순한 논리로 흐르는 것은 잘못이라는 것이다. 물론 하이데거는 대상화하는 사고가 초래하는 위험을 점점 더 날카롭게 감지하면서 "과학은 사고하지 않는다"(Heidegger, 1952/1968: 8)는 도발적인 발언을 내놓은 바 있다. 이 발언에서 '과학'은 자연과학을 포함한 학문 일반을 지칭하며, '사고'는 대상화하지 않는 사고를 가리킨다. 그러나 사고의 두 종류의 관계에 관한 이전의 논의를 염두에 둔다면, 이 발언은 일체의 학문적 지식추구의 가치를 단순히 부정하는 것으로 받아들여져서는 안 된다. 오히려 그 발언은 "생태적 삶을 위한 교육에서 지식의 성격은 어떻게 규정되어야 하는가를 다시금 진지하게 성찰해 보라"는 요구로 이해될 필요가 있다.

아닌 게 아니라, 근대 이후의 지배적인 지적 탐구의 성격을 합리주의로 규정하면서도 오우크쇼트는 그와 같은 단순한 해석을 경계하고 있다. 흔히 사람들은 과학 활동을 할 때 계획된 목적, 준비된 탐구방법과 문제를 먼저 가지고 시작한다고 생각한다. 그러나 이것은 잘못이다. 파이를 만들려고 하는 요리사가 파이의 완성된 상태를 머릿속에서 먼저 그려 보고 나서 그것에 따라 파이를 만드는 것이 아니듯이, 과학 활동이 달성하고자 하는 목적은 과학 활동이 수행되는 과정으로부터 생겨나는 것이다. 오우크쇼트에 따르면, 진정한 의미에서의 자연과학적 지식은 반드시 합리주의의 진영에 가세한다고 보기 어렵다(Oakeshott, 1962: 34).

마찬가지로 하이데거는 『존재와 시간(Sein und Zeit)』에서 학문의 성격을 규정하는 두 관점, 즉 '학문의 논리적 개념'과 '학문의 실존적 개념'을 대비시키고 있다. 학문의 논리적 개념은 학문을 그것의 결과의 측면에서 이해하고, '타당한 명제들의 연관체계'에 입각한 것으로 바라보는 관점을 가리킨다. 즉, 누군가가 학문을 이루고 있는 개념과 명제의 존재론적 원천을 망각한 채, 오직 학문이 추론적 지식만으로 구성된다고 말한다면, 그는 학문의 논리적 개념을 받아들이고 있는 것이다. 반면, 학문의 실존적 개념에 의하면, 과학은 명제와 기법과 규칙의 체계만으로는 온전히 포착될 수 없는 '인간 활동'으로 이해된다. 실존적 개념으로서의 과학은 과학의 행위 전통을 따라 과학 활동에 참여하는 행위자의 행위 전체 또는 그의 존재를 가리킨다.

생태적 삶을 위한 교육에서 교육내용으로서 과학이 차지하는 위치와 관련해서 또 하나 경계해야 하는 것은, 과학적 지식이야말로 세계의 참모습을 밝혀 주는 유일한 매체라는 신념이다. 보넷(Bonnett, 2021)은 이러한 신념을 '과학주의(scientism)'라고 부르면서, 그것을 구체적인 '과학 활동'과 구분하고 있다. 근대 수리물리학이 거둔 성취를 좇아 때로 역사학, 언어학 등의 다른 학문분야에서도 인간과 사회에 관한 계량화되고 예측 가능한 일반 법칙을 정립하려는 시도가 이루어지기도 하였다. 오직 자연과학적 방법을 따를 때에만 진리에 이를 수 있다는 이 같은 믿음이 과학주의에 해당된다. 또한 우리의 일상적 삶을 이루는 여러 실제적 활동들에서 경험되는 사물의 모습들이 과학적 지식에 비하여 본질적으로 열등하거나 저급하다는 생각 역시 명백히 과학주의를 나타낸다.

2) 인간 활동의 시적 성격

생태적 삶을 위한 교육에서 과학적 지식의 가치는 긍정될 수 있으며 마땅히 존중되어야 한다. 그러나 여기서 과학적 지식이 긍정되는 것은, 흔히 제안되는 바와 같이, 과학적 지식을 가르칠 때 학생들에게 인간이 직면한 생태위기에 관하여 주의를 환기시킬 수 있거나 환경문제에 대하여 유용한 해결책을 제공할 수 있기 때문이 아니다. 그러한 제안의 전형적인 형태는 오어(D. Orr)의 저서 『Earth in Mind』(1994/2014)에 잘 나타나 있다.[2)]

환경학자인 오어는 education의 어근이 '이끌어 내다'는 뜻의 라틴어 단어 educe라는 점을 지적하면서, 교육에서 이끌어 내야 하는 것은 바로 생명과 인간 간의 친밀감이라고 주장한다. 우리의 몸은 흙으로 되어 있으며, 우리의 살갗은 풀로 이루어져 있다. 우리는 탄생과 죽음, 성장과 소멸의 순환 속에서 살아가며, 우리의 몸은 밤

2) 오어의 책 제목은 우리말로 『작은 지구를 위한 마음: 생태적 문명에서 벗어나기』로 번역되어 있다. 그러나 'Earth in Mind'라는 제목에 함축되어 있는 오어의 문제의식을 읽어 낼 필요가 있다. 오어는 그 문구를 생태적 삶을 위한 명령이면서 또한 가능성으로 해석하고 있다(Orr, 1994/2014: 17-18). 우리가 인간 삶의 생태적 여건과 필수 조건에 언제나 깊고 세심한 주의를 기울여야 한다고 해석할 때, 그 문구는 우리가 마음에 새겨야 하는 명령이 된다. 다른 한편, 인류가 지구에서 오랜 세월 살아오는 동안 생명, 대지, 숲, 물, 흙, 장소에 대한 친밀감을 가지게 되었다고 볼 때, 그 문구는 자연에 대한 이러한 애착이 우리 모두의 마음 안에 들어 있을 수 있는 가능성을 가리키는 것으로 이해된다.

과 낮 그리고 계절의 변화에 반응한다. 인간은 생명체로서 이처럼 자연의 한 부분임에도 불구하고, 지금까지 교육은 이 명백한 사실을 학생들에게 제대로 깨닫도록 하지 못했다. 오어는 오늘날의 생태위기는 학과목 중심의 분절적 지식을 가르쳐 온 전통적인 학교교육으로 인하여 더욱 심화되고 있다고 보면서, 이러한 위기로부터 인류를 구해 줄 새로운 교육에 대해 논의한다. 그리하여 그는 현재의 '교육 안의' 문제들(the problems *in* education)이 아니라, 거시적 관점에서 '교육의' 문제(the problem *of* education)를 비판적으로 검토하는 일에 집중한다.

이러한 문제의식하에 오어는 교육의 새로운 방향을 위한 몇 가지 제안을 내놓는다. 그중에서 지식교육과 직접 관련된 것들을 소개하면 다음과 같다(Orr, 1994/2014: 34-36). 첫째, 모든 교육은 환경교육이다. 이것은 우리가 어떤 한 분야의 지식을 가르칠 때 환경과의 관련을 염두에 두고 가르칠 필요가 있다는 뜻이다. 예컨대, 경제학을 가르치면서 열역학 법칙이나 생태학과의 관련을 도외시하는 것은 물리학과 생태학이 경제와 아무런 관련이 없다는 그릇된 메시지를 전달하는 것이 된다. 둘째, 지식을 가르칠 때는 세상을 위해 그것을 잘 사용할 수 있게 책임감을 함께 길러 주어야 한다. 체르노빌 원전사고나 오존의 감소와 같은 환경문제들은 관련 지식을 무책임하게 사용한 결과다. 셋째, 어떤 지식을 사용하는 것이 지역민들과 공동체에 미치는 영향을 충분히 이해할 수 없다면 지식을 제대로 배운 것이라고 할 수 없다. 지역 경제에 투자를 중단하겠다는 기업의 결정이 지역민과 공동체보다는 효율성과 경제적 비용의 측면만을 고려한 것이라면 이는 바람직한 것이 아니다.

오어가 제안하고 있는 지식교육의 방향은 우리에게 그다지 낯선 것이 아니다. 앞서 우리는 2022 개정 교육과정이 생태전환교육을 모든 교과와 연계하여 실시할 필요가 있음을 강조하고 있다는 것을 확인한 바 있다. 이것은 오어가 제안한 지식교육의 방향과 대체로 일치하는 것으로 보인다. 생태적 삶을 위한 교육이 이러한 방향에서 제안되는 배경은 분명하다. 오어가 명시적으로 언급하고 있듯이, 지금까지 지식교육은 학문분야의 구분에 따라 엄밀하게 구획된 지식을 가르치는 방식으로 이루어져 왔으며, 이런 교육을 십수 년이 넘는 시간 동안 받더라도 분절된 지식들을 세계에 대한 폭넓은 안목으로 통합시키는 일이 일어나기를 기대하기는 어렵다. 기존의 교육에 대한 오어의 불신은 "교육의 목적은 교과 지식을 통달하는 것이 아니라, 인간됨을 기르는 것이다"(Orr, 1994/2014: 36)라는 말에 함축적으로 담겨 있다.

종래의 교육에 대한 오어의 이 같은 문제의식과 대안 제시는 많은 사람들의 지지와 호응을 이끌어 내는 것으로 보인다. 또 그런 만큼 오어의 제안에 따라 지식교육을 실천하는 것도 의미를 가질 수 있을 것이다. 그러나 오어의 제안이 생태적 삶과 관련하여 지식의 성격을 파악하고 또 지식을 가르치는 유일한 방법은 아니다. 나아가 오어식의 처방이 교육의 생태적 전환을 위한 근본적인 해법은 더욱 아니라고 말할 수 있다. 앞의 논의를 상기한다면, 생태적 전환을 위한 교육의 근본적인 가능성은 교육내용으로부터, 그리고 교사와 학생의 교육적 관계로부터 근원적 의미의 자연이 경험되도록 하는 것에서 찾아야 한다. 이 가능성을 구체적으로 그려 내는 데는 아마도 복잡하고 치밀한 사고가 요구될 것이다. 그러나 인간 활동에 깃들어 있는 '시적 성격'을 읽어 내고 있는 오우크쇼트의 통찰은 우리에게 중요한 안내를 제공한다.

오우크쇼트는 과학, 역사, 철학, 예술, 실제적 활동 등 인간의 여러 활동들을 서로 다른 '목소리'에 비유한다. 그러면서 그는 각각의 목소리가 '말하기의 한 가지 방식'이면서 동시에 '특정한 내용을 표현하는 발화'라는 두 측면으로 이루어져 있다고 말한다(Oakeshott, 1959: 492). 우리는 흔히 교육내용을 가르치되 단지 정보전달에 그치고 마는 사태를 두고 안타까워한다. 그러나 그런 사태가 초래되는 것은 본래 과학, 역사 등의 인간 활동이 고정된 의미의 기호체계이기 때문은 아니다. '발화'라는 측면에서 볼 때 인간 활동은 최종적인 결론의 체계라는 형태를 취한다. 그러나 '말하기'의 측면에서 볼 때 각각의 인간 활동은 세계를 상상하는 고유한 방식에 해당한다. 과학에 참여할 때 우리는 상호 간에 인과적 관련을 맺으며 과학적 경이를 불러일으키는 과학적 이미지를 상상하고, 실제적 활동 속에서 우리는, 예컨대 거대한 폭포를 바라보면서 엄청난 양의 에너지 자원으로서의 실제적 이미지를 상상한다. 그리고 과학의 발화로서의 기호와 실제적 활동의 발화로서의 행위는 각각의 활동에서 상상된 과학적 이미지와 실제적 이미지를 표현한다. 그러나 불행은, 기호 또는 행위로서의 발화가 말하기 방식으로부터 분리되어 인간 활동이 본래 이미지를 만드는 활동으로서 갖는 움직임을 잃어버리기 쉽다는 사실에 있다. 즉, 과학은 자칫 무미건조한 정보더미가 되고, 실제적 활동은 기계적인 몸동작이 되기 쉬운 것이다.

발화와 말하기의 불행한 분리가 허용되지 않는 인간 활동이 있는데, 시로 대표되는 예술이 바로 그렇다. 시에서는 단어가 이미지를 표현하거나 전달하는 역할을 하는 데 머무는 것이 아니라, 그 자체가 이미지가 되어야 하기 때문이다. 즉, 시의 언어

에서 단어, 모양, 소리, 동작 등은 그 자체가 이미지로서, 이 언어를 학습하고자 하는 사람은 이미지를 만드는 일에 직접 참여하지 않으면 안 된다. 그리하여 시는 일체의 인간 활동이 말하기 방식에 충실하게 수행될 때 본래 가지는 성격을 잘 보여 준다. 오우크쇼트에 따르면, 시를 쓰는 것은 먼저 시상을 마음에 떠올리고 난 뒤 그것을 언어로 번역하는 일이 아니다. 시인은 언어로 표현해 보기 전까지는 말하고자 하는 바를 알지 못한다. 그리고 시를 쓰는 일이 보여 주는 이 같은 성격은 모든 인간 활동에 해당된다(Oakeshott, 1948: 479). 오우크쇼트는 세르반테스(Cervantes)의 소설 『돈키호테(Don Quixote)』의 한 장면을 들어 이 점을 설명한다. 소설 속 인물인 스페인의 화가 오르바네하는 행인들로부터 "당신은 무엇을 그리고 있는가?"라는 질문을 받는다. 이 질문에 대하여 오르바네하는 "결과적으로 나오는 것(whatever it turns out to be)"이라고 대답한다.

말하기 방식에 충실하게 수행될 때, 과학과 실제적 활동을 비롯한 모든 인간 활동은 '결과적으로 나오는 것'을 기다리는 시의 목소리와 같은 성격을 공유하게 된다. 물론 과학과 실제적 활동의 목소리가 시의 목소리와 완전히 동일한 것이 될 수는 없다. 과학과 실제적 활동은 각각의 고려에 입각하여 해당 이미지를 만들고 인식하는 일로 수행된다. 그러나 '결과적으로 나오는 것'을 기다리는 방식으로 수행될 때 과학과 실제적 활동, 그리고 교육내용으로 전수되는 일체의 인간 활동은 사물이 드러내는 고유한 움직임을 섬세하게 감지하고 그것에 충실하게 응답하는 교육적 경험의 장이 될 수 있다.

이러한 관점에서 볼 때, 교육은 인간 활동들을 그것들의 시적 성격에 충실하게 가르치는 일이라고 할 수 있다. 교육내용은 최종적인 결론으로서가 아니라, 그것을 추구하는 활동의 측면으로 되돌릴 필요가 있다. 확정된 결론의 체계를 주고받는 일은 간단하게 이루어질 수 있겠지만, 목소리를 활동으로 되돌리는 데는 반드시 충분한 시간이 요구된다. 학생 앞에 놓여 있는 당연한 사실과 해답을 질문으로 되돌리는 일은 교사가 이 일을 수행하는 방법이 될 수 있다(방진하, 2010). '결과적으로 나오는 것'은 그것을 기다리는 학생에게 이미 알려진 대답이 아니라, 질문으로 작용하기 때문이다. 해답을 질문으로 되돌리는 일은 한 가지 매체에 의존하지 않는다. 그것은 교사의 언어를 통해서, 몸짓을 통해서, 때로는 침묵을 통해서 일어난다.

5. 지속 가능한 삶을 위한 교육

"모든 교육은 환경교육이다." 이 명제를 문자 그대로 해석하여, 어떤 교육내용이든 환경과의 관련을 항상 염두에 두고 가르쳐야 한다는 식의 처방을 내놓는 것은 다소 인위적이다. 마찬가지로, 생태적 전환을 위한 교육이 반드시 기존의 학교 교육과정을 전면적으로 부정함으로써만 가능하다고 볼 이유도 없다. 생태적 전환을 위한 교육은 학교 교육과정의 대부분을 차지하고 있는 이론적인 활동을 밀어내고 그 자리를 실제적 활동으로 채우는 일이 아니라, 일체의 교육활동이 행위의 본질에 충실하게 이루어지도록 하는 일이다. 하이데거에 따르면, 행위의 본질은 '완성하는 것(Vollbringen, accomplishment)'이며, '완성하는 것'이란 어떤 것으로 하여금 자신의 본질을 충만하게 전개하도록 하는 일이다(Heidegger, 1946/1949: 239). 그리하여 그는 교육을 다음과 같이 정의한다. "배운다는 것은 우리가 하는 모든 것이 그때마다 우리에게 말을 건네는 본질에 응답하도록 하는 것이며, 가르친다는 것은 [이 같은 의미에서의] 배움이 일어나도록 하는 것이다"(Heidegger, 1952/1968: 14-15). 교사와 학생의 관계 속에서 이 같은 배움과 가르침의 정신이 실천될 수 있을 때, 생태적 전환을 위한 교육은 비로소 가능하다.

1987년 유엔환경계획(UNEP)의 세계환경개발위원회(WCED)는 「우리 공동의 미래(Our Common Future)」라는 이름의 보고서를 출간하였다. 당시 위원장을 맡고 있던 노르웨이 수상의 이름을 따서 「브룬트란트 보고서(Brundtland Report)」로도 불리는 이 보고서에서 오늘날 널리 사용되는 '지속 가능한 발전(sustainable development)'이라는 개념이 정립되었다. 1992년 유엔환경개발회의(UNCED)에서는 지속 가능한 발전을 추구하는 국제 사회의 모든 국가와 집단들이 따라야 할 21세기를 위한 범지구적인 행동강령으로 '의제 21(Agenda 21)'을 채택하게 된다. '지속 가능한 발전'은 그것이 국제 사회에 등장한 이래로 환경 위기 극복을 위한 논의에서 거의 빠짐없이 거론되는 용어이며, 또한 모두가 수용하는 용어다. 그러나 과연 무엇이 지속 가능하다는 것일까?

'지속 가능한 발전'이 가리키는 삶의 방향이 지금까지 우리가 살펴본 교육의 생태적 전환을 위한 노력의 방향과 조화를 이루는가는 신중하게 검토될 필요가 있다. 「브룬트란트 보고서」에서 '지속 가능한 발전'은 "미래 세대가 그들의 필요를 충

족시킬 능력을 저해하지 않으면서 현재 세대의 필요를 충족시키는 발전"(Brundtland Commission, 1987: 37)으로 정의되어 있다. 이 정의는 발전의 최우선적 관심이 인간의 필요 충족에 있다는 점을 명백히 하고 있다. 우리가 앞에서 살펴보았던 '필요'와 '욕구' 간의 구분으로 되돌아가 보면, 「브룬트란트 보고서」는 욕구가 아닌 '필요'의 충족을 말하고 있으며, 따라서 인류의 발전이 자연에 대한 착취적 태도로 변질되는 것을 경계하고 있다고 볼 수 있을지 모른다. 그리하여 '지속 가능한 발전' 개념에서 인간이 여전히 중심에 위치하기는 하지만, 이것은 자연환경을 일방적으로 개발의 대상으로 도구화하려는 전통적인 관점과는 다르다는 해석도 가능할 법하다(정기섭, 2019: 21).

그러나 지속 가능한 발전에 관한 보고서의 정의가 필요와 욕구 간의 엄밀한 구분에 입각해 있다고 확신하기는 어렵다. '필요'의 충족을 지속 가능성의 전면에 내세우고 있는 그 정의에서 "인간이 자연과 과연 어떠한 관계를 맺어야 하는가"에 관한 진지한 생태적 관심을 읽어 내기는 어려워 보인다. 그보다는 미래의 어느 순간 인간의 필요를 더 이상 충족할 수 없게 되는 시점이 도래할 수 있다는 사실에 대한 두려움과 이를 극복하기 위한 대응책을 시급히 마련해야 한다는 생각, 즉 여전히 환경개량주의적이며 인간중심적인 위기의식이 더 두드러진다.

교육의 생태적 전환이라는 근본적인 관심에서 볼 때, 이제 우리는 지속 가능한 '발전'보다는 지속 가능한 '삶'이 무엇인가를 고민해야 한다. 인간의 삶이 영위되는 모든 국면에서 경청하고 응답하는 방식으로 사물과의 교섭이 이루어질 때, 그리하여 인간의 모든 행위가 시적 성격을 지켜 갈 수 있을 때, 인간은 이 세계에서 진정으로 '거주(Wohnung, dwelling)'할 수 있다. 이때의 거주는 단지 세계 속에서 일정한 공간을 점유한다는 뜻이 아니라, 고유한 모습을 드러내는 자연을 보살핀다는 의미다(Heidegger, 1971: 149). 우리가 이러한 의미로 '거주'할 때, 우리를 둘러싼 모든 사물들은 저마다 고유한 의미를 가지게 된다. 그리고 사물들이 드러내 주는 고유한 모습들의 다채로움과 풍요로움은 다시금 우리의 삶이 영위되는 바로 이곳에 우리의 존재가 깊이 뿌리내릴 수 있도록 만든다. '장소감(sense of place)'은 장소에 대한 애착과 같은 인간의 정서적 감정을 의미하는 것으로서, 최근 지리학이나 환경교육 분야에서 빈번하게 사용되고 있다(권영락, 황만익, 2005). 내가 살아가고 있는 이곳이 단지 물리적 좌표의 한 지점에 불과한 것이라면, 우리는 장소에 특별한 정서적 감정을 가지기 어려울 것이다. 장소에 대한 애착은 내가 관계를 맺고 있는 사물들과 사람들이 다른 무엇으로 대체될 수 없는 고유한 존재로 경험될 때, 그리하여 장소가 그 모든 것들이 어울리며 서로를 떠받치고 있는 공간으로서 특별히 경험될 때 생길 수 있다. 그러한 정서가 흐르는 삶에서는 자연도 타자도 더 이상 지배와 착취의 대상으로 생각될 수 없을 것이다. 그들을 소중히 보살피는 일 없이는 나의 삶을 지속해 가는 것이 불가능하기 때문이다.

토론 거리

1. 인간이 자연을 활용하고 개발하는 일은 인류 역사에 있어 계속되어 왔음에도 불구하고 근대 이후 인간의 삶이 심각한 생태위기에 처하게 된 배경에는 어떤 것들이 있는지 설명해 보자.
2. 생태적 전환을 위한 교육에서 지식을 가르치는 방식에는 어떤 것들이 있으며, 각각의 방식에서 지식의 생태교육적 가치는 어떻게 설명되는가를 비교해 보자.
3. 생태적 전환을 위한 교육에서 추구되는 '지속 가능한 삶'은 자유교육의 전통에서 제시되어 온 훌륭한 삶의 이상과 어떤 관계에 있는지 설명해 보자.

더 읽어 볼 자료

Bonnett, M. (2021). *Environmental consciousness, nature, and the philosophy of education*. Abingdon, Oxon: Routledge.

▶ 자연이란 무엇이며, 인간이 자연과 맺어야 하는 올바른 관계는 무엇인가 등의 핵심적인 생태교육학적 물음들을 심층적이고 풍부한 교육철학적 논의의 맥락에서 다루고 있는 책이다. 환경 위기를 극복할 수 있는 교육의 새로운 방향으로서 '교육의 생태화'를 제안하고 있다.

Naess, A. (1973). The shallow and the deep, long-range ecology movements: A summary. *Inquiry, 16*, 95-100.

▶ 심층생태주의자인 네스의 논문으로, 비록 짧은 글이지만 현대 생태주의 담론을 연 이정표

적인 글로 평가받는다. 환경 위기를 과학기술적 대응의 문제로 보았던 기존의 관점을 넘어서 본격적인 생태철학적 사유가 출현하게 된 중요한 계기를 마련하였다.

Orr, D. (1994). *Earth in mind: On education, environment, and the human prospect*. 이한음 역(2014). 작은 지구를 위한 마음: 생태적 문명에서 벗어나기. 서울: 현실문화.

▶ 오늘날의 환경 위기는 근본적으로 교육의 그릇된 방향에서부터 비롯되었다는 진단에서 출발하여, 단지 '교육 안의' 문제들이 아니라 거시적인 관점에서 '교육의' 문제를 성찰하는 책이다. 최근 우리가 흔히 듣게 되는, 생태적 전환을 위한 교육의 여러 제안들을 선구적으로 담아내고 있다.

참고문헌

강수택(2021). 생태주의 사상의 연대적 관점. 사회와이론, 39, 7-51.

교육부(2021). 2022 개정 교육과정 총론 주요사항(시안).

권영락, 황만익(2005). 장소감의 환경교육적 의의. 환경교육, 18(2), 55-65.

노상우(2015). 인간과 자연의 상생을 위한 생태교육학. 경기: 교육과학사.

문순홍(2006). 생태학의 담론. 서울: 아르케.

방진하(2010). 오우크쇼트의 '시적 대화'로서의 교육. 도덕교육연구, 21(2), 307-334.

서용석(2016). 교육내용으로서의 과학과 사고: 하이데거의 교육이론. 교육사상연구, 30(4), 111-134.

서용석(2021). 교육의 내용과 방법으로서의 예술: 오우크쇼트의 예술교육론. 교육철학, 78, 35-55.

서용석(2023). 교육의 생태적 전환을 위한 시론: 하이데거 존재론의 관점. 인격교육, 17(1), 143-162.

이상헌(2011). 생태주의. 서울: 책세상.

이필렬(2003). 지속가능한 발전과 생태적 전환. 창작과 비평, 31, 68-84.

정기섭(2019). 지속 가능한 미래를 위한 교육. 서울: 강현출판사.

정용주(2015). '생태적 탈근대'로서 교육의 생태적 전환. 오늘의 교육, 47-66.

한면희(2009). 동아시아 문명과 한국의 생태주의. 서울: 철학과현실사.

Bacon, F. (1620). *Novum organum*. 진석용 역(2016). 신기관. 경기: 한길사.

Bonnett, M. (2004). *Retrieving nature: Education for a post-humanistic age*. Oxford:

Blackwell Publishing.

Bonnett, M. (2009). Systemic wisdom, the 'selving' of nature, and knowledge transformation: Education for the 'greater whole'. *Studies in Philosophy and Education, 28,* 39-49.

Bonnett, M. (2010). Education and the environment. In R. Bailey, D. Carr, R. Barrow, & C. McCarthy (Eds.), *Sage handbook of philosophy of education.* (pp. 517-531). London: Sage.

Bonnett, M. (2021). *Environmental consciousness, nature, and the philosophy of education.* Abingdon, Oxon: Routledge.

Bookchin, M. (1980). *Toward an ecological society*. Montreal: Black Rose Books.

Bookchin, M. (1986). *The modern crisis*. Philadelphia: New Society Publications.

Bookchin, M. (1995). *Re-enchanting humanity: A defense of the human spirit against antihumanism, misanthropy, mysticism, and primitivism*. 구승회 역(2002). **휴머니즘의 옹호: 반인간주의, 신비주의, 원시주의를 넘어서.** 서울: 민음사.

Bookchin, M. (1996). *The philosophy of social ecology.* Montreal: Black Rose.

Bookchin, M. (2006). *Social ecology and communalism.* Oakland & Edinburgh: AK Press.

Brundtland Commission (1987). *Our common future.* New York: United Nations.

Carson, R. (1962). *Silent spring.* 김은령 역(2011). **침묵의 봄.** 서울: 에코리브르.

Chryssavgis, J., & Foltz, B. V. (Eds.) (2013). *Toward an ecology of transfiguration*. New York: Fordham University Press.

Descartes, R. (1637). Discours de la Methode. 이현복 역(2004). **방법서설.** 서울: 문예출판사.

Heidegger, M. (1927). *Sein und Zeit.* Macquarrie, J., & Robbinson E. trans. (1962). *Being and time.* Oxford: Blackwell.

Heidegger, M. (1946). *Über den Humanismus*. Capuzzi, F. A. trans. (1949). Letter on humanism. In W. McNeill (Ed.) (1998), *Pathmarks* (pp. 239-276). Cambridge: Cambridge University Press.

Heidegger, M. (1952). *Was heisst Denken?* Gray, J. G. trans. (1968). *What is called thinking?* New York: Haper & Row.

Heidegger, M. (1959). *Gelassenheit*. Anderson, J. M., & Freund, E. H. trans. (1966). *Discourse on thinking*. New York: Harper & Row.

Heidegger, M. (Hart, J. G., & Maraldo, J. C. trans.) (1976). *The piety of thinking*. Bloomington & London: Indiana University Press.

Heidegger, M. (Hofstadter, A. trans.) (1971). *Poetry, Language, Thought.* New York: Haper & Row.

Heidegger, M. (Lovitt, W. trans.) (1977). *The question concerning technology and other essays.* New York: Haper & Row.

Mies, M., & Shiva, V. (1993). *Ecofeminism*. 손덕수, 이난아 역(2000). **에코페미니즘**. 경기: 창비.

Naess, A. (1973). The shallow and the deep, long-range ecology movements: A summary. *Inquiry, 16,* 95-100.

Naess, A. (1987). Self-realization: An ecological approach to being in the world. *The Trumpeter, 4*(3), 35-42.

Oakeshott, M. (1948). The tower of babel. In L. O'Sullivan (Ed.) (1991), *Rationalism in politics and other essays* (new and expanded edition, pp. 465-487). Carmel, IN: Liberty Fund.

Oakeshott, M. (1959). The voice of poetry in the conversation of mankind. In L. O'Sullivan (Ed.) (1991), *Rationalism in politics and other essays* (new and expanded edition, pp. 488-541). Carmel, IN: Liberty Fund.

Oakeshott, M. (1960). Work and play. In U. O'Sullivan (Ed.) (2004), *What is history? And other essays* (pp. 303-314). Exeter: Imprint Academic.

Oakeshott, M. (1962). Rationalism in politics. In L. O'Sullivan (Ed.) (1991), *Rationalism in politics and other essays* (new and expanded edition, pp. 5-42). Carmel, IN: Liberty Fund.

OECD (2018). *The future of education and skills: Education 2030.* Position paper.

Orr, D. (1994). *Earth in mind: On education, environment, and the human prospect*. 이한음 역(2014). **작은 지구를 위한 마음: 생태적 문맹에서 벗어나기**. 서울: 현실문화.

Valera, L. (2018). Home, ecological self and self-realization: Understanding asymmetrical relationships through Arne Naess's ecosophy. *Journal of Agricultural and Environmental Ethics, 31*(6), 661-675.

Zimmerman, M. (2018). How pertinent is Heidegger's thinking for deep ecology? In A. J. Wendland, C. Merwin, & C. Hadjioannou (Eds.), *Heidegger on technology* (pp. 209-225). New York: Routledge.

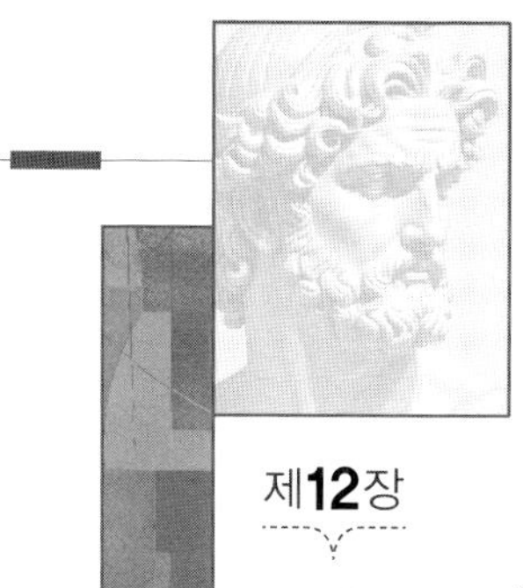

제12장

디지털 환경과 교육의 과제: 기계와 같이 살기의 문제

박은주

도입

과학기술은 인간에 의해 만들어진 것이지만, 단지 인간의 도구로만 머물지 않는다. 과학기술은 인간의 삶 속 깊이 침투하여 우리 삶의 조건을 바꿀 뿐만 아니라 우리가 생각하고 말하고 행동하는 방식에까지 영향을 미친다. 그 영향에는 삶의 편리함을 가져다주는 긍정적인 것인 것도 있지만 환경파괴, 기후위기와 같은 심각한 것도 있다. 따라서 기술기반 사회에 살고 있는 우리에게 기술이 가져다주는 이 변화의 성격에 관한 깊은 성찰이 필요하다. 무엇보다 디지털 환경을 자연환경보다 더 자연스러운 세계로 받아들이는 디지털 세대에게 기술의 영향력에 관한 질문은 교육적으로 시급하게 성찰되어야 할 주제임에 틀림없다. 이 장에서는 기술기반 사회의 변화된 풍경을 살펴보고, 이어서 그 속에서 작동되는 기술과 인간 및 교육의 관계를 반성적으로 살펴보고자 한다.

1. 기술이 바꾸는 삶의 풍경

1) 인공지능: 인간 같은 기계

첨단기술의 발달은 우리 삶의 전반에 스며들어 삶의 모습을 바꾸고 있다. 우리는 핸드폰에 날씨를 묻고, 스피커에 TV를 틀어 달라고 부탁한다. 식당에 가서 키오스크로 주문을 하면 로봇이 능숙하게 서빙을 해 주고, 로지와 같은 가상모델이 SNS에서 팬들과 활발히 소통하며 광고도 찍고 있다. 인간과의 감정 소통이 가능한 소셜로봇 서비스도 증가하고 있다. 모르는 문제를 챗GPT에게 물어보면 유능한 가정교사처럼 척척 원하는 결과물을 보여 준다.

이와 같은 놀라운 변화의 이면에는 인공지능 기술의 발달이 뒷받침되어 있다. 단순한 계산과 추리의 영역을 넘어, 다양한 영역에서 인간을 능가하는 인공지능이 등장해서 우리를 놀라게 하고 있다. 1997년 IBM의 딥블루(Deep Blue)는 세계 체스 챔피언 카스파로프를 이겼고, 2011년에는 IBM의 왓슨(Watson)이 미국 텔레비전 퀴즈쇼에서 인간 우승자를 누르고 우승을 했다. 2016년에는 구글의 알파고가 바둑에서 이세돌 9단을 이기면서, 우리는 놀라운 속도로 진보하고 있는 인공지능 기술에 일종의 두려움까지 느끼게 되었다. 2017년 페이스북에서는 인공지능 신경망기술을 이용한 딥페이크(deepfake) 기술을 발표했는데, 이를 이용하면 내 사진 하나로 나와 닮은 가상의 인물을 인터넷상에서 만들어 낼 수 있다. 2018년 구글에서는 인공지능 음성비서 듀플렉스(Duplex)를 사용해서 미용실과 식당에 전화로 예약하는 데 성공했다. 종업원은 예약 당사자가 기계라는 것을 눈치 챌 수 없었다고 한다. 알파고의 충격이 채 가시기도 전에 이제 인공지능은 더욱 진화한 생성 인공지능으로 우리를 놀라게 하고 있다. 생성 인공지능은 대화형 인공지능이다. 대화로 요청하면 원하는 결과를 바로 내놓는다. 생성 인공지능의 하나인 챗GPT는 카카오톡이나 메신저처럼 질문창에 질문을 적으면 바로 대답을 해 준다. 마치 친구와 채팅하듯이 내가 모르는 질문에 바로바로 답을 해 주면서, 개인비서 혹은 말동무 역할을 한다. 생성 인공지능이 가지고 온 충격은 생명종이 폭발적으로 늘어난 '캄브리아기 대폭발'에 비유되거나, 'AI 빅뱅'에 비유되기도 한다(김재인, 2023). 앞으로 인공지능이 어디까지 진화할지는 아무도 알지 못한

다. 다만 그 속도와 범위가 기존의 기술 발전속도를 훨씬 능가한다는 점에서 일종의 두려움까지 느끼게 된다.

인공지능(Artifical Intelligence: AI)이란 인간이 만들어 낸 인공적인 지능이라는 뜻이다. 인간이 만든 기계가 인간과 유사한 지능을 갖추었다고 하여 붙여진 이름이다. 인공지능의 발전은 컴퓨터의 등장과 관련된다. 1940년대 후반부터 컴퓨터가 개발되고 인간이 할 수 없는 복잡한 계산과 추리연산이 가능해지면서 인공지능의 가능성이 논의되기 시작하였다. 1950년에는 앨런 튜링(Alan Turing, 1912~1954)이 「계산 기계와 지능(Computing Machinery and Intelligence)」이라는 논문에서 "기계가 생각할 수 있을까?(Can machines think?)"라는 질문을 던지고, 기계도 생각할 수 있는지를 검사하는 '튜링테스트'를 제안하였다. 튜링테스트는 응답자가 인간인지 기계인지 모르는 상황에서, 심사자가 낸 질문에 응답한 것 중에서 30% 정도를 인간이 답한 것으로 생각한다면 그 기계는 지능을 갖추었다고 판단할 수 있다는 내용이다. 지금도 인공지능이 생각할 수 있는지를 판단하는 준거로 튜링테스트가 널리 사용되고 있다.

인공지능이 인간지능을 대체할 수 있을까? 처음에는 별로 심각하게 여기지 않았던 이 질문은, 인간만의 고유한 영역으로 여겨지던 창작의 세계까지 인공지능이 확장되면서 이제는 무시할 수 없는 질문이 되었다. 네덜란드에서는 인공지능 기술을 활용해서 '넥스트 렘브란트' 프로젝트를 진행하였다. 이 프로젝트에서 인공지능은 렘브란트의 작품들을 데이터로 분석하여 그의 스타일을 본딴 수많은 렘브란트식 초상화를 선보였다. 또한 음악에 특화된 인공지능은 피아노 연주를 하고, 아마존의 딥컴포저(Deep Composer)는 작곡을 하며, 국내의 AI작곡가 이봄(EvoM)은 단 몇 초 만에 몇 분짜리 곡을 만들어 내기도 한다. 시와 소설에서도 인공지능 작가가 창작시와 소설을 발표할 정도로, 이전에 인간 고유의 영역이라고 여겼던 예술영역에서 인공지능이 전방위적으로 활동하고 있다. 사정이 이러하다 보니 2017년 유럽의회는 스스로 배우는 인공지능에게 '전자인간'의 지위를 부여할 필요가 있다는 결의안을 통과시켰고, 2018년 사우디아라비아에서는 인공지능 소피아에게 시민권을 수여한 사건도 있었다.

인간처럼 생각하고 판단할 수 있는 인공지능의 등장으로 우리는 "인간과 기계의 차이는 무엇일까?"라는 심각한 질문에 직면하게 된다. 기계와 구분되는 인간 존재의 고유함은 무엇일까? 인공지능 교사가 등장하면 교육은 어떻게 변화될까? 그래도 학교는 필요할까?

2) 사이보그: 기계 같은 인간

인공지능이 인간처럼 지능을 가지고 수행하는 기계에 관한 것이라면, 사이보그는 기계와 접목된 인간에 관한 것이다. 사이보그(cyborg)는 인공두뇌학을 뜻하는 사이버네틱스(cybernetics)와 생명을 뜻하는 유기체(organism)의 합성어이다(신상규 외, 2020: 61). 그동안 사이보그는 주로 영화나 소설의 단골 소재로 사용되었지만, 이제는 비단 공상과학의 이야기로 그치지 않는다. 기술의 발전은 실지로 사이보그화된 인간을 가능하게 한다. 그 한 가지 예로, 유명한 사이보그 공학자 케빈 워릭(Kevin Warwick)의 사례를 들 수 있다. 워릭은 1998년에 자기 팔에 칩을 이식하였는데 이후에 점차 업그레이드하여서 자신의 중추신경에 칩을 연결하고 그 신호를 컴퓨터가 인지하게끔 했다(신상규 외, 2020). 컴퓨터와 연결된 워릭은 다른 방에 놓인 로봇 팔을 작동할 수도 있고, 미국에 가서 자신의 영국 연구실에 놓여 있는 로봇팔을 원격으로 작동하는 실험을 선보이기도 했다. 워릭은 동일하게 칩을 이식하여 사이보그화된 아내와 멀리 떨어져 있어도 서로의 감정을 교류할 수 있다. 워릭은 이 기술이 발전되면 신경이 손상된 장애인이나 질병으로 고통 중에 있는 사람들을 도울 수 있을 것이라고 전망한다. 실지로 MIT의 휴 허(Hugh Herr) 교수는 사고로 두 다리를 잃었지만, 본인이 공학자가 되어 직접 개발한 로봇다리를 장착하고 사고 전보다 훨씬 더 어려운 암벽등반에 성공하기도 하였다. 영국에서 활동하는 사이보그 예술가 닐 하비슨(Neil Harbisson)은 원래 흑백으로만 사물을 보는 색맹이었지만 두개골에 안테나를 설치하여 사물의 색깔을 '느낄 수 있다'. 즉, 머리에 심겨진 안테나의 센서를 이용하여 각 색상의 주파수를 진동으로 바꿈으로써 보통의 사람이 볼 수 없는 자외선과 적외선까지 다양한 스펙트럼의 색깔을 느끼고 들을 수 있다.

인간이 사이보그가 되고자 하는 데는 인간이 정신적으로나 신체적으로 더 나은 존재가 되고 싶은 욕구가 작동한다. 지금보다 더 향상된 몸과 마음을 가지고 더 나은 삶을 살고 싶은 욕구는 인간이면 누구나 가지는 욕구라 할 수 있다. 이전에는 이룰 수 없는 소망으로 그쳤던 이 욕구는, 우리 신체와 정신의 기능을 향상시키는 것이 기술적으로 가능해지면서 새로운 국면에 접어들고 있다. 특히 사이보그라는 주제는 인간에 관한 심각한 질문을 제기한다. 첨단기술의 도움으로 우리의 몸을 기계화된 신체로 바꾸는 것이 가능하다면, 인간의 경계는 어디까지인가? 데카르트의 주장처럼, 인

간 존재는 신체와 정신의 결합이며, 그 본질은 정신일까? 보다 심각하게는, 기술의 도움으로 인간이 호모사이보그가 된다면, 인간을 기르는 전통적 교육의 개념은 여전히 유효할까?

3) 맞춤아기: 인공생명

기술의 발전은 인간의 바깥에 있던 기술이 점점 인간의 안으로 침투해 들어오는 양상을 보인다. 그 예로, 눈이 안 보일 때 시력을 돕기 위한 기술의 발전을 생각해 보자. 처음에는 안경을 쓰다가, 그다음에 렌즈를 끼고, 그다음에 안내삽입렌즈로 몸속에 장착을 하고, 이제는 각막 자체를 깎아 내서 보게 만든다. 기술이 인간 바깥에서부터 점차 인간 몸속으로 침투하면서 인간의 능력을 변형시키듯이, 기술과 인간의 접목은 인간처럼 사고하는 기계(AI)의 출현을 가능하게 했고, 기계 같이 향상된 능력을 가진 사이보그의 등장을 낳았다. 이제 기술은 인간이 만들어지는 생명 형성의 단계에까지 침투하여, 인간이 원하는 유형의 맞춤아기(designer baby)를 낳는 것이 점점 현실화되고 있다. 다큐멘터리 〈구글 베이비(Google_Baby)〉는 이전에는 임신이 불가능하였던 게이 남성을 통하여 세 대륙을 거치면서 한 아기가 태어나는 과정을 보여 준다. 이것은 어떻게 가능한가? 한 이스라엘의 게이 남성이 구글사이트를 통해 미국의 난자기증자를 만나 인공수정을 한 후, 이 수정된 냉동배아를 가지고 인도로 건너가 인도의 대리모를 통해 아기를 품에 안게 된다(신상규 외, 2020: 93). 제목 '구글 베이비'는 이제 글로벌 상업적 대리모시장을 상징하는 용어로 통용되고 있다. 2010년 세계보건기구(WHO)는 재생산권(reproductive rights)을 인정하였는데, 이는 "모든 커플과 개인이 자유롭게 그리고 책임감 있게 자녀의 수, 터울, 시기를 결정하고, 그들이 원하는 대로 가족을 가질 수 있도록 정보와 수단을 획득할 기본권"을 그 내용으로 한다. 이것은 생식보조기술의 발달로 성별, 나이 등에 상관없이 누구든 아기를 갖고자 하는 사람에게 그 권리를 보장해 주어야 하고, 누구나 평등하게 생식보조기술에 접근할 수 있어야 한다는 논의로 발전하였다(신상규 외, 2020: 99).

이와 같은 논의들은 '생명'에 대한 전통적인 이미지가 얼마나 바뀌었는지 잘 보여준다. 전통적으로 생명은 자연적으로 주어진 것(givenness)이었다. 그것은 인간의 손이 닿지 않고 자연스럽게 찾아올 때까지 기다려야 하는 '우연한 선물(gift)'이었으며,

그 때문에 선물에 대해 감사를 표현해야 하는 성스러운 것, 그것이 전통적인 생명의 의미였다. 그러나 생식보조기술과 생명공학의 발전으로 생명은 연령, 나이, 비혼에 상관없이 원하기만 하면 가질 수 있는 것이 되었고, 유전자 조작이나 선택을 통한 맞춤아기가 가능해지면서 슈퍼베이비의 출현까지 앞두고 있다.

생명을 인공적으로 제작하는 일이 가능하게 된 데는 기술의 발전이 뒷받침되어 있다. 현대의 최첨단기술 영역으로 손꼽히는 NBIC(Nano · Bio · Information technology, Cognitive science), 즉 분자나노기술, 생명공학기술, 정보기술, 인지과학 등 네 분야의 비약적인 발전은 우리 삶의 모습을 과거에는 상상하기 어려울 정도의 수준으로 변화시키고 있다. 그중에서도 생명공학기술의 발전은 보다 직접적으로 우수한 유전자 편집을 가능하게 함으로써 영화 〈가타카〉의 '부적합유전자 인간'과 '적합유전자 인간'의 출현을 현실로 앞당기고 있다. 예를 들어, 유전자 가위로 알려진 크리스퍼(CRISPR-Cas9) 기술은 정확한 목표지점을 선택해서 특정 유전자의 염기서열을 제거하고 편집하는 것을 가능하게 만들었다. 이 기술을 통해 농작물이나 식품의 안전한 개량을 가능하도록 도울 수 있고, 에이즈, 암 등의 질병치료에도 이용할 수 있다. 그러나 이 기술을 인간에게까지 확장하면 열등한 유전자를 제거함으로써 유전자 단계부터 우수한 인간을 제작하는 것이 가능하게 된다. 실지로 2018년 중국 남방과학기술대학의 허젠쿠이 교수팀은 유전자 가위 기술을 이용해서 HIV에 면역력을 갖도록 쌍둥이의 DNA를 수정한 후 출산시킨 죄로 3년간 감옥에서 복역하기도 했다.

열등한 인자를 제거하고 우수한 인자만 남김으로써 더 나은 인간, 더 나은 인류가 되고자 하는 열망에는 아무런 문제가 없을까? 인류의 역사에서 이 시도는, 아이러니하게도 결함이 있는 사람들을 합법적으로 단종시켰던 우생학이나, 열등한 인종을 제거함으로써 인류공영에 이바지하고자 했던 홀로코스트의 사례와도 연결된다. 기술을 통해 더 나은 인간을 인위적으로 제작하고자 하는 이러한 시도는 더 좋은 인간을 기르고자 하는 교육과 어떻게 다른가?

2. 인간의 조건과 기술

1) 기술의 기원

기술을 뜻하는 테크놀로지(technology)는 '나무를 엮어 만든 집'이라는 인도유럽어족의 tek라는 단어가 그리스어 테크네(techne)로 넘어오면서, 나무를 다루는 기술뿐만 아니라 제작기술 일반을 의미하게 되었다. 기술에 대한 본격적인 설명은 아리스토텔레스가『니코마코스 윤리학』에서 인간의 활동과 그로부터 파생되는 지식을 구분한 것에서 찾아볼 수 있다. 아리스토텔레스는 인간의 활동을 이론적 활동과 실천적 활동, 그리고 기술적 활동으로 구분한다. 이 구분에서 아리스토텔레스는 이론적 활동을 테오리아(theoria), 실천적 · 윤리적 활동을 프락시스(praxis), 제작적 활동을 포이에시스(poiesis)라고 명명한다. 테오리아는 신이 주관하는 영역에 대한 이론적 활동을 말한다. 즉, 인간이 마음대로 변형할 수 없는 영역에 표현되어 있는 질서와 조화를 탐색하는 활동으로서, 자연세계/물리 세계의 원리와 법칙을 탐색하는 활동이다. 프락시스는 인간의 공동체적 삶과 관련된 활동으로서, 정치적 · 윤리적 활동을 가리킨다. 포이에시스는 물건을 만드는 영역과 관련된 활동으로서, 인간의 일상생활을 유지하는 데 필요한 생활용품이나 도구, 예술작품을 생산하는 활동이다. 각 활동에는 각기 고유한 지적 헌신과 도덕적 요구가 들어 있다. 각 활동은 그것을 잘할 수 있도록 하는 지식 또는 그 활동의 결과로 형성된 지식을 갖는다. 각각은 이론적/형이상학적 지식을 의미하는 에피스테메(epistēmē), 실천적 · 윤리적 지식을 의미하는 프로네시스(phronesis), 그리고 기술적 지식을 의미하는 테크네(techne)로 불린다.

표 12-1 **세 가지 활동의 양식 구분**

활동의 양식	테오리아 (theoria)	프락시스 (praxis)	포이에시스 (poiesis)
관련된 지식	에피스테메 (epistēmē)	프로네시스 (phronesis)	테크네 (techne)
성격	이론적/형이상학적	실천적/윤리적	제작적/기술적

아리스토텔레스의 구분에 의하면, 기술은 '만드는 것'과 관련된 앎이다. 즉, 기술(테크네)은 제작활동(포이에시스)을 더 잘할 수 있도록 돕는 지식 또는 그러한 활동의 결과로 형성된 지식이다. 테크네가 관여하는 포이에시스는 다양한 활동 중 특히 제작과 관련된 활동이다. 포이에시스는 프락시스와 달리 가치중립적이며, 테오리아와 달리 진리를 아는 것과는 무관하다. 이러한 기술의 특성은 기술이 관여하는 제작이라는 활동의 가능성과 한계를 보다 면밀히 검토하는 데 큰 방향성을 시사한다.

2) 인간의 조건과 기술

아렌트(Hannah Arendt)는 "인간은 조건 지어진 존재"(Arendt, 1958/2019: 85)라고 말한다. 이 말은 인간에 의해 만들어진 조건이 다시금 인간을 형성하는 데 영향을 미친다는 의미이다. 아렌트의 명제를 친숙한 표현으로 풀어 쓰면, "인간은 조건을 만들지만, 그 조건은 다시금 인간을 만든다"로 될 것이다. 이것은 인간과 기술의 관계에도 그대로 적용될 수 있다. "인간은 기술을 만들지만, 기술은 인간을 만든다." 인간은 끊임없이 새로운 기술을 만들어 낸다. 그보다 더 중요한 것은 기술적 환경이 다시 인간의 조건이 되어 생각하고 말하고 행동하는 인간의 방식에 영향을 미친다는 사실이다. 인간이 만들고 사용하는 기술이라는 조건은 인간을 규정하는 조건이 되기 때문에 기술에 대해 진지하게 성찰할 필요가 있다.

아렌트는 아리스토텔레스의 활동 양식에 대한 고전적 구분을 계승하면서도 인간의 활동에 관한 보다 심층적인 논의를 전개한다. 아렌트(1958/2019)는 『인간의 조건(The Human Condition)』에서 인간의 정신적 삶(vita contemplativa)보다는 활동적 삶(vita activa)에 주목하면서, 이것을 노동(labor), 제작(work), 행위(action)의 세 양식으로 구분한다. 노동은 인간이 자연 속에 하나의 생명체로 태어난다는 사실에서 발생하는 신체의 활동이다. 몸을 가진 존재로서 인간은 생명을 유지하기 위한 활동을 하지 않을 수 없다. 그래서 인간은 자연환경 속에서 신체노동을 통해 생명을 영위한다. 낮과 밤, 계절의 순환이라는 자연환경의 리듬을 따라 신체를 사용하여 살아가는 활동, 이것이 노동이다. 이처럼 인간이 노동을 하는 이유는 바로 생명(life)을 가진 존재이기 때문이다. 노동은 생명을 유지하기 위해 자연에 상응하여 신체를 가지고 하는 활동양식이다.

인간은 하나의 생명체로 태어나지만 자연 속의 생명체로만 살아가지 않는다. 인간은 자연 속에 살아가는 다른 동물들과 달리, 집을 짓고, 도로를 놓고, 각종 도구를 만들어서 자연환경과는 구분되는 인공적인 세계를 만들고 그것을 거주지로 삼고 살아간다. 이와 같이 인간이 손으로 사물을 만드는 활동을 가리켜 제작(work)이라고 한다. 제작은 다양한 사물들을 만들어서 자연환경과는 구분되는 인간의 거주지인 인공세계를 만드는 활동이다.

인간은 자연 속에 태어나 인공세계를 만들기도 하지만, 그 세계가 보다 아름답고 안전한 거처가 되도록 그것의 의미와 목적에 관해 사유하고 타인과 함께 논의하는 활동도 한다. 이는 자연환경 속에 주어지는 물질의 매개 없이, 또는 인공세계를 구성하는 사물의 매개 없이 오직 다른 인간 존재들과 함께 말하고 행위하는 인간 사이의 세계이다. 아렌트는 이것을 가리켜 행위(action)라고 말한다. 행위란 "사물이나 물질의 매개 없이 인간 사이에 직접 수행되는 유일한 활동"(Arendt, 1958/2019: 83)이다. 요컨대, 인간은 자연 속에서 생명을 유지한다. 인간은 또한 자연의 물질을 사용하여 새로운 사물을 만들기도 한다. 나아가 인간은 인간에게 필요한 사물세계가 어떠해야 할지를 사유하고 함께 논의하는 활동을 한다. 이를 통해 인간은 세계를 구성하게 된다. 그렇게 구성된 세계는 우리가 사는 거주지가 되면서, 새롭게 오는 세대들이 태어나고 자라가는 터전이 된다.

기술은 세 가지 활동 양식 중에서 제작의 특징이 가장 집약적으로 나타나는 활동이다. 인간은 도구를 제작하는 존재다. 그래서 인간은 '호모 파베르(homo faber)'라고 불리기도 한다. 인공지능이나 사이보그, 맞춤아기는 호모 파베르로서 인간의 면모를 보여 주는 현상이라고 할 수도 있다. 그런데 인간은 왜 자연환경 속에서 자연에 순응하여 노동을 하면서 사는 데 그치지 않고 제작이라는 활동을 할까? 아렌트는 인간이 제작이라는 활동을 하는 조건을 '세계성(worldliness)'이라고 부른다. 즉, 하나의 생명으로 태어나 자연 속에서 사멸할 수밖에 없는 인간이, 자신의 사멸성의 한계를 극복하기 위해 보다 안정적이고 영속적인 세계를 만들려는 욕구에 따라 제작을 하게 된다는 것이다. 인간의 손으로 만들어진 인공세계는 불멸까지는 아니더라도 어느 정도 지속성을 지니기 때문에 필멸할 수밖에 없는 인간의 삶에 견고함과 안정감을 준다. 이 인공세계 속에서 인간은 자연보다 더 편안함과 안정감을 느끼며 그것을 자신의 거처로 삼고 살아가게 된다. 그러나 인공세계는 인간의 손으로 만들어졌기 때문에 시간이 지나면 낡고 파멸할 수밖에 없다. 그런 한계에도 불구하고 인간이 만든 인공세계는 우리가 태어나기 전에도 있었고 우리가 죽고 나서도 지속되며, 우리만 거할 뿐만 아니라 우리의 다음 세대도 거하게 될 인간의 공동 거주지가 된다.

그렇다면 제작의 특징은 무엇인가? 첫째, 제작은 자연에서 추출된 재료로 인공물을 만드는 활동이다. 제작물은 언제나 자연에서 추출된 원재료에 변형을 가해 만들어진다. 이렇듯 제작이라는 활동은 이중적인 성격을 갖는다. 한편으로 제작은 우리가 원하는 물건을 만드는 과정이지만, 다른 한편으로 그것은 원재료의 파괴라는 전제 위에서만 성립한다. 둘째, 제작이라는 사물을 만드는 활동은 '수단–목적' 관계를 특징으로 한다. 제작에는 항상 어떤 물건을 만들 것인가에 대한 하나의 상(象)이 먼저 있게 되고, 그 목적에 따라 물건을 만들게 된다. 물건을 만드는 과정은 제작의 목적을 달성하기 위한 수단으로 작용하며, 최종결과물의 산출과 더불어 제작과정은 끝이 난다. 이와 같이 제작은 수단–목적 관계에 의해 지배되면서, 명확한 시작과 끝을 가진다. 셋째, 제작의 전 과정을 평가하는 기준은 유용성이다. 유용성은 생산물과 목적의 부합여부를 의미하며, 제작의 과정에서 만들어진 결과물을 판단하는 기준이 된다. 제작의 과정이 수단–목적 관계에 의해 주도된다면, 제작의 최종적인 결과는 생산물의 유용성, 즉 쓸모에 의해 판단된다. 넷째, 제작활동은 인간의 손으로 물건을 만드는 활동으로서 고립된 성격을 지닌다. 제작활동은 협동 활동으로 이루어질 때도 있지만, 본질상 혼자서 하는 장인의 활동에 보다 가깝다. 그렇기 때문에 제작은 타인과의 관계 속에서 말과 행위로 자신을 드러내는 행위라는 활동과는 구별되며 그만큼 공적 영역에서 은폐되기 쉽다.

제작이라는 활동 덕분에 인간은 자신이 원하는 바에 따라 가시적인 결과물을 산출할 수 있다는 성취감과 자신감을 갖게 된다. 그러나 제작이라는 활동이 우리 삶의 전 영역을 주도하는 지배적 관점이 될 때 우리는 곤경에 처할 수 있다. 여기서 제작의 곤경이란 무엇인가? 제작활동을 중심으로 삶을 바라보는 것은 세계를 수단–목적의 관계로 파악하게 된다는 것을 의미하며, 이는 곧 모든 것을 유용성, 즉 쓸모라는 기준으로 판단하게 된다는 것을 의미한다. 또한 공적 영역에서 쉽게 은폐되는 특성으로 인해 제작활동은 공적 시선으로부터 차단된 채 자신이 원하는 결과물을 얻기 위한 삶 속에 매몰되기 쉽다. 그 결과 제작의 과정이 발 딛고 서 있는 원재료의 파괴라는 전제조건을 망각하게 되고, 오로지 산출하는 결과물에만 관심을 집중하게 된다. 또한 모

든 것을 유용성이라는 관점에서 파악하게 됨으로써, 유의미성이라는 삶의 다른 준거를 놓치게 된다. 그러한 태도와 관점은 인간이 세계와 맺을 수 있는 다양한 관계를 제작의 한 가지 관점으로 환원하는 것이다. 그 결과 인간은 다양한 의미의 차원으로 이루어진 세계를 상실하게 된다.

제작활동에 내재한 위험성에 대해서는 테일러(Charles Taylor)도 동일하게 경고하고 있다. 테일러는 모든 것을 도구적 관점으로 파악하는 태도를 가리켜 근대인의 '기술적 합리성(technical rationality)'으로 규정하면서, 이것이 인간과 자연, 타인을 대하는 방식을 근본적으로 변화시켰다고 비판한다(Taylor, 1998/2001: 132). 전근대인이 경험하던 세계는 눈에 보이지 않는 신과 천사들, 그리고 눈에 보이는 자연, 동물, 인간들이 하나의 우주적 질서 안에서 각자의 위치를 차지하는 유기적으로 통합된 세계였다. 그러나 근대로 이행하면서 이와 같은 존재의 거대한 고리(great chain of Being)에서 떨어져 나와 세계가 탈주술화(disenchantment)되면서 각 사물들은 자신에게 부여되었던 의미를 상실하고 단순한 물질의 조합 또는 인식의 대상으로 전락하고 만다. 탈주술화로의 이행 속에서 각 사물들을 특정 목적을 이루기 위한 잠재적 수단으로 파악하는 관점이 일반화되면서, 기술적 합리성은 근대인의 지배적인 태도로 자리 잡게 된다. 테일러는 그러한 태도가 근대인의 자기소외를 초래했을 뿐만 아니라, 오늘날 점증하는 생태위기를 야기한 원인이 되었다고 경고한다.

이상의 논의를 통해 알 수 있는 것은, 기술은 인간 활동의 다양한 양식 중의 하나라는 것이다. 그런데도 기술이 인간 삶의 주도적인 원리로 전면화될 때, 인간 삶의 다른 가치 있는 측면들이 상실될 수밖에 없다. 따라서 우리는 기술이 사물을 만드는 제작활동의 하나이며, 언제나 원재료에 대한 파괴를 수반한다는 것을 염두에 둘 필요가 있다. 또한 물건을 만들 때 사용하는 수단–목적 관계나 유용성과 같은 제작의 준거들은 제작이라는 활동 내에서 활용되어야 할 뿐, 이것을 인간의 삶 전반으로 확장하게 될 때 모든 존재를 나의 용도를 위한 수단으로 파악하게 되는 파괴적 태도에 종속될 위험이 있다. 우리가 만든 기술은 다시 인간의 삶과 인간 존재를 제한하는 조건이 되기 때문에, 우리는 기술에 대해 민감한 감수성을 지닐 필요가 있다. 이 때문에 기술의 목적에 대한 성찰을 소수의 전문가에만 맡길 것이 아니라, 함께 사는 우리 모두의 세계에 기술이 어떠한 모습으로 드러나야 할지에 대해 공적 영역에서 타인들과 더불어 적극적으로 논의해야 할 것이다.

3. 기술에 대한 다양한 관점

우리 삶의 환경을 변화시킬 뿐만 아니라 점점 우리 몸속으로 침투해 들어오며 우리를 변화시키는 기술을 직면할 때, 우리는 기술에 대하여 어떤 태도를 취해야 할지 의문이 생긴다. 우리는 기술을 경계해야 될까? 아니면 적극 받아들여 우리 삶과 인간능력을 향상시켜야 할까? 혹은 기술을 단순히 인간의 도구로만 생각하면 될까? 기술에 대한 관점은 그 기술을 대하는 인간의 태도와 사고의 방식을 전제하고 있으며, 이는 결국 인간과 기술이 맺는 관계에 관한 보다 근본적인 질문으로 귀착된다. 이 절에서는 인간과 기술의 관계에 관하여 탁월한 사유를 전개하였던 사상가들 중, 대표적으로 하이데거, 돈 아이디, 라투르의 기술철학을 차례로 살펴본다.

1) 하이데거의 기술철학

하이데거(Martin Heidegger)는 기술에 대하여 본격적으로 철학적 사유를 전개한 최초의 철학자라고 할 수 있다. 하이데거는 『존재와 시간(Being and Time)』에서 존재에 대한 물음을 묻는 존재철학을 전개한 것으로 유명하다. 하이데거는 그의 존재철학의 한 부분으로 기술철학을 전개하였는데, 기술에 대한 그의 사유는 「기술에 대한 물음(The Question Concerning Technology)」에 가장 명시적으로 드러나 있다. 하이데거는 기술에 대하여 우리가 통념적으로 가지고 있는 견해들을 비판한다. 예를 들어, "기술이 목적을 위한 수단이거나 인간 행동의 하나"라고 보는 관점을 가리켜 "기술에 대한 도구적 · 인간학적 규정"이라고 비판한다. 또는 기술을 가치중립적인 것으로 간주하는 견해도 비판한다. 기술에 대한 통념적 이해는, 기술 자체에 대한 규정으로는 올바를지 모르지만, 인간과 기술의 관계에 대한 깊은 고찰 없이 일방적인 기술개념을 강제함으로써 기술의 본질에 접근하기 어렵게 만들기 때문이다. "기술에 대한 통념적 견해는 우리를 기술의 본질에 대해 완전히 맹목적이게 함으로써 기술에 대한 잘못된 사고에 매몰되게 한다"(Heidegger, 1954/2008: 12). 기술은 분명히 인간이 제작한 도구다. 그러나 기술을 도구로만 대하게 될 때, 인간은 그것을 "정신적으로 장악하려는 자"로 간주된다. 그럴 때 인간에게는 기술을 지배하려는 의지가 작동하게 된다. 지배의지

는 기술이 인간의 통제를 벗어날 가능성이 커질수록 더욱 절박해지게 된다(Heidegger, 1954/2008: 11). 기술과 인간 간의 그러한 관계는 분명 자유롭지 않은 관계다.

그렇다면 인간은 어떻게 해야 기술과 자유로운 관계를 맺을 수 있게 되는가? 하이데거의 답변은 간단명료하다. 우리가 기술의 본질을 보게 될 때, 우리는 기술과 자유로운 관계를 맺게 된다. 그렇다면 하이데거가 말하는 기술의 본질은 무엇인가? 하이데거는 기술을 가리켜 감춰진 진리를 드러내는 통로라고 말한다. 제작(poiesis)은 어원상 "밖으로 끌어내어 앞에 내어놓음", 즉 은폐된 어떤 것을 비-은폐의 상태로 나타나게 하는 것이다. 기술은 결국 "탈-은폐의 한 방식"이다(Heidegger, 1954/2008). 따라서 기술은 인간을 위한 단순한 도구가 아니라, 인간이 존재자들을 드러내고 그것들과 관계 맺는 독특한 방식이다(박찬국, 2013).

그렇다면 존재자들을 탈-은폐시키는 방식의 하나인 기술은 본질적으로 무엇인가? 기술(techne)의 근원인 제작으로서 포이에시스(poiesis)는 시적활동(poetry)과 어원이 같다. 기술이 담당하는 제작은 무엇인가를 만드는 활동이며, 이 점에서 시를 만드는 예술활동과 유사하다. 기술은 감추어져 있던 여러 존재자들 간의 관계를 드러낸다. 강을 가로지르는 다리는 강 양편의 강둑을 의미 있는 것으로 드러나게 하고, 강 건너의 마을을 이웃으로 만들어 준다. 이처럼 다리를 제작하는 기술은 숨어 있는 관계들을 드러나게 해 준다(손화철, 2020: 65). 그래서 기술은 시적활동과 같이 감추어져 있던 진리를 드러내는 하나의 존재 방식이라고 말할 수 있다.

과거에는 기술이 자연과 우리의 관계를 의미 있는 방식으로 드러나도록 돕는 방편이었다. 예컨대, 농작기술은 땅을 경작하고, 씨를 뿌리며, 물을 주어 작물이 잘 자라도록 돌보고, 때를 기다려 소산을 얻도록 돕는 것이었다. 그러나 현대기술에 이르러 탈-은폐 방식의 하나로서 기술은 '도발적 요청'으로 바뀌었다. 과거의 기술이 자연에게 부탁해서 때를 기다려 소산을 거두는 것으로 그쳤다면, 현대의 기술은 자연에게 우리가 원하는 것을 내놓으라고 무리하게 요구한다. 풍차의 날개는 바람의 힘으로 돌아가며 바람에 전적으로 자신을 내맡기지만, 현대기술은 우리가 필요로 하는 에너지를 내놓으라고 강요한다. 그래서 하이데거는 현대기술의 본질을 가리켜 '닦달'(몰아세움)이라고 말한다. 이 과정에서 인간이 자연과 맺어 온 다양한 관계들이 제거되고, 자연은 단지 인간에게 더 많은 생산품을 제공하는 채굴장, 식품저장소, 수자원으로 전락하게 된다. 자연을 도발적으로 닦달하여 인간의 욕구 충족을 위한 저장소로 만들어 버리는 방식은 인간과 사물의 관계를 단편적이고 편협하게 만들게 된다. 모든 존재자들을 단지 부품으로만 드러나게 하는 닦달은 사물뿐만 아니라 인간마저 대체 가능한 부품으로 여기도록 만든다. 바로 이 지점에서 현대기술에 대한 하이데거의 우려가 표출된다.

하지만 하이데거는, "위험이 있는 곳에서는 그러나/구원의 힘도 함께 자라네"라는 휠덜린(Hölderlin)의 시를 인용하면서, 현대기술의 위험을 직시하게 될 때 희망도 함께 자란다고 본다. 즉, 현대기술이 닦달의 위험을 직시하여 예술처럼 존재의 진리를 드러내는 방식으로 회복될 때, 인간은 기술과 자유로운 관계를 맺을 수 있는 희망이 있다. 하이데거의 기술철학은 기술에 관한 본격적인 철학적 사유라는 점에서 의의가 있다. 그러나 개별기술에 대한 구체적인 경험도, 기술의 실제 변화에 대한 경험적 근거도 없이, 기술을 단지 몰역사적이고 정태적으로 이해하려고 시도했다는 비판을 받기도 한다(손화철, 2020: 69).

2) 돈 아이디의 기술철학

하이데거가 기술의 본질을 물었다면, 돈 아이디(Don Ihde)는 현재 일어나고 있는 기술이라는 현상을 세밀하게 관찰하고 분석하는 기술의 현상학을 제시한다(손화철, 2020: 123). 아이디는 현상학적 방법을 사용하여 기술과 인간이 관계를 맺는 방식을 다양하게 설명한다. 아이디도 하이데거와 마찬가지로 기술이 중립적이지 않다고 본다. 인간이 기계를 사용하게 되면, 기계는 인간에게 재귀적으로 다시 영향을 끼치기 때문이다. 따라서 기술에 대한 경험은 필연적으로 인간이 세계를 인식하는 방식, 궁극적으로는, 인간이 자신을 생각하는 방식에 영향을 미친다(Ihde, 1997/1998). 인간이 기술과 관계를 맺는 양상으로는 어떤 것이 있는가? 아이디는 인간과 기계가 관계를 맺게 되는 방식을 다음의 네 가지로 요약한다.

첫째, 우리는 기계를 통해 세계를 경험한다. 우리는 안경을 통하여 더 먼 곳을 보며, 분필을 가지고 칠판에 글을 쓴다. 이처럼 기술이 인간 몸의 일부가 되어 세상을 경험하는 방식을 가리켜 '체현적 관계(embodiment relations)'라고 부를 수 있다. 우리는 분명히 분필이나 안경, 지팡이를 통해 세계를 경험한다. 하지만 그 도구는 세계에 대한 우리의 경험을 변형시킨다. 우리가 분필을 통해 칠판을 경험하는 것은 맨살로

칠판을 경험하는 것과 다르다. 분필로 칠판에 글을 쓰는 것은 우리의 목적을 달성하게 해 준다는 점에서 특정 경험을 확장하지만, 칠판을 맨손으로 만질 때의 부드러움과 차가움, 평평함과 같은 촉감을 경험하게 해 줄 수 없다. 따라서 분필을 통한 경험은 맨손의 접촉경험과 비교했을 때 '축소된' 경험이라고 할 수 있다. 또한 분필을 통한 경험은 칠판에 글을 쓰는 것을 지향하기 때문에 글을 쓰는 순간 칠판만 인식할 뿐 분필자체를 인식하지는 못한다. 이때 인간과 세계를 매개하는 도구인 분필은 투명해진다. 체현적 관계는 또한 망원경을 통해 우주를 관찰하는 것, 전화로 상대방과 대화하는 것 등에서도 예시를 찾을 수 있다.

둘째, 기계를 통해 체현되는 경험과 달리, '해석학적 관계(hermeneutic relations)'를 통한 기계 경험도 있다. 온도계는 온도표시 문자판을 통해 세계의 보이지 않는 상태를 해석할 수 있게 해 준다. 비행기의 이착륙 상태를 관할하는 통제센터의 복잡한 전광판이나 MRI 측정화면은 그 기계의 수치나 도표를 해석함으로써 이면의 보이지 않는 세계를 이해할 수 있도록 해 준다. 복잡한 기계뿐만 아니라 글 쓰는 작가의 텍스트도, 해석을 통해서 작가가 그려 내는 세계를 경험할 수 있게 해 준다는 점에서, 해석학적 관계라고 할 수 있다. 해석학적 관계의 경우, 우리가 하는 경험의 일차적 종착지는 기계에 놓여 있다. 우리는 세계를 직접 경험할 수 없고, 오직 기계를 해석할 때 세계가 드러나게 된다. 이처럼 매개된 경험은 기계의 오류가능성으로 인해 항상 왜곡될 수 있다. 실지로 열이 오르고 있는데도 체온계에 숫자가 낮게 표시될 수 있고, 난방장치가 고장인데도 계기판은 정상으로 표시될 수 있다. 이런 경우도 우리는 기계에 대한 경험 내에서 세계를 해석하게 된다. 해석학적 관계에서는 기계가 경험의 초점이 된다. 우리는 기계를 대면함으로써 기계에 연루되어 드러나는 세계를 경험하게 된다.

셋째, 기술이 타자로 드러나는 '타자관계(alterity relation)'를 들 수 있다. 망치로 못을 박을 때나 안경을 쓰고 세상을 볼 때 또는 자동차를 운전해서 길을 갈 때와 같이 기술이 몸의 연장으로 여겨지는 체현관계의 경우, 기계는 투명성을 지닌다. 그래서 기계를 사용하는 동안 우리는 그것을 거의 인식할 수 없다. 그러나 기계 중에는 매우 특별한 관계로 경험되는 경우가 있다. 매우 친밀한 관계를 맺고 있는 기계의 경우 애정의 대상이 되고, 컴퓨터 게임을 하며 컴퓨터와 경쟁하는 경우, 마치 다른 누군가와 경쟁하는 것 같은 심리상태가 되기도 한다. 이처럼 기술을 '유사-타자(quasi-other)'로 인식하는 경우가 있다. 이때 기술과 인간의 관계는 타자관계로 이해될 수 있다. 기

술기반 사회로 진행될수록 기계가 유사-타자처럼 여겨지는 경우가 증가하게 된다. 인공지능과 맺게 되는 친밀한 관계도 그럴 것이다(손화철, 2020: 124).

넷째, 기계에 대한 경험들 중에서 기계가 삶의 배경이 되는 '배경적 관계'가 있다. 우리는 집에 들어갈 때 전등스위치를 켜고 집을 나올 때 스위치를 끈다. 더우면 에어컨을 켜고 추우면 난방을 켠다. 스위치를 켜서 기계를 작동시킨 이후로 더 이상 신경을 쓰지 않고, 각자는 자신의 할 일을 하게 된다. 이 경우 기술은 관심의 대상이 된다기보다 배경의 자리에 머물게 된다. 이처럼 기술은 인간이 삶을 영위하는 환경을 구성하여 인간과 배경적 관계(background relation)에 놓이게 된다. 우리 삶에 깊이 들어와 당연하게 자리 잡고 있어서 그 존재를 인식하지도 기억하지도 못하는 기술들이 그런 경우에 해당된다(손화철, 2020: 124).

돈 아이디는 기술에 대한 우리의 경험을 현상학적으로 분석하여 세계에 대한 이해를 시도한다. 이런 점에서 돈 아이디는 하이데거를 계승하고 있다고 볼 수 있다. 그러나 현대기술에 대한 비관적 전망보다는 인간의 삶에 미치는 기술의 영향을 인정하고, 부분적이지만 그것을 긍정한다는 점에서 하이데거와는 차이를 보인다. 인간과 기술이 맺는 관계의 다차원적 양상을 현상학적으로 상세하게 논의한다는 점에서도 구별된다. 우리는 기술을 통해 세계를 체현적으로 경험하기도 하고, 기술에 대한 경험을 통해 세계를 해석적으로 경험하기도 한다. 또한 기계와의 내밀한 관계를 통해 유사-타자처럼 관계를 맺기도 하고, 우리가 잘 인식하지 못하는 배경으로 삼아 살아가기도 한다. 인간과 기술이 맺는 관계의 양상은 인간이 세계를 인식하고 경험하는 방식에 깊은 영향을 끼친다. 돈 아이디는 기계를 통해 매개된 경험이 세계를 향한 우리의 경험을 축소시키기도 하고 확장시키기도 한다고 말한다. 축소/확장의 차원을 면밀히 아는 것은, 우리 자신이 세계와 관계를 맺으며 사는 방식에 결정적인 영향을 미치기 때문에 중요하다(Ihde, 1979/1998).

아이디가 볼 때, 기계 사용으로 인한 경험의 축소/확장을 판정하는 데 준거역할을 하는 것은 바로 '맨살경험'이다. 맨살경험이란 생활세계에서 몸의 감각을 통해 일상생활을 할 때 겪는 가장 원초적인 경험을 말한다. 몸을 가지고 살아가는 생활세계에서 하게 되는 맨살경험은 기술기반 사회에서도 여전히 중요하다. 왜냐하면 기계를 통한/대한 경험이 우리의 원초적인 경험을 어떻게 확장하고 축소시키는지 그 차이를 인식하는 데 중요한 근거로 작용하기 때문이다. 아이디에 따르면, 철학이 수행해야

할 과제는 경험의 확장/축소라는 변화를 보다 뚜렷이 드러내고 참된 변화의 가능성과 참되지 못한 변화의 가능성을 분별하는 것이다(Ihde, 1979/1998). 그럴 때 우리는 기술이 우리에게 미치는 영향에 대해 보다 의식적으로 될 수 있고, 그것을 통해 기술개발과 사용의 방향성을 논의할 수 있기 때문이다.

3) 라투르의 기술철학

기후위기, 지구온난화, 팬데믹 등 오늘날 우리가 직면한 문제들을 보자. 이것은 인재인가, 아니면 자연재해인가? 오늘날 우리는 인간과 기술을 더 이상 분리해서 생각할 수 없는 시대에 살고 있다. 브루노 라투르(Bruno Latour)는 인간과 기술이 맺는 복잡한 관계에 주목한다. 그러면서 인간과 기술을 분리해서 사고하는 것은 오늘날 자연과 인공이 융합된 하이브리드적인 현상들을 포착하는 데 아무 도움이 안 된다고 말한다. 나아가 인간과 기술을 분리해서 사고하는 이분법적 사유는 근대 이후로 형성된 인간중심적인 사고의 산물이라고 주장한다. 그러한 사고로부터 파생된 대표적인 기술관이 인간을 목적으로, 기술을 수단으로 보는 도구적 기술관이라는 것이다. 근대의 인간주체/사물객체의 이분법적 사고는 한편으로 인간을 중심에 두고 다른 사물을 도구화시키면서, 다른 한편으로 인간과 기술의 각종 하이브리드를 만들어 내는 모순된 양상을 보였다(Latour, 1991: 116). 이분법적 사고는 근대 이후로 인간(사회)/물질(자연), 인문학/과학이라는 이분법적 경계 짓기로 확장되었고, 그 결과 과학에 무지한 인문학도와 인문학적 사유가 결여된 과학자그룹을 양산하게 되었다(Latour, 2010/2012). 이분법적 태도에서 비롯된 도구적 사고는 생태위기에 아무 전문가도 없고, 아무도 책임지는 자도 없게 만듦으로써 결과적으로 생태위기를 더욱 가속화시킬 뿐이다.

이상과 같은 문제의식에서 라투르는 인간과 물질을 동등한 존재론적 지대 위에 놓고 사유할 것을 촉구한다. 즉, 인간과 비인간 모두 행위성을 가진 동등한 행위자로 받아들이고, 인간과 비인간 행위자가 연합하여 형성하는 네트워크의 효과에 주목해서 이 세계를 이해하자는 것이다. 이것이 라투르가 존 로(John Law), 미셸 칼롱(Michel Callon)과 함께 구상한 '행위자–네트워크 이론(Actor-Network Theory: ANT)'이다. 행위자–네트워크 이론에서는 지식이나 조직, 사물 등 우리가 경험하는 현상을 인간과 비인간 사이에 형성되는 다양하고 복잡한 연합체, 즉 네트워크로 파악하고자 한다(박

은주, 2020: 7). 어떤 대상을 네트워크로 파악한다는 것은, 대상의 고정된 본질에 주목하기보다는 누가 누구를 만나 네트워크가 생성되고, 어떤 동맹을 얻어서 네트워크가 확장되며, 혹은 누구의 배신과 이탈로 동맹을 잃고 네트워크가 소멸되는지, 한마디로 말해, 네트워크의 생성과 소멸을 둘러싼 동적인 과정에 주목하게 된다. 네트워크의 동적인 과정에서는 정해져 있는 주체와 객체가 아니라, 인간 행위자나 비인간 행위자 모두가 하나의 행위자로서 연합하여 드러내는 다양한 네트워크 효과가 더 중요하다.

기술적 현상을 네트워크가 형성되는 과정으로 이해할 때, 네트워크가 어떻게 생성되고 확장되며 변화를 이루어 내는지가 중요하다. 행위자-네트워크 이론은 하나의 네트워크가 만들어지는 과정을 번역이 이루어지는 과정에 비유한다. 예를 들어, 가리비유생을 연구하는 과학자의 목표는 가리비유생을 수집기에 잘 부착시켜서 자라도록 하는 것이다. 그러한 목표 아래, 연구에 참여하는 과학자들뿐만 아니라, 어부들과 가리비조개도 행위자로 수집된다. 이때 과학자는 그들 간의 이해관계를 면밀히 파악하여 하나의 목표 아래 단단히 결집시켜야 한다. 성공적인 결집의 결과를 논문으로 작성하여 학문공동체에서 새로운 지식으로 인정받을 때, 행위자들의 네트워크는 안정화된다. 그리고 그 지식이 널리 활용되어 더 많은 어부들이 그 방법을 사용한다면 네트워크의 확장이 이루어진다. 네트워크의 번역과정은 다음과 같다. 첫째, 과학자가 연구문제를 설정한다. 둘째, 관련된 각 행위자를 파악하여 어떤 조건에서 네트워크를 형성할 수 있는지 각 행위자에게 이해관계를 잘 부여한다. 셋째, 서로의 이해관계가 잘 맞아떨어질 때 네트워크로 모아서 등록한다. 넷째, 이 네트워크에 더 많은 행위자들을 모아서 네트워크를 확장한다. 칼롱은 그러한 번역의 단계를 "문제제기-이해관계부여-등록하기-동원하기"라는 4단계로 정리하였다(홍성욱, 2005: 26).

행위자-네트워크 이론은 다양한 행위자들 간에 구축된 네트워크가 안정화되어 하나의 대상물로 된 것을 '블랙박스(black-box)'라고 부른다. 예를 들어, 하나의 사물로 보이는 자동차도 사실은 엔진과 배기관, 연료가스 등이 모여서 이루어진 하나의 네트워크다. 평소에 아무런 문제가 없을 때 우리는 자동차를 하나의 사물로 사용한다. 이처럼 모든 연결이 안정화되어 그것의 사용에만 관심을 가질 때 그것을 가리켜 블랙박스라고 부른다. 그러나 자동차가 고장 나서 차의 뚜껑을 열고 모든 연결을 면밀히 점검하면서 비로소 각 부분과 기관의 연결을 발견할 때, 우리는 그것을 네트워크로 보게 된다.

오늘날 기술로 인해 발생되는 문제들은 대부분 우리가 사물의 네트워크를 이해하지 못하고 오로지 사용에만 관심을 갖는 블랙박스로 간주하여 소비의 대상으로 삼기 때문이다. 라투르는 기술을 사용의 대상이 아니라, 새로운 존재 양식으로 볼 것을 제안한다. 기술을 하나의 존재 양식으로 보게 될 때, 기술은 수단-목적 관계라는 직선이 아니라, 접기(folding)와 열기(unfolding), 우회(detour)라는 곡선의 역사로 이해된다(Latour, 2002). 예컨대, 망치라는 도구는 네트워크가 접힌(folding) 블랙박스로 볼 때, 우리가 사용하는 도구일 뿐이다. 하지만 블랙박스를 열고(unfolding) 그것을 이루는 복잡한 네트워크의 역사를 거슬러 올라갈 때, 우리는 망치라는 하나의 네트워크를 이루고 있는 광대한 물질의 역사로 안내된다. 망치머리를 이루는 철의 역사는 철이라는 물질이 어느 탄광, 어느 화석, 어느 동물에게서 나왔는지 거슬러 올라가도록 안내하고, 그러한 철광석이 어떤 과정을 거쳐 오늘날 내 손에 들리게 되었는지를 말해주는 하나의 철의 역사가 된다.

행위자-네트워크 이론의 가장 큰 특징은 인간/비인간, 사회/자연, 인문학/과학이라는 근대의 이분법적 경계를 넘어서고자 하는 초경계적 사유이다(홍성욱, 2005: 20). 오늘날처럼 인간과 기술이 융합되어 확장되고 소멸되는 역동적인 세계를 이해하는 데 더 이상 '인간만의 사회'/'인간 바깥의 물질적 세계'라는 근대적 구분은 유효하지 않다. 대신에 라투르는 기술을 인간 행위자와 비인간 행위자가 연합하여 이루는 네트워크라는 존재 방식으로 이해하자고 제안한다. 그 까닭은 오늘날 기술이 블랙박스화되어 사용과 소비의 대상으로만 여겨지고, 또 소수의 전문가의 문제로만 치부됨으로써 실지로 인류에게 심각한 위기를 낳기 때문이다. 인간은 더 이상 자연, 기술과 무관하게 인간만의 사회 속에서 살 수 없다. 인간은 줄곧 지구의 물질적 조건 위에서 삶을 영위해 왔던 존재다. 그러한 인식론적 · 존재론적 패러다임의 전환에 입각해서 사고하지 않는다면 오늘날 우리가 직면하는 기후문제, 환경오염문제, 인공지능과 결합된 포스트휴먼의 출현 등 나날이 속출하는 낯설고 새로운 현상들을 이해할 수 없고, 또한 그것에 대해 적절하게 대처할 수도 없다. 그렇다면 기술이라는 블랙박스를 열고 네트워크에 연결된 연결감각을 회복함으로써 기술에 대하여 더욱 의식적으로 될 필요가 있다. 이것이 점증하는 기술-생태위기에 대한 한 가지 대처방안이 될 수 있다. 라투르는 급진적 경계 허물기를 통해서, 근대적 패러다임에 기반을 둔 우리의 자아관과 세계관에 대하여 전방위적이고 대담한 도전장을 던진다.

4. 기술과 인간, 그리고 교육

인간이 만든 기술은 우리 삶에 외적인 영향만 끼치는 것이 아니라, 점점 인간의 안으로 침투하며 인간 존재에 대한 우리의 관념에까지 영향을 미친다. 앞서 소개한 인공지능, 사이보그, 인공생명과 같은 새로운 개념들은 휴머니즘의 논의와 대비를 이루며 포스트휴머니즘의 담론을 형성하고 있을 뿐만 아니라, 인간 존재에 대한 전통적인 개념을 변화시키고 있다. 그렇다면 기술기반 사회에서 인간이해는 어떻게 변화되고 있으며, 그러한 인간을 길러 내는 교육은 어떻게 변화되고 있는가?

어느 순간부터 매우 익숙하게 된 알파고나 인공지능, 사이보그, 4차 산업혁명 등의 용어들은 급격하게 발전하는 기술이 인간의 모습을 어떻게 변화시킬 것인지에 대한 관심을 증가시켰다. 특히 NBIC로 불리는 첨단 과학기술인 생명공학기술, 분자나노기술, 정보기술, 인지과학을 중심으로 공상과학 영화에서나 가능할 법한 일들이 실제로 하나씩 실현되자, 기술의 변화가 가져올 미래에 대한 논의는 더 이상 무시할 수 없는 시대적 흐름으로 대두하게 되었다. 기술의 진보로 인한 미래의 변화된 인간의 모습과 관련된 논의들은 '포스트휴머니즘' 담론에서 보다 상세하게 전개된다. 포스트휴머니즘은 논의의 갈래가 많고 그 경계도 불투명하다. 이 절에서는 '포스트휴먼'의 개념을 중심으로 비판적 포스트휴머니즘과 트랜스휴머니즘이라는 두 가지 사조를 대비하여 살펴보고 결론적으로 이상의 논의들이 교육에 시사하는 바를 살펴보고자 한다.

1) 포스트휴머니즘 1: 비판적 포스트휴머니즘

포스트휴먼이라고 할 때 포스트(post)는 두 가지 의미를 지닌다. '포스트'의 한 가지 의미는 '탈(脫)'이다. 여기에서 '탈'은 벗어나다, 극복하다의 의미를 지닌다. 그렇다면 포스트휴먼은 '탈인간'으로서 기존의 인간에 관한 이해를 벗어나자는 의미가 된다. 이것은 기존의 인간이해를 대표했던 휴머니즘에 관한 비판적 문제제기를 담고 있으며, 주로 근대 이후로 인간을 합리적 이성을 지닌 존재로 이해해 온 인간중심주의를 비판의 대상으로 겨냥한다. 이처럼 근대적 휴머니즘을 극복하기 위한 새로운 휴머니

즘의 가능성을 모색하려는 포스트휴머니즘의 흐름을 '비판적 포스트휴머니즘'이라고 부른다. 이 입장은 휴머니즘에 대한 비판적 대안을 모색하기 때문에 '포스트-휴머니즘'으로 불리기도 한다. 비판적 포스트휴머니즘은 근대 휴머니즘에서 정의되는 인간(human)의 개념이 전제하였던 '인간중심주의, 유럽중심주의, 남성중심주의, 백인중심주의'의 한계를 극복하고, 이를 대체할 수 있는 바람직한 인간 개념을 모색하는 데 초점이 맞추어져 있다.

비판적 포스트휴머니즘 진영의 대표적 이론가인 로지 브라이도티(Rosi Braidotti)는 "우리는 늘 인간이었거나 단지 인간일 뿐이라고 누구나 확실하게 말할 수 있는 것은 아니다"라고 말한다(Braidotti, 2013/2015). 어째서 그런가?

> 우리는 이제 보편적 양식으로 제시된 '인간'의 기준이 편파적이라는 이유로 널리 비판받고 있음을 알고 있다. '보편적 인간'은 사실 암묵적으로 남성이고 백인이며 도시화되고 표준 언어를 사용하고, 재생산 단위로서 이성애적이며, 승인된 정치 조직의 완전한 시민으로 가정되어 있다. (……) 인간은 또한 안트로포스의 종 특이성(species specificity) 때문에도 질책을 받는다. 즉, 위계적이고 헤게모니적이며 대체로 폭력적인 종의 대표자라고 질책을 받는다(Braidotti, 2013/2015: 87).

브라이도티에 의하면, 지금까지 우리가 보편적 인간으로 이해해 오던 규정들의 기준은 '편파적'이다. 우리가 보편적 인간 존재로 이해하였던 "데카르트의 코기토적 주체, 칸트의 이성적 존재들의 공동체, 혹은 시민, 권리보유자, 사유재산 소유자로서의 주체"와 같은 규정들은 그와 다른 범주의 존재자들을 배제하기 때문이다(Braidotti, 2013/2015: 8). 여기에서 암묵적으로 이해되는 인간이란 "남성이고 백인이며 도시화되고 표준 언어를 사용하고 재생산 단위로서 이성애적이며 승인된 정치 조직의 완전한 시민"으로 가정되고 있다는 것이다. 결과적으로 그 범주에 속하지 못하는 존재들은 합리적 주체의 지위를 박탈당하였다.

포스트휴머니즘은 전통적으로 인간을 구분 짓던 경계인 정신/신체, 이성/감성, 인간/비인간의 이분법적 경계를 넘어 인간 존재를 다른 방식으로 이해하고자 하는 흐름을 말한다. 브라이도티와 같은 포스트휴먼 이론가들은 근대의 협소한 인간 존재에 대한 이해를 넘어 오늘날의 변화된 시대의 맥락에 적합한 새로운 인간 존재 이해의 필요성을 역설한다. 그러면서 포스트휴먼 조건의 공통분모로서 "자연-문화 연속체"로서 인간을 이해할 것을 제안한다. 브라이도티에 의하면 "포스트휴먼 이론은 인류세로 알려진 유전공학 시대, 즉 인간이 지구상의 모든 생명에 영향을 미칠 능력을 지닌 지질학적 세력이 된 역사적 순간에, 인간을 지시하는 기본 준거 단위를 다시 생각하도록 돕는 생성적 도구"로 작동할 수 있다(Braidotti, 2013/2015).

첨단 과학기술의 발전은 인간/생명/기계/물질의 본성을 재존재화(reontologize)하고 디지털/물리/생물 사이의 경계를 해체한다(신상규 외, 2020: 20). 해체된 경계 속에서, 인간을 규정하던 인간/동물 혹은 정신/신체가 어떻게 다른가라는 질문보다는, 오히려 마음과 물질은 전적으로 다른 것인가, 자연과 인공은 명확하게 구분되는가와 같은 질문이 중요하게 대두된다. 따라서 탈휴머니즘을 지향하는 포스트휴먼 담론은 기술변형 시대의 인간이나 혼종적 생명 형태, 인공지능과 같은 기술적 인공물들, 즉 인간-생명-기술이 결합하여 빚어 내는 다양한 포스트휴먼 현상들을 적절히 이해하고 그에 대응하는 방안을 찾기 위한 시도라고 할 수 있다(신상규 외, 2020: 21).

2) 포스트휴머니즘 2: 트랜스휴머니즘

포스트휴머니즘에서 포스트의 다른 한 가지 의미는 '~이후'다. 이때의 포스트휴먼은 휴먼 이후에 등장하는 어떤 존재를 가리킨다. 앞에서 살펴본 인공지능이나 사이보그, 첨단 유전공학의 기술 등을 이용해서 만들어진 존재와 같이, 우리는 인간의 능력을 비약적으로 향상시킨 존재의 실현을 눈앞에 두고 있다. 인공지능이나 생명공학의 도움을 받아 생명의 유한성을 극복하고 인간의 신체나 정신적 능력을 인위적으로 향상시켜야 한다는 입장은 '트랜스휴머니즘' 으로 알려져 있다(신상규 외, 2020: 105). 이 입장은 미래의 포스트휴먼에 방점을 두고 접근하기 때문에 포스트휴먼-이즘으로 불리기도 한다. 이와 같은 미래 인간의 모습은 지금까지는 주로 공상과학 영화나 SF 소설에서 많이 다루어졌다. 그러나 미래에는 인위적으로 만들어진 인공지능이나 인간의 정신이 업로드된 존재, 혹은 '인간향상'이 누적되어 두뇌나 신체가 변형된 존재가 인간의 자리를 대신할 수 있다는 논의가 기술의 발전으로 인해 점차 설득력을 얻으면서, 학계에서도 급진적으로 변화된 미래 인간이 가지고 올 우리 삶의 변화에 대한 논의가 진지하게 이루어지고 있다. 예를 들어, 커즈와일(Ray Kurzweil)은 2040년대

가 되면 첨단기술이 인간의 능력을 넘어서는 시점, 즉 특이점(singularity)이 도래할 것이며 그때의 인간 역시 유전공학과 다양한 기술을 통해 지금까지와는 매우 다른 모습으로 진화할 것이라고 주장한다(Kurzweil, 2005/2007). 또한 모라벡(Hans Moravec)은 인간의 뇌를 다운로드하는 것을 실현 가능한 일로 전망하고 있으며, 모어(Max More)는 시신 전체나 머리를 냉동 보관하는 기업을 실지로 운영하고 있다.

트랜스휴머니즘이 무엇을 의미하는지는 모어가 1990년에 쓴 『트랜스휴머니즘: 미래주의 철학을 향해(Transhumanism: Toward a Futurist Philosophy)』의 다음 글에 잘 나타나 있다(신상규, 2014: 115 재인용).

> 트랜스휴머니즘은 우리를 포스트휴먼의 조건으로 인도하는 것을 모색하는 일군의 철학이다. 트랜스휴머니즘은 이성과 과학을 존중하고, 진보를 확신하며, 어떤 초자연적 '내세'보다는 이승에서의 인간적 존재를 가치 있게 여긴다는 점 등에서 휴머니즘과 많은 요소들을 공유한다. 그러나 트랜스휴머니즘은 신경과학이나 신경약물학, 수명 연장, 나노기술, 인공적인 초지능, 우주 거주와 같은 다양한 과학과 기술이 합리주의적 철학 및 가치체계와 결합해 야기할 우리 삶의 본성이나 가능성의 근본적인 변화를 인정하고 기대한다는 점에서, 휴머니즘과 구분된다.

트랜스휴머니즘은 인간 존재의 가치 있는 삶을 지향한다는 점에서 휴머니즘과 공통되지만, 가치 있는 삶을 실현하는 데 "신경과학이나 신경약물학, 수명 연장, 나노기술, 인공초지능, 우주 거주"와 같은 첨단 과학기술의 힘을 긍정적으로 인정하고 이를 적극적으로 수용한다는 점에서 휴머니즘과 구별된다. 이 같은 트랜스휴머니즘의 입장은 휴머니즘의 영역을 넘어 인간과 인간종의 개선을 목표로 하는 일종의 이념적 운동으로 변화되었다(신상규, 2014). 이와 같은 트랜스휴머니즘의 주장에 찬동하는 사람들을 트랜스휴머니스트라고 하는데, 이들은 과학기술을 이용해 인간의 자연적 본성을 바꾸고 한계를 뛰어넘는 것이 가능할 뿐 아니라 그것이 바람직하다고 생각한다. 지금까지 인류는 교육과 같은 전통적인 인문주의적 방법으로 인간 자체의 변화나 발전에 대한 이상을 추구해 왔다. 그런데 트랜스휴머니스트들은 그와 같은 방법들을 과거에 적절한 과학기술을 갖지 못했기 때문에 어쩔 수 없이 사용했던 비효율적인 인간개선의 방법으로 평가절하한다. 트랜스휴머니스트들에 따르면 전통적 방법은 이미 한계를 보였으며, 이제는 가속화된 과학기술의 발전에 따라 새로운 선택지를 갖게 되었다는 것이다.

3) 기술, 인간, 그리고 교육

교육은 인간을 기르는 활동이다. 이때의 교육은 기능수행의 결과론적 관점에서 규정되는 것이 아니라, 인간의 성장과정 전체에 개입되는 활동이다. 이 과정이 관심을 두는 것은 완성된 인간이 아니라 오히려 실패와 슬픔, 불완전을 지닌 인간의 성장과정 자체이다. 이 때문에 첨단 공학과 과학기술을 동원해서 인간 능력을 향상시키는 것은 기능의 개선일 뿐 우리가 교육이라 칭하는 과정과는 완전히 차원을 달리한다(한기철, 2020). 우정길(2018)은 교육에 맡겨진 고유한 역할은 인간이 충분히 인간적일 수 있도록 인도하고 가르치고 돕는 일로서, 이 일은 보스트롬(Nick Bostrom)의 순진한 희망처럼 기술적 수준이 높은 유전적 개입조작이라는 향상(enhancement)의 기제를 통해 초인을 탄생시키는 일과는 거리가 멀다고 비판한다. 개인과 세계의 비참한 상황을 유전자 변경과 기술의 개입으로 개선할 수 있다는 사고는 모든 것을 개인의 유전자라는 물질적 차원으로 환원시키는 과도한 공학적 접근이라는 것이다.

여기서 교육의 오래된 토대인 '휴머니즘'과 과학기술에 기반한 새로운 인간론인 '포스트휴머니즘'과의 관계를 짚고 넘어갈 필요가 있다. 인간을 기르는 교육이든, 과학기술의 도움으로 인간을 향상시키고자 하든, 인간의 '향상'을 지향한다는 점에서 공통되지만, 과연 무엇을 향상으로 볼 것인가라는 질문에 대해 생각해 볼 필요가 있다. 교육은 최종 목적을 인간의 '인간다움(humanity)'의 실현에서 찾는 반면, 후자는 생물학적 조건의 변경을 통한 인간의 기능적 향상을 목적으로 한다는 점에서 차이가 있다. 이 경우 다른 종으로 변화가 되더라도 여전히 인간의 좋은 삶은 무엇이며 인간다움은 무엇인가 하는 문제는 해결되어야 할 문제로 남는다. 이 점에서 한기철(2020)은 포스트휴머니즘에 대한 논의는 다시 휴머니즘에 대한 논의를 요청할 수밖에 없다고 한다. 저자는 교육이 인간의 인간다움을 실현하고자 하는 실천인 한, 인간다움을 추구하는 휴머니즘과는 떼려야 뗄 수 없는 관계에 놓인다고 한다. 이 때문에 저자는 포스트휴머니즘 진영에서 제기하는 휴머니즘의 비판이 정당하지 않다고 보며, 포스트휴머니즘에서 극복하고자 하는 휴머니즘이 전통적 휴머니즘 전체인지 혹은 왜곡

된 휴머니즘인지가 불분명하다고 주장한다. 역사의 과정에서 휴머니즘은 언제나 인간성이 위협받고 훼손되는 상황에 대한 저항정신으로 제기된 이념이었으며, 이 때문에 휴머니즘은 초월되거나 극복되어야 할 이념이 아니라 실현되어야 할 이념이며 실현되기를 기다리는 이념이라는 것이다. 박은주(2020: 22)도 포스트휴머니즘의 논의는 논리상 휴머니즘의 개념을 이미 전제하고 있다는 점을 지적하며, 포스트휴머니즘의 발전적 논의를 위해서라도 그 준거 역할을 하는 휴머니즘의 논의는 활성화될 필요가 있다고 주장한다.

이렇게 볼 때 포스트휴먼의 시대에도 여전히 인간다움이라는 가치는 중요한 준거로 남는다. 우리가 훌륭한 사람, 인간의 고유한 결을 지닌 사람을 향해 참으로 인간답다고 하는 것처럼 아름다움, 정의로움, 탁월함, 훌륭함과 같은 인류의 오래된 가치를 '인간다움' 혹은 '인문성'으로 보고 그러한 인간다움을 갖춘 인간을 기르는 것이 교육이라는 기획이 이루고자 하는 목표였다. 인공지능이 인간의 고유한 영역에 침투하며 인간을 능가하는 다양한 결과물을 생성해 내고, 또 놀라운 기술로 우리를 현재 수준에서 초월시켜 줄 것처럼 약속하지만, 그것이 우리가 함께 살아가는 세계에 적합한지 아닌지를 판단하는 것은 결국 인간의 몫으로 남는다. 어쩌면 우리에게 중요한 것은 인간이냐 기계냐, 인간행위자냐 비인간행위자냐의 이분법적 선택이 아니라 '어떠한' 인간인가, '어떠한' 기계인가, 혹은 '어떠한' 인간과 기계의 결합인가의 문제일지도 모른다. 이때 그 준거역할을 하는 것은 여전히 인간다움의 가치를 실현하고 있는가라는 문제일 것이다. 왜냐하면 기술이 비약적으로 발전한 기술기반 사회에서도 여전히 우리를 감동하게 하는 것은 인간에서나, 기계에서나 이러한 인간다움이 드러나는 순간이기 때문이다. 이 때문에 인간이 어떤 비인간행위자와의 네트워크를 이룰 것인가, 그러한 네트워크가 우리가 함께 살아갈 이 세계 속에 어떠한 모습으로 드러나고, 앞으로 이 세계를 어떻게 변화시킬 것인가에 대하여 우리 모두의 고민과 숙고가 절실히 요청된다.

토론 거리

1. 인공지능이나 사이보그, 유전자 아기 등 SF 소설이나 영화 등 자신이 경험한 포스트휴먼 사회의 풍경에 대해 나누어 보고, 기술이 바꾸어 갈 우리 미래의 모습에 대해 이야기해 보자.
2. 교육의 영역에 AI는 어떻게 활용될 수 있을까? AI 교사는 가능할까? AI의 교육적 적용과 관련하여 그것이 가져다줄 빛과 그림자에 대하여 토론해 보자.
3. 비대면 수업의 경험을 나누어 보고, 이것을 대면 수업의 경험과 비교해서 어떤 차이가 있는지 경험의 확장/축소 측면에서 토론해 보자.

더 읽어 볼 자료

홍성욱 편(2005). **인간 · 사물 · 동맹: 행위자네트워크 이론과 테크노사이언스**. 서울: 이음.
▶ 행위자-네트워크 이론에 관한 다양한 논의를 소개하는 책이다.

우정길 편(2021). **포스트휴머니즘과 교육학**. 서울: 학지사.
▶ 포스트모더니즘의 사상 및 기술철학의 내용이 교육학에 어떻게 수용 가능한지 그 가능성과 한계를 탐색한 책으로, 여러 편의 논문모음집이다.

Heidegger, M. (1954). *Vorträge and Aufsätze by Martin Heidegger*. 이기상, 신상희, 박찬국 역(2008). **강연과 논문**. 서울: 이학사.
▶ 하이데거의 기술에 관한 사유뿐만 아니라 다양한 주제에 관한 폭넓은 사유를 소개해 주는 책이다.

Ihde, D. (1979). *Technics and praxis*. 김성동 역(1998). **기술철학: 돈 아이디의 기술과 실천**. 서울: 철학과현실사.
▶ 돈 아이디의 현상학적 방법에 의한 기술철학의 아이디어를 상세하게 보여 주는 책이다.

Latour, B. (1987). *Science in action*. 황희숙 역(2016). **젊은 과학의 전선**. 경기: 아카넷.
▶ 라투르의 행위자-네트워크 이론의 전반적인 개념을 소개해 주는 책이다.

참고문헌

구본권, 스테판 로렌츠 조르그너, 하대청, 한상기, 박충식, 손희정, 이현재, 신상규, 하석준, 전혜숙, 이수진(2018). 4차 산업혁명시대: 인문학에 길을 묻다. 서울: 한국도서관협회.

김재인(2023). AI 빅뱅: 생성 인공지능과 인문학 르네상스. 서울: 동아시아.

박은주(2020). 기계도 행위할 수 있는가?: 브루노 라투르의 행위자네트워크이론(actor-network theory)을 중심으로. 교육철학연구, 42(4), 1-26.

박은주, 곽덕주(2016). 실천 교육학의 관점에서 '교육연구'(educational research)의 성격 재탐색. 교육학연구, 54(2), 1-30.

박은주, 유상운 편(2021). 에코테크네 기술비평. 서울: 선인.

박찬국(2013). 들길의 사상가, 하이데거. 서울: 그린비.

손화철(2020). 호모 파베르의 미래: 기술의 시대, 인간의 자리는 어디인가. 경기: 아카넷

신상규(2014). 호모 사피엔스의 미래: 포스트휴먼과 트랜스휴머니즘. 경기: 아카넷.

신상규, 이상욱, 이영의, 김애령, 구본권, 김재희, 하대청, 송은주(2020). 포스트휴먼이 몰려온다. 경기: 아카넷.

우정길(2018). 보스트롬(N.Bostrom)의 인간향상론에 대한 비판적 고찰. 교육문화연구, 24(6), 5-23.

우정길 편(2021). 포스트휴머니즘과 교육학. 서울: 학지사.

한기철(2020). 기술-미래 담론의 성격과 교육철학적 사유의 방향. 교육철학연구, 42(4), 329-350.

홍성욱 편(2005). 인간 · 사물 · 동맹: 행위자네트워크 이론과 테크노사이언스. 서울: 이음.

Arendt, H. (1958). *The human condition*. 이진우 역(2019). 인간의 조건. 서울: 한길사.

Aristotle. *The nicomachean ethics*. 이창우, 김재홍, 강상진 역(2011). 니코마코스 윤리학. 서울: 문예출판사.

Bostrom, N., & Savulescu, J. (2009). Human enhancement ethics. In N. Bostrom & J. Savulescu (Eds.), *Human enhancement* (pp. 1-22). London: Oxford University Press.

Braidotti, R. (2013). *The posthuman*. 이경란 역(2015). 포스트휴먼. 경기: 아카넷.

Heidegger, M. (1954). *Vorträge and Aufsätze*. 이기상, 신상희, 박찬국 역(2008). 강연과 논문. 서울: 이학사.

Ihde, D. (1979). *Technics and praxis*. 김성동 역(1998). 기술철학: 돈 아이디의 기술과 실천. 서울: 철학과현실사.

Kurzweil, R. (2005). *The singularity is near: When humans transcend biology*. 장시형, 김명

남 역(2007). 특이점이 온다. 경기: 김영사.

Latour, B. (1987). *Science in action*. 황희숙 역(2016). 젊은 과학의 전선. 경기: 아카넷.

Latour, B. (1991). *Nous N'avons Jamais Été Modernes*. 홍철기 역(2009). 우리는 결코 근대인이었던 적이 없다. 서울: 갈무리.

Latour, B. (2010). *Cogitamus*. 이세진 역(2012). 브뤼노 라투르의 과학인문학 편지. 경기: 사월의 책.

Taylor, C. (1998). *The malaise of modernity*. 송영배 역(2001). 불안한 현대사회. 서울: 이학사.

제13장

'평생학습' 시대, 무엇을 위한 학습인가?

정기섭

도입

이 장에서는 '평생학습 시대에 학습은 무엇을 위한 학습이어야 하는가?'라는 물음을 중심에 놓고 답을 찾아보고자 한다. 학습이 생존과 발전을 위한 인간 고유의 특성이라는 관점에서 인간의 생존이 크게 위협받고 있는 21세기 학습은 인류의 지속 가능한 미래를 위한 학습이어야 하고, 어떤 문제를 '영향 관계에서 사고하는 능력과 그에 기초한 실천능력'과 관계되어야 한다. 이러한 결론에 도달하기 위해 이 장에서는 인간학적 고찰을 통해 학습능력이 생존과 발달을 위한 인간 고유의 특성임을 드러내고, 평생학습은 현대의 고안물이 아니라 그 의미가 현대에 변화되었음을 보여 준다. 이어서 대비되는 평생학습의 두 모델을 소개하고, 교육적으로 논의한다.

1. 들어가는 말

평생학습이란 개념이 본격적으로 사용되기 시작한 것은 1970년대 UNESCO와

OECD의 보고서로부터이다. UNESCO와 OECD는 과학기술의 발달로 나날이 방대한 규모의 정보가 쏟아져 나오는 현대 사회에서 특정 연령과 특정 공간에 제한된 기존의 형식적 교육체계의 한계를 지적하고 학교교육 개혁을 촉구하면서 전 생애에 걸친 학습을 강조하는 평생교육 차원의 '학습사회', '평생학습' 개념을 사용하였다. 두 국제기구가 사회변화에 적응하기 위한 평생학습의 필요성을 공통으로 언급하고 있지만, 추구하는 방향은 서로 구별된다. UNESCO는 미완성의 존재인 인간이 끊임없이 자신을 완성해 가는 과정으로서의 학습(UNESCO, 1972)을, OECD는 "학교교육과 직업세계의 기술격차" 해소와 생산시스템 유연화에 따른 "노동자의 숙련화와 재숙련화"(송재홍, 2016: 26)를 위한 학습을 강조하였다.

오늘날 평생학습은 정보 및 소통 테크놀로지의 발전, 그리고 지식의 빠른 증가와 변화에 형식적인 학교교육만으로는 대처하기 어렵다는 인식의 공유에서 당연한 것으로 받아들이고 있다. 평생학습에 대한 관심이 증가면서 평생학습사회 구현, 평생학습 도시 구축, e-평생학습사회의 실현, 평생학습관, 주민 평생학습 프로그램 등 다양한 정책적 의지와 시설, 프로그램을 주위에서 쉽게 접할 수 있게 되었다. 관련 기관과 단체에서는 평생학습 참여자의 자기계발, 취미 · 여가선용, 학력보완, 직업능력개발 등 다양한 동기와 목적에 따라 수많은 프로그램을 제공하고 있다. 평생학습에 관한 관심이 증가하는 사회현상에 직면해서 우리는 교육적인 관점에서 우려와 희망을 동시에 보게 된다. 우려는 평생학습 프로그램 내용과 계획의 "탈교육화(Entpadagogisierung)"이다(Klemm, 2000: 18). 즉, 학습에서 교육의 차원이 사라지고 있는 것은 아닌지에 대한 우려이다. 학습이 학습 개념 그 자체로 이해된다면 문제가 될 것이 없겠지만, 교육의 맥락에서, 즉 **평생교육**의 차원에서 이해되는 것이라면 거기에는 교육적인 것이 포함되어야 한다. 희망은 평생학습이 학습자의 자발적 참여로 이루어진다는 점에서 프로그램을 어떻게 계획하느냐에 따라 오늘날 인류가 발전과정에서 직면하고 있는 지역적이고 지구적인 문제 해결에 기여할 수 있다는 기대이다.

이 장에서는 평생학습 시대에 학습은 무엇을 위한 것이어야 하는가라는 물음에 대한 답을 찾아보고자 한다. 이를 위하여 먼저 학습에 관한 인간학적 고찰을 통해 학습능력은 인간의 생존과 발달을 위한 인간 고유의 특성임을 드러낸다. 그리고 평생학습은 현대에 새롭게 고안된 것이 아니라 그 의미가 변화되었음을 보여 줄 것이다. 이어서 평생학습을 주도하고 있는 대표적 국제기구인 UNESCO와 OECD가 지향하는

학습의 방향을 통해 대비되는 평생학습의 두 모델을 소개하고, 교육적인 관점에서 논의할 것이다. 마지막으로 21세기 평생학습의 과제는 인간의 삶이 위협받고 있는 상황에서 인류의 지속 가능한 미래를 위한 교육의 맥락에서 인식되어야 한다고 강조할 것이다.

2. 인간과 학습: 학습에 관한 인간학적 고찰

'교육'은 '학습'과 분리될 수 없다. 학습 개념 없이 교육을 논증하는 것은 어렵다. 왜냐하면 모든 교육적 노력은 인간이 학습능력이 있고 학습이 필요한 존재라는 인간학적 전제에 기초하고 있기 때문이다. 이러한 인간학적 전제는 교육사상사에서 쉽게 확인할 수 있다. 어떤 교육사상가가 교육의 방향과 목적을 설정하고 그것을 실현하기 위해 적합한 교육과정을 언급하는 것은 이미 인간의 학습능력에 기초한 변화 가능성을 전제하고 있는 것이다. 예를 들어, 코메니우스는 『대교수학(Didáctica Magna)』에서 모든 사람에게는 예외 없이 신이 창조한 완전한 인간의 원형이 있었는데, 그가 살던 시대에 그것이 변형되어 인간이 타락하였다고 진단하고 인간의 원형을 회복할 수 있는 새로운 교수학을 제안한다. 새로운 교수학을 적용하여 타락한 인간이 완전한 인간으로 회복될 수 있다는 주장은 이미 인간에게 학습능력과 형성가능성이 있음을 전제하고 있는 것이다. 그에 의하면 이러한 인간의 학습능력은 생득적으로 타고난 것이다(Comenius, 1657/2015: 66). 루소가 『에밀』에서 아이의 미래 발전 가능성을 열어 놓고 아이의 자발적 경험을 중시하는 교육론을 전개하는 것도 인간에게는 자연적으로 학습능력과 형성가능성이 있음을 전제하고 있는 것이다. 칸트가 인간은 교육을 통해서만 인간이 될 수 있다고 말하는 것도 인간이 학습을 통해 자신 안에 있는 동물적 충동과 욕구를 억제하고 도덕적으로 참된 인간이 될 수 있다는 변화 가능성을 전제하고 있다. 이러한 관점에서 학습은 불완전하고 부족한 인간이 완전하고 인간다운 인간으로 되어 가는 조건이라고 할 수 있다.

20세기 초에 쉘러(M. Scheler, 1784~1928), 플레스너(H. Plessner, 1892~1985), 겔렌(A. Gehlen, 1904~1976) 등이 정립한 철학적 인간학(philosophische anthropologie)은 인간의 교육 필요성과 교육능력에 관한 새로운 근거를 제공한다. 이들은 인간이

란 무엇인가라는 물음에 대해 형이상학적으로 접근하지 않고 인간과 동물을 비교하는 생물학의 경험적 사실들을 통해 인간의 특별한 위치를 드러낸다. 쉘러는 『우주에서 인간의 지위(Die Stellung des Menschen im Kosmos)』(1928)에서 동물은 자신을 잊은 채 환경에 몰입해서 살지만, 인간은 환경과 자기 자신을 대상화할 수 있는 정신을 소유하고 있다는 점에서 동물과 구분한다. 그에 의하면, 인간의 특별한 위치는 지능(Intelligenz)에 있지 않고 정신(Geist)에 있다. 인간이 본능적 충동과 환경에 구속되지 않고, 자기를 의식하면서 무한히 개방된 세계로 나갈 수 있는 것은 바로 자유로운 정신 때문에 가능하다는 것이다(Scheler, 1928/2008: 64). 이것은 인간이 자신이 속해 있는 환경과 자기 자신을 대상화하여 관계를 맺을 수 있고, 그를 통해 환경과 자신을 끊임없이 변화시킬 수 있다는 의미로 이해된다.

쉘러에 의하면 동물도 재생적 기억을 통해 학습한다. 동물은 무리의 선도자가 모범을 보여 주는 것을 재생하면서 학습한다. 그러나 인간의 학습이 동물의 학습과 다른 점은 단순한 모방과 재생에서 그치는 것이 아니라, 학습의 내용을 끊임없이 대상화하고 해체시키면서 새로운 발견과 발명을 통해 진보해 간다는 데 있다(Scheler, 1928/2008: 47-49). 이것은 인간이 이전에 학습된 것으로 해결되지 않는 새로운 상황을 마주했을 때 고정성과 습관성에 얽매이지 않고 오히려 그것을 해체하면서 적응해 갈 수 있음을 말한다. 쉘러에 의하면 "인간은 새로운 것을 가장 많이 욕구하는 동물"이고, "어떠한 경우에도 자신을 둘러싸고 있는 현실에 결코 만족하지 않고, 언제나 '지금 · 여기 · 그렇게 있음'의 한계를 돌파하려고" 하는 존재다(Scheler, 1928/2008: 94). 인간이 정신적인 존재로서 환경과 자기 자신으로부터 초월하여 더 완전한 것으로 나아가려는 특성을 갖고 있다는 것은 인간이 학습을 필요로 하고 학습능력이 있음을 전제하고 있는 것이다. 왜냐하면 진보는 학습을 통해서 가능하기 때문이다.

플레스너는 『유기체의 계층들과 인간(Die Stufen der Organischen und der Mensch)』(1928)에서 동물을 '중심적'으로, 인간을 '탈중심적'으로 특징짓는다(Plessner, 1965: 291 이하). '탈중심성(Exzentrizitat)'은 인간이 동물과 같이 자기 충동을 중심으로, 그리고 그가 위치하고 있는 환경을 중심으로 살지 않고, 환경으로부터 자신을 분리하고 자기 자신으로부터도 벗어나서 환경과 자신을 대상화할 수 있다는 것을 표현하는 개념이다. 인간이 중심에서 벗어나려는 특성을 갖고 있다는 것은 자신과 자신을 둘러싸고 있는 환경에 항상 고착되어 그것 중심으로 살지 않고, 그것을 대상화하여 관찰

하고 반성적으로 사고하면서 새롭게 그것들과 관계할 수 있다는 것을 의미한다. 달리 말하면, 동물이 바라보는 세계는 본능적이고 육체적인 경험에 구속된 폐쇄적인 성격을 갖고 있지만, 인간이 바라보는 세계는 계속해서 반성적인 사고의 대상이 될 수 있으므로 개방적이다. 인간이 관찰자의 입장에서 자신과 환경을 반성적으로 사고할 수 있다는 것은 인간이 행위의 주체로서 자신의 세계(알고 있는 것)를 계속해서 확장해 나갈 수 있다는 것을 의미한다. 이러한 관점은 인간이 학습능력을 가진 존재임을 보여 주는 것이다.

겔렌은『인간, 그 본성과 세계에서의 위치(Der Mensch. Seine Natur und seine Stellung in der Welt)』(1940)에서 인간을 생물학적으로 불완전한 존재, 결핍된 존재로 특징짓고, 그 때문에 인간은 생물학적으로 학습을 하도록 결정되어 있다고 말한다. 그에 의하면, 인간은 생물학적으로 아직은 덜 발달되어 있고 확정되어 있지 않은 존재로, 이 불완전함 때문에 자신이 만들어 낸 환경 속에서만 생존을 유지할 수 있다. 즉, 인간은 자신의 생존에 부적합한 현실을 생존에 기여할 수 있도록 변경시키면서 끊임없이 문제를 극복해 가야만 하는 존재인 것이다. 인간은 확정되어 있지 않기 때문에 세계 개방적이고 자신의 불완전함을 보완하기 위해 학습을 할 수밖에 없다는 것은 인간이 자신의 삶을 이끌어 가야 한다는 것을 의미한다(Gehlen, 1962/2015).

인간학적 관점에서 학습은 인간의 생존과 자기형성을 포함하는 의미에서 발달을 위해 필수적인 인간의 특성이다. 인간이 동물과 구별되는 점은 의식적으로 배우고 전 생애에 걸쳐서 자신을 발달시켜 갈 수 있는 능력이 있기 때문이다. 인간은 개처럼 냄새를 잘 맡을 수 없고, 말처럼 빨리 달릴 수도 없으며, 독수리처럼 멀리 볼 수도 없다. 인간이 생존에 불리한 환경에서 살아남을 수 있었던 것은 학습할 수 있는 능력이 있었기 때문이다. 인간이 생존하기 위해 도시를 건설하고, 밭을 개간하고, 수로를 만들 수 있었던 것은 환경에 구속되지 않고 학습을 통해 지식을 확장할 수 있었기에 가능했다. 인류가 농경사회에서 산업사회로, 산업사회에서 지식사회로 발달할 수 있었던 것도 새로운 생활환경을 생산하고 그것에 적응할 수 있는 인간의 학습능력 때문에 가능했다고 할 수 있다. 인간의 학습이 동물의 학습과 구분될 수 있는 것은 모방한 것의 단순 재생에 그치는 것이 아니라, 학습을 통해 생활환경을 변화시키거나 변화된 환경에 적응할 수 있도록 자신을 스스로 변화 · 형성해 갈 수 있는 능력과 결합되어 있기 때문일 것이다. 인간이 정해진 환경에서만 살아갈 수 있도록 이미 확정되어 있

는 존재라면, 인류의 발전이 가능하지 않았을 것이며 끊임없이 변화하는 새로운 환경적 요구에 적응하지 못하면서 생존을 유지하기 어려웠을 것이다.

오늘날 우리는 급속한 기술발전으로 인해 이전과는 다른 생활환경 속에서 '좋은 삶'을 위해 필요로 하는 학습을 수시로 요구받고 있다. 이때 좋은 삶을 위한 학습은 기술적인 편리함에 중심을 두고 안주하는 삶을 위한 학습이 아니라, 그 편리함과 변화된 환경에서 공동의 인간적인 삶을 위해 요구되는 가치와 자신의 생활 태도를 대상화하여 반성적으로 사고하며 더 나은 삶으로 나아가고자 하는 인간학적 관점에서 인간의 특성에 어울리는 학습이어야 한다.

3. 평생학습의 의미

1) 고전적 의미: 인간완성을 위한 학습

오늘날 강조되고 있는 평생학습은 새로운 것이 아니다. 이미 오래전에도 평생학습의 필요성과 중요성에 대한 인식은 있었다. 공자는『논어』에서 배움의 즐거움을 언급하면서 자신이 평생에 걸쳐서 학습을 게을리하지 않았음을 보여 주고 있다.

> 나는 열다섯 살 무렵에 어른으로서 익혀야 하는 삶의 철학을 배우는 데 뜻을 두었다. …… 그리하여 서른 살 즈음에 삶의 목표가 섰고, 마흔 살 무렵에는 자연의 질서와 인간의 법칙을 깨달아 어떤 유혹이나 난관에도 쉽게 마음이 흔들리지 않았으며, 쉰 살 무렵에는 세상이 어떻게 이루어지는지 그 원인인 자연의 이법과 인생의 사명감을 깨달았다. 예순 살쯤 환갑 무렵에는 세상사에 관해 귀로 듣는 것은 무엇이나 훤하게 알아차리게 되었고, 일흔 살 무렵에는 하고 싶은 대로 행동해도 법도에 어긋남이 없었다(위정편)(신창호, 2014: 97).

공자에 의하면 학습은 노력이 동반되는 힘든 일이지만, 즐거움을 가져다준다. 즐거움은 학습의 결과가 가져다주는 외현적 보상보다는 게을리하지 않는 학습의 과정에 있다. 왜냐하면 학습의 목적은 남에게 보여 주기 위한 것이 아니라 "자기 자신을

완성"하는 데 있기 때문이다.

로마의 철학자인 세네카(B.C. 4년경~A.D. 65년)는 "사는 것처럼 배우기 어려운 일"도 없어서 "사는 것을 배우는 데에는 평생"이 걸린다고 설파하였다(Seneca, 2010: 26). 그는 그 예로 수많은 위대한 인물들이 부와 공직과 환락을 체념하고 고령에 이르기까지 사는 법을 배우는 일에 전념했지만, 이들 가운데 대부분은 여전히 사는 법을 배우지 못했다고 고백하며 세상을 떠났다고 말한다(Seneca, 2010: 26). 나이가 들어서 인생이 덧없이 흘러갔고 짧다고 한탄하는 사람은 확고한 인생의 목표 없이 남들처럼 탐욕과 욕망, 즐거움을 좇다가 남들에게 자신의 인생을 빼앗긴 사람이다. 이러한 사람은 자신이 자신을 위한 삶의 주인이 되지 못하고 "남을 위해 자신을 소모"한 사람이다(Seneca, 2010: 21). 그와 반대로 어떤 사람에게 인생이 긴 이유는 "주어진 시간이 얼마든 그것을 모두 자신을 위해 비워 두기 때문"이다(Seneca, 2010: 26). 이러한 사람은 남의 지배를 받지 않고 자신의 시간을 알뜰하게 관리하며 잘 이용하는 사람이다. 여기에서 자신을 위해 시간을 비워 둔다는 의미는 오락을 위한 것이 아니라, 인간의 완성을 향하여 끊임없이 자기를 계발하고 변화시키려는 노력에 시간을 투자하는 것으로 이해될 수 있다(이창우, 2013 참조).

17세기의 대표적인 교육사상가인 코메니우스(1592~1670)도 모든 인간은 학습이 필요한 존재라고 강조하면서, 연령의 단계에 따른 학습 과정을 제시하고 있다. 먼저 그는 세계 최초의 그림이 들어간 교과서로 알려진『그림으로 보는 세계(Orbis Sensualium Pictus)』(1658)에서 인간 연령의 7단계를 유아, 소년/소녀, 청소년/청소녀, 청년/처녀, 성인 남자/성인 여자, 중년 남자/중년 여자, 노인/노파로 구분하여 그림으로 보여 주고 있다(XXXVI). 그리고『대교수학』(1657)에서는 성장기의 연령을 영유아기, 유아기, 청소년기, 청년기 단계로 구분하고, 각 단계에 어울리는 학교로 '어머니 학교'(0~6), '모국어 학교'(6~12), '라틴어 학교'(12~18), '대학과 외국 여행'(18~24)을 제시하였다. 그 후『범교육학(Pampaedia)』에서는 '어머니 학교'에 앞서는 '태아 학교'와 '대학' 이후의 '성인학교', 노인학교', '죽음의 학교'를 포함시켜 전 생애에 걸친 여덟 개의 학교를 언급하고 있다. 코메니우스는 '죽음의 학교'에 대한 상세한 설명은 하지 않고 있으나 그 이전의 각 단계 학교에 대해서는 도달해야 할 상세한 목표를 기술하고 있다. 코메니우스가 구상한 전 생애에 걸친 학습의 목적은 결국 앞에서 언급한 인간의 원형인 완전한 인간으로의 회복에 있다. 이상에서 공자, 세네카, 코메니우스를 통해 살펴본 것처럼, 전통적인 의미에서 평생학습은 평생에 걸쳐 인간의 완성을 지향하는 자기계발의 과정으로 이해될 수 있다.

2) 현대적 의미: 의무적 규범으로서, 그리고 사회적 실제로서의 학습

현대적인 의미에서 평생학습 개념은 1970년대에 본격적으로 등장하여 1990년대에 진일보하였다고 할 수 있다. 1970년대에 본격적으로 등장하였다는 것은 이전에 그러한 언급이 없었다는 것이 아니라, 국제적인 기구의 보고서들을 통해 집중적으로 강조되기 시작하였다는 의미다. 이 시기의 대표적인 보고서로는 유럽위원회(Council of Europe)의 『영속 교육(Permanent Education: Fundamentals for a Integrated Educational Policy)』(1971), UNESCO의 『존재하기 위한 학습(Learning to Be)』(1972), OECD 교육연구 및 혁신센터(Centre for educational research and innovation)의 『순환 교육(Recurrent Education: A Strategy for Lifelong Learning)』(1973)을 들 수 있다. 이들 보고서는 학교교육을 위기로 진단하면서 극복 방안으로 전 생애에 걸친 학습을 미래 교육시스템의 토대로 강조하고 있다. '영속 교육'은 기존 엘리트 중심의 유럽 교육시스템이 복잡하고 다양한 사회경제적 요구와 개인적 요구를 반영하고 대응하는 데 한계가 있음을 인식하고 이를 극복하고자 한다. 영속 교육은 "학교교육 이후의 교육제도"에 관심을 두고 있으며, "오늘날 요구되는 교육시스템은 더 이상 아동・청소년기의 학교교육에만 집중되어서는 안 되고 아동기에서 노년기까지 전 생애에 걸쳐서 확대되어야 한다는 의미에서 'permanent education'이란 이름이 붙여졌다"(이희수, 2009: 116).

'순환 교육'은 교육의 기회가 선택된 소수가 아닌 모든 사람에게 전 생애에 걸쳐 주어져서 젊은 세대와 성인세대의 교육기회 격차를 줄여야 한다는 구상에 근거하고 있다(OECD/CERI, 1973: 5, 17). 순환 교육은 의무교육 또는 기초교육 이후(주로 중등교육 이후)의 성인을 위한 포괄적 교육 전략으로 교육을 순환적으로 배치하여 학습의 기회를 제공하고자 한다. 즉, 순환 교육은 의무교육 이후의 평생학습이 가능하도록 "교육이 다른 활동들, 주로 일, 자발적 비고용기간, 은퇴와 교차해서 순환적인 방식으로 배치되는 특징"을 갖는다(OECD/CERI, 1973: 24). 이것은 "교육과 다른 활동들을 교차하는 원리가 중심이 된다는 점에서 영속 교육과 구분된다"(OECD/CERI, 1973: 12).

'존재하기 위한 학습'은 지식축적만을 지향하는 근대 학교교육을 비판하면서 학습을 평생에 걸쳐 "존재성을 실현하도록 하는" 자기훈련의 과정으로 이해한다(UNESCO, 1972/2021: 50). 이 보고서는 소수를 위한 교육시스템은 지식의 변화가 느렸던 시대에는 적합했겠지만, 지식의 양이 빠른 속도로 늘어나는 오늘날에는 사회의 즉각적인 요구에 부응하지 못하는 낡은 것이 되었다고 비판한다(UNESCO, 1972/2021: 73). 그리고 그러한 학교교육의 문제를 개선하고 극복하기 위한 대안으로 '평생교육'과 학교 밖을 활용하는 '학습사회' 개념을 강조한다.

1990년대에는 1970년대에 평생학습과 관련하여 사용된 다양한 용어들이 '평생학습'으로 통일되고 더 강력하게 학습이 강조된다. 유럽연합(EU)은 1996년을 "생애에 동반되는 학습의 해(Jahr des lebensbegleitenden Lernens)"로 선언하였고, OECD는『모든 사람을 위한 평생학습(Lifelong Learning for All)』(1996), UNESCO는『학습: 우리 안에 감춰진 보물(Learning: The Treasure Within)』(1996)을 출판하였다. 평생학습이라고 표현하는 이유는 UNESCO에서 발간한『학습: 우리 안에 감춰진 보물』에서 확인할 수 있다.

> 교육은 그 과업과 형태 면에서 너무나 다양화되고 있어서 유년기에서 노년기에 이르기까지 세계와 타인, 그리고 그 자신들에 대한 살아 있는 지식을 획득하게 할 수 있는 모든 활동들을 포함하게 되었다. …… '평생학습'이라고 표현하는 이유는 바로 교육의 이와 같은 계속성, 즉 교육이 전 생애와 함께하고 사회 전체에 걸쳐 일어나고 있음을 강조하고자 하기 때문이다(UNESCO, 1996/1997: 126).

1995년 유럽의회와 유럽위원회는 '생애에 동반되는 학습의 해' 행사에 관한 결정을 하면서 그 이유로 경제적 변화와 사회적 변화를 언급하였다. 이러한 변화를 근거로 생애에 동반되는 학습의 중요성을 다음과 같이 제시하였다.

> 생애에 동반되는 학습은 연대와 관용과 같은 가치들을 전달하고 개인이 민주적인 결정 과정에 참여하는 것을 촉진함으로써 개인적인 발달을 보장하는 데 중요한 역할을 한다. 또한 생애에 동반되는 학습은 장기간의 일에 대한 전망을 개선하기 위하여 중요하다(Amtsblatt der Europäischen Gemeinschaften Nr. L 256/45).

이와 같은 맥락에서 유럽위원회는 1995년 백서『교수 · 학습: 지식사회로 가는 도상에서(Lehren und Lernen: Auf dem Weg zur kognitiven Gesellschaft)』를 발간하였다. 이 백서에서는 '생애에 동반되는 학습의 해'를 "평생학습을 위한 유럽의 해"라고 표현하고 있다(Kommission der Europäischen Gemeinschaften, 1995: 2). 이 백서는 경제를 활성화하고 경쟁력을 갖추기 위한 일반교육과 직업교육 개혁, 그리고 유럽 사회의 안정을 위한 교육의 목표를 제시하고 있다. 즉, 경제적으로 직면한 문제는 지식기반 사회와 경제에서 유럽의 경쟁력 강화, 노동 인력의 일하는 능력 개선과 적응능력을 기르는 것이고, 사회적으로 직면한 문제는 문화적 · 인종적 · 언어적 다양성을 가진 유럽의 복잡한 사회적 · 정치적 환경에서 통합을 촉진하는 것이다. '평생학습을 위한 해'와 관련된 경험에서 유럽위원회는 유럽 사회가 해결해야 할 이러한 경제적, 사회적 당면 문제에 대응하기 위해 평생학습 실현 전략을 담은 보고서「평생학습에 관한 의정서(Memorandum über Lebenslanges Lernen)」를 2000년에 발표하였다. 이 의정서는 유럽의 사회적 · 경제적 변화를 토대로 평생학습의 주요 목표를 "적극적인 시민의 촉진과 취업능력의 촉진"으로 제시하고 있다(Kommission der Europäischen Gemeinschaften, 2000: 6). 적극적인 시민의 척도는 사회적이고 경제적인 삶의 모든 영역에의 참여 여부이고, 얼마나 자신이 살아가고 있는 사회에 소속되어 있다고 느끼고 참여권을 갖는다고 느끼는지의 여부다(Kommission der Europäischen Gemeinschaften, 2000: 6).

OECD의『모든 사람을 위한 평생학습』에서는 학습이 "삶의 기회균등, 사회적 결속, 적극적 시민정신"과 같은 사회적 목표달성과 "변화하는 직업과 노동시장에 적응하는 데 필요한 기술"을 습득하고 유지하기 위한 중요한 수단으로 간주된다(이희수, 2009: 113). 이 보고서에는 사회적 차원과 경제적 차원에서 평생학습의 중요성이 언급되고 있지만, 평생학습은 경제적 차원의 필요성과 더 결합되어 있다. UNESCO의『학습: 우리 안에 감춰진 보물』에서는 평생학습이 급속하게 변화하고 상호의존적으로 되어 가는 세계에 적응하는 데 필요한 핵심 개념으로 이해된다. 이 보고서는 이러한 세계에서 생겨나는 새로운 문제들에 잘 대응하기 위해서는 네 가지의 학습유형이 똑같은 비중으로 조직되어야 한다고 강조한다. 네 개의 학습유형은 전통적으로 공식적인 제도하에서 강조되어 왔던 '알기 위한 학습', '행동하기 위한 학습' 이외에 '함께 살기 위한 학습', '존재하기 위한 학습'이다(UNESCO, 1996/1997: 108).

1970년대의 보고서에서 학습을 강조하는 용어들이 주로 교육기관에서 제공하는

교수와 결합되어 있었던 것과 달리, 1990년대 보고서들에서 강조하고 있는 학습 개념은 학습자가 자신의 소질, 능력, 재능 등을 고려한 요구와 관심에 따라 무엇을 배울지를 스스로 결정하고 배움의 과정에 적극적으로 참여한다는 의미가 더 커진 것으로 읽힌다. 또한 이들 보고서에서 평생학습이 필요한 이유는 급속하게 변화하는 세계에서 직업적으로 중요한 자격과 역량 습득을 위해, 경쟁에서 필요한 인적 자원을 위해, 지구촌화되는 세계에서 요구되는 최소한의 지식과 방향 설정을 준비하기 위해, 사적인 생활에서 책임 있는 행위를 하기 위해, 공공의 의사결정 과정에 성공적으로 참여할 수 있기 위해서라고 요약될 수 있다. 보고서들이 취하는 관점은 조금씩 다르지만, 발견되는 공통된 견해는 경제적, 사회적으로 급변하는 시대에 개인적 삶과 공공적 삶을 유지하기 위하여 학교교육만으로는 한계가 있다고 지적하면서 학교교육을 개혁하고 그와 더불어 나이 제한이 없는 학교 밖 그리고 학교 이후 교육의 중요성에 대해 언급하고 있다는 점이다. 가정에서 보호받다가 일정한 나이가 되어 학교에 입학하여 졸업할 때까지 정해진 내용을 학습하고 학교에서 축적한 지식을 직업세계에서 사용하다가 은퇴하는 단조로운 삶의 진행 과정은 폭발적인 지식의 증가에 비추어 구시대적인 것이고 오늘날에는 더 이상 유효하지 않다는 것이다.

한마디로 평생학습 시대가 도래했다는 것인데, 여기에는 전 생애에 걸친 지속적인 학습이 의무적인 규범이 되었다는 의미가 내포되어 있다. 즉, 전 생애에 걸쳐 학습하지 않으면 개인은 일상생활과 직업에서의 변화를 따라가지 못하고 뒤처질 수밖에 없는 시대가 되었다는 것이다. 이러한 관점에서 학습은 평생에 걸친 당연한 과정으로 인식되기 때문에 의무적 규범으로 이해될 수 있다. 예전에는 나이 든 사람이 무엇을 배우는 과정에 참여하면 마치 능력이 부족한 사람으로 인식되었다면, 오늘날에는 나이가 들어서도 계속해서 배우는 노력을 하지 않으면 마치 학습능력에 결함이 있는 사람으로 오해받을 수 있게 된 것이다. 그만큼 전 생애에 걸친 학습이 당연시되는 시대에 우리가 살고 있는 것이다. 예를 들어, 스마트폰 사용법을 배우지 않으면 일상생활에서의 사회변화에 적응하기 어렵고, 외국어를 배우지 않으면 업무, 여행 등 외국인들과의 교류가 빈번해진 환경에 적응하기 어렵다. 또한 컴퓨터 사용이 일상화된 오늘날 컴퓨터 활용법을 배우지 않으면 직업세계에서 생존하기 어렵다.

이렇게 평생학습은 변화하는 사회에서 우리 각자가 낙오되지 않기 위해 따라야 할 의무적 규범으로 이해되기도 하지만, 사회현상 또는 사회적 실제로도 이해된다. 후자는 개인의 흥미에 의해서든, 호기심에 의해서든, 취미에 의해서든, 일상적인 필요에 의해서든, 직업적인 생존을 위해서든 다양한 교육에 대한 자발적 요구와 참여가 증가하면서 그러한 요구를 충족시켜 줄 수 있는 공적, 사적 기관들이 생겨났고, 수많은 프로그램이 제공되고 있다는 사실에 근거할 수 있다. 이러한 관점에서 평생학습은 일상적인 현상 또는 사회현상으로 이해될 수 있다.

지금까지 살펴본 것처럼 평생학습은 경제적인 영역에서 경쟁할 수 있는 능력 습득, 인간의 존재성 실현, 세계의 변화로 인해 발생하는 문제에 적응할 수 있는 능력 습득, 기회 균등 보장, 사회적 분리를 극복하고 사회통합에 기여할 수 있는 최상의 수단 등으로 여겨지고 있다. 이러한 시각은 평생학습이 "교육학의 포맷보다는 현저하게 사회정책적 포맷으로 논의"(Ebert-Steinübel, 2013: 3)되고 있음을 함축하기도 한다. 오늘날 평생학습이 전통적인 평생학습과 구분되는 점은 사회정책적인 범위에서 정의되고 있다는 사실이다(Nuissl & Przybylska, 2014: 5).

다음에서는 앞에서 살펴본 UNESCO와 OECD의 평생학습 이해를 토대로 평생학습 시대에 지향해야 하는 학습의 방향과 '교육적인 것'의 관계에 대해 생각해 보자.

4. 평생학습 시대 학습의 두 모델

1) 주체 지향적 평생학습

주체 지향적 평생학습은 학습의 지향점을 인본주의적이고 계몽주의적인 이상인 자기형성(Bildung)에 둔다. 이것은 UNESCO가 지향하는 평생학습의 방향이라고 할 수 있는데,『존재하기 위한 학습』과『학습: 우리 안에 감춰진 보물』을 통해 확인할 수 있다. 주체 지향적인 평생학습에는 인간이 "불완전한 존재", "끝없는 완성과 배움의 과정"에 있는 존재라는 이해가 전제되어 있다(UNESCO, 1972/2021: 250). 미완성의 존재인 인간은 점진적으로 자신을 완성해 갈 수밖에 없으므로 평생토록 학습이 필요하다는 것이다. 평생학습의 결과는 인간의 심리적인 특성상 "완전한 인간으로서의 행복을 추구"하는 것이다(UNESCO, 1972/2021: 247). 이때 학습의 과정은 "인간 안에서 일어나는 하나의 과정"으로 스스로 "세계와 소통하고 질문하는 존재"를 통해서 가능하다

(UNESCO, 1972/2021: 224). 이러한 학습에 대한 이해는 훔볼트(W. v. Humboldt)의 자기형성(Bildung) 개념과 크게 다르지 않다. 훔볼트에 의하면, 인간은 스스로 질문하면서 자기 자신을 발전 지향적으로 형성하려는 가능성을 가진 존재이고, 이러한 존재가 세계와 변증법적으로 관계하면서 나와 세계를 조화롭게 통합해 가는 과정을 통해 인간성을 실현할 수 있다.

이렇게 학습을 이해하는 관점에서는 오늘날 체계화된 학교교육이 오히려 학습의 의미를 지식축적으로 축소해 버렸다고 비판하고, 새로운 학습의 과정을 통해 인간의 자기실현을 회복할 필요가 있다고 강조한다. 인간성 실현을 위한 주체 지향적 학습을 강조하는 배경에는 오늘날 우리가 살아가고 있는 시대의 급속한 변화가 우리를 분열, 긴장, 불일치에 노출시킴으로써 "인간으로서의 정체성을 위험에 빠뜨리고 있다"는 인식이 자리하고 있다(UNESCO, 1972/2021: 39). 우리 시대의 근본적인 위험은 "비인간화"에 있으며, 그로 인해 "인간의 본성이 파괴"되면 그 피해는 인간 모두에게 돌아간다는 것이다(UNESCO, 1972/2021: 39). 이러한 위험으로부터 인류를 구하기 위해서는 "새로운 세계를 위한 새로운 인간", 즉 "완전한 인간"이 요청된다(UNESCO, 1972/2021: 246). 이 완전한 인간은 "신체적, 인지적, 감성적, 윤리적 통합"(UNESCO, 1972/2021: 249)을 통해 가능하므로 전인적 인간이라고 할 수 있다. 그러므로 교육의 목적은 직업교육과 경제성장을 위해 인간을 어떤 특정 지식에 평생토록 얽매이도록 훈련하는 데 있는 것이 아니라, 평생에 걸친 학습을 통해 인간성을 실현하는 데 있다(UNESCO, 1972/2021: 50). 이를 실현하기 위해 UNESCO는 개인의 교육이 이전처럼 학교에 의해 일방적으로 규정되지 않고 스스로 자신의 능력을 계발하고 활용할 수 있도록 언제 어디서든 자유롭게 학습할 수 있는 학습사회로 나아갈 것을 제안한다.

> 애초부터 본 위원회는 21세기의 도전에 대응하기 위해서는 교육의 목적과 기대치가 어떻게 변화되어야 하는가 하는 문제를 반드시 다뤄야 한다는 필요를 인식해 왔다. 학습을 넓게 그리고 확대된 관점에서 보면, 그것은 개인으로 하여금 자신의 창조적 잠재력을 발견하고 계발하여 확장시키는 일, 곧 각자에게 숨겨진 보물을 드러낼 수 있게 해 주는 것이라고 할 수 있다. 그러므로 교육은 기술, 능력, 경제적 잠재력과 같은 특수한 목표를 달성하기 위한 과정으로서의 도구적 관점을 넘어서서 자신을 완전한 사람으로 개발하는 과정, 곧 존재하기 위한 학습으로 간주되어야 한다(UNESCO, 1996/1997: 108).

이러한 평생학습의 방향이 '완전한 인간'을 지향한다고 해서 노동시장과 직업의 요구에 대한 대처가 중요하지 않고 경제적 성장을 멈추어야 한다고 주장하는 것은 아니다. 학습이 경제적 성장을 위해 노동시장의 요구만을 위한 도구가 되어서는 안 된다고 경고하고 있는 것이다. 이 방향은 오히려 성장을 지속하면서도 그 위험을 피하고 부작용을 최소화하기 위한 수단으로 학습을 제시하고 있다. 왜냐하면 완전한 인간은 자신의 내부에 숨겨진 다양한 능력을 스스로 발전시키고, 더 강한 책임감을 갖고 자신의 주체적인 판단 아래 직장과 지역사회에서 인류의 미래를 향한 공동의 목표를 실천하는 사람이기 때문이다. 이런 맥락에서 유네스코 21세기 세계교육위원회(1997)는 평생교육의 토대로서 '함께 살기 위한 학습'을 더욱 강조하고 있는 것이다.

2) 기능 지향적 평생학습

기능 지향적 평생학습은 학습의 지향점을 무엇보다도 경제적으로 요구되는 지식과 능력 획득에 둔다. 이것은 OECD가 지향하는 평생학습의 방향이라고 할 수 있는데, 『순환 교육』, 『모든 사람을 위한 평생학습』을 통해서 확인할 수 있다. 순환 교육 모델은 무엇보다도 노동시장에서 요구되는 자질을 고려한 새로운 대안적 전략으로 제안된 것이라고 할 수 있다. 이 모델에서는 평생학습이 학교 의무교육 이후 일터에서 요구되는 새로운 능력을 프로그램 제공을 통해 순환적으로 훈련하는 직업적 학습으로 축소되는 경향이 있다. 따라서 학습이 경제적 요구에 부응하여 직업을 수행하는 데 필요한 기능 습득에 제한될 가능성이 있다. 순환 교육은 관련 없는 세 개의 분야를 위한 포괄적인 대안 전략으로, 이 분야는 중등교육의 마지막 학년과 중등교육 이후를 포함하는 전통적인 의무교육 이후의 교육체제, 대부분 사적 영역에서 이루어지고 있는 모든 On-Job-Training, 성인교육 영역이다(OECD/CERI, 1973: 25). 순환 교육은 평생학습을 위한 전략이라고 하지만 그 범위가 제한적이고 직업과 관련된 실용주의적 관점을 취하고 있다. 순환 교육은 "교육과 직업세계의 목적과 기능을 조화시키는 데 관심을 두고"(이희수, 2009: 111) "교육과 일의 조화, 교육정책과 노동시장정책, 사회정책, 경제정책의 상호작용을 강조하고, 교육과 다른 활동들이 주기적으로 교차되는 교육의 중단 단계를 포함한다"(이희수, 2009: 110).

이후 순환 교육은 대상을 모든 사람으로 확대하고, 전 생애에 걸쳐 학교와 학교 밖

에서 이루어지는 형식적, 비형식적, 무형식적 학습을 포함하는 '모든 사람을 위한 평생학습'으로 발전하였다. 그렇다 하더라도 평생학습이 직업과 노동시장의 변화에 적응하기 위한 수단이라는 관점은 일관되게 유지되고 있는 것으로 보인다. 이러한 평생학습에 대한 실용적 관점은 1997년부터 2003년까지 국제 인적 자원의 표준을 개발하기 위해 진행된 '역량의 정의 및 선정에 관한 프로젝트(Definition and Selection of Competences: DeSeCo)'에서도 확인할 수 있다. 이 프로젝트에서 역량은 특정한 상황에서 문제를 성공적으로 해결하는 능력으로, 학습의 결과는 습득한 지식의 양이 아니라 무엇을 할 수 있는 '스킬'이다.

3) 교육적 논의

교육이 인간의 학습능력을 전제로 하고 있다 하더라도 교수의 결과가 학습으로 이어지는 것은 아니다. 교육 개념과 밀접한 관계에서 이해되는 학습 개념은 주체의 개입이 좀 더 많이 반영된 개념이다. 교육의 맥락에서 학습자의 학습행위는 학습자의 시각에서 이해하고, 재구성하고, 이유를 묻는 고유한 과정이다. 학습은 내용을 자기 것으로 소화해 가는 과정으로 학습자 스스로 숙고하고 조정하면서 구성하는 과정이다. 그러므로 학습은 전통적인 학교교육으로부터 그리고 교수자 중심의 교육으로부터 학습자를 수동적 존재가 아닌 능동적 존재로 해방시킨다. 이러한 관점에서 학습은 전통적인 학교교육을 비판하고 새로운 아동 이해에 토대를 두고 전개되었던 새로운 교육운동의 교육이해와 연결될 수 있다.

독일의 정신과학적 교육학자인 노올(H. Nohl, 1879~1960)은 교육학의 해방과정을 로크, 루소, 페스탈로치, 잘츠만, 프뢰벨, 헤르바르트, 슐라이어마허, 딜타이 등의 이론을 통해 고찰한다. 그리고 이들에게서 발견되는 교육에 대한 이해가 20세기 전후에 리츠, 오토, 비네켄, 몬테소리 등에 의해 새로운 교육운동으로 전개되었는데, 그들에게는 동일한 것이 있다고 해석한다(Nohl, 1988: 156 이하). 이 "동일한 것"이 "진정으로 교육적(echt padagogisch)"(Nohl, 1988: 160)인 것인데, 그들에게서 공통으로 발견되는 것은 어른에게 구속된 전통적인 아동 이해에 기초한 교육으로부터 주체적이고 고유한 존재로서의 아동 이해에 기초한 교육으로의 전환이다. 이제 "교육적인 것을 판단하는 기준은 아동의 주체적인 삶"이 우선 고려되고 있느냐의 여부다(Nohl, 1988:

160). 이러한 이해에서 평생학습은 개인적 학습 동기에 의해 자발적 참여로 이루어질 때 교육과 관계될 수 있다. 평생학습이 스스로 학습하는 능력을 전제로 하거나 기르려고 한다면, 어려서부터 학습의 과정에 자발적으로 참여하여 긍정적인 경험을 갖게 하고 그러한 경험을 계속해서 이어 갈 수 있는 학습 환경을 제공하는 것이 필요하다. 이를 위해 개인의 다양한 요구와 바람을 충족시킬 수 있는 콘텐츠가 제공되어야 하고 언제 어디서든 접근 가능한 시스템이 구축되어야 할 것이다.

주체 지향적 평생학습 모델과 기능 지향적 평생학습 모델은 일반교육과 직업교육의 관계에서 이해될 수 있다. 자기형성이론(Bildungstheorie)에서 직업교육에 관한 이해는 18세기 후반 이후 신인문주의에 기초한 훔볼트(Wilhelm von Humboldt, 1767~1835)의 '자기형성이론'과 제1차 세계대전 이후 특히 1920년대에 케르쉔슈타이너(G. Kerschenstiner, 1854~1932)와 슈프랑어(E. Spranger, 1882~1963) 등에 의해 새로운 시각에서 제기된 '자기형성이론'을 통해 대조적으로 살펴볼 수 있다. 훔볼트에 의하면 나와 세계와의 논쟁에서 형성된 개인은 특정한 직업에서뿐만 아니라 인간 삶의 전반에서 올바른 결정을 할 수 있는 사람이기 때문에 도덕적, 심미적, 인식적, 정신적, 실천적인 다양한 차원의 판단능력을 필요로 한다. 따라서 훔볼트에 있어서 교육은 개인이 갖고 있는 특정한 능력의 발달보다는 다양한 능력들의 조화로운 발달을 추구하는 일반교육이다. 그는 하나의 특정한 직업 또는 경제적 관심을 고려한 목적적인 직업교육을 반대한다. 물론 그가 일반교육 후에 특정한 직업교육의 필요성을 부정하는 것은 아니다. 인간에게는 일반교육이 무엇보다도 우선해서 중요하다는 것이다. 일반교육은 인간, 즉 개인이 갖고 있는 모든 중요한 능력들의 조화로운 발달을 중요시하기 때문에 처음부터 직업과 관련된 특정한 능력의 발달을 강조하는 것은 인간을 단순화하고 하나의 완전한 인간이 될 수 있는 가능성을 일그러지게 한다는 것이다(Henz, 1991: 18).

훔볼트의 교육이론은 주체적인 나의 논쟁 대상이 이상적인 보편적 정신세계이기 때문에 실천적이고 실용적인 측면, 즉 경제적, 사회적 조건들을 소홀히 하고 있다. 이러한 신인문주의적인 이상주의적 교육이론을 비판하고 직업적이고 생활 실천적인 관계로부터 직업과 노작에 높은 가치를 부여한 자기형성이론이 1920년대에 케르쉔슈타이너와 슈프랑어에 의해 발전된다. 케르쉔슈타이너에 의하면 "진정한 자기형성(wahre Bildung)은 실천적 노작을 통해서 …… 또는 직업교육을 통해서 가능하다."

(Kerschensteiner, 1954: 10: Speck & Wehle, 1970: 153 재인용) 이러한 이해는 일반교육이 직업교육의 토대라는 신인문주의의 교육이해를 부정하고 직업교육이 일반교육의 토대가 되어야 함을 의미한다. 그에 의하면 완전한 인간은 보편적인 지적 내용과의 논쟁에 의해서가 아니라 실천적으로 생각하면서 형성된다는 것이다. 즉, '자기형성'은 행함의 과정이고 결과로 이해된다. 자기형성에서 그의 핵심 개념인 '노작(Arbeit)'은 단순히 육체적인 노동을 의미하는 것이 아니라 정신적인 활동과 밀접하게 결합되기 때문에 교육적인 의미가 있다.

이러한 케르쉔슈타이너의 직업교육에 대한 이해는 그의 친구인 슈프랑어에 의해 구체화된다. 슈프랑어에 의하면 교육된 사람은 규범적인 관점에서 볼 때 올바른 가치판단 능력을 가진 사람이다. 그러나 이러한 능력은 한번에 형성되는 것이 아니라 문화와의 관계를 통해 하나의 예술작품이 만들어지듯이 단계적으로 축적되면서 형성된다. 이러한 자기형성의 과정을 그는 기초교육(Grundlegende Bildung), 직업교육(Berufsbildung), 일반교육(Allgemeinbildung)의 3단계로 나눈다. 직업교육은 기초교육의 토대 위에서 아동의 흥미가 성장할 때 강하게 나타나는 그의 특별한 흥미와 결합하여 시작되는 "일반교육의 새로운 형태"이다(Arbeitsgemeinschaft Deutscher Lehrerverbände, 1959: 115). 왜냐하면 다음 단계인 일반교육은 직업교육 없이 불가능하기 때문이다. 따라서 직업교육은 다음 단계인 일반교육에서 개인이 주관적인 흥미와 연결된 직업으로부터 벗어나서 삶의 모든 영역에서 계속해서 가치 있는 삶을 스스로 형성하도록 하는 교육적 내용을 포함해야 한다. 그러므로 직업교육은 직업에 필요한 단순한 기술적 숙련성만이 아니라 직업과 관련된 도덕적 품성을 중재해야 한다.

여기에서 우리는 단순히 직업기술교육이 아닌 일반교육을 포함하는 직업교육의 필요성과 그의 중요한 임무를 근본적으로 발견할 수 있다. 즉, 현대 사회에서 요구되는 능력 있는 직업인은 단순한 기술적 지식과 능력을 갖춘 기능인이 아니라, 그러한 기술적 지식, 능력과 함께 인류의 미래에 대한 책임의식을 갖고 직업 활동을 수행하는 개인이다. 시대적인 문제에 직면해서 내가 누구인가를 질문하고, 무엇을 위한 직업 활동인가를 생각하면서 자신의 직업적인 삶을 스스로 형성할 수 있는 개인은 태어나면서부터 존재하는 것이 아니기 때문에 직업교육이 필요하다. 직업에서 기술적이고 인간적인 측면의 조화는 이러한 두 측면을 중재할 수 있는 성숙한 개인의 정신적인 통찰을 통해 가능하기 때문에 일반교육이 포함되지 않는 직업교육은 의미가 없다. 이러한 관점에서 우리는 직업교육에서 너무도 쉽게 일반교육의 의미에서 '교육적인 것'을 포기할 것이 아니라 오히려 당연한 것으로 인식해야 한다.

일반교육을 포함하는 직업교육은 발전하는 기술적 직업 환경이 인간에 의해 조직되고 의식적으로 형성되지 않는다면 아주 큰 위험에 직면할 수도 있다는 관점에서 정당성을 가질 수 있다. 또한 변화하는 직업 환경에 따른 개인의 생활 변화에 적응할 수 있는 평생교육적인 관점에서도 정당성을 갖는다. 오직 높은 직업적 자질과 인간적인 성숙을 통해서 인간은 자신 앞에 놓인 시대적인 문제들을 극복할 수 있다. 그를 위해 직업교육은 학교, 직장, 계속교육의 장에서 직업과 관련된 지식과 기술뿐만 아니라 일반교육도 포함하는 교육이어야 한다.

이러한 일반교육과 직업교육의 관계에 대한 이해로부터 평생학습의 방향도 도출될 수 있다. 평생학습은 사회의 급격한 변화에 따라 요구되는 유용한 지식, 자질, 역량 습득을 고려해야 하지만(기능 지향적 학습), 사회의 변화 과정에서 나타나는 비인간화와 같은 문제들에 저항할 수 있는 자기결정 능력을 가진 주체적인 인간형성을 고려해야 한다(주체 지향적 학습). 교육의 목적은 자주적인 성숙한 인간을 지향하는 데 있으므로 직업교육에 일반교육이 동반되어야 하듯이 기능 지향적 학습에서 주체 지향적 학습을 분리해서는 안 된다. 교육학 개념으로서 학습은 학습자가 자신이 마주하고 있는 환경과 스스로 논쟁하면서 자신을 형성해 가는 교육과의 관계를 고려하지 않고 실제에서 사용 가능한 것만을 습득해야 하는 것으로 이해될 수는 없다. 평생학습 시대에 경계해야 하는 것은 학습의 개념이 경제적, 직업적 필요에 의한 학습으로 협소화되어 교육의 차원이 배제된 학습으로 이해되는 것이다.

5. 21세기 평생학습의 과제

21세기 평생학습은 인류의 미래에 대한 위험과 도전에 직면해서 지속 가능한 미래를 위한 학습이어야 한다. 이러한 학습은 앞에서 언급되었던 '새로운 세계를 위한 새로운 인간'을 지향하는 것과 맥을 같이할 수 있다.

우리가 지향하는 '새로운 인간'은 개인 행동이 가져오는 전 지구적 결과를 이해할 수

> 있는 존재여야 하며, 인류 전체의 운명에 참여하는 가운데 우선 과제를 인식하고 공동 책임에서 자신의 몫을 짊어질 수 있어야 한다(UNESCO, 1972/2021: 43).

지속 가능한 발전은 새로운 세계를 지향하는 발전이다. 지속 가능한 발전이란 개념이 현재 시점에서 인류가 안고 있는 문제에 대한 인식에서 출발했다고 보면, 새로운 세계는 현재보다 개선된 인류가 희망하는 이상적인 상태다. 그리고 이러한 상태는 머물러 있는 것이 아니라 '발전'이 의미하는 것처럼 완성을 지향하는 계속적인 현재–미래–현재의 순환적인 과정에서 파악되어야 하는 것이다. 이러한 관점에서 지속 가능한 발전은 미래의 이상적인 상태를 실현해 가는 현재의 과정이라고 이해될 수 있다. 이러한 해석의 근거는 『우리 공동의 미래(Our Common Future)』(1987)에서 "지속적인 발전은 고정된 균형의 상태를 서술하는 것이 아니라, 오히려 끊임없는 변화의 과정이다"(WCED, 1987/2005: 10)라고 강조하는 데서 찾을 수 있다.

오늘날 사용되는 지속 가능한 발전 개념은 유엔환경발전위원회(WCED) 보고서 『우리 공동의 미래』에 뿌리를 두고 있다. 여기에서 "지속 가능한 발전은 미래 세대의 고유한 욕구를 충족시킬 수 있는 가능성을 위태롭게 하지 않으면서, 현세대의 욕구를 충족시키는 발전이다"(WCED, 1987/2005: 87 수정). 이 개념으로부터 지속 가능한 발전은 세대 간의 공정성에 대한 윤리적 책임이 동반될 때 가능하다는 것을 알 수 있다. 지속 가능한 발전은 현세대와 미래 세대의 공정한 욕구 충족(세대 간의 공정성)뿐만 아니라, 현재를 살아가고 있는 인간들의 공정한 욕구 충족(세대 내의 공정성)이 이루어질 때 가능하다. 이 개념의 등장에는 현세대가 자신의 삶을 개선하기 위해 지금과 같은 방식으로 계속 발전을 한다면, 다음 세대의 삶의 터전이 훼손될 수밖에 없다는 고민이 반영되어 있다. 미래 세대의 입장에서 보면 자연자원의 보존이 문제이고, 현세대의 입장에서 보면 현재 삶의 질을 개선하기 위한 발전이 문제인 것이다.

브룬트란트(Brundtland) 보고서라고도 불리는 이 보고서에 따르면 지금까지의 발전이 경제적 성장에 제한되어 이해되었다면, 지속 가능한 발전은 경제적 성장, 사회적 안정, 환경보호를 포괄적으로 고려하는 발전 개념으로 이해된다. 인류 생존의 터전인 환경문제는 경제적 · 사회적 문제와 밀접하게 연결되어 있기 때문에 환경, 경제, 사회의 연관성을 고려하지 않고서는 지속 가능한 발전이 어렵다고 본 것이다. 즉, 인류의 미래를 위협하는 생태적인 위기는 그 자체의 문제라기보다는 경제적, 사회적 위기와 결합되어 있는 위기이므로 세 차원의 조화로운 발전이 요청된다는 것이다. 오늘날 급격하게 진행되고 있는 기술적, 경제적 변화가 사회–정치적, 사회–문화적, 그리고 생태–자연적 진행 과정과 조화를 이룰 때 지속 가능한 발전이 가능하다는 것이다. 이러한 발전에 대한 이해는 인간의 생존 본능에 토대를 두고 있다. 모든 인간에게는 욕구가 있고, 발전은 자연환경과 미래 세대를 포함하는 타자와의 조화로운 관계에서 이러한 욕구를 충족시켜 나가는 과정을 말한다.

이러한 이해로부터 지속 가능한 발전 개념에는 적어도 다음과 같은 특성이 내포되어 있다고 할 수 있다(정기섭, 2019: 14-15). 첫째, 인간의 기본적인 욕구 충족이라는 인간중심적인 관점에 토대를 두고 있다. 둘째, 욕구가 충족된 개인들이 조화를 이루고 살아가는 상태를 이상(理想)으로 이미 설정하고 있고, 그것을 실현해 가는 과정을 의미하므로 미래의 비전을 포함하고 있다. 셋째, 기본적인 욕구를 충족시킬 수 있는 기회의 균등이라는 공정성에 대한 인간의 인간에 대한 윤리적 책임을 전제로 하고 있다. 넷째, 과정이라는 의미에서 시간적으로 현재–미래–현재의 순환적 구조를 포함하고 있다. 다섯째, 인류의 문제를 공동으로 대처한다는 의미에서 공간적으로 지역–국가–지구적인 관점을 포괄하고 있다. 여섯째, 환경, 경제, 사회적 차원이 상호의존적임을 전제로 하고 있다. 일곱째, 보편적인 지속 가능 발전 모형을 전제하고 있는 것이 아니라, 시민의 참여로 지역과 국가가 처한 상황에 맞는 발전 모형을 만들어 갈 것을 제안하는 열린 개념이다.

인류의 지속 가능한 미래를 위한 학습은 "영향 관계에서 사고하는 능력과 그에 기초한 실천 능력"(정기섭, 2019: 119)을 습득하는 것과 관계해야 한다. 영향 관계에서 사고하는 능력은 당면 문제를 "미래 비전 지향의 관점에서 나의 삶과 미래 세대를 포함하는 타인의 삶과의 연관성, 지역–국가–지구적 연관성, 현재–미래의 연관성, 생태–사회–경제적 차원의 연관성에서 이해하고 분석하는 능력을 말한다."(정기섭, 2019: 119) 미래 비전은 지속 가능한 발전과 지속 가능한 발전을 위한 교육이 지향하는 이상적인 사회로서, 이 사회는 모든 사람들이 공동의 가치를 생활의 규범적 토대로서 수용하고 실천함으로써 도달 · 유지 가능하다. 그러므로 지속 가능한 미래를 위한 평생학습은 최소한 미래 세대를 포함한 인간의 존엄성과 인권 존중, 생명공동체의 다양성에 대한 존중과 배려, 다양한 문화에 대한 존중, 비폭력(평화) 문화형성에 대한 헌신과 같은 가치를 포함하여야 한다(정기섭, 2019: 103).

이러한 가치들은 직장을 포함한 일상에서 만나게 되는 문제, 그리고 우리의 삶의 태도를 성찰로 이끄는 기준이 된다. 학습이 이러한 가치와 관계할 때, 학습 개념이 시장 지향적 관점에 지배되는 도구화, 기능화, 경제화과 같은 직업적 · 경제적 필요로만 축소되지 않고 완전한 인간 지향의 교육과 관계를 유지할 수 있을 것이다. 학습이 무엇보다도 경제적인 목적의 관점에서 유용한 것의 습득으로만 이해된다면, 자기성찰을 통한 성숙한 인간을 지향하는 교육의 범주에서 논의되기는 어려울 것이다. 우리가 살아가고 있는 환경은 경제적인 것으로만 국한되지 않고, 사회문화적, 생태적인 것을 포함하고 있다. 21세기 평생학습은 개인이 직업과 일상에서 어떠한 결정을 할 때 적어도 생태적, 사회적, 경제적 차원을 통합적으로 고려하여 결론을 이끌어 낼 수 있는 연결적인 사고 능력과 그에 기초한 실천 능력을 기르는 데 기여해야 할 것이다. 이러한 관점은 전지구적 위기와 상호의존성이 높아진 현실에 직면해서 설득력을 가질 수 있다.

토론 거리

1. 인간과 학습의 관계를 철학적 인간학의 관점에서 토론해 보자.
2. 교육과 학습의 관계를 토론하고, 행동주의적 관점에서 사전적으로 정의되고 있는 학습 개념의 문제를 교육의 관점에서 비판해 보자.
3. 전통적인 평생학습과 현대적인 평생학습의 특징을 비교해 보자.
4. 주체 지향적 평생학습 모델과 기능 지향적 평생학습 모델의 상호 보완점을 토론해 보자.
5. 지속 가능한 미래를 위한 평생학습의 과제에 대해 토론해 보자.

더 읽어 볼 자료

Bonnett, M. (2021). *Environmental consciousness, nature, and the philosophy of education.* Abingdon, Oxon: Routledge.

▶ 자연이란 무엇이며, 인간이 자연에 대해 맺어야 하는 올바른 관계는 무엇인가 등의 핵심적인 생태교육학적 물음들을 심층적이고 풍부한 교육철학적 논의의 맥락에서 다루고 있는 책이다. 환경 위기를 극복할 수 있는 교육의 새로운 방향으로서 '교육의 생태화'를 제안하고 있다.

UNESCO (1972). *Learning to be.* 이현경 역(2021). **존재하기 위한 학습: 교육세계의 오늘과 내일.** 서울: 유네스코한국위원회.

▶ 학교교육의 한계를 지적하며 근본적인 혁신을 촉구한 유네스코의 대표적인 교육 관련 보고서이다. 학교교육의 존재와 의미에 대해 비판적으로 성찰하면서 평생교육과 학습사회로의 전환을 미래교육의 방향으로 제안하고 있다.

World Commission on Environment and Development: WCED (1987). *Our Common Future.* 조형준, 홍성태 역(2005). **우리 공동의 미래.** 서울: 새물결.

▶ 인류가 직면한 공동의 문제에 어떻게 인류가 공동으로 대처할 것인가 하는 물음에서 지속 가능한 발전을 위한 지구적인 과제를 제시하고 있는 보고서이다. 지속 가능한 발전에 대한 개념 정의와 환경문제를 사회적, 경제적 문제와 밀접한 연관관계에서 바라보아야 한다는 시각을 제시하고 있다.

UNESCO (1996). *Learning: The treasure within.* 김용주, 김재웅, 정두용, 천세영 역(1997). **21세기 교육을 위한 새로운 관점과 전망. 유네스코 21세기 세계교육위원회 종합보고서.** 서울: 도서출판 오름.

▶ 경제적 · 기술적 발전이 가져온 오늘날의 문제를 극복하고 더 나은 미래로 나가기 위한 21세기 교육의 방향을 제시하고 있는 보고서다. 날로 변화하고 국가 간의 상호의존성이 높아지는 세상에 적응하기 위한 방안으로 평생교육과 학습사회를 강조하고 있다. 미래 교육을 위한 네 개의 원리를 제시하면서 특히 '함께 살기 위한 학습' 원리를 강조하고 있다.

UNESCO (2021). *Reimagining our futures together: A new social contract for education.* 이현경 역(2022). **함께 그려보는 우리의 미래. 교육을 위한 새로운 사회계약.** 서울: 유네스코한국위원회.

▶ 인류와 지구의 위험을 향해 가고 있는 경로를 바꾸기 위해 교육은 어떻게 변혁되어야 하는지를 묻고 교육을 위한 새로운 사회계약을 제안한 보고서다. 누구나 평생 동안 양질의 교육을 받은 권리 보장, 공공재(a public good)와 공동재(a common good)로서의 교육 강화를 촉구하고 있다. 또한 지속 가능한 미래를 위해 교육학, 교육과정, 교수활동, 학교의 변혁을 촉구하고 있다.

참고문헌

권대봉, 김정주, 김재현, 허선주(2009). 평생학습 참여 현황 및 요구분석. **평생학습사회, 5**(1), 19-44.

김종수, 김명숙(2008). 평생학습 참여 실태 및 욕구에 대한 측정분석. **평생학습사회, 4**(2), 109-132.

김진화, 고영화, 권재현, 정민주(2010). 한국 평생교육 프로그램 분류체계 개발연구. **평생교육학연구, 16**(3), 211-236.

송재홍(2016). 평생학습사회에서 학습조력자로서 상담자의 역할과 과제. **평생학습사회, 12**(2), 25-47.

신창호(2014). **한글 논어**. 서울: 판미동.

이창우(2013). 세네카와 후마니타스. **동서양고전연구, 50**, 101-131.

이희수(2009). 평생교육 삼두체제의 기원: UNESCO의 평생교육, OECD의 순환교육, EC의 영속교육. **한국HRD연구, 4**(3), 95-128.

정기섭(1998). 직업교육과 일반교육. 1998년도 한독교육학회 연차학술대회 자료집, 13-18.

정기섭(2019). **지속 가능한 미래를 위한 교육. 지속가능발전교육(ESD)의 이해와 실제**. 서울: 강현출판사.

정기섭(2022). 교육적 관계에서 '공간의 공유'에 관한 고찰. **교육혁신연구, 32**(3), 103-126.

최돈민, 이세정, 김세화(2008). 한국 성인의 평생교육 참여에 영향을 미치는 요인 탐색. **평생교육학연구, 14**(4), 29-55.

Amtsblatt der Europäischen Gemeinschaften Nr. L 256/45: BESCHLUSS Nr. 2493/95/EG DES EUROPAISCHEN PARLAMENTS UND DES RATES vom 23. Oktober 1995 über die Veranstaltung eines Europäischen Jahres des lebensbegleitenden Lernens (1996). https://eur-lex.europa.eu/legal-content/DE/TXT/PDF/?uri=CELEX:31995D2493&from=DE

Arbeitsgemeinschaft Deutscher Lehrerverbände (Hrsg.) (1959). *Die Berufsschule*. Darmstadt.

Comenius, A. (1658). *Orbis sensualium pictus*. Dortmund: Harenberg Kommunikation.

Ebert-Steinübel, A. (2013). *Lebenslanges Lernen/Lifelong Learning*. https://www.ifc-ebert.de/wp-content/uploads/2017/12/Lebenslanges-Lernen-LifeLongLearning.pdf

Gehlen, A. (1962). *Der Mensch. Seine Natur und seine Stellung in der Welt*. 이을상 역(2015). **인간, 그 본성과 세계에서의 위치**. 서울: 지식을만드는지식.

Henz, H. (1991). *Bildungstheorie*. Frankfurt a.M., Bern, New York, Paris: Peter Lang.

Klemm, U. (2000). Bildung als Ware: Erwachsenenbildung im Umbruch. *Zeitschrift für internationale Bildungsforschung und Entwicklungpädagogik, 23*(1), 18-22.

Kommission der Europäischen Gemeinschaften (1995). *Lehren und Lernen: Auf dem Weg zur kognitiven Gesellschaft. Weissbuch zu allgemeinen und beruflichen Bildung*. https://eur-lex.europa.eu/legal-content/DE/TXT/PDF/?uri=CELEX:51995DC0590

Kommission der Europäischen Gemeinschaften (2000). Memorandum über Lebenslanges Lernen. https://www.hrk.de/uploads/tx_szconvention/memode.pdf

Nohl, H. (1988). *Die pädagogische Bewegung in Deutschland und ihre Theorie*. 10.Aufl. Frankfurt a.M.: Vittorio Klostermann.

Nuissl, E., & Przybylska, E. (2014). "Lebenslanges Lernen"-Geschichte eines bildungspolitischen Konzepts. https://www.bpb.de/themen/bildung/dossier-bildung/197495/lebenslanges-lernen-geschichte-eines-bildungspolitischen-konzepts/

Plessner, H. (1965). *Die Stufen des Organischen und der Mensch. Einleitung in die philosophische Anthropologie. 2. Aufl*. Berlin: Walter de Gruyter & Co.

Scheler, M. (1928). *Die Stellung des Menschen im Kosmos*. 진교훈 역(2001). **우주에서 인간의 지위**. 서울: 아카넷.

Seneca, L. A. *De Brevitate Vitae*. 천병희 역(2005). **인생이 왜 짧은가**. 경기: 숲.

Speck, J., & Wehle, G. (1970). *Handbuch pädagogischer Grundbegriffe*. München: Kösel.

The Organization for Economic Co-operation and Development(OECD)/Centre for Educational Research and Innovation(CERI) (1973). Recurrent education: A strategy for lifelong learning. https://files.eric.ed.gov/fulltext/ED083365.pdf

UNESCO (1972). *Learning to be*. 이현경 역(2021). **존재하기 위한 학습: 교육세계의 오늘과 내일**. 서울: 유네스코한국위원회.

UNESCO (1996). *Learning: The treasure within*. 김용주, 김재웅, 정두용, 천세영 역(1997). **21세기 교육을 위한 새로운 관점과 전망: 유네스코 21세기 세계교육위원회 종합보고서**. 서울:

도서출판 오름.

von A. Flitner (1954). *Grosse Didaktik*. 정일웅 역(2015). **대교수학**. 서울: 나눔다.

World Commission on Environment and Development: WCED (1987). *Our Common Future*. 조형준, 홍성태 역(2005). **우리 공동의 미래**. 서울: 새물결.

찾아보기

인명

ㅈ

장상호 107

A

Adorno, Th. 86

Arendt, H. 286, 332

Aristoteles 46, 66, 127, 159, 234

Augustinus, A. 136

B

Bachelard, G. 112

Bacon, F. 297

Balibar, É. 187

Biesta, G. 112

Bookchin, M. 302

Bostrom, N. 348

Braidotti, R. 345

Brundtland, G. H. 371

Burbules, N. C. 91

C

Capella, M. 135

Cassiodorus, F. M. A. 137

Cicero, M. T. 54, 133

Comenius, J. A. 355

Cooper, D. E. 238, 242

D

de Beauvoir, S. 267

Deleuze, G. 213

Derrida, J. 89
Descartes, R. 51, 143, 297
Dewey, J. 63, 143, 210, 222, 243, 244
Dilthey, W. 79, 367

F

Foucault, M. 90, 113
Fraser, N. 276
Fröbel, F. 367

G

Gadamer, H. G. 80
Gaudelli, W. 190
Gehlen, A. 355
Giddens, A. 89
Gorgias 131
Greene, M. 222, 226, 285
Griffiths, M. 285

H

Habermas, J. 37, 87
Hardie, C. D. 75
Hegel, G. W. F. 36
Heidegger, M. 78, 211, 307, 313, 318, 336
Herbart, J. F. 367
Hirst, P. H. 75, 125, 235, 236, 237
Hobbes, T. 132
hooks, b. 269
Horkheimer, M. 86
Humboldt, W. v. 365
Husserl, E. 81

I

Ihde, D. 338
Isokrates 51, 130, 131

K

Kafka, F. 22, 23, 27, 28
Kant, I. 17, 36, 162, 215, 216, 355
Kerschenstiner, G. 368
Kohlberg, L. 165
Kuhn, T. 72
Kurzweil, R. 346

L

Lacan, J. 89
Latour, B. 341
Lerner, G. H. 286
Lietz, H. 367
Locke, J. 367
Lyotard, J. F. 90

M

Marcuse, H. 86
Marshall, T. H. 184
Martin, J. R. 283
McIntyer, A. 75, 89, 167
Merleau-Ponty, M. 212
Mies, M. 305
Mirandola, P. d. 24, 27
Montessori, M. T. A. 367
Moore, G. E. 73
Muir, J. R. 234
Munitz, M. K. 73

N

Naess, A. 299
Nohl, H. 367
Nussbaum, M. 221

O

Oakeshott, M. 97, 171, 248, 296, 313, 316

Oelkers, J. 76
Orr, D. 314

P

Peirce, C. S. 143
Pestalozzi, J. H. 367
Peters, R. S. 75, 176, 235, 236, 237, 242
Plato 22, 129, 157, 158
Plessner, H. 355
Preire, P. 281
Pring, R. 240, 244, 245, 246, 248
Protagoras 131

R

Rorty, R. 89, 115
Rousseau, J.-J. 355
Russell, B. 73
Ryle, G. 74

S

Salzmann, C. G. 367
Scheffler, I. 246, 247, 248
Scheler, M. 355
Schiler, F. 217, 218
Schleiermacher, F. D. E. 79, 367
Schutz, A. 84
Seneca the Younger, L. A. 359
Shiva, V. 305
Siegel, H. 103
Socrates 47, 72, 152, 153, 155, 156, 157
Spranger, E. 368

T

Taylor, Ch. 89, 335
Thales 46
Toulmin, S. 51

U

Uljens, M. 108

V

Varro, M. T. 54, 133, 134

W

Whitehead, A. N. 56, 242

Wittgenstein, L. 74

Wollstonecraft, M. 264

Wyneken, G. 367

내용

訓育 173

discipline 173

NBIC 330, 344

OECD 354

UNESCO 354

ㄱ

가부장제 267

가치지향적 116

감각 213, 214

감각 충동 218

감각적 경험 224

개념화 113

개방적 357

개별교육학 34, 40

개인의 웰빙 241, 242

결핍된 존재 357
경험의 논리적 측면 147
경험의 심리적 측면 147
경험의 축소/확장 340
계속교육 370
고전적 경전 96
고전적 인문주의 138
고전주의 교육 138
공교육 67
공정성 371
과학주의 314
관계적 성격 110
교과 언어 228
교육본위론 107
교육사상연구 96
교육실천 112
교육운동 367
교육의 개념적 기준 235
교육의 공공성 65
교육의 도구화 62
교육의 세기 56
교육적 가치 97
교육적 관심 105, 106
교육철학연구 95
교육철학탐구의 독자성 72
구글 베이비 329
국가주의 191
권위 175
권위 없는 교육 175
규범적 질문 48
규정적 판단 216
그래머스쿨 250
근거이론 83
근대성 88
근대철학 35, 36, 38
급진적 페미니즘 267

기능 지향 370
기술에 대한 물음 336
기술적 합리성 335
기술적 현상학 83
기초교육 360
기호 214, 225, 228

ㄴ

남성혐오 272
내재적 가치 236, 237
내적 목적 47
네트워크 342
노동 332
노작 369
논리실증주의 74
누스 128

ㄷ

다문화교육 197
다문화주의 196
닦달 337
대교수학 355
대상화하는 사고 308
대상화하지 않는 사고 308
덕보따리식 교육 166
데카르트의 극장 89
도구화 55
도덕적 품성 369
도덕적인 덕 160, 161
동굴 비유 22

ㅁ

마르크스주의 192
맞춤아기 329
맨살경험 340

명제적 지식 74
모형화 113, 114
무개념 페미니즘 273
무조건적 명령 164
문화 역량 210
물(物) 자체로 82
뮈토스 46
미래 세대 371
미래의 비전 372
미소지니 273
미적 경험 223
미적 교육 214
미적 성질 210
미적 이해 223
미적 인간 217
미적 자기소통 219, 220, 222
미적 판단 216, 218
미적인 것 215
미정 24
민주시민교육 184, 185, 221
민주주의 182
밀레토스 학파 46

ㅂ

반성적 도덕성 171, 172
반성적 사고 63
반성적 판단 216
번역 342
범교육학 359
범례적 이해 84
분과교육학 34, 40
분석철학 73
블랙박스 342
비인간화 365
비판이론 85
비판적 교육철학 86

비판적 다문화주의 197
비판적 페다고지 281
비판적 포스트휴머니즘 344
비확정적 이론 108
빌둥이론 109

ㅅ

사건화 113, 115
사상사적 접근 77
사유의 자유 226
사이버네틱스 328
사이보그 328
사회 현상학 84
사회생태주의 302, 312
사회적 활동들 75
사회주의 페미니즘 264
생산적-또는 기술적-지식 127
생성 인공지능 326
생존 본능 372
생태여성주의 304
생태전환교육 295
서구 마르크스주의 85
서사 170
서사적 상상력 221
선험적 자유 164
설명 113
성애화 275
성적 대상화 275
성찰 216
성평등 262
세계-내-존재 309
세계성 333
세계시민교육 189
세계시민성 190
세계정의와 거버넌스 193
세계화 189

소비주의 275
소피스트 47, 130
소피아 128
수사학 51, 140
수행적 지식 74
순환 교육 360
스콜레 59
스투디아 후마니타티스 58, 139
습관적 도덕성 171
시민성 184
시적 212
신자유주의 192, 239
실존 212
실존주의 84
실증주의적 연구방법론 82
실천 철학 52
실천적 지식 127
실천학 51
심미적 208
심층생태주의 299, 312

ㅇ

아레테 47, 153, 170
아르테스 리베랄레스 57
안티 페미니즘 270
언어 28, 29, 30, 31, 223, 225, 226, 227
언어분석적 접근 73
에밀 355
에피스테메 90, 128, 331
여가 60
여성성 279
여성의 목소리 282
여성학 268
여성혐오 272
역량강화 274
역사적인 접근 77

역사적-체계적 접근 77
역사주의 78
열기 343
영미권 교육철학 101
영속 교육 360
영향 관계 353
예술교육 209, 215
예술작품 211, 212
옥스퍼드의 일상 언어학파 74
완성가능성 24, 27
완전한 인간 366
우회 343
윤리적 책임 371
은유 21, 22
은유적 사고도구 106
응용철학 101, 104
이데아 157, 158, 159
이데아론 157
이론 51, 112
이론과 실천 95
이론적 지식 127, 128
이론학 50
이차적 경험 146
이해 113
인간 지향 373
인간다움 57
인간사 49
인간성 365
인간의 조건 332
인간학적 고찰 354
인간형성 370
인공지능 326, 327
인력 개발 55
인문교육 249, 250
인문주의 59
인문학 58

인문학적 글 읽기 99
인재 양성 55
일반교육 368
일반교육학 107
일차적 경험 146

ㅈ

자기 관계 100
자기계발 360
자기변형적 110
자기소통 221
자기형성 357
자기형성적 110
자기형성적 실천 96
자기훈련 361
자명성의 균열 113
자세히 읽기 98
자연 311
자연–문화 연속체 346
자연의 수학화 82
자유 25, 26, 31
자유교과 57, 59, 127, 133
자유교육 75, 233, 234, 235, 236, 237, 238, 240, 241, 242, 243, 244, 245, 246
자유교육의 직업화 244, 245, 246, 248
자유의 파라독스 174
자유주의 페미니즘 263
자유주의적 다문화주의 196
재구성적 철학 38, 39, 40
재생산권 329
접기 343
정서주의 168
정신 356
정신적 삶 332
정언명령 162, 163, 164
정체성의 정치 276

제1물결 페미니즘 263
제2물결 페미니즘 265
제3물결 페미니즘 268
제작 332
젠더 278
젠더 정치학 276
젠더 편향적 278
존엄 24, 25
존재성 361
종합학교 250
주체 지향 370
지각 211
지속 가능 발전 372
지속 가능한 미래 355
지속 가능한 발전 318
지식 63
지식교육 123
지식사회 362
지식사회학 87
지식의 형식 236, 237
지식의 형식들 75, 125
지적인 덕 160
직업교육 240, 241, 242, 243, 244, 245, 246, 247, 249, 250, 365, 368
직업교육의 자유화 246, 248
직업훈련 238
진주조개잡이 286

ㅊ

차이 213
책임의식 369
철학 46
철학적 인간학 355
철학적 현상학 81
체현적 관계 339
칠 자유교과 57, 135

ㅋ

코스모폴리탄 193

ㅌ

타자관계 339
타자성의 회복 90
탄생 18, 19
탈교육화 354
탈중심적 356
탐구방법 73
테오리아 49, 51, 331
테크네 128, 331
테크놀로지 331
텍스트 읽기 96
튜링테스트 327
트랜스휴머니즘 346
특이점 347

ㅍ

파이데이아 54, 58
패러다임 72
페미니스트 사망 증후군 272
페미니스트 페다고지 277
페미니즘 259
평생학습 353
평생학습 모델 368
포스트 페미니즘 270
포스트모더니즘 88
포스트휴머니즘 344, 348
포스트휴먼-이즘 346
포이에시스 49, 331
표현 212
퓌시스 51
프락시스 49, 331
프랑크푸르트학파 85, 112
프래그머티즘 141

프로네시스 128, 331
피터스의 자유교육 235
필로소포스 46
필로소피아 46

ㅎ

하나의 경험 223
학벌주의 61
학습 353
학습능력 353
학습사회 354, 361
학습유형 362
합리주의 171
해방 113
해석학 77
해석학적 관계 339
해석학적 접근 77
행위 332
행위자-네트워크 이론 341
향상 348
허스트의 자유교육 236
헬레니즘 시대 58
헬레니즘 시대 교육 138
현상학 81
현상학의 방법론 82
현세대 371
형식 충동 218
형식논리학 74
형식도야설 62
호모 파베르 333
호모사이보그 329
화용론 74
후마니타스 54, 58, 139
휴머니즘 53, 344, 348

저자 소개

곽덕주(Kwak, Duck-Joo)
미국 컬럼비아대학교 교육철학 전공 철학박사
현 서울대학교 교육학과 교수

〈주요 저서〉
『교육적 관계와 가르침의 존재론』(교육과학사, 2022), 『미적체험과 예술교육』(공저, 커뮤니케이션북스, 2017)

김상섭(Kim, Sang-Sup)
독일 뮌스터대학교 교육학/철학/사회학 전공 철학박사
현 영남대학교 교육학과 교수

〈주요 저서〉
『현대인의 교사 루소』(학지사, 2009)

김주환(Kim, Juhwan)
캐나다 앨버타대학교 중등교육 전공 철학박사
현 동국대학교 사범대학 교육연구원 연구교수

〈주요 논문〉
「다문화교육에 대한 비판적 담론 분석: 캐나다 앨버타 주 교육과정을 중심으로」(2023), 「시민교육의 한국적 특수성과 그 이율배반적 측면에 대한 검토: 시민성 개념을 중심으로」(2022)

박은주(Park, Eun Ju)
서울대학교 교육철학 전공 교육학박사
현 청주교육대학교 교육학과 조교수

〈주요 저서〉
『한나 아렌트, 교육의 위기를 말하다』(빈빈책방, 2021), 『포스트휴머니즘과 교육학』(공저, 학지사, 2021)

서용석(Seo, Yong-Seok)
영국 런던대학교(Institute of Education) 교육철학 전공 철학박사
현 서울교육대학교 초등교육과 교수

〈주요 저서〉
『교육과 가치』(공저, 교육과학사, 2022), 『교육과 지식』(공저, 학지사, 2017)

신춘호(Shin Chunho)
서울대학교 교육학박사
현 서울교육대학교 초등교육과 교수

〈주요 저서〉
『교육과 가치』(공저, 교육과학사, 2022), 『지식의 성격과 교육』(공저, 교육과학사, 2019), 『교육이론으로서의 칸트 철학』(교육과학사, 2010)

유재봉(Yoo, Jae-Bong)
영국 런던대학교(Institute of Education) 교육철학 전공 철학박사
현 성균관대학교 교육학과 교수

〈주요 저서〉
『한국 사교육의 실태와 사교육 정책』(공저, 학지사, 2023), 『교육철학 및 교육사 탐구』(공저, 학지사, 2022) 등 다수

윤선인(Yun, SunInn)
영국 런던대학교(Institute of Education) 교육철학 전공 철학박사
현 인천대학교 영어교육과 부교수

〈주요 저·역서〉
『우리들의 불평등한 학교』(공저, 학이시습, 2021), 『학교를 변론하다』(역, 살림터, 2020), 『International Handbook of Philosophy of Education』(공저, Springer, 2018) 등

정기섭(Chung, Ki Seob)
독일 하이델베르크대학교 교육철학 전공 철학박사
현 인하대학교 교육학과 교수

〈주요 저 · 역서〉

『독일의 학교교육』(살림터, 2021), 『독일 교육학의 전통과 갈래』(공역, 박영스토리, 2023)

조상식(Cho, Sang-Sik)
독일 괴팅겐대학교 박사(교육철학 전공)
현 동국대학교 교육학과 교수

〈주요 저서〉

『윌리엄 제임스: 교육론』(문음사, 2005), 『현상학과 교육학』(원미사, 2002)

최진(Choi, Jin)
서울대학교 교육철학 전공 교육학박사
현 대구교육대학교 교육학과 조교수

〈주요 저 · 역서〉

『교육과 가치』(공저, 교육과학사, 2022), 『교사와 함께 성장하는 학생 주도성: 자기주도적 학습을 넘어 학생 행위주체성으로』(공역, 학지사, 2023)

한기철(Gicheol Han)
미국 일리노이대학교(UIUC) 교육철학 전공 철학박사
현 경인교육대학교 교육학과 교수

〈주요 저 · 역서〉

『하버마스와 교육』(학지사, 2008), 『이소크라테스: 「소피스트들에 대하여」, 「안티도시스」, 「니코클레스에게」』(역, 한국문화사, 2016)

교육철학개론 I

현대 교육철학의 이해

Understanding Contemporary Philosophies of Education

2024년 1월 20일 1판 1쇄 인쇄
2024년 1월 30일 1판 1쇄 발행

지은이 • 곽덕주 · 김상섭 · 김주환 · 박은주 · 서용석 · 신춘호
유재봉 · 윤선인 · 정기섭 · 조상식 · 최진 · 한기철

펴낸이 • 김진환

펴낸곳 • ㈜학지사
04031 서울특별시 마포구 양화로 15길 20 마인드월드빌딩
대표전화 • 02-330-5114 팩스 • 02-324-2345
등록번호 • 제313-2006-000265호

홈페이지 • http://www.hakjisa.co.kr
인스타그램 • https://www.instagram.com/hakjisabook

ISBN 978-89-997-3057-3 93370

정가 23,000원